Inhaltsverzeichnis

Leben und Wirtschaften in verschiedenen Landschaftszonen

Kälte setzt Grenzen 8
1. Menschen, die der Kälte trotzen 8
2. Grönland heute 10
3. Warum ist es in Grönland kälter als in Deutschland? 12
4. Nur 100 Tage Wachstumszeit – an der Polargrenze des Anbaus im Norden Kanadas 14

Trockenheit kann überwunden werden 18
1. Durch die Wüste 18
2. Oasen – Inseln im Sandmeer 20
3. Nomaden – Wanderer in der Wüste 26

Wärme und Feuchtigkeit garantieren keinen Überfluss 30
1. Im tropischen Regenwald 30
2. Der Regenwald erhält sich selbst 32
3. Landwirtschaft im tropischen Regenwald 34
4. Holz – nicht der einzige Reichtum des Waldes! 40
5. Java – fruchtbar, aber arm 42
6. Schnee und Eis am Äquator? 44

Die Landschaftszonen der Erde 46
1. Die Klimazonen 46
2. Die Vegetationszonen 50

**Übersicht:
Gunst- und Ungunsträume der Erde** 54

Räume im Wandel

Die BAM – Verkehrserschließung in Sibirien 58
1. Durch den „Wilden Osten" Russlands 58
2. Die BAM-Region 60

Petrodollars verändern die Wüste am Persischen Golf 62
1. Öl – das „Schwarze Gold" 62
2. Folgen des Reichtums 64

Australien – vom Agrarland zur Industrienation 66
1. Landwirtschaft in Australien 66
2. Australien entdeckt seine Bodenschätze 68
3. Das German-Creek-Projekt: Förderung von Steinkohle mit ausländischer Hilfe 70

Japan – ein Rohstoffzwerg als Handelsriese 72
1. Japans Vordringen auf den Weltmarkt 72
2. Industriestandorte im Meer 74
3. Der Preis des wirtschaftlichen Erfolges 76

Negev – aus Wüste wird Ackerland 78

USA – hochindustrialisierte Landwirtschaft 82
1. Grundlagen der Landwirtschaft 82
2. Eine Maisfarm in Iowa 83
3. Im Weizengürtel der USA 84
4. Wandel und Probleme der US-Landwirtschaft 85

**Übersicht:
Weltwirtschaftliche Verflechtungen** 90

Gefährdung von Lebensräumen

Sahel – Sand frisst das Land 94
1. Sahel – ein rettendes Ufer? 95
2. Ursachen der Dürrekatastrophe 96
3. Wege aus der Krise 98

Der Aralsee wird zur Wüste 100
1. Der Aralsee vor dreißig Jahren 100
2. Vom Meer zum Salzsee 102

Abholzung hat weit reichende Folgen 104
1. Entwaldung im Himalaya gefährdet auch das Tiefland 104
2. Raubbau an der Taiga 108
3. Amazoniens Regenwälder in Gefahr 110

Bedrohung durch Erdbeben und Vulkane 116
1. Erdbeben in Kalifornien 117
2. Lassen sich Erdbeben vorhersagen? 119
3. Driftende Kontinente 120
4. Ein Vulkan zerstört die Hauptstadt Martiniques 122
5. Vulkane bringen auch Nutzen 123

Übersicht: Schwächezonen der Erde 124

Immer mehr Menschen – immer größere Probleme?

Ägypten – Wettlauf zwischen Pflug und Storch 128
1. Ägypten – ein Geschenk des Nils 128
2. Zu wenig Ackerland? 130
3. Das „New Valley Project" 132
4. Neue Städte als Entlastung für Kairo 133

Bevölkerungsexplosion in Indien 134
1. Warum viele Familien viele Kinder haben 134
2. Die indische Landwirtschaft – eine Erfolgsstory 136
3. Land-Stadt-Wanderungen 138

China – mehr als eine Milliarde Menschen 140
1. Die Stellung der Einzelperson in der Gemeinschaft 140
2. Der chinesische Weg in der Bevölkerungspolitik 142

Tansania – Versorgungsprobleme 144

Für den Eigenbedarf oder für Geld anbauen? 148

Rio de Janeiro – Wachstum einer Metropole 150

Die lautlose Explosion der Weltbevölkerung 154

Aktionsseiten: Kann man denn gar nichts tun? 158

Übersicht: Hunger in der Welt 160

Eine Welt mit ungleichen Entwicklungsmöglichkeiten

Mali – Staudämme gegen die Dürre 164
1. Traditionelle Nutzung hat ihre Grenzen 164
2. Ein Staudamm im Eigenbau 166

Tourismus – ein gutes Geschäft für Kenia? 168

Reiche Bodenschätze – armes Land: Bolivien 172
1. Boliviens Bodenschätze 173
2. Rohstoffexporte – Auf und Ab bei den Erlösen 174
3. Gerechte Preise für Rohstoffe? 176

Wo Arm und Reich sich begegnen 178
1. Probleme an der Grenze USA – Mexiko 178
2. Mexiko – ein Schwellenland 180
3. Hoffnung durch NAFTA? 182

Nord-Süd-Gegensatz oder Eine Welt? 184

Aktionsseiten:
Gemeinsam in die Zukunft 188

Übersicht: Die fünf Welten 190

Leben in unterschiedlichen Kulturräumen

USA – Land der Riesenstädte 194
1. Bos-wash, Chi-pitts, San-san 194
2. Probleme der großen Städte 196

Entwicklung einer orientalischen Stadt: Aleppo 198

Kasten und heilige Kühe: Indien 202
1. Traditionelle Gesellschaftsordnung 202
2. Das Los der indischen Frauen 204
3. Der leise Riese – Indien heute 206

Aus der Steinzeit in die Moderne: Papua-Neuguinea 208

Übersicht: Verbreitungsgebiete großer Kulturen 212

Politische Entscheidungen verändern Räume

Kasachstan – neues Ackerland im Steppengebiet 218
1. Neulandgewinnung nach Plan 219
2. Erfolg oder Misserfolg? 220

Ist Tibet ein Teil Chinas? 222

Juden und Araber in Palästina 226
1. Alter Kulturraum unter wechselnder Herrschaft 227
2. Juden und Araber in einem Staat 228

Südafrika – Hoffnung am Kap der Guten Hoffnung 230

Gelenkte Binnenwanderung in Indonesien 234
1. Zu viele Menschen am falschen Ort 234
2. Ventile für den Bevölkerungsdruck 236
3. Schattenseiten der gelenkten Binnenwanderung 238

Übersicht: Aktuelle Krisenräume der Erde 240

Raumanalyse – Warum ist Ecuador ein Entwicklungsland?

1. Die Geschichte Ecuadors 244
2. Naturräume und Landnutzung 246
3. Vom Land in die Stadt 250
4. Erdöl – Wirtschafts- und Umweltfaktor 252
5. Die Entwicklung Ecuadors hängt auch von Europa ab 254

Geo-Bausteine

Orientierung auf der Erde mithilfe des Gradnetzes 256
Auswerten von Karten 258
Anfertigen von Kartenskizzen 260
Auswerten von Bildern 262
Auswerten von Texten 264
Auswerten von Tabellen 266
Arbeiten mit Diagrammen 267
Arbeiten mit Klimadiagrammen 268
Arbeiten mit verschiedenen Materialien 269

Fächerübergreifendes Arbeiten 270

Glossar 272
Register 278
Bildquellen 280

Mat. = Material
bezeichnet im Buch alle Arbeitsmaterialien (Bilder, Diagramme, Grafiken, Karten, Skizzen, Tabellen und Quellentexte)

Auf Spitzbergen

Im tropischen Regenwald

Leben und Wirtschaften in verschiedenen Landschaftszonen

Am Nil

Kälte setzt Grenzen

8.1 Grönländische Küstenlandschaft

1. Menschen, die der Kälte trotzen

Knud Rasmussen, ein berühmter grönländischer Polarforscher, schreibt 1914 über Grönland und die Eskimos:

Es gibt kaum ein Land, welches härter und rauher ist, öder und entblößter von allem, was man sonst als lebensnotwendig ansieht. Und doch haben die Eskimos es meist verstanden, den Kampf ums Überleben erfolgreich zu gestalten. Der größte Teil ihres Lebens ist vom Winter ausgefüllt, der bereits im September beginnt und bis in die Mitte des Juli andauert. In den Wintermonaten kämpfen sie gegen starke Kälte, die zwischen −30 °C und −50 °C schwankt, und im Frühling, wo die Wärme endlich kommen sollte, ist das Wetter so rauh und stürmisch, dass man sich oft nur mit größter Mühe Nahrung verschaffen kann. Der Schnee beginnt im September zu fallen und bleibt bis Juni liegen. Schon im Oktober schließt sich das Eis der Buchten.

„Eskimo" – „Rohfleischesser", so bezeichneten die Indianer Kanadas ihre weiter im Norden lebenden Nachbarn. Die Eskimos selbst nennen sich dagegen „Inuit", das heißt „Menschen". Vor etwa 12 000 Jahren wanderten sie von Sibirien aus über die Beringstraße nach Nordamerika ein. Damals, während der letzten Eiszeit, lag der Meeresspiegel wesentlich tiefer als heute. Daher bestand zwischen Nordasien und Nordamerika eine Landbrücke. Im Laufe der Zeit besiedelten die Inuit die Küsten Alaskas, Nordkanadas und Grönlands.

In ihrer traditionellen Lebensweise versorgten sich die Inuit fast ausschließlich durch die Jagd. Robben und kleine Wale stellten die Hauptnahrungsquellen dar. Da die Inuit über keinerlei pflanzliche Nahrungsmittel verfügten, mussten sie auch ihren Vitaminbedarf aus Fleisch decken. Weil die Vitamine im Fleisch durch Kochen weitgehend zerstört werden, verzehren die Inuit einen Teil ihrer Beute roh, vor allem die vitaminreiche Leber. So entstand der Name „Rohfleischesser".

1. Beschreibe die Natur und das Klima in Grönland (Text, Mat. 8.1).
2. Welche Gebiete Grönlands sind am dichtesten besiedelt? Nenne größere Ortschaften (Atlas und Mat. 10.3).

Ein alter Grönländer, der heute in Ilulissat (Jakobshavn) lebt, erzählt in einem Fernsehbericht über das frühere Leben:

„Wir lebten in einer Großfamilie zusammen: meine Eltern und meine Kinder, meine Brüder mit ihren Frauen und Kindern. Mit fast allem versorgten wir uns selbst. In den Sommermonaten jagten wir Robben (Seehunde) vom Kajak aus mit der Harpune, später auch mit dem Gewehr. Ich, der Großfänger, bestimmte den Fangplatz. Im Winter erbeuteten wir die Robben an ihren Atemlöchern im Eis. Fleisch und Speck der Robben ernährten uns und unsere Hunde. Manchmal erlegten wir auch ein Rentier. Die Knochen von Robben und Rentieren verarbeiteten wir zu Werkzeug und Waffen. Aus den Fellen nähten die Frauen Bekleidung, Bootsbespannungen und Sommerzelte. Auch das Fischen war Frauensache. Mit den Umiaks, den großen Frauenbooten, konnten wir die schweren wetterfesten Zelte zu den jeweils günstigsten Fanggebieten bringen. Einige von uns fuhren mit den Umiaks auch auf Walfang. Von den Walen und den Robben hatten wir Tran für Lampe und Ofen in unseren Winterhütten. Das waren flache Gebäude aus Steinen, Torf und Grassoden mit einem langen Eingang, der Wind und Kälte abhielt. Wenn die Vorräte verbraucht waren, spannte ich den Hundeschlitten an und versuchte, Vögel und Füchse zu schießen. Bei der Jagd im Winter wohnten wir in Iglus, das sind Unterkünfte, die wir aus Schnee und Eisblöcken errichteten. Wenn die Robben ausblieben, herrschte bittere Not."

9.1 Jagd im Kajak

9.2 Robbenjagd auf dem Eis

3. Berichte anhand des Textes und Mat. 9.1–9.3 über die frühere Lebensweise der Inuit. Welche Bedeutung hatte der Robbenfang?

Gegen Ende des 17. Jahrhunderts kamen europäische Walfänger nach Grönland. Ihnen folgten Missionare und Kaufleute, vor allem aus Dänemark. 1953 wurde Grönland zu einer Provinz Dänemarks erklärt. Der Einfluss der Dänen führte dazu, dass sich die Inuit immer mehr von ihrer traditionellen Lebensweise entfernten und europäische Lebensgewohnheiten annahmen. Durch Vermischung mit den Europäern entstand das Volk der Grönländer. Heute versuchen die Grönländer zunehmend, ihr Schicksal selbst zu bestimmen. 1979 wurde ihnen eine begrenzte Selbstverwaltung zugestanden, insbesondere die Außenpolitik wird aber weiterhin von Dänemark bestimmt.

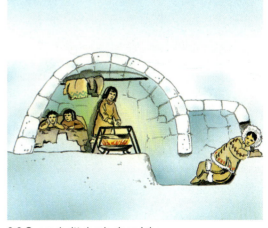

9.3 Querschnitt durch einen Iglu

2. Grönland heute

Ausschließlich von der Jagd leben heute nur noch wenige Inuit im Norden Grönlands. Wichtigste Einnahmequelle des Landes ist gegenwärtig die Fischereiwirtschaft, die nach dem Zweiten Weltkrieg mithilfe Dänemarks aufgebaut wurde. Die Fangergebnisse und die Einkünfte aus der Fischerei sind starken Schwankungen unterworfen. Dies liegt u. a. daran, dass die Fischgründe nicht immer gleich ergiebig sind. Zudem blockiert das Packeis die Häfen häufig bis weit ins Frühjahr hinein, sodass die Fangschiffe erst spät auslaufen können.

Seit einigen Jahren bemüht sich die grönländische Regierung, weitere Wirtschaftszweige zu entwickeln, um die Abhängigkeit von der Fischerei zu vermindern. So hofft man, in Zukunft die reichen Vorkommen an Bodenschätzen erschließen zu können, u. a. Erdgas, Erdöl und verschiedene Erze. Heute werden Bodenschätze erst an wenigen Stellen abgebaut. Eine Ausweitung des Bergbaus haben die Grönländer mit Rücksicht auf die empfindliche arktische Natur abgelehnt.

Mit der Einführung europäischer Lebens- und Konsumgewohnheiten verlieren die Grönländer zunehmend den Bezug zu ihrer alten, an den Gegebenheiten des arktischen Naturraums orientierten Kultur. Lebten sie früher meist als unabhängige Jäger unter einfachen Lebensbedingungen in kleinen Streusiedlungen, so erforderten Fischerei und Fischverarbeitung die Ansiedlung in größeren Orten. Heute wohnen die meisten Grönländer in Städten, teilweise sogar in Hochhäusern. Durch das Leben in Städten und die Übernahme von Arbeitsplätzen in Fabriken, Büros und Geschäften änderte sich die ursprüngliche Aufgabenteilung zwischen Frauen und Männern. Besonders auf die Frauen kamen zusätzliche Belastungen zu. Viele von ihnen sind heute in den Fischfabriken beschäftigt. Zusätzlich müssen sie auch noch den Haushalt und die Erziehung der Kinder übernehmen.

10.1 Moderne Fischereifahrzeuge

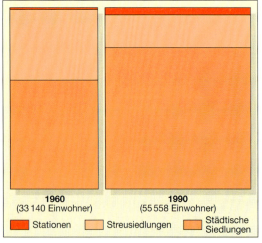

10.2 Frauenarbeit in einer Fischfabrik

10.3 Einwohnerzahl und Bevölkerungsverteilung

1. Vergleiche das Leben in Grönland früher und heute (Text S. 8/9, Mat. 10.3, 11.1 und 11.2).

2. Wie unterscheidet sich die Tätigkeit einer Arbeiterin in der Fischfabrik von der einer Fängersfrau (Text S. 9, Mat. 10.2)?

3. Nimm Stellung zur Frage der Robbenjagd in Grönland (Mat. 11.3).

Morgens, kurz vor acht, zerreißt der Ton einer Sirene die arktische Stille. Er ruft Frauen und Männer zur Arbeit in einer Fischfabrik. Die Industriegesellschaft hat in Grönland Einzug gehalten.

Der Fischfang und die Fischverarbeitung sind heute automatisiert. Die Wohnungen in den Städten haben Strom und sanitäre Einrichtungen mit fließend heißem und kaltem Wasser. Die Hauptstadt Nuuk mit etwa 15 000 Einwohnern hat Linienbusse, Taxen und einen Flughafen. Die medizinische Versorgung ist umfassend und kostenlos.

Doch der Schein einer heilen Welt trügt. Die Arbeitslosenrate liegt weit über 20 %. Wer keine Arbeit hat, muss von staatlicher Unterstützung leben. Die Bindungen innerhalb der Großfamilie, die früher bestanden, haben sich in den Städten weitgehend aufgelöst. Viele Menschen fühlen sich einsam und sind ohne Zukunftsperspektive. Der Alkoholmissbrauch ist deshalb ein großes Problem für Wirtschaft und Gesellschaft geworden. Manche Arbeiter kommen wegen Trunkenheit oft nicht zur Arbeit. Eine weitere Folge des Alkoholismus ist die hohe Zahl an Straftaten.

Viele Grönländer besinnen sich angesichts derartiger Probleme auf ihre Traditionen. Sie versuchen, die Wurzeln ihrer ursprünglichen Lebensweise und Kultur wieder ins Bewusstsein zu bringen. So gibt es immer mehr Jugendliche, die ihre Freizeit nicht mehr in Diskotheken oder in Bierlokalen verbringen, sondern wieder lernen, Kajaks zu bauen und Robben zu jagen.

11.1 Leben in Grönland heute

Auf europäische Umweltschutzorganisationen ist Johannes Tobiassen, der Bürgermeister einer grönländischen Jägersiedlung an der Uummannaq-Bucht, nicht gut zu sprechen. Ende der Siebzigerjahre machten Umweltschützer die Welt auf ein blutiges Tier-Massaker in der kanadischen Arktis aufmerksam. Jahr für Jahr wurden dort 150 000 neugeborene Sattelrobben erschlagen und dies nur wegen ihrer weißen Babypelze. Der internationale Protest gegen diese Art der Jagd durch Norwegen und Kanada hat jedoch auch die grönländischen Inuit empfindlich getroffen. Denn für sie ist die traditionelle Robbenjagd oft die einzige Existenzgrundlage, zumindest aber ein wichtiges Zubrot, und hat noch heute für jeden fünften Grönländer eine wirtschaftliche Bedeutung.

„Wir Grönländer verabscheuen das Erschlagen von Robbenbabys ebenso wie ihr Europäer", betont Tobiassen, *„und jagen nur ausgewachsene Tiere, weil wir auf das Fleisch angewiesen sind. Pro Kopf brauchen wir zwei- bis dreihundert Kilo. Dies sind für ganz Grönland rund 70 000 Robben."* Die Felle der Tiere brachten früher zudem das einzige Bargeld ein. Seitdem weltweit kaum noch Robbenpelze verkauft werden, ist auch der Markt für grönländische Felle zusammengebrochen. *„Früher hatten wir hier ein Auskommen durch den Verkauf unserer Robbenfelle. Heute sind die meisten Familien auf Hilfe aus der Staatskasse angewiesen und die jungen Leute wandern in die Städte ab."*

(nach: H. J. Kürtz. In: KOSMOS 4/1993)

11.3 Probleme der Robbenjäger

11.2 Moderne grönländische Siedlung

3. Warum ist es in Grönland kälter als in Deutschland?

Die Temperaturmeldungen vom 22. Dezember: Upernavik/Grönland −17 °C, Essen +3 °C. An Orten, die im hohen Norden liegen, herrschen gewöhnlich niedrigere Temperaturen als in weiter südlich gelegenen Orten. Diese Temperaturunterschiede hängen mit den Beleuchtungsverhältnissen auf der Erde zusammen.

Einmal in 24 Stunden dreht sich die Erde um ihre Achse. Durch diese Bewegung entstehen **Tag** und **Nacht**. Die Tagseite der Erde ist der Sonne zugewandt, die Nachtseite liegt im Schatten. Eigentlich sollte man meinen, dass Tag und Nacht überall auf der Erde jeweils 12 Stunden dauern. Dies ist aber nicht der Fall. Betrachtest du Mat. 12.2, so kannst du erkennen, dass am 22. Dezember in Upernavik die Sonne überhaupt nicht aufgeht. Es herrscht **Polarnacht**. In dieser Zeit kann die Sonne die Erdoberfläche nicht erwärmen. In Essen steht die Sonne dagegen am gleichen Tag etwa 8 Stunden über dem Horizont und kann so etwas Wärme spenden. Dies ist einer der Gründe, warum es in Essen wärmer ist als in Upernavik.

Anhand von Mat. 12.3 siehst du, dass die Sonne am 21. Juni in Upernavik überhaupt nicht untergeht. Sie steht 24 Stunden über dem Horizont. Deshalb wird vom **Polartag** gesprochen. Wie entstehen diese unterschiedlichen Beleuchtungsverhältnisse?

12.1 Sonneneinstrahlung auf der Erde

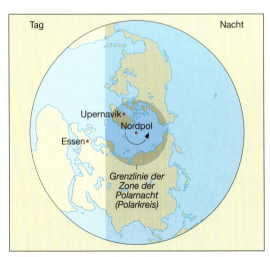

12.2 Beleuchtung der Nordhalbkugel am 22. Dezember

12.3 Beleuchtung der Nordhalbkugel am 21. Juni

Wie Mat. 13.1 zeigt, steht die Erdachse nicht senkrecht auf der Bahn, die die Erde einmal im Jahr um die Sonne beschreibt. Vielmehr ist die Erdachse gegenüber der Ebene der Erdbahn in einen Winkel von 23 1/2° geneigt. Diese Neigung der Erdachse kannst du auch an einem fest stehenden Globus beobachten. In Mat. 13.1 ist ferner zu erkennen, dass die beiden Halbkugeln der Erde auf Grund dieser Neigung der Erdachse zu verschiedenen Zeiten des Jahres ganz unterschiedlich beleuchtet werden. So entstehen die **Jahreszeiten**.

Die beiden Erdpole, der Nordpol und der Südpol, werden nur zweimal im Jahr, nämlich am 21. März und am 23. September, gleichzeitig von der Sonne beschienen. Nur an diesen beiden Tagen dauern Tag und Nacht überall auf der Erde 12 Stunden. Man spricht auch von der **Tagundnachtgleiche**. Am 21. Juni ist die Nordhalbkugel der Sonne zugewandt, während das Südpolargebiet vollständig im Schatten liegt. Für die Nordhalbkugel beginnt der **Sommer**, für die Südhalbkugel der **Winter**. Am 22. Dezember ist es umgekehrt. Nun ist der Südpol der Sonne zugewandt, während das Gebiet um den Nordpol ständig im Schatten liegt.

Betrachten wir nun die Temperaturen am 21. Juni: Upernavik +2 °C, Essen +18 °C. Obwohl in Upernavik Polartag herrscht, ist es bedeutend kälter als in Essen, wo die Sonne nur etwa 16 Stunden über dem Horizont steht. Da die Erde eine Kugel ist, kann die Sonne nicht überall gleich hoch am Himmel stehen. Während sie im Juni in Essen mittags in einem Winkel von mehr als 60° über dem Horizont steht, sind es in Upernavik nur etwa 40°. Der Winkel, den die Sonne mittags über dem Horizont erreicht, wird auch **Mittagshöhe** genannt. Steht die Sonne mittags hoch am Himmel, so erhält z. B. 1 m² der Erdoberfläche eine sehr große Energiemenge. Erreicht die Sonne hingegen nur eine geringe Mittagshöhe, so verteilt sich die gleiche Energiemenge auf eine viel größere Fläche (vgl. Mat. 12.1).

In Upernavik ist es also aus zwei Gründen kälter als in Essen: 1. Im Winter geht die Sonne einige Zeit gar nicht auf und kann daher keine Wärme spenden. 2. Im Sommer erreicht die Sonne in Upernavik eine viel geringere Mittagshöhe und kann den Erdboden daher nicht so stark aufheizen wie in Essen.

1. Vergleiche anhand von Mat. 12.2 und 12.3 die Beleuchtungsverhältnisse auf der Nordhalbkugel im Abstand von einem halben Jahr.
2. Beschreibe die Entstehung von Sommer und Winter auf der Nordhalbkugel und auf der Südhalbkugel (Mat. 13.1).
3. Erkläre die Größenunterschiede der bestrahlten Flächen A, B, C bzw. b, c in Mat. 12.1.
4. Erkläre anhand von Mat. 12.1–12.3 und 13.1, warum es in den Polargebieten kälter ist als nahe dem Äquator.
5. Schulversuch: Verdeutlicht mit einem Diaprojektor und einem Globus im verdunkelten Klassenraum die Entstehung der Jahreszeiten.

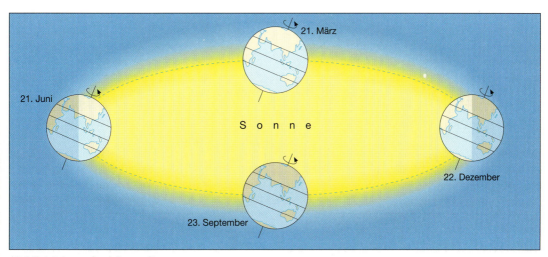

13.1 Entstehung der Jahreszeiten

14.1 Getreideanbau im Peace-River-Gebiet

4. Nur 100 Tage Wachstumszeit – an der Polargrenze des Anbaus im Norden Kanadas

Farmer Ferguson lebt mit seiner Familie in der Nähe der Stadt Fort Vermilion in der kanadischen Provinz Alberta. Auf ihrer Farm bauen die Fergusons vorwiegend Weizen an. Einige Felder werden auch mit Gerste und Raps bestellt.

Eines Tages erhält die Farm Besuch durch zwei Mitarbeiter der Zeitschrift „National Geographic". Farmer Ferguson berichtet ihnen über die Probleme des Weizenanbaus im nördlichsten Anbaugebiet Kanadas:

„Der Weizenanbau ist in unserem Gebiet immer ein Risiko. Das liegt vor allem am Klima. Die Winter sind streng und lang. Winterweizen, der im Herbst ausgesät wird und der vor der Winterruhe bereits ausgekeimt ist, würde die kalte Jahreszeit nicht überstehen. Deshalb bauen wir Sommerweizen an, der erst im Frühjahr gesät wird.

Die wichtigste Frage für uns Farmer ist in jedem Jahr die gleiche: Wann ist der Winter vorüber? Häufig haben wir Mitte April schon einige warme Tage, an denen der Weizen gesät werden könnte. Doch leider kommt es oft noch bis Ende Mai zu so starken Nachtfrösten, dass uns die Keimlinge erfrieren würden. Um dieses Risiko möglichst gering zu halten, warten wir mit der Aussaat, bis die Tagesmitteltemperaturen bei etwa 10 °C liegen. Erst dann können wir einigermaßen sicher sein, dass auch die Nächte frostfrei bleiben.

Ist im Frühjahr alles gut gegangen, hoffen wir, dass der Weizen auch ausreift, denn selbst im Sommer kann es längere, sehr kühle Witterungsperioden geben. In manchen Jahren verzögern auch zu geringe Regenfälle die Reifung des Getreides. Spätestens Anfang September ist die frostfreie Zeit vorüber. Nicht selten treten die ersten Nachtfröste auf, noch bevor die Ernte eingefahren ist. Auch zu dieser Zeit müssen wir noch mit Ernteausfällen rechnen.

Sie sehen: Wer hier im Peace-River-Gebiet erfolgreich eine Farm bewirtschaften will, der muss sein Handwerk schon gut verstehen. Nur wenige Farmer kommen heute noch in dieses Gebiet, um einen neuen Betrieb zu gründen. Im Gegenteil – viele Farmer haben in den letzten Jahren aufgegeben und sind in den Süden abgewandert, so auch einer meiner Nachbarn. Den größten Teil seines Ackerlandes habe ich ihm abgekauft. Durch die Vergrößerung meines Betriebes kann ich meine teuren Maschinen besser ausnutzen …"

Das Peace-River-Gebiet in Kanada liegt nur wenig südlich des sechzigsten Breitenkreises. In diesem Raum herrschen nur in drei bis vier Monaten Durchschnittstemperaturen von mehr als 10 °C. Die **Vegetationsperiode**, so nennt man die Zeit, in der die Pflanzen wachsen und reifen können, ist daher sehr kurz.

Die kurzen Sommer setzen der ackerbaulichen Nutzung enge Grenzen. Trotzdem hat der Mensch immer wieder versucht, die **Polargrenze des Anbaus** weiter nach Norden zu verschieben. Die Züchtung neuer Getreidesorten ermöglichte dies. Die meisten Sorten des Sommerweizens benötigen mehr als 120 Tage zur Reife. Im Nordwesten Kanadas lohnt sich jedoch nur der Anbau von solchen Sorten, die wesentlich schneller reifen. In den letzten Jahren ist es gelungen, eine Weizensorte zu züchten, die eine Reifezeit von nur etwa 95 Tagen benötigt. Beim Anbau dieser Weizensorte im Peace-River-Gebiet ist wegen der kurzen Reifezeit eine Schädigung durch Frost unwahrscheinlich.

Trotz derartiger Erfolge bemühen sich einige Forscher auf Versuchsfarmen, noch geeignetere Weizensorten zu züchten, die nicht nur besonders schnell reifen, sondern auch möglichst unempfindlich gegen Fröste sind. Mit solchen Sorten könnte in Zukunft die Polargrenze des Anbaus vielleicht noch weiter nach Norden verschoben werden. Gegenwärtig sind derartige Erschließungsmaßnahmen in Kanada nicht vorgesehen, da weltweit ein Überangebot an Weizen besteht und eine Ausweitung der Anbauflächen unwirtschaftlich wäre.

Weizen ist hinsichtlich des Klimas und Bodens das anspruchsvollste Getreide, Gerste das anspruchsloseste. Daher kann Gerste auch am weitesten nördlich angebaut werden (vgl. S. 54/55).

1. Bestimme die Vegetationszone, in der Fort Vermilion und Peace River liegen (Mat. 17.1).
2. Beschreibe das Klima von Fort Vermilion (Mat. 15.1).
3. Suche auf einer Atlaskarte Gebiete in Kanada, in denen Weizen angebaut wird. Vergleiche mit der Lage von Fort Vermilion.
4. Ermittle die Dauer der Vegetationsperiode in Fort Vermilion, Montreal, Edmonton, Chesterfield Inlet und Inuvik. Welche Kulturpflanzen können jeweils mit Erfolg angebaut werden (Mat. 15.1–15.3)?

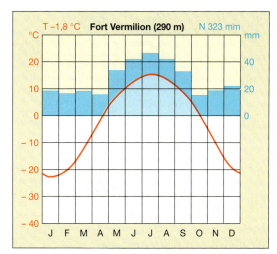

15.1 Klimadiagramm von Fort Vermilion

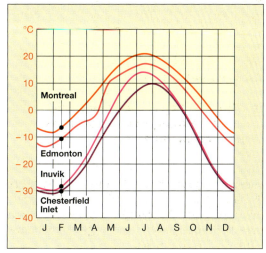

15.2 Temperaturdiagramme

Hafer	90 – 100 Tage > 10 °C
Gerste	90 – 95 Tage > 10 °C
Sommerweizen „Red Fife"	115 – 120 Tage > 10 °C
Sommerweizen heute	95 – 105 Tage > 10 °C
Kartoffeln	90 – 100 Tage > 10 °C
Reis	8 Monate > 10 °C, 3 Monate > 20 °C
Zuckerrohr	12 Monate > 10 °C, 4 Monate > 20 °C
Baumwolle	6 Monate > 20 °C

15.3 Temperaturansprüche von Kulturpflanzen

Vegetationszonen im Norden Kanadas

Das Peace-River-Gebiet war noch zu Beginn des 20. Jahrhunderts weitgehend von dichtem Nadelwald bedeckt. Die Rodung des Waldes war Voraussetzung für die landwirtschaftliche Erschließung. Heute gibt es im Peace-River-Gebiet nur noch vereinzelte Waldreste.

Große Gebiete im mittleren und nördlichen Kanada, die aufgrund des ungünstigen Klimas für die Landwirtschaft nicht geeignet sind, werden dagegen auch heute noch von Nadelwald eingenommen. Dieser Nadelwald, der auch in Alaska, Nordrussland und in Skandinavien verbreitet ist, wird **borealer Nadelwald** genannt.

Im Norden und Nordosten des kanadischen Festlandes geht der boreale Nadelwald allmählich in die **Tundra** über. Dort, im Bereich der **Waldgrenze**, ist die Vegetationsperiode so kurz, dass keine Bäume mehr wachsen können. Hier bilden Flechten, Moose, Gräser und einige Arten von krautigen Pflanzen den Bewuchs. Im Sommer blühen gleichzeitig die nur wenige Zentimeter hohen Tundrablumen und verwandeln die Landschaft an manchen Stellen für kurze Zeit in ein buntes Blütenmeer, bevor die ersten Herbststürme mit Frost und Schnee über das Land fegen. Wegen der kurzen Sommer wachsen die Pflanzen nur sehr langsam. Die Tundra ist daher ein sehr verletzlicher Lebensraum. So bleiben beispielsweise Reifenspuren von Fahrzeugen, die über die Tundra gefahren sind, jahrelang sichtbar.

Weiter im Norden, auf den arktischen Inseln Kanadas, ist das Klima noch rauher als in der Tundra. Dort können lediglich vereinzelte Pflanzen an geschützten Stellen überleben. Das Land ist vorwiegend mit Gesteinsschutt bedeckt. Man spricht daher von der polaren **Frostschuttzone**. Völlig ohne Pflanzenwuchs sind die polaren **Eiswüsten**, die ständig von Eismassen bedeckt sind.

Der gesamte Norden Kanadas, bis weit in die Zone des borealen Nadelwaldes hinein, liegt im Bereich des **Dauerfrostbodens**. Dort bleibt der Untergrund in der Tiefe ständig gefroren, während die Oberfläche im Sommer kurzzeitig auftaut. Da das Schmelzwasser nicht versickern kann, bilden sich vielerorts Sumpfgebiete, die von Milliarden von Stechmücken bewohnt werden.

Im borealen Nadelwald wird vorwiegend Holzwirtschaft betrieben (vgl. S. 60/61, S. 108/109). In dieser Zone gibt es nur wenige Städte. Die Tundra ist noch dünner besiedelt. An einigen Stellen, an denen Bodenschätze vorkommen, entstanden Bergbausiedlungen. Ebenso wie die Küstengebiete Grönlands werden auch die Küsten Nordkanadas von Inuit bewohnt (vgl. S. 8 ff.).

5. Erläutere die Verbreitung der Vegetationszonen in Kanada (Mat. 17.1, Mat. 15.2).
6. Beschreibe das Erscheinungsbild der Tundra im Sommer (Mat. 17.2).
7. Erläutere den Begriff Dauerfrostboden. Beschreibe seine Verbreitung in Kanada (Mat. 16.1, 16.2, Mat. 17.1).

16.1 Dauerfrostboden

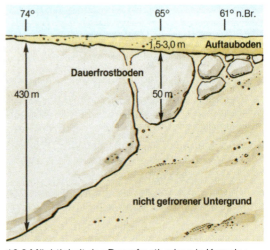

16.2 Mächtigkeit des Dauerfrostbodens in Kanada

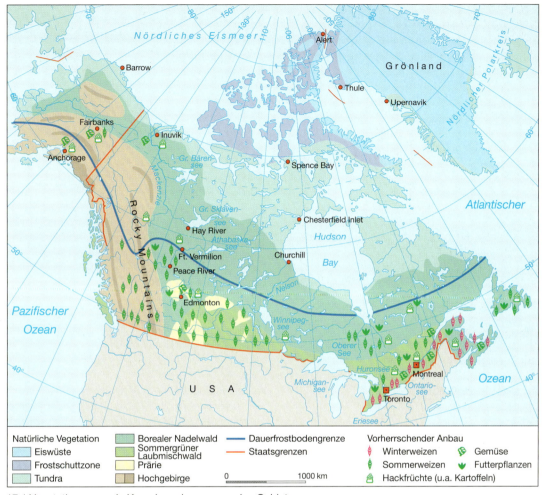

17.1 Vegetationszonen in Kanada und angrenzenden Gebieten

17.2 Tundra im Sommer

Trockenheit kann überwunden werden

GROSSE SAHARA-EXPEDITION

Die Wüste hautnah erleben – das können Sie auf einer Landrover-Fahrt durch die Sahara. Unvergessliche Eindrücke warten auf Sie!

Die Übernachtung erfolgt in Zelten. – Teamgeist und körperliche Fitness werden vorausgesetzt. 21 Tage Flug (Frankfurt–Tunis)/Landrover DM 5975,–

18.1 Aus einem Reiseprospekt

1. Durch die Wüste

20.5.: Am frühen Morgen verlassen wir Gabès in Südtunesien. Nach drei Stunden Fahrt erreichen wir den Schott el Djerid. Scheinbar endlos liegt eine tischebene Landschaft vor uns: schmutzigbrauner, getrockneter salzhaltiger Schlamm, hart wie Beton, stellenweise von Sand überweht. In der Ferne leuchten riesige Salzflächen.
Wir fahren über die Dammstraße, die den **Schott** von Osten nach Westen durchquert. Die Temperatur steigt auf 40 °C und mehr im Wagen. Der Fahrtwind bringt kaum Kühlung. Er ist warm wie ein Fön. Kein Gras, kein Strauch, totale Wüste.
In Tozeur, dem letzten größeren Ort vor der algerischen Grenze, wird der Tank gefüllt. Dann sind wir im Östlichen Großen Erg. So habe ich mir die Wüste immer vorgestellt: Sand, überall feiner goldgelber Sand, den der Wind zu Dünenketten zusammengeweht hat. Ich verstehe, warum die Araber die Wüste „bahr bel ã mã", Meer ohne Wasser, nennen. Gegen Abend erreichen wir El Oued.
21.5.: Nach 60 Kilometern erreichen wir die große Südroute, die von Algier zu den Erdölfeldern führt. Hier herrscht reger Schwerlastverkehr. Gegen Abend sind wir in Hassi Messaoud, dem Zentrum der algerischen Erdölförderung. In der Ferne leuchten die Lichter der Raffinerien.
Die 320 Kilometer von der tunesischen Grenze bis hier auf Asphaltstraßen waren problemlos. Ab Morgen geht es auch über Pisten, das sind nicht befestigte Straßen. Dann wird es sich beweisen, ob unsere Vorbereitungen ausreichend waren.
22.5.: Auf beiden Seiten ragen die **Dünen** 100 m und mehr auf. Es kommt uns kein Wagen mehr entgegen. Die Strecke ist also unpassierbar. Tatsächlich – plötzlich hört die Straße auf. Sie ist unter einer ungefähr 4 m hohen Wanderdüne versunken. Wir steigen aus und klettern hinauf. Auf der uns zugewandten, windausgesetzten Seite ist der Sand festgepresst, auf der windabgewandten Seite ist er bodenlos weich und tückisch.
Irgendwann wird eine Raupe oder ein Schneepflug kommen und den Sand beiseite schieben. So lange können wir nicht warten. Deshalb umfahren wir die Wanderdüne. Nach drei Stunden mühsamer Fahrt durch Sand erreichen wir wieder die Straße. Heute übernachten wir in der Wüste.
23.5.: Bei Bordj Omar Driss ändert sich die Landschaft. Steine und Felsbrocken, so weit das Auge reicht. Wir sind in der **Hamada**. Von einer Piste

19.1 Wüstenarten 1

19.3 Wüstenarten 3

kann keine Rede sein. Lediglich alle 10 km stehen drei bis vier Meter hohe Eisenstangen, die die Richtung angeben. Wir fahren selten schneller als 10 km/h. Reifen und Stoßdämpfer werden auf eine harte Probe gestellt.

24.5.: Heute kommen wir gut voran. Wir durchfahren eine fast ebene Fläche, die mit kleinen, gerundeten Steinen und Kies bedeckt ist. *Serir* nennen die Araber diese Kieswüste.

25.5./26.5.: Wir folgen weiter den Eisenstangen. Gegen Mittag wird das Gelände gebirgig. Zur Linken steigen die Berge bis über 2000 m auf. Dann taucht vor uns das zerklüftete Massiv des Hoggar auf. Die letzten Kilometer fahren wir durch ein *Wadi*, ein ausgetrocknetes Flussbett. Die Wände steigen steil auf und sind mehrere Meter hoch. Bei den seltenen Regenfällen füllt sich das Tal innerhalb von Minuten mit Wasser, das alles mitreißt, was sich ihm in den Weg stellt. Ich erinnere mich an die Warnung im Reiseführer:

„Übernachten Sie nie in einem Wadi. Wahrscheinlich sind in der Wüste mehr Menschen ertrunken als verdurstet."

Nach sieben Tagen sind wir in Tamanrasset, dem südlichsten Punkt unserer Reise.

(nach: Wolfgang Mittag, Reisetagebuch 1993)

1. Verfolge die Reiseroute auf Mat. 18.1. Miss im Atlas die Entfernung von Gabès bis Tamanrasset (Luftlinie). Vergleiche mit der Entfernung Köln – Neapel.
2. Ordne die Fotos (Mat. 19.1–19.4) den im Text genannten Wüstenarten zu.
3. Miss die Nord-Süd- und die West-Ost-Ausdehnung der Sahara. Stelle fest, welche Staaten an der Sahara Anteil haben (Atlas).

19.2 Wüstenarten 2

19.4 Wüstenarten 4

20.1 Flussoase

2. Oasen – Inseln im Sandmeer

Erreicht man nach dem mühsamen Weg durch das „Meer ohne Wasser", dem „bahr bel ã mã", wie die Araber die Wüste nennen, endlich eine **Oase**, erfasst man die Bedeutung dieses Wortes: Rastort. Das Ohr vernimmt das lange vermisste Geräusch von fließendem Wasser, das Auge erfrischt sich am Grün der Bäume. Das Leben der Wüste scheint hier versammelt zu sein. Die meisten der rund zwei Millionen Menschen der Sahara leben in Oasen. Wasservorkommen ermöglichen hier Ackerbau.

Aber woher kommt das Wasser in der Wüste? Die Niederschläge, die in unregelmäßigen Abständen fallen, verdunsten schnell wieder. Um an das lebensnotwendige Wasser zu gelangen, haben die Bewohner der Wüste seit Jahrhunderten unterschiedliche Methoden entwickelt. Man unterscheidet je nach Wasservorkommen und Wassergewinnung verschiedene Oasentypen.

In vielen Teilen der Sahara befinden sich Grundwasservorräte. **Grundwasseroasen** liegen häufig am Gebirgsrand. Der Oued Saoura kommt aus dem Hohen Atlas. In seinem Oberlauf führt er ständig Wasser. Im Mittel- und Unterlauf ist er ein Wadi. Allerdings fließt ein Teil des im Oberlauf einsickernden Wassers als Grundwasser nach Süden. Diesen Grundwasserstrom nutzen die am Wadi gelegenen Oasen. Das Wasser wird mit einer Sakije (Mat. 21.3), zunehmend allerdings mit Pumpen, an die Oberfläche gehoben.

Auch in großen Tiefen befindet sich Grundwasser. In vielen Oasen gibt es heute moderne Tiefbrunnen, die große Mengen Wasser aus bis zu 2000 m Tiefe fördern. Dieses Wasser ist mindestens 6000 Jahre alt. Es bildete sich, als das Klima in der Sahara noch feuchter war. Wasser aus dieser Tiefe hat jedoch den Nachteil, dass es mit einer Temperatur von etwa 60 °C aus dem Boden kommt. Es muss gekühlt werden, bevor es auf die Pflanzen geleitet wird.

In einigen Oasen steht das Grundwasser unter Druck. Wird es angebohrt, so schießt es in Form eines **Artesischen Brunnens** von selbst an die Oberfläche.

Eine traditionelle Form der Oasenbewässerung sind die **Foggaras**. Kilometerlange, vom Menschen gegrabene Stollen sammeln Sickerwasser und leiten es mit leichtem Gefälle in die Oase. In Abständen von 10 bis 15 Metern führen zu den Stollen senkrechte Schächte, die der Entlüftung und Reinigung dienen. Sie sind von kleinen Sandwällen umgeben. Diese verhindern, dass Sand in die Schächte geweht wird. Heute verfallen viele Foggaras, da die Instandhaltung zu teuer ist.

21.1 Foggara

21.3 Sakije

Die **Flussoase** des Nils ist die größte Oase der Erde (vgl. S. 7). Der Nil führt ganzjährig Wasser, obwohl er über 2000 km durch die Wüste fließt. Im nördlichen Sudan und in Ägypten ist er ein **Fremdlingsfluss**, der sein Wasser aus niederschlagsreicheren – fremden – Zonen in den feuchten Tropen mitbringt. Auf seinem Weg zur Mündung verdunstet und versickert Wasser oder wird für die Bewässerung entnommen, ohne dass durch Niederschläge oder Nebenflüsse Wasser hinzugefügt wird. Daher führt der Nil nicht wie die Flüsse in Deutschland seine größte Wassermenge an der Mündung, sondern fast 2000 km stromauf.

1. Beschreibe den Aufbau der Oase (Mat. 20.1). Wo liegen die Gärten, wo die Häuser?
2. Beschreibe die unterschiedlichen Möglichkeiten des Wasservorkommens und die jeweiligen Methoden der Wassergewinnung in verschiedenen Oasentypen (Mat. 21.1–3). Suche die genannten Oasen im Atlas.
3. Erkläre die Bezeichnungen Grundwasser-, Quell- und Flussoase.
4. Flüsse in Deutschland führen an der Mündung mehr Wasser als am Mittellauf. Beim Nil ist das anders ...
5. Suche weitere Fremdlingsflüsse (Atlas).

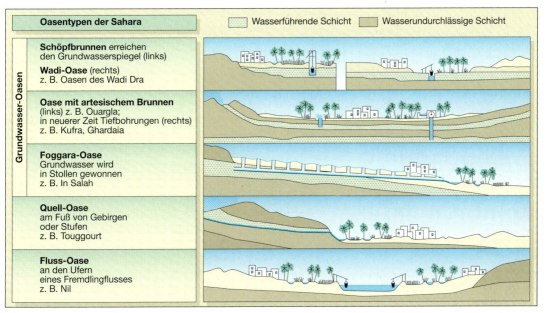
21.2 Oasentypen

22.1 Stockwerkbau im Oasengarten

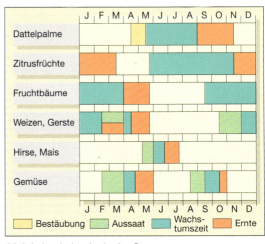

22.3 Anbaukalender in der Oase

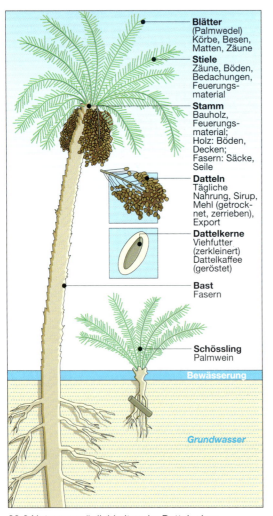

22.2 Nutzungsmöglichkeiten der Dattelpalme

Traditionelle Oasenwirtschaft

Die Oasengärten werden intensiv im **Stockwerkbau** genutzt. Das Dach bildet die Dattelpalme. Sie ist die wichtigste Pflanze, da von ihr alle Teile verwertbar sind (s. Mat. 22.2). Das mittlere Stockwerk bilden die mediterranen Obstbäume: Zitrusfrüchte, Feigen, Aprikosen, Mandeln, Granatäpfel und Ölbäume. Im Erdgeschoss wachsen Getreide, Gemüse, Gewürze sowie Tabak und Pfefferminze für Tee.

Das kostbare Wasser wird vom Brunnen in ein Sammelbecken zu den Oasengärten gepumpt. Von dort fließt es durch kleine Kanäle, heute oft auch durch Betonrohre, die die Verluste durch Verdunstung und Versickern weitgehend verhindern. Niedrige Erddämme unterteilen die Gärten in Beete. Zur Bewässerung werden die Dämme durchstoßen und die gewünschten Beete überflutet. In anderen Beeten sind Furchen, durch die das Wasser läuft. Sowohl bei der Beet- als auch bei der Furchenbewässerung wird nur etwa ein Drittel des Wassers von den Pflanzen genutzt. Der Rest geht durch Versickern und Verdunsten verloren (vgl. S. 80).

Zum Problem der Bewässerung kommt in den Oasen das Problem der Entwässerung. Durch die starke Verdunstung besteht die Gefahr der **Bodenversalzung**. Im Wasser sind Mineralien und Salze gelöst. In der gemäßigten Klimazone fließen die unverbrauchten Salze mit dem Sickerwasser ab. Der Bodenhaushalt wird dadurch nicht gestört. In Trockengebieten jedoch verdunstet so viel Wasser, dass die gelösten mineralischen Stoffe und Salze nicht ins Grundwasser abtransportiert werden können. Gleichzeitig steigt beim Verdunsten das Bodenwasser in haarfeinen Rissen (Kapillaren) auf. Die mitgeführten Salze reichern sich in der obersten Bodenschicht an und auf der Oberfläche bilden sich deutlich sichtbare weiße Salzkrusten (Mat. 23.1).

Ohne Gegenmaßnahmen ist der Boden für den weiteren Anbau wertlos. Um versalzte Böden wieder auszuwaschen oder die Versalzung von vornherein zu verhindern, wird die Wasserzufuhr gesteigert. Das überschüssige Wasser dringt tief in den Boden ein und wird über Dränagerohre oder durch tiefer liegende Entwässerungsgräben abgeleitet. Das salzhaltige Wasser fließt in tiefer gelegene Becken, in denen es verdunstet und versickert. An der Oberfläche bleibt eine weiße, salzige Kruste zurück.

Die Versalzung ist nicht nur in der Sahara ein Problem, sondern in allen Trockenräumen der Erde, in denen die Verdunstung höher ist als der Niederschlag.

In einigen Oasen der Sahara verläuft das Leben heute noch wie vor hundert Jahren: Im Schutz der Dattelpalmen breiten sich die Oasengärten aus. Die Oasenbauern bearbeiten mit der Hacke ihre kleinen Beete und kümmern sich um die Bewässerung. Der Ernteertrag und damit der Wohlstand der Bauern hängt von der verfügbaren Wassermenge ab.

Es kommt vor, dass in einer Oase üppige und wasserreiche Gärten neben anderen Parzellen liegen, auf denen kaum etwas gedeiht. In diesem Fall müssen kleine Oasengärtner, die in Not geraten sind, Anteile ihres Wassers verkaufen oder verpachten. Oft haben kaufkräftige Familien im Lauf der Zeit einen hohen Anteil der Wasserrechte in ihre Hände gebracht, eine Investition, die sich durch Pachtverträge reichlich verzinst, aber die großen sozialen Unterschiede in den Oasen vertieft.

In einigen Oasen besitzen auch Wanderhirten Wasserrechte. Als Gegenleistung übernehmen sie den Schutz vor räuberischen Überfällen. Die Arbeit in den Gärten war allerdings in den Augen der stolzen Wüstensöhne immer eine niedere Tätigkeit, für die sie lieber schwarze Sklaven einsetzten. Deren Nachfahren sind auch heute noch oft besitzlose Landarbeiter und bilden die unterste soziale Schicht in der Oase. Wirtschaftliche Not und überdurchschnittliches Bevölkerungswachstum sorgen dafür, dass sich das traditionelle Sozialsystem mit seiner geringen Entlohnung wenig verändert. (nach: H. Achenbach. In: „Sahara", Merian 9/1985)

6. Beschreibe die Wasserverteilung in Oasen.
7. Berichte über die Wirtschaftsweise in Oasen:
   – Beschreibe den Stockwerkbau (Mat. 22.1, Text).
   – Erläutere den Anbaukalender (Mat. 22.3).
   – Die Dattelpalme gilt als „Königin der Oase". Erkläre (Mat. 22.2, Text).
8. Beschreibe anhand von Mat. 23.1 die Vorgänge bei der ganzjährigen Bewässerung mit und ohne Entwässerung (Dränage).
9. Erläutere das traditionelle Sozialsystem in den Oasen.

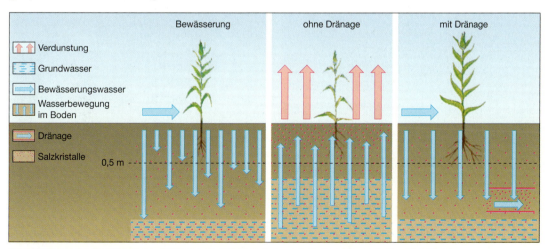

23.1 Einfluss von Bewässerung, Dränage und Verdunstung auf die Versalzung in Trockenräumen

24.1 Bewässerungsflächen in Kufra (Libyen)

Oasen im Wandel

Die medizinischen und hygienischen Bedingungen in den Oasen sind besser geworden. Impfungen wurden durchgeführt und Krankenstationen eingerichtet. Die Qualität des Trinkwassers wurde verbessert. So sank vor allem die Säuglings- und Kindersterblichkeit. Die Zahl der Geburten aber ist gleich geblieben. Die Folge hiervon ist ein hohes Wachstum der Bevölkerung.

Bodenschätze, besonders Erdöl und Erdgas, wurden entdeckt. Um sie nutzen zu können, baute man Straßen, Flugplätze und Pipelines. Heute sind viele Oasen durch Teerstraßen untereinander und mit den großen Städten verbunden.

Oasen, die an Verkehrswegen oder günstig zu Bergbau- oder Erdöllagerstätten liegen, wuchsen durch die Zuwanderung. So entwickelte sich das Oasendorf Ghardaia zu einer Großstadt mit ca. 150 000 Einwohnern (1995). Ein Tiefbrunnen fördert das notwendige Wasser. Heute ist die Oase Drehscheibe für den Trans-Sahara-Verkehr und die Versorgung der Erdöl- und Erdgasfelder bei Hassi Messaoud. Die Landwirtschaft spielt in Ghardaia kaum noch eine Rolle.

Durch Tiefbrunnen konnten neue Großprojekte mitten in der Wüste entstehen, z. B. bei den Kufra-Oasen in Libyen. Dort werden heute bereits 15 000 ha Ackerland mit riesigen, selbstfahrenden Beregnungsanlagen bewässert. Ein Bewässerungskreis hat einen Durchmesser von mehr als ei-

24.2 Beregnungsanlage

24.3 Dattelverarbeitungsbetrieb

nem Kilometer und umfasst 100 ha. Man baut Getreide an und Futterpflanzen für Schafe, die in großen Farmen gezüchtet werden. Etwa 100 000 Schafe pro Jahr liefern die Farmen in die Schlachthöfe der Küstenstädte. Der Wasserverbrauch der Berieselungsanlagen ist jedoch sehr hoch.

Für viele Oasen allerdings bringt der Fortschritt Probleme.

Im letzten Jahr war ich wieder einmal in Farafra, einer kleinen abgelegenen Oase in Ägypten. Ich wollte herausbekommen, ob sich durch die Teerstraße, durch die der Ort 1979 an die Zivilisation angeschlossen worden war, das Leben in der Oase verändert hat.

Seither gibt es Unruhe unter der Bevölkerung. Die jungen, arbeitsfähigen Bewohner wandern ab in die Städte, z. B. nach Kairo. Die mühsam der Wüste abgetrotzten Gärten verfallen. Wenn die jungen Leute ihre Familien besuchen, bringen sie den Duft der großen weiten Welt mit und Kritik am Oasenleben. Und es gibt die Busse mit den Touristen, die auf der Suche nach der alten Oasen-Romantik sind und kunsthandwerkliche Gebrauchsgüter, wie Decken, Palmwedel-Flechtarbeiten und Körbe, aufkaufen. Diese Produkte sind so teuer geworden, dass Oasenbewohner sie sich kaum noch leisten können und auf billige Plastikwaren ausweichen. Die Oasen hören auf, rettende Inseln im riesigen Sandmeer zu sein. Sie drohen, Freilichtmuseen mit Luxusherbergen für zivilisationsmüde Städter zu werden.

(nach: Carl E. Buchalla. In: „Sahara", Merian 9/1985)

Es gibt Oasen, in denen nur noch alte Menschen wohnen, die von den Geldüberweisungen ihrer Söhne leben. Teile der Oasengärten können nicht mehr bewirtschaftet werden, denn die Arbeitskräfte fehlen. Andere Oasengärten versalzen zunehmend, da die Drainagesysteme nicht mehr instand gehalten werden. Es gibt sogar ganze Oasen, die verfallen, da die neuen Tiefbrunnen in der Umgebung ihnen das Wasser entziehen.

Die natürlichen Oasen haben Jahrhunderte hindurch der Wüste widerstanden. Die Entnahme von Grundwasser durch Oasenbauern und dessen Erneuerung durch seltene Regenfälle waren weitgehend im Gleichgewicht. Das ändert sich nun beängstigend: Die Motorpumpen der Tiefbrunnen holen so viel Wasser aus der Erde, dass der Grundwasserspiegel bedenklich sinkt und alten Oasen vielerorts bereits die Lebensgrundlage entzogen wird. In vielen Gegenden der Sahara gilt die Faustregel: Ein Quadratmeter großtechnisch bewässerter Wüstenboden lässt einen Quadratmeter traditionell bewirtschafteter Oasenfläche vertrocknen.

(aus: GEO 1/1980)

10. Nenne wichtige Bodenschatzvorkommen in der Sahara und beschreibe, wie diese mit Hafenstädten verbunden sind (Atlas).
11. Lokalisiere Ghardaia (Atlas) und erkläre das Wachstum der Oase.
12. Beschreibe und begründe den Wandel von Oasen am Beispiel von Kufra und Farafra.
13. Stelle die Vor- und Nachteile der Tiefbrunnen zusammen.

25.1 Junge Arbeitslose

25.2 Versandete Oase

26.1 Salzkarawane

3. Nomaden – Wanderer in der Wüste

Neben den sesshaften Oasenbauern entwickelte sich in der Sahara – wie in vielen anderen Trockenräumen der Erde auch – eine ganz andere Lebens- und Wirtschaftsform, die der **Nomaden**. Als Wanderhirten ziehen sie mit ihren Kamel-, Ziegen-, Schaf- und Rinderherden von einem Weideplatz zum anderen.

Das wichtigste Tier der Nomaden in der Sahara ist das Kamel. Seine Ausdauer und Schnelligkeit ermöglichen es, die riesigen, unbewohnten Räume der Wüste zu durchqueren. Neben der Viehzucht machte daher der Karawanenhandel viele Nomadenstämme wohlhabend.

Die Kel-Aïr sind ein Tuareg-Stamm aus dem Aïr-Gebirge, der sich seit langem auf den Salzhandel spezialisiert hat.

Anfang Oktober, wenn die kühle Jahreszeit beginnt, verlassen einige Männer der Kel-Aïr-Tuareg mit ihren Kamelen ihre Heimat, das Aïr-Gebirge in der Sahara. Ziel ist die Oase Bilma, etwa 500 km östlich im Erg von Ténéré, wie die Sandwüste zwischen Aïr und Tschad-See heißt. Jedes Kamel transportiert etwa 200 kg: Trockenfleisch von Ziegen, Schafen und Kamelen, Käse aus der Milch dieser Tiere sowie Hammelfett und Hirse. Gegen 5.30 Uhr morgens werden die Kamele gefüttert.

- Das Kamel verträgt auch salziges Wasser. Es muss nur alle 14 Tage zur Tränke, wo es innerhalb von 10 Minuten bis zu 130 Liter Wasser aufnimmt.
- Die langen Beine halten den Körper mit den wichtigen Organen oberhalb der bodennahen heißen Luftschicht.
- Der schmale Rücken und die steil abfallenden Flanken bewirken, dass nur ein kleiner Teil des Körpers von Sonnenstrahlen getroffen wird.
- Beim Einatmen kühlen die weitläufigen Nasengänge die Luft um 10 °C. Beim Ausatmen schlägt sich ein Teil der Feuchtigkeit der Atemluft an den Nasenwänden nieder. So wird der Wassergehalt der ausgeatmeten Luft um 30 % gemindert.
- Der unempfindliche Gaumen ermöglicht das Fressen von Dornengestrüpp.
- Der leistungsfähige Verdauungstrakt verwertet sogar Dattelkerne und Holz. Im Prinzip könnten Kamele mit Telefonbüchern ernährt werden.
- Der Körper kann seine Temperatur gefahrlos erhöhen; erst bei 41 °C tritt zur Kühlung Schweiß aus.
- Der Höcker dient als Fettreserve.
- Die tellerartigen, beschwielten Hufe schützen in unwegsamem Gelände und ermöglichen das Durchqueren von Sandgebieten.
- Das Kamelhaar dient als Hitzeschutz.
- Die Milch ergänzt die Nahrung der Menschen.
- Das Kamelhaar kann ähnlich wie Wolle verarbeitet werden.
- Getrockneter Kamelmist ist gutes Brennmaterial.
- Die Haut wird zu Leder verarbeitet.
- Das Kamelfleisch ist schmackhaft.

26.2 Das Kamel (Dromedar) – ein Kind der Wüste

Ihr Dung wird gesammelt. Er dient als Brennmaterial, mit dem die Tuareg den Tee für das Frühstück und das Essen für den Tag kochen. Nach dem Frühstück, kurz vor dem Aufbruch, werden die Kamele beladen. Dies ist ein zeitraubender Vorgang, denn die Tiere sträuben sich, schlagen aus und versuchen die Treiber zu beißen. Über den Rücken der Tiere wird ein sorgsam zusammengefalteter Jutesack gelegt, der ein Wundscheuern verhindert. Darauf kommen die Waren. Sie müssen gleichmäßig verteilt sein, je 100 kg auf jeder Seite des Kamels.

Zwischen 6 Uhr morgens und 10 Uhr nachts macht die Karawane kein einziges Mal Halt. Die Männer essen und trinken im Gehen. Futter und Vorräte für einen Monat müssen mitgenommen werden, ebenso Wasser, das in Ziegenfellschläuchen transportiert wird. Auf der gesamten Strecke gibt es nämlich nur einen Brunnen, dessen Wasser so schlecht ist, dass sogar manche Kamele es verweigern.

In Bilma tauschen die Kel-Aïr ihre Waren gegen Datteln ein, vor allem aber gegen Salz, das dort gewonnen wird. Das Salz wird nach Kano transportiert und mit beträchtlichem Gewinn verkauft. Salz erzielt auf dem Markt von Kano den 25fachen Preis des Einkaufs in Bilma.

Mit dem Erlös kaufen die Kel-Aïr Hirse, Kleidung, Tee und Zucker. Begehrt sind auch Kassettenrecorder und Radios. Mit diesen Waren ziehen die Männer in das Aïr-Gebirge zurück. Die meisten Waren sind für den Bedarf des Stammes bestimmt. Einen Teil der Hirse allerdings nehmen die Kel-Aïr am Ende des Sommers wieder mit, um ihn in Bilma zu verkaufen.

Bei den Herden im Aïr bleiben vor allem Frauen, Kinder und Greise. Als Nomaden ziehen sie mit den Tieren von Weideplatz zu Weideplatz. Meist schließen sich dazu mehrere Familien, die miteinander verwandt sind, zusammen. Die Nächte verbringen sie in transportablen Zelten. Diese bestehen aus Stoffbahnen, die die Frauen aus Kamelwolle und Ziegenhaar weben. Der Hausrat, die Vorräte sowie die Stangen und Stoffe der Zelte werden auf Kamelen transportiert.

Nur wenn die Sonne im Zenit steht, ist die gesamte Familie vereint. Jetzt fällt der wenige Regen. Die Wasserstellen sind gefüllt, die Weideflächen grün. Soweit es möglich ist, werden Feste, etwa Hochzeiten, jetzt gefeiert.

1. „Ata Allah" (Gottesgabe) nennen die Nomaden der Sahara das Kamel. Begründe diesen Namen (Mat. 26.3, Text).
   – Erläutere, warum das Kamel für das Leben in der Wüste bestens ausgerüstet ist.
   – Wie machen sich Nomaden das Tier zunutze?
2. Beschreibe den Karawanenhandel der Kel-Aïr (Text). Fertige eine Kartenskizze an und trage darin die Warenströme ein.
3. Verfolge den Weg der Karawane im Atlas. Welche Länder und welche Teile der Sahara werden durchquert?
4. Beschreibe das Leben der daheimgebliebenen Kel-Aïr.

27.1 Vieh am Tiefbrunnen

Nomaden sollen sesshaft werden

Die Salzkarawane der Kel-Aïr ist eine der letzten großen Karawanen der Sahara. Sie wird heute noch durchgeführt, da die Strecke nach Bilma für Lkw nur schwer zu befahren ist. Die meisten Karawanen aber lohnen sich nicht mehr. Die Konkurrenz der Lkw ist zu groß. Auch die Tierzucht ist gefährdet. Auf Grund häufiger Dürren finden die Nomaden nicht immer ausreichende Weideplätze für ihre Herden. Brunnen und Wasserstellen sind oft ausgetrocknet.

Dies führte dazu, dass die Herdenbestände stark schrumpften. So leben nur noch wenige Menschen in der Wüste als **Vollnomaden**, die ständig mit ihren Herden von einer Wasserstelle zur anderen ziehen und auf ihrer Suche nach Weideplätzen bis zu 1000 km im Jahr zurücklegen. Die meisten Nomaden sind heute **Halbnomaden**. Nur noch ein kleiner Teil des Stammes zieht wie die Kel-Aïr mit den Herden von Wasserstelle zu Wasserstelle. Die dabei zurückgelegten Entfernungen übersteigen kaum noch 200 km, meist sind sie erheblich kürzer. Ein Teil des Stammes, meist Frauen, Kinder und Greise, wohnt ganzjährig am Rande von Oasen in Zelten. Manchmal haben sie kleine Häuser gebaut oder sind in Siedlungen gezogen, die die Regierung errichtet hat. Einige von ihnen bewirtschaften sogar Oasengärten, eine Tätigkeit, die sie früher verachteten. Vor allem die jungen Männer sind auf der Suche nach Arbeit in die Städte oder zu den Ölfeldern in Algerien oder Libyen abgewandert.

Oasen, die nahe an Erdöl- oder Erdgasfeldern liegen, haben ihr Aussehen und ihre Funktion verändert. Ein gutes Beispiel ist Ghardaia. Um den alten Ortskern entstanden neue Stadtteile. Gebaut wurden moderne Wohnviertel, in denen außer den sesshaft gewordenen Nomaden auch Verwaltungsbeamte und Angestellte der staatlichen algerischen Erdölfirma SONATRACH leben. Ferner entstanden Hotels und sogar ein Campingplatz. Ein Flugplatz wurde angelegt. Es entwickelten sich Gewerbe- und Industriezonen mit Betrieben für Fahrzeugteile, Baumaterial, Haushalts- und Textilwaren, die zusätzliche Arbeitsplätze bieten.

Die Regierungen der nordafrikanischen Staaten tun viel, um die Nomaden sesshaft zu machen. Dr. Belhadj, ein Vertreter der Regierung Tunesiens, schildert deren Situation in seinem Land:

„Die moderne Zeit hat den Nomaden die Grundlagen entzogen. Ihre Viehwirtschaft ist nur wenig produktiv und dient in hohem Maß dem Eigenkonsum. Der Bau von Straßen und damit der schnelle, billige und problemlose Verkehr mit dem Lkw hat die Karawanen überflüssig gemacht. Politische Grenzen zerschneiden die alten Wandergebiete. Die Nomaden müssen sich an die Gesetze halten, Pass- und Zollbestimmungen, Ein- und Ausfuhrbeschränkungen gelten auch für sie. Und auch Nomaden müssen Steuern zahlen. Dafür bauen wir Krankenhäuser und Schulen. Auch Nomadenkinder sollen lesen und schreiben lernen, selbst wenn ihre Eltern dies nicht immer einsehen."

28.1 Wanderbewegungen in der nördlichen Sahara

28.2 Nomadenzelte am Stadtrand

Mareddin, ein alter Nomade vom Stamm der Marazig aus Südtunesien, ist anderer Ansicht:

„Schnelligkeit und Ausdauer des Kamels machten uns zu Herren der Wüste. Meine Vorfahren waren Krieger, unabhängig und frei. Der Sklavenhandel brachte uns Reichtum. Diese Überlegenheit machte uns zu Herren der Oasen. Es gab ganze Oasen, die uns gehörten. Die Feldarbeit – für Nomaden unwürdig – verrichteten Sklaven. Heute ist alles anders. Das Land soll dem gehören, der es bestellt. Nur wenn wir sesshaft werden, dürfen wir Land besitzen – und sollen es selbst bestellen. Allah bewahre mich vor dieser Sklavenarbeit.

Doch wovon sollen wir leben? Unsere jungen Männer wandern nach Norden, um bei der Wein- und Olivenernte zu helfen. Einige gehen sogar als Gastarbeiter nach Europa, andere arbeiten auf den Ölfeldern. Wer großes Glück hat, wird Lkw-Fahrer oder Fremdenführer. Viele lösen sich dabei langsam von ihrem Stamm und bleiben nach einigen Jahren in den Städten."

Fachleute, die früher für die Sesshaftmachung der Nomaden am Rande der Oasen oder der Städte waren, sind dabei, ihre Meinung zu ändern.

In feuchten Jahren nutzen Nomaden die weit zerstreut in Wadis und an Gebirgsrändern liegenden Weideplätze. In Dürreperioden können sie schnell in feuchtere Gebiete ausweichen. Immer häufiger hört man daher die Ansicht, dass vor allem der Halbnomadismus keine überholte Wirtschaftsform sei, sondern eine geschickte Nutzung der Wüsten und Halbwüsten.

Oft wird von den Regierungen der Sahelstaaten die Forderung nach Sesshaftmachung der Nomaden erhoben. Das muss den Kenner dieser Zone bedenklich stimmen. Bei den starken regionalen Schwankungen der Niederschläge sind die Weidegebiete von Jahr zu Jahr unterschiedlich im Grasbestand. Daher wird die Viehwirtschaft dieser Zone „mobil" bleiben müssen, um sich den natürlichen Gegebenheiten anpassen zu können. Allerdings wird es erforderlich sein, diese nomadische Viehwirtschaft stärker als bisher an Wirtschafts- und Marktzentren anzubinden. Um dieses zu erreichen, wird ein Teil der Stämme zeitweise an Siedlungen gebunden sein und dort einer Beschäftigung nachgehen müssen. Diese Orte könnten die Funktionen der Vermarktung der Produkte der Viehhaltung und des Anbaus übernehmen.

(nach: H. G. Mensching: Nomaden und Ackerbauern im westafrikanischen Sahel. In: Leben am Rande der Sahara, Köln o. J.)

29.2 Maßnahmen in der Weidewirtschaft

5. Nenne Entwicklungen, die die traditionelle Lebensweise der Nomaden gefährden.
6. Erläutere den Prozess der Sesshaftwerdung der Nomaden (Text, Mat. 28.1–2, 29.1–2).
7. Erläutere den Aufbau einer modernen Oase (Text, Mat. 29.3, vgl. auch S. 24ff).
8. Die Auflösung einer alten Wirtschaftsweise bringt Probleme. Nenne die Gründe, die für und die gegen die Ansiedlung von Nomaden sprechen. Diskutiert die Gründe.

29.1 Dauersiedlung ehemaliger Nomaden

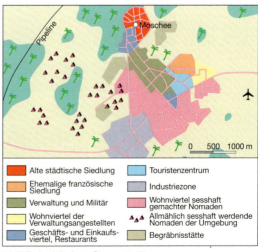

29.3 Beispiel einer Oasenstadt

Wärme und Feuchtigkeit garantieren keinen Überfluss

1. Im tropischen Regenwald

Ein Meranti-Baum erzählt

Willst du unseren Wald kennenlernen? Komm doch, tritt näher, begleite mich durch den tropischen Dschungel. Du brauchst keine Angst zu haben!

Atme tief ein, noch einmal ganz tief! Die Luft schmeckt zähflüssig, fast klebrig und riecht etwas süßlich. Und sie hängt voll würziger Düfte. Schwer ist diese Luft, wie ein nasser Schwamm, feucht und warm. Du spürst sie, ohne dass etwas davon greifbar wird. Über allem glüht das Tropenungeheuer, die Sonne. Ihre Strahlen brennen mit einer solchen Intensität, dass sich die höchsten Bäume, deren Kronen keinen Schatten kennen, ständig vor der Austrocknung schützen müssen. Deswegen haben sie kleinflächige, kräftige Blätter entwickelt, die mit einer Wachsschicht überzogen sind, um die Feuchtigkeit zu binden. So lässt es sich leben mit der Sonne, die wir brauchen wie den Regen und den Boden ...

Komm doch weiter! Der Regenwald wird dich umschließen, umblättern, umranken ... Einzigartig wie seine Vielfalt, Größe und Dichte sind auch seine verschiedenen Blattformen: länglich, breit, dick, rund, gefächert, oval und zerfranst. Der ständige Kampf um das wenige Licht, das durch das Kronendach in den Regenwald fällt, hat die meisten Blätter geprägt. Manche, die tief unten am Boden wachsen, bringen es auf eine beträchtliche Oberfläche von mehreren Quadratmetern, die den kargen Rest der Sonnenstrahlen verschlingen. Andere Pflanzen haben kleine Blätter und klettern an Baumstämmen dem Licht entgegen ...

Hörst du das schöne Konzert mit großer Besetzung? Vögel, Frösche, Heuschrecken, Kröten und Grillen spielen als Musikanten auf. Oft dominiert das monotone Gezirpe der Heuschrecken, bis ein Vogelschrei die Eintönigkeit durchbricht oder plötzlich ein Affengekreische den Solopart an sich reißt.

Über diesem Orchester thront ein Urwaldriese, 60, vielleicht 70 Meter hoch, der auf dicken, alten, zerfurchten Wurzeln steht, ganz von Moos, Flechten

30.1 Tropischer Regenwald

und Farnen bewachsen. In drei Metern Höhe klammert sich eine Grasart an die Rinde, weiter oben ein farnartiges Gewächs. Je höher es den Stamm hinaufgeht, desto mehr Pflanzen haben sich angesiedelt. Schmarotzer gehören dazu und Epiphyten, eine besondere Erscheinungsform des Regenwaldes. Es sind Huckepack- oder Aufsitzerpflanzen, die sich auf Blättern, Ästen und Ranken anderer Arten niedergelassen haben, ohne ihnen ihre Nährstoffe zu stehlen. Im Gerangel um die Sonneneinstrahlung haben sie jeden Kontakt zum lichtarmen Waldboden abgebrochen und sind in höhere Lagen geflüchtet ...

Siehst du, 15 Meter über dem Erdboden ist der mächtige Baumstamm fast ganz bewachsen, sodass die Krone kaum noch zu sehen ist. Wie verrottete Taue hängen Lianen aus luftiger Höhe bis fast auf den Boden herunter. Weil nur wenig Sonnenlicht auf den Boden dringt, ist unten der Bewuchs nicht so dicht und mit einem Haumesser kannst du dir leicht einen Weg bahnen. Trotzdem ist der Regenwald nicht die grüne Hölle, die du vielleicht erwartet hast. Er ist das grüne Paradies. ... Komm, ich erkläre dir dieses scheinbare Chaos aus ungezählten Pflanzen und Tieren. In Wahrheit regiert hier eine strenge Hausordnung mit vielen kleinen Nischen und jede Art hat ihren festen Platz.

Schau genau hin und du wirst erkennen, dass eine klare vertikale (d. h. „senkrechte") Gliederung den Regenwald prägt. Es sind mehrere Stockwerke, die jeweils ein eigenes Untersystem bilden. Der Regenwald macht etwa ein Viertel des gesamten Waldbestandes der Erde aus. Auf einem Hektar findest du bis zu 800 Tonnen Biomasse, d. h. die Summe aller lebenden und toten Organismen. Ein mitteleuropäischer Mischwald, wie bei dir zu Hause, kommt auf der gleichen Fläche nur auf 150 Tonnen.

(nach: Behrend/Paczian, Raubmord am Regenwald)

1. Beschreibe nach dem Text die unterschiedlichen Blattformen des Regenwaldes in tiefen und in hohen Lagen.
2. Kennzeichne nach den Blattformen das Klima in und über dem Wald. Ziehe auch den Text hinzu.
3. Beschreibe nach Mat. 31.1 und dem Text die Stockwerke des Waldes und ordne ihnen Pflanzen zu (vgl. mit 30.1).
4. Im Regenwald sind Großtiere selten. Begründe dies.
5. Stelle die Merkmale des Regenwaldes zusammen und vergleiche sie mit einem Wald bei uns.

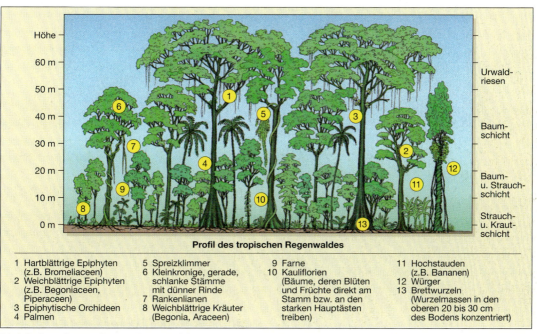

31.1 Aufbau des tropischen Regenwaldes

32.1 Wasserkreislauf im tropischen Regenwald

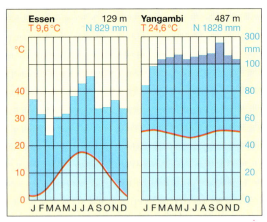

32.2 Klimadiagramme von Essen und Yangambi

Tageszeitenklima: Klimatyp, bei dem die Unterschiede der Temperatur im Verlauf eines Tages größer sind als die Unterschiede der Monatsmittel im Verlauf des Jahres.

Jahreszeitenklima: Klima, bei dem deutliche Unterschiede der Temperatur im Verlauf des Jahres unverwechselbare Jahreszeiten hervorrufen.

32.3 Klimatypen

2. Der Regenwald erhält sich selbst

Ein Tag im Regenwald

*Zwei Jahre verbrachte ich als Entwicklungshelfer in der Nähe von Yangambi am Kongo. Der tägliche Wetterablauf machte mir sehr zu schaffen. Schon früh am Morgen erwacht das Dorf zum Leben, denn um sechs Uhr wird es fast ohne Dämmerung hell. Wenn ich wenig später das Haus verlasse, schlägt mir feuchtwarme Luft entgegen. Obwohl das Thermometer nur 23 °C anzeigt, beginne ich schon bei kleinen Tätigkeiten zu schwitzen, denn die Luftfeuchtigkeit ist hoch. Nebel steht oft zwischen den Hütten und im Wald. Steil steigt die Sonne empor, durchbricht gegen 7 Uhr die Nebelbänke und löst sie auf. Es wird rasch wärmer. Schon um 9 Uhr sind es 27 °C, am Mittag über 30 °C. Flimmernd steigt die Luft auf. Sie enthält viel Wasserdampf. So ab 10 Uhr bilden sich am Himmel einzelne weiße Haufenwolken, die sich gegen Mittag immer mehr verdichten und bald den ganzen Himmel überziehen. Dunkler wird ihre Farbe, drohend ragen sie empor, bis zu 18 km hoch. Gegen 14 Uhr kommen Windböen auf, Blitze zucken durch das Dunkel, Donnerschläge krachen. Schwere Regengüsse, die **Mittagsregen**, prasseln herab. Der Regenwald dampft, die Luft ist mit Feuchtigkeit gesättigt. Erst nach 17 Uhr kommt die Sonne wieder hervor; um 18 Uhr sinkt sie als rot glühender Ball unter den Horizont. Schon Minuten später ist es stockfinster. Bis zum frühen Morgen kühlt es sich dann langsam ab. Dann fängt alles von vorn an, fast jeder Tag verläuft gleich. Besonders stark sind die Niederschläge einige Wochen, nachdem die Sonne mittags im Zenit, d. h. senkrecht über uns, gestanden hat. Diese Regenfälle nennt man deshalb auch **Zenitalregen**.*

(nach: Helmut Raabe, Bericht)

1. Stelle einen Tageskalender des Wetterablaufs im tropischen Regenwald zusammen.
2. Vergleiche den Jahresgang der Temperaturen in Yangambi (Mat. 32.2) mit dem Tagesgang (Text) und bestimme den Klimatyp.
3. Kennzeichne das Klima von Essen (Mat. 32.2).
4. Bestimme den Anteil der Niederschläge, die dem Regenwald nicht von außen zugeführt werden (Mat. 32.1). Woher kommen sie (Text)?
5. Beschreibe den Wasserkreislauf im Regenwald (Mat. 32.1).

Ökosystem Regenwald

Im Gegensatz zu den Wäldern, die wir aus Mitteleuropa kennen, liegen auf den Waldböden der Regenwälder wenig abgestorbene Blätter. Pilze und Kleinstlebewesen zersetzen die herabfallenden Pflanzenteile sofort und wandeln sie in Nährstoffe um. Die Hauptarbeit dabei verrichten spezielle Pilzarten, die in den Pflanzenwurzeln leben ... Ohne diese Pilze, die beim Abbrennen des Waldes zerstört werden, können die Urwaldpflanzen nicht gedeihen. Über 90% der Biomasse sind in den Bäumen, Pflanzen und Tieren gebunden. Durch das ständige Aufbereiten abgestorbener Pflanzen ernährt der Wald seine Bewohner und bildet somit ein weitgehend in sich geschlossenes System.

(nach: Behrend/Paczian, Raubmord am Regenwald, S. 35)

Der gesamte Wald ist wie ein Filtersystem aufgebaut. Fast nichts geht verloren. Sichtbare Bestätigung dafür sind die Wurzelstrukturen im Tropenwald. Im Regenwald Westafrikas befinden sich 80% der gesamten Wurzelmasse in den obersten 30 Zentimetern des Bodens ... Selbst ihre Standwurzeln haben viele Urwaldbäume weitgehend über die Erde verlegt. Durch diese für die Riesen unter den Urwaldbäumen charakteristischen Brettwurzeln werden wohl höchstmögliche Standfestigkeit und extrem flacher Wurzelteller miteinander kombiniert. (aus: Uwe George, Regenwald, S. 267)

Der Boden unter dem Wald

Der Boden des tropischen Regenwaldes ist reich an Eisen- und Aluminiumverbindungen, die ihn rot färben, aber arm an Nährstoffen. Der Grund dafür ist das warme und feuchte Klima, in dem es keine Jahreszeiten gibt und das die chemische Verwitterung hundertmal schneller ablaufen lässt als in unseren Breiten. Die Wärme beschleunigt die Zersetzung der herabfallenden organischen Substanzen. Die Niederschläge waschen die Nährstoffe aus und tragen sie in die Tiefe. Die Bodenteilchen können mit ihnen keine Verbindung eingehen, sie also nicht festhalten.

6. Beschreibe den Weg von Nährstoffen im Regenwald am Beispiel eines Blattes; beziehe den Text und Mat. 33.1 mit ein.
7. Erläutere den Vergleich der Wurzelschicht mit einem „Filtersystem".
8. Erkläre, warum Urwaldriesen nur flache Wurzelteller, dazu aber Brettwurzeln benötigen.
9. „Der Regenwald erhält sich selbst!" Überprüfe diese Aussage anhand von Mat. 32.1 u. 33.1.
10. „Der Regenwald – üppigste Vegetationsform der Erde auf armen Böden!" Nimm Stellung.
11. Kennzeichne nach Text und Mat. 33.1 die Auswirkungen der Rodung des Regenwaldes.
12. Vergleiche in einer Tabelle den Regenwald mit einem Wald bei uns (Text, S. 30–33).

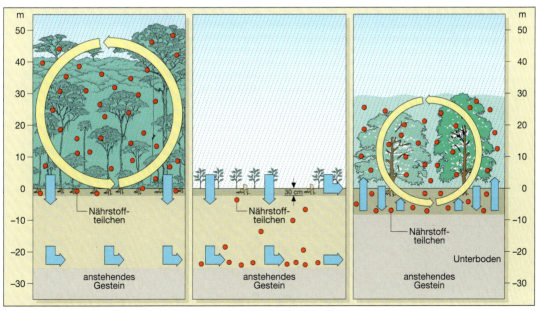

33.1 Nährstoffkreislauf im tropischen Regenwald – nach der Rodung – im europäischen Wald

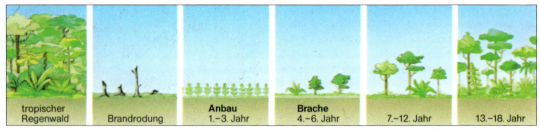

34.1 Entwicklung zum Sekundärwald

3. Landwirtschaft im tropischen Regenwald

Brandrodungsfeldbau

Der tropische Regenwald Afrikas ist nur dünn besiedelt. Es sind hauptsächlich zwei Völker, die in ihm leben. Sie stehen auf unterschiedlichen Kulturstufen. Die Pygmäen, zwergwüchsige Menschen, stehen auf der Stufe der Sammler und Jäger und kennen keinen Feldbau. Sie schweifen in kleinen Gruppen umher und leben von den Tieren und Früchten des Waldes. Zwei bis drei Menschen pro km² kann der Regenwald bei dieser Wirtschaftsform ernähren. Die Bantu, deren Vorfahren einst die Savanne bewohnten, wurden in den Regenwald abgedrängt. Sie leben auch hier in Dörfern und betreiben Feldbau. Wird der Regenwald auf dieser Kulturstufe genutzt, erhöht sich seine Tragfähigkeit je nach Bodenfruchtbarkeit auf vier bis vierzig Menschen pro Quadratkilometer.

Um dem Regenwald Flächen für den Anbau abzugewinnen, schlagen die Bantu zu Beginn eines trockeneren Jahresabschnitts mit Buschmessern und Äxten kleinere Bäume und Büsche ab. Größere Bäume werden geringelt, d. h., ihre Rinde wird eingekerbt. Dadurch sterben sie ab. Urwaldriesen lässt man häufig als Schattenbäume stehen. Nach einigen Wochen werden die verdorrten Büsche und Bäume angezündet. In der Ascheschicht, die bald den Boden der Lichtung bedeckt, sind Nährstoffe enthalten. Diese Art der Rodung nennt man **Brandrodung**. Dann beginnt die Feldarbeit. Die Bantufrauen säen mit Grabstöcken oder Hacken zwischen die verkohlten Baumstümpfe zunächst Hirse, Mais oder Bergreis. Danach pflanzen sie Mehlbananen und mehrjährige Knollengewächse, z. B. Maniok und Bataten, Taro und Yams. Deren Früchte können fast zwei Jahre lang im Boden bleiben. Daneben setzen sie Erdnüsse und Zwiebeln. Ergänzt wird der Speisezettel durch Bohnen, Auberginen, Kürbisse, Pfeffer, Tomaten u. a. aus dem „Dorfgarten". Die Bantu sind Selbstversorger.

34.2 Brandrodung

34.3 Brandrodungsfeld

Die Bantu wenden außer der Aschedüngung keine andere Form der Düngung an. Spätestens nach drei Jahren werden die Felder wegen zu geringer Fruchtbarkeit aufgegeben. Sie liegen brach. Die aufgelassenen Rodungsflächen werden vom Wald zurückerobert. In ihm gibt es viel weniger Pflanzen- und Tierarten als zuvor. Zwar kann man diesen **Sekundärwald** nach Jahren erneut roden, doch dauert es viele Jahrzehnte, manchmal Jahrhunderte, bis er vom ursprünglichen Primärwald nicht mehr zu unterscheiden ist. Der Mahagonibaum z. B. ist erst nach 300 Jahren ausgewachsen. Noch bis vor 30 Jahren glaubten Tropenforscher, die Üppigkeit des Regenwaldes gehe auf einen großen Nährstoffreichtum des Bodens zurück. Daher war man überrascht, dass trotz moderner Methoden der Bodenbearbeitung die Ernten hinter den Erwartungen zurückblieben.

1. Kennzeichne die Wirtschaftsformen des Sammlers und Jägers sowie die des Hackbauern.
2. Beschreibe die Entwicklung vom tropischen Regenwald zum Sekundärwald (Mat. 34.1).
3. Informiere dich anhand anderer Quellen über die dir unbekannten Feldfrüchte der Bantu (Mat. 35.2).
4. Erläutere Zusammenhänge zwischen Brachedauer und Bodenfruchtbarkeit (Mat. 35.3).
5. Vergleiche den Anbau im Regenwald mit dem in unseren Breiten (Text, Mat. 34.2 und 3).
6. Erkläre die Ernteergebnisse der Brandrodung (Mat. 33.1 und 35.1).

35.2 Bataten, Maniok, Yams und Taro

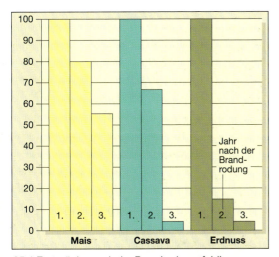

35.1 Ernterückgang beim Brandrodungsfeldbau

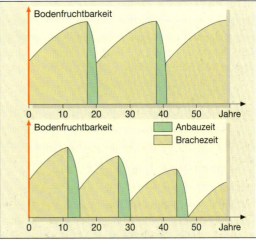

35.3 Brachedauer und Bodenfruchtbarkeit

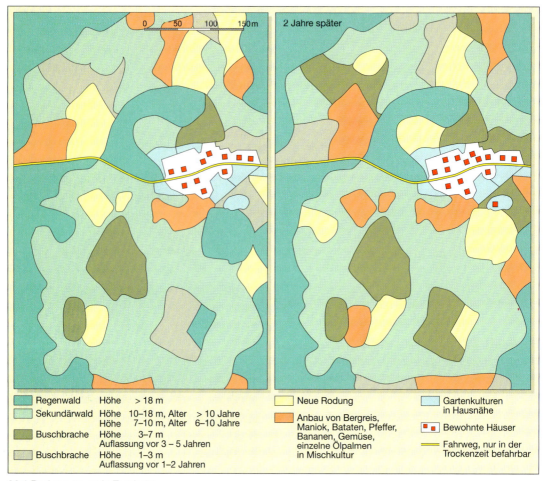

36.1 Bodennutzung in Zumbata

Wanderfeldbau in Liberia

Wenn eine Rodungsinsel aufgegeben werden soll, weil der Boden erschöpft ist, legen die Bantu im Regenwald eine neue Rodungsinsel an. Oft ist sie so weit von der vorherigen Siedlung entfernt, dass das ganze Dorf an anderer Stelle neu aufgebaut werden muss. Früher konnten sich die Waldbewohner die schwere Arbeit des Rodens erleichtern, indem sie ihre ehemaligen Rodungsinseln im Abstand von zwei bis drei Jahren der Reihe nach wieder urbar machten. So kamen sie nach etwa 20 Jahren wieder auf die erste Parzelle zurück. Die Zeit, die vergeht, bis der Kreis sich wieder schließt, wird **Rotationszyklus** genannt. Heute aber zwingt das Bevölkerungswachstum die Bantu dazu, erheblich stärkere Eingriffe in dem Regenwald vorzunehmen.

Um zu überleben, dringen Gruppen von ihnen z. B. an Holztransportwegen entlang immer weiter in den Regenwald vor (vgl. S. 112). So fallen jedes Jahr mehr Flächen des Regenwaldes der Brandrodung zum Opfer. Wenn kein Primärwald mehr vorhanden ist, beschleunigen die Bantu den Rotationszyklus, indem sie die Brachezeiten verkürzen.

7. Beschreibe nach Mat. 36.1 Vegetation und Bodennutzung der dargestellten Siedlung.
8. Vergleiche Flurstücke beider Abbildungen miteinander. Wähle dazu je ein Beispiel aus jeder Farbsignatur aus.
9. Welche Flurstücke haben die Bantu zum Anbau vorbereitet (Text, Mat. 36.1)?
10. Welche Auswirkungen hat die Zunahme der Bevölkerung auf Dorf und Flur?

Mischkultur in Ghana

Gegen Ende der kurzen Trockenzeit geht Mandu zu einer lichteren Stelle im Regenwald. Dort hat er einige Wochen zuvor Sträucher und kleine Bäume auf einer Fläche von etwa 100 x 200 m gerodet. Nun zündet er das abgetrocknete Holz an. Nach einigen Tagen bedeckt Asche den Boden der Brandrodungsinsel. Die größeren Bäume aber stehen unversehrt da und halten mit ihrem Kronendach die austrocknenden Strahlen der Sonne ab. Anscheinend ohne festgelegtes System pflanzt Mandu mit seiner Hacke Knollenfrüchte, Bergreis, Mehlbananen, Mais, Gemüse und Gewürzpflanzen an. Auch Kakaosamen kommen in diese **Mischkultur**. Bereits nach wenigen Monaten ist die Vegetation wieder so dicht, dass ein Unkundiger kaum unterscheiden kann, ob er sich im natürlichen Regenwald oder auf einer Kulturfläche befindet. Denn die Nutzpflanzen besetzen jene Stockwerke des Waldes, die Mandu vorher ausgelichtet hatte. Bald reifen die ersten Früchte. Mandu und seine Frau gehen täglich in die Pflanzung um zu ernten, zu jäten und nachzupflanzen. Weil Mandu aber hauptsächlich für den Lebensunterhalt seiner Familie anbaut, hat er nur wenig Zeit für die Pflege seiner Kakaobäume. Obwohl sie in der kleinbäuerlichen Mischkultur stehen und deshalb nicht so anfällig gegen Schädlingsbefall sind, sorgt er sich doch um den Bestand. Bereits zweimal musste er wie alle Pflanzer der Region seine Kakaobäume fällen und verbrennen, um die Ausbreitung einer Viruskrankheit zu bekämpfen.

Bäuerliche Genossenschaften

Vor kurzem besuchte Mandu mit den anderen Pflanzern eine Versammlung der Dorfgenossenschaft. Das ist ein freiwilliger Zusammenschluss von Bauern, die sich gegenseitig unterstützen. Ein Mitarbeiter sagte: *„Ihr könnt statt der 300 kg pro Hektar und Jahr bis zu 1500 kg ernten, wenn ihr die Mischkultur aufgebt und nur Kakao anbaut. Wir liefern euch Keimlinge eines ertragreicheren Kakaobaums, Dünge- und Pflanzenschutzmittel sowie Geräte. Damit eure Familien während der Zeit der Umstellung der Betriebe und bei Missernten abgesichert sind, bekommt ihr günstige Kredite. Die Bäume erfordern viel Pflege, doch ihr könnt dabei gut verdienen. Wenn die Ernte gut ausfällt, werdet ihr mehr als mit der Mischkultur einnehmen."*

37.1 Kakaoanbau in Ghana

Betriebsgrößen der Kakaoproduzenten in Ghana		
0	– 4 ha:	76,7 %
4	– 8 ha:	11,1 %
8	– 16 ha:	7,6 %
16	– 32 ha:	2,3 %
	> 32 ha:	2,3 %

Arbeitstage pro ha Kakaofläche		
1. Jahr:	98 – 173	Rodung, Bodenpflege, Aussaat
2. Jahr:	35	Schattenregulierung, Boden-
3. Jahr:	30	pflege, Nachpflanzung
4.–6. Jahr:	15	Jäten
ab 7. Jahr:	110 – 115	Ernte

37.2 Betriebsgrößen/Arbeitstage im Kakaoanbau

11. Bestimme die Zone des Kakaoanbaus in Ghana und seinen Nachbarstaaten (Mat. 37.1, Atlas).

12. Ordne den Kakaobaum dem Stockwerkbau des tropischen Regenwaldes zu (Mat. 31.1).

13. Vergleiche den Vegetationsaufbau der Mischkultur (Text) mit dem des Regenwaldes.

14. Würdest du an Mandus Stelle die Mischkultur aufgeben und nur Kakao anbauen? Beziehe Text und Statistik in deine Überlegungen ein.

15. Vergleiche in einer Tabelle den Wanderfeldbau der Bantu mit der Mischkultur.

Der Kakaobaum stammt aus Mittel- und Südamerika. Er ist eine immergrüne Schattenpflanze des tropischen Tieflandes, die vier bis acht Meter hoch wird. Die Blüten kommen direkt aus dem Stamm und den dickeren Ästen hervor. Aus ihnen entwickeln sich bis 25 cm lange, gurkenförmige Früchte. Jede von ihnen enthält, eingebettet in rötliches Fruchtfleisch, ca. 250 Kakaobohnen. Nach fünf bis acht Monaten sind die Früchte reif. Vorsichtig werden sie mit Messern abgeschlagen. Beschädigungen der Rinde, der Blüten und der unreifen Früchte verträgt der Baum nämlich nicht. Schon das Anlegen einer Leiter kann ihn gefährden. Unmittelbar nach der Ernte werden die Früchte aufgeschlagen und die Kakaobohnen bei 40–50 °C in der Sonne gelagert. Dabei entstehen die typischen Aromastoffe. In den Verbraucherländern werden die Bohnen geröstet, zermahlen und zu einer flüssigen Masse verarbeitet, dem Ausgangsprodukt für das Kakaopulver. Daraus werden z. B. Schokolade, Pralinen und Getränke hergestellt. Das abgepresste Fett, die Kakaobutter, wird Konfitüren zugesetzt und dient als Grundmasse für medizinische Produkte.

38.1 Wissenswertes über den Kakao

1910	21 000 t	1976	397 000 t
1920	118 000 t	1980	250 000 t
1960	439 000 t	1984	258 000 t
1964	580 000 t	1990	295 000 t
1970	470 000 t	1994	270 000 t

38.2 Kakaoernte in Ghana

Arbeiten auf einer Plantage

"Ich arbeite in einer Kakaoplantage bei Bechem. Sie ist fast 135 ha groß. Auch mein Vater ist hier angestellt. Er hat seinerzeit mitgeholfen, die Pflanzung anzulegen. Zuerst rodeten die Männer mit Säge, Axt und Feuer den Regenwald. Die hohen Bäume blieben stehen. Dazwischen pflanzten sie nach wenigen Wochen Kokospalmen und Mehlbananen als zusätzliche Schattenspender, denn die jungen Kakaobäume mussten vor der direkten Sonneneinstrahlung geschützt werden. Inzwischen hatten die Kakaosamen in vorher angelegten Saatbeeten Stecklinge gebildet. Diese wurden anschließend in langen Reihen ausgepflanzt, etwa 1000 pro Hektar Fläche. Die Pflanzung ist im Laufe der Jahre vergrößert worden. Das ist auch gut so, denn auf diese Weise haben wir Flächen mit unterschiedlich altem Baumbestand. So können wir in jedem Jahr eine Kakaoernte einbringen, auch wenn dann unsere ältesten Bäume gerodet werden müssen.

Der Eigentümer der **Plantage** *lebt in Accra. Er kommt manchmal hierher, um mit dem Verwalter zu sprechen. Vor kurzem brachte er einen Kakaoexperten mit, der sich überall umsah und Vorschläge machte, wie wir unsere Produktion verbessern könnten. Schließlich müssen wir auch konkurrenzfähig bleiben. So werden wir in ein paar Monaten eine neue Kakaobaumart anpflanzen, die noch mehr Früchte trägt. In wenigen Jahren benötigen wir dann mehr Saisonarbeiter als heute, um die Erntemengen zu bewältigen. Die Zahl der Festangestellten ist nämlich recht klein.*

38.3 Kakao: Ernte und Aufbereitung

Wir können alle Arbeitsgänge, die mit der Kakaoproduktion verbunden sind, auf der Pflanzung erledigen, bis hin zur Verpackung der Bohnen. Früher wurden sie dann in die Verbraucherländer geschickt, vor allem nach Europa, wo sie zu Kakaopulver und Schokolade verarbeitet wurden. Inzwischen hat Ghana eigene weiterverarbeitende Betriebe.

Es gibt Leute, die unseren Betrieb eine Plantage mit Monokultur nennen. Sie gehen dann wohl von der Größe der Anbaufläche und davon aus, dass wir nur ein einziges sog. **Cash-crop** (engl. cash: Bargeld, crop: Ernte) anbauen, das man auf dem Weltmarkt gut verkaufen kann. Es gibt aber auch kleine Betriebe von nur 4–6 ha Fläche mit einer Kakao-Monokultur.

Die Plantagen sind Großbetriebe mit Flächen von 100 bis zu einigen 1000, ja sogar 10 000 ha Größe. Viele verfügen über Anlagen zur Weiterverarbeitung. Eigentümer sind reiche Städter, Kapitalgesellschaften oder der Staat. Plantagen können meist billiger und besser produzieren als Kleinbetriebe, da sie genug Kapital haben, kostspielige technische, chemische und biologische Neuerungen einzusetzen. Das ist auch notwendig, da sich z. B. Schädlinge in einer Monokultur sehr schnell vermehren und den ganzen Bestand gefährden können.

Man darf nicht glauben, dass Pflanzungen und Plantagen ohne Risiko arbeiten. Sie sind abhängig vom Weltmarktpreis. Für Kakao ist er durch die weltweite Überproduktion so niedrig, dass die Erlöse sehr zurückgegangen sind."

(Obed, 19, in einer Zeitungsserie über Arbeit in Afrika)

Kakaoproduktion (in 1000 t)	1980	1990	1994
Côte d'Ivoire	400	750	809
Brasilien	318	355	312
Ghana	250	295	270
Malaysia	32	235	230
Indonesien	15	154	260
Nigeria	155	150	140
Ecuador	91	147	84
Kamerun	117	99	115

Kakaoimporte (in 1000 t)	1990
USA	336
Deutschland	170
Niederlande	259
Großbritannien	141
Japan	47

39.1 Kakaoproduzenten und -importländer

16. Beschreibe Ernte und Weiterverarbeitung des Kakaos (Text, Mat. 38.1 und 38.3).
17. Stelle nach Mat. 38.2 die Erntemengen von Kakao in Ghana fest und erkläre die Schwankungen nach Text, S. 37–39.
18. Welche Bedeutung hat Ghana unter den Kakaoproduzenten (Mat. 39.1)?
19. Nenne die verschiedenen landwirtschaftlichen Nutzungsformen des Regenwaldes. Erstelle dazu eine Tabelle und trage in Stichworten wichtige Merkmale ein. Berücksichtige dabei auch, ob sie für die Eigenversorgung oder für den Weltmarkt produzieren.
20. Ordne nach einer Atlaskarte tropische Plantagenprodukte verschiedenen Kontinenten sowie Staaten zu. Welche Produkte kennst du aus eigener Erfahrung? Beschreibe.

Palisander:	Höhe 20 m, Durchmesser bis 80 cm, rötlich-violette Grundfarbe mit schwarzbraunen Adern, dauerhaft, witterungsfest, sehr hart.
Mahagoni:	Höhe 60 m, Durchmesser bis 250 cm, rotbraun bis braunrot glänzend, ziemlich hart, fest und zäh.
Ebenholz:	Höhe 20 m, Durchmesser bis 80 cm, tiefschwarz, metallischer Glanz, fest und hart.
Lara (Eisenholz):	Höhe 30 m, Durchmesser bis 100 cm, gelbbraun bis ockerfarben, termitenbeständig, so hart, dass Schrauben und Nägel vorgebohrt werden müssen.
Teak:	Höhe 40 m, Durchmesser bis 150 cm, goldbraun mit schwarzen Adern, ölhaltig, sehr dauerhaft, fest und hart, wasserabweisend.
Limba:	Höhe 45 m, Durchmesser bis 150 cm, gelblicher Glanz, mäßig hart, schwach gemasert.
Balsa:	Höhe 30 m, Durchmesser bis 100 cm, fast weiß, samtige Oberfläche, biegsam, sehr weich.

40.1 Tropische Edelhölzer (Auswahl)

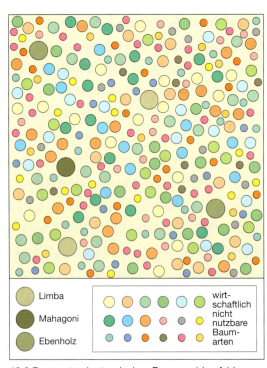

40.2 Baumarten im tropischen Regenwald auf 1 ha

4. Holz – nicht der einzige Reichtum des Waldes!

Bevor Steffi geht, schaut sie zurück. Schön ist ihr Zimmer, fast alles ist aus Holz: Schrank und Bett sind aus afrikanischem Limbaholz, die Sitzgruppe in der Ecke aus indonesischem Rattan, der Schreibtisch aus wunderschön gemasertem Rio-Palisander; die Tapeten- und Fußbodenleisten sind aus Ramin-, die Fensterrahmen aus Merantiholz; draußen hängen Bongossi-Blumenkästen. Die Decke ist mit Brasilkiefer getäfelt, die Mahagonitür war 10 DM billiger als eine Tür aus Kiefer! Der Frühstückstisch ist schon vorbereitet: ein Frühstücksbrettchen aus Mahagoni, Messer und Löffel aus Metallen, deren Rohstoffe einst unter dem Regenwald am Amazonas lagerten. Zu essen gibt es ein Müsli mit tropischen Früchten; die Scheibe Ananas aus Nigeria dient der Vitaminversorgung. Der Kakao kommt aus Ghana oder der Côte d'Ivoire. Die Milch stammt von Kühen, die vielleicht mit Soja aus Brasilien gemästet wurden. Sogar die Kerze aus gehärtetem Palmöl brennt schon ...

Ein Baum wird gefällt

Der Baum ächzt, ein immer lauter werdendes Knarren ertönt; er neigt sich, bäumt sich noch einmal auf und dann fällt er. Krachend reißen Lianen, ihre Enden peitschen durch die Luft und dann schlägt der Urwaldriese polternd in das Urwaldgrün, das über ihm zusammenschlägt. Der gefällte Urwaldriese (vgl. S. 110) hat bei einer Gesamthöhe von etwa 50 m und einer Kronenbreite von etwa 15 m bei seinem Aufschlag eine Regenwaldfläche von ca. 1200 m² in Mitleidenschaft gezogen. Er reißt Bäume mit, diese wiederum andere Bäume: 23 Bäume unterschiedlichen Stammdurchmessers und unterschiedlicher Höhe sind umgerissen, umgeknickt, angeknickt oder ihrer halben Kronen bzw. ihres halben Astwerks beraubt.

(nach: Eichler. In: Praxis Geographie 9/1987, S. 45)

1. Berichte, welche der in Mat. 40.1 genannten Tropenhölzer dir bekannt sind und wofür sie Verwendung finden. Ziehe den Text hinzu.
2. Auch in unseren Wäldern werden einzelne Bäume herausgeschlagen. Beobachte die entstehenden Schäden und vergleiche (Mat. 40.2, Text).

Der tropische Regenwald besitzt eine Vielfalt von Pflanzen. Hier wachsen 45 000 verschiedene Pflanzenarten, davon allein 3000 Baumarten. Die Wälder beherbergen 40–50 % aller Lebewesen der Erde. Das sind zwischen 2 und 5 Millionen Arten. Dabei bedeckt der tropische Regenwald weniger als 10 % der Erdoberfläche. Dieser Artenvielfalt steht in Mitteleuropa geradezu eine Artenarmut gegenüber: nur 2700 Pflanzen- und 20–30 Baumarten! Im Regenwald sind die Arten so stark gemischt, dass keine Art dominant wird.

(aus: E. Freiwald, Tropischer Regenwald, S. 24)

Der Wald versorgt seine Bewohner mit Früchten. In Indonesien werden ca. 4000 Pflanzenarten von den Menschen als Nahrungsmittel verwendet ... In Neuguinea sind 251 Baumarten mit essbaren Früchten bekannt, aber nur 43 werden genutzt. Wissenschaftler, die sich mit dem Pflanzenreichtum des tropischen Regenwaldes beschäftigen, haben festgestellt, dass er eine Fundgrube für viele Kulturpflanzen ist. In abgelegenen Bereichen wachsen noch die wilden Mutterpflanzen von Kaffee, Tee, Kakao, Banane, Maniok, Yams, Ölpalme, Papaya, Passionsfrucht, Avocado, Kautschuk.

(nach: B. v. Devivere, Das letzte Paradies, S. 27)

Mehr als 40 % der gebräuchlichen Medikamente werden aus Pflanzen, Mikroben oder Tieren gewonnen ... Wild wachsende tropische Heilkräuter liefern Medikamente, mit denen z. B. die Zuckerkrankheit, Darmerkrankungen, Leukämie, Malaria, Asthma und andere Krankheiten behandelt werden können. 70 % von 3000 untersuchten Pflanzen, die möglicherweise einen Wirkstoff gegen Krebs enthalten, gehören zu den Arten aus dem tropischen Regenwald.

(nach: GEO 10/85, S. 54)

Mehr als die Hälfte aller Medikamente enthalten Wirkstoffe natürlichen Ursprungs, von denen viele in den Tropenwäldern entdeckt wurden. Nur etwa 5 % aller Tropenpflanzen wurden bisher auf ihre Wirkung als Heilmittel untersucht.

(aus: B. v. Devivere, Das letzte Paradies, S. 28)

3. Berichte vom Reichtum des Regenwaldes. Ergänze nach deinem Wissen (Text, Mat. 41.1).
4. Beschreibe mithilfe des Gradnetzes die Lage der tropischen Regenwälder auf der Erde.
5. Trage in eine Tabelle Regenwaldgebiete nach Kontinenten, Ländern und Inseln ein.
6. Nenne große Fluss-Systeme der Regenwaldgebiete Afrikas und Südamerikas (Atlas).

41.1 Der Reichtum des Regenwaldes

Wursito, ein Bauernjunge aus einem Dorf in Zentraljava, berichtet:

Meine Familie umfasst 11 Personen, meine Eltern und 8 Geschwister. Wir besitzen nicht einmal 0,2 ha Landfläche und obwohl der Boden in dieser Region sehr fruchtbar ist, ist es nicht einfach, als javanischer Bauer die gesamte Familie zu ernähren. Hauptnahrungsmittel bei uns ist immer noch der Reis, den wir zweimal im Jahr auf den kleinen Reisfeldern ernten. Mein Vater Yusa sorgt für die Instandhaltung der Terrassen, Felder und Bewässerungsanlagen, was an den steilen Hängen eine schwere Arbeit ist. Wir helfen unserer Mutter Libu dann beim Setzen der Reispflanzen, Unkrautjäten und Ernten. Die zwei kleinen Reisfelder liefern gleichzeitig noch Fischchen und Schnecken und in den Erdwällen, die die Felder begrenzen, haben wir noch Bohnen und Süßkartoffeln angebaut. Trotzdem sind die Mahlzeiten immer recht einfach, aber ich bin froh, wenn ich überhaupt etwas zu Essen bekomme. Vielen Familien aus dem Dorf geht es nicht so gut. Oftmals haben sie kein eigenes Land mehr und arbeiten als Tagelöhner und einige sind auch in die Hauptstadt Jakarta abgewandert in der Hoffnung, dort eher Arbeit zu bekommen. Damit uns dieses Schicksal erspart bleibt, arbeitet mein Vater noch zusätzlich auf einem Stück Land, das er vom Staat gepachtet hat und auf dem er laut Vertrag Tabak anbaut. Der Ernteanteil, den wir bekommen, ist nicht groß.

(aus: geographie heute, Heft 78/1990, S.14)

42.1 Ein Bauernjunge aus einem Dorf berichtet

5. Java – fruchtbar, aber arm

1. Beschreibe die Lage Javas (Atlas).
2. Stelle die Ausdehnung der Insel Java fest und vergleiche mit Entfernungen in Europa.
3. Nenne auffällige Merkmale der Oberflächengestalt der Insel Java (Mat. 42.2).

Als Brücke verbinden die Großen und Kleinen Sunda-Inseln Südostasien mit Australien. Die längste Vulkanreihe der Erde mit über 300 Vulkanen, davon 76 tätigen, kennzeichnet diese Inselkette. 17 davon liegen auf Java (vgl. Mat. 124.2). Die Vulkane gelten als sehr gefährlich. Bei Ausbrüchen können ihre Kegel explodieren. Starke Niederschläge durchfeuchten die lockere Asche an den Bergflanken und verheerende Schlammströme ergießen sich in die Täler.

Trotzdem sind die Fußzonen und Hänge der Vulkane dicht besiedelt und Reisterrassen ziehen sich hoch hinauf. Darin zeigt sich die positive Seite der Vulkane. Die Lava enthält nämlich viele Mineralien, wichtige Nährstoffe für Pflanzen, und verwittert zu fruchtbaren Böden. Die Asche ist so mineralreich, dass die Bauern mit ihr nach Ascheregen ihre Felder düngen. Neben den fruchtbaren Böden schafft auch das Regenwaldklima günstige Voraussetzungen für den Anbau, sodass Dauerfeldbau betrieben wird. Wichtigstes Anbauprodukt ist Reis. Auf Java wird überwiegend Nassreis angebaut. Als Sumpfpflanze benötigt er Felder, die etwa 30 cm hoch überstaut werden. Dazu

42.2 Landnutzung auf Java

sind, besonders an Hängen, kunstvolle Steuerungen der Wasserführung erforderlich. Nach vier bis fünf Monaten wird der Reis geerntet. Da die Felder sofort wieder bestellt werden, sind bis zu fünf Ernten in zwei Jahren möglich.

Obwohl die Industrialisierung auf Java Fortschritte macht, leben etwa 75 % der Bewohner noch immer von der Landwirtschaft. Besonders intensiv werden die fruchtbaren Reislandschaften Zentraljavas genutzt. Dort leben bis zu 2500 Einwohner pro Quadratkilometer! Die Betriebsflächen sind durch Erbteilung oft so klein geworden, dass sie für die Ernährung einer Familie nicht mehr ausreichen. Viele Familien sind landlos und müssen für Pachtland bis zur Hälfte der Ernte abgeben. Um Reisland zu erschließen, roden landlose Bauern sogar an steilen Hängen den Bergwald, legen Terrassen an und pflanzen Reis. Die Höhengrenze des Anbaus ist dadurch in 100 Jahren von 1000 auf 1900 m angestiegen. Trotzdem leiden viele Menschen an Mangel- oder Unterernährung.

Die „Grüne Revolution"

Inzwischen werden neue, ertragreichere Reissorten angebaut. Das Saatgut muss aber jedesmal angekauft werden. Auch erfordert der „Wunderreis" eine genau geregelte Wasserzufuhr und den Einsatz von Dünge- und Pflanzenschutzmitteln in bestimmten Mengen. Sind die Flächen groß genug, bringt der Einsatz von Maschinen zusätzliche Kostenvorteile, doch vernichten sie Arbeitsplätze. Davon sind besonders Frauen und Lohnarbeiter betroffen. Zudem hat sich die Kluft zwischen Arm und Reich vergrößert.

4. Deutschland hat 356 945 km², 81 Mio. Einwohner, 227 Einw./km²; im Ruhrgebiet leben 1173 Einw./km². Vergleiche mit Java.
5. Beschreibe das Klima von Jakarta (Mat. 43.3) und ordne es einer Klimazone zu (Mat. 48.2).
6. Erkläre die Fruchtbarkeit der Vulkanböden Javas; worin unterscheidet sich ihr Nährstoffkreislauf von denen des tropischen Regenwaldes (Mat. 33.1)?
7. Bewerte die Bedingungen des Reisanbaus auf Java (Mat. 43.2 und 43.3, Text).
8. „Von der Grünen Revolution haben die meisten Bauern Javas nichts." Begründe (Text).
9. Diskutiert die Lebensverhältnisse der Familie Wursitos, indem ihr eure Kenntnisse über Java einbringt (Mat. 42.1).

43.1 Terrassenkulturen auf Java

Reis:
– eine der großen Weltgetreidearten,
– tropisches Sumpfgras, 1–2 m hoch, mit 20–30 cm langer Rispe (Blüten- bzw. Fruchtstand),
– braucht viel Feuchtigkeit und dauernd Temperaturen über 20 °C,
– stellt geringe Ansprüche an den Boden,
– kann jahrelang auf derselben Fläche angebaut werden,
– liefert 25 % höhere Erträge als jedes andere Getreide,
– wird zu 90 % in Asien angebaut,
– wird fast ausschließlich in den Anbauländern selbst verbraucht.

43.2 Steckbrief Reis

Jakarta (Java), 6°S/107°O													8 m
	J	F	M	A	M	J	J	A	S	O	N	D	Jahr
T	25,6	25,6	26,1	26,5	26,2	26,1	26,1	26,1	26,3	26,4	26,1	25,9	26,1 °C
N	303	341	202	142	105	93	67	40	72	115	146	193	1819 mm

43.3 Klimadaten von Jakarta

in 4200 m Höhe

in 3000 m Höhe

in 1700 m Höhe

44.1 Aufstieg zum Kilimandjaro

6. Schnee und Eis am Äquator?

Aufstieg zum Kilimandjaro. Gesund und robust muss man schon sein, um die mehrtägige Wanderung von insgesamt 80 km mit einem Höhenunterschied von 5000 m zu bewältigen. Die Tour beginnt in Marangu und führt uns zunächst noch durch Bananen- und Kaffeeplantagen, später durch feuchtheißen tropischen Nebelwald. Die erste Nacht schlafen wir in den Mandara-Schutzhütten in etwa 2700 m Höhe. Beim weiteren Aufstieg am nächsten Tag wird der Wald lichter und hört schließlich ganz auf. Die Mattenregion beginnt, teilweise von Hainen seltsamer übermannsgroßer Schopfbäume unterbrochen. Es wird kühler, vor allem in der Nacht. Von der Horombohütte aus ist am folgenden Morgen erstmals das eisbedeckte Kibo-Massiv mit dem 5895 m hohen Uhuru-Gipfel zu sehen. Über offene Moore, später nur noch über vegetationslose Schutthalden, geht es weiter hinauf zur Kibohütte in 4700 m Höhe. In der folgenden Nacht brechen wir zur letzten Etappe auf, die uns zum Rand des Vulkankraters führt, der den Gipfel des Kilimandjaros bildet. Durch eisige Kälte und über hart gefrorenen Schnee geht es immer höher hinauf. Wir alle leiden jetzt unter der Höhenkrankheit: Kopfschmerzen, Atemnot, Kreislaufbeschwerden, Mattigkeit. Der Lohn der Anstrengung: Ein Sonnenaufgang am höchsten Berggipfel Afrikas und ein überwältigender Blick in den Kibo-Krater mit seinen Gletschern, die wie riesige Treppenstufen vom Kraterrand in die Tiefe abfallen. (J. Neumann: aus einem Reisetagebuch)

Mit zunehmender Höhe nimmt die Temperatur ab. In Höhen von 5000–6000 m können die Temperaturen auch in der Nähe des Äquators weit unter 0 °C sinken. Aus diesem Grunde fallen Niederschläge am Gipfel des Kilimandjaros meist als Schnee. Wegen der unterschiedlichen Temperaturbedingungen bilden sich in den Tropen, ähnlich wie in den Alpen, in bestimmten Höhen verschiedene **Vegetationsstufen** oder **Höhenstufen** aus.

1. Bestimme die Lage des Kilimandjaros (Atlas).
2. Schnee unter tropischer Sonne? Erkläre.
3. Erläutere die Vegetationsstufen in verschiedenen Höhen am Kilimandjaro. Wie nutzt der Mensch den Raum in unterschiedlichen Höhenlagen (Mat. 44.1, 45.1 und 2)?

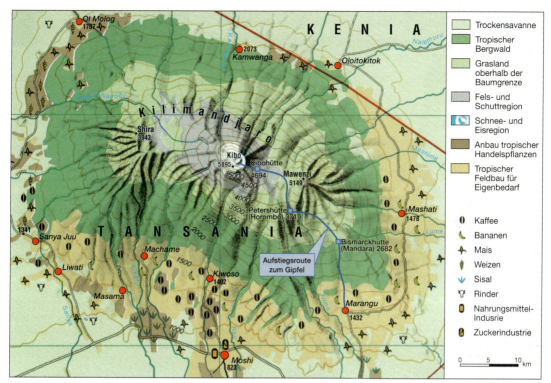

45.1 Vegetationsstufen und Landnutzung am Kilimandjaro

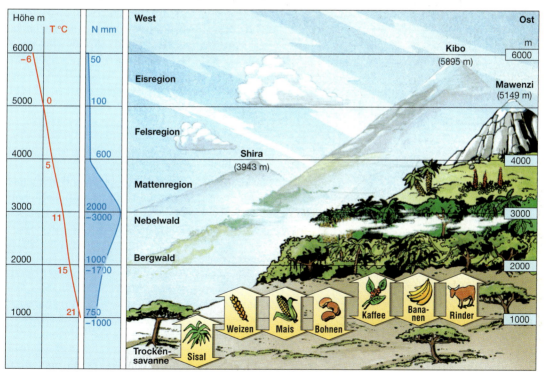

45.2 Höhenstufen am Kilimandjaro

Die Landschaftszonen der Erde

1. Die Klimazonen

Die Schrägstellung der Erdachse (vgl. S. 12) hat zur Folge, dass es verschiedene Beleuchtungszonen gibt. Die Grenzen dieser Zonen werden durch bestimmte Breitenkreise (vgl. S. 256) markiert. Zwischen den **Polarkreisen** und den Polen gibt es Polartag und Polarnacht. Innerhalb der beiden **Wendekreise** kann die Sonne im Zenit stehen. Die Unterschiede zwischen Tag und Nacht sind hier ganzjährig nur gering. Der Bereich zwischen den Polarkreisen und den Wendekreisen zeigt ausgeprägte Unterschiede in den Tageslängen zwischen Sommer und Winter.

Die unterschiedlichen Winkel, unter denen die Sonnenstrahlung auf verschiedene Gebiete der Erdoberfläche einfällt, führen zur Ausbildung von verschiedenen Temperaturzonen (Mat. 46.3). Die Temperaturzonen und damit die **Klimazonen** verlaufen allerdings nicht genau parallel zu den Beleuchtungszonen. Dies liegt u. a. daran, dass Kontinente und Meere sehr ungleichmäßig verteilt sind. Wasser erwärmt sich langsamer als Land, dafür gibt es die gespeicherte Wärme aber auch nicht so schnell wieder ab wie das Land. Das Klima auf den Kontinenten ist also stark davon abhängig, ob es von Meeresluft beeinflusst wird oder nicht. Dies gilt in besonderem Maße für die äquatorfernen Gebiete.

Von Bedeutung ist auch die Höhenlage über dem Meeresspiegel. Je höher ein Ort liegt, umso niedriger liegen die Temperaturen, verglichen mit einem anderen Ort auf dem gleichen Breitenkreis in Höhe des Meeresspiegels. Es wird auch vom **Höhenklima** gesprochen. Auf der Erde kann man mehrere Klimazonen unterscheiden:

Das tropische Klima
In Äquatornähe liegen die **immerfeuchten Tropen**. Sie erhalten ganzjährig hohe Niederschläge. Die Temperaturen schwanken in allen Monaten des Jahres nur geringfügig (um 1–3 °C) und liegen im Durchschnitt bei etwa 25 °C. Die Schwankungen zwischen Tag und Nacht können allerdings mehr als 10 °C erreichen. Deshalb spricht man auch von einem **Tageszeitenklima** (vgl. S. 32).

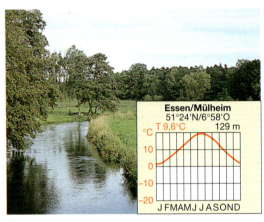

46.1 In Grönland

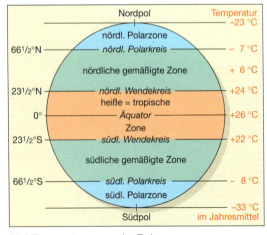

46.2 In Deutschland

46.3 Temperaturzonen der Erde

Nördlich und südlich schließen sich an die immerfeuchten Tropen die **wechselfeuchten Tropen** an. Hier sind ausgeprägte Regen- und Trockenzeiten zu finden. Die Regenzeit steht im Zusammenhang mit dem **Zenitalstand** der Sonne. Vom Zenitalstand spricht man, wenn die Sonne zur Mittagszeit senkrecht über einem Ort auf der Erde steht. Durch die intensive Sonneneinstrahlung verdunstet viel Wasser. Dieses kondensiert beim Aufsteigen und führt zur Bildung von Wolken, die die Feuchtigkeit in heftigen Gewittern wieder abgeben. Die Niederschläge werden auch als **Zenitalregen** bezeichnet. In der Trockenzeit beeinflussen zumeist trockene Passatwinde die wechselfeuchten Tropen. Je weiter man sich vom Äqutor zu den Wendekreisen hin orientiert, desto länger werden die Trockenzeiten (Übergang zur Wüste).

Das subtropische Klima

Im Bereich der Wendekreise liegen die **subtropischen Trockengebiete**. Niederschläge fallen in diesen Wüstengebieten manchmal jahrelang nicht. Die Temperaturen weisen deutliche Unterschiede im Jahresgang auf. Auch die Gegensätze zwischen Tages- und Nachttemperaturen können sehr hoch sein. Heiße Tage wechseln manchmal mit Frostnächten ab.

An die Trockengebiete schließt sich an den Westseiten der Kontinente die Übergangszone der **Winterregengebiete** an (z. B. Mittelmeerraum, Mittelkalifornien, Kapland, Westaustralien). Im Sommer wird es sehr heiß und die Niederschläge bleiben gering. Im Winter werden diese Gebiete von Westwinden beeinflusst, die feuchte Luft vom Meer her bringen. Selten kommt es auch zu polaren Kaltlufteinbrüchen, jedoch sinken die Durchschnittstemperaturen in keinem Monat unter 0 °C ab. Das Jahresmittel der Temperaturen liegt zwischen 15 °C und 20 °C.

An den Ostseiten der Kontinente liegen die **immerfeuchten Subtropen.** Seewinde sorgen hier meist für ganzjährige Niederschläge.

Das gemäßigte Klima

In den Subtropen sind die Höhe und die Verteilung der Niederschläge im Jahr die entscheidenden Klimafaktoren. In den gemäßigten Breiten bestimmen hingegen die deutlichen Temperaturunterschiede zwischen Sommer und Winter die Art des Klimas. Man spricht auch vom **kühlgemäßigten Klima.**

Die Westseiten der Kontinente liegen in den gemäßigten Breiten fast ständig im Bereich ozeanischer Westwinde und erhalten daher auch ganzjährig Niederschläge. In Küstennähe herrscht ein ausgeglichenes **ozeanisches Klima**. Kühle Meeresluft lässt die Temperaturen im Sommer nur mäßig ansteigen, dafür kommt es im Winter auch nur selten zu Frost und Schneefall.

Im Inneren der Kontinente herrscht dagegen ein **kontinentales Klima**. Die Temperaturunterschiede zwischen Sommer und Winter sind groß. Im Winter liegen die Durchschnittstemperaturen immer unter 0 °C. Die Niederschläge nehmen mit zunehmender Entfernung von den Küsten ab. Das kontinentale Klima ist trocken und winterkalt.

An die Zone des gemäßigten Klimas schließt sich auf der Nordhalbkugel eine Zone des **kalten**

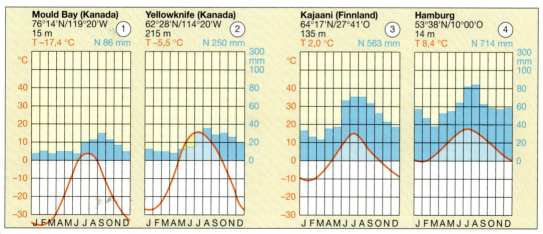

47.1 Klimadiagramme aus verschiedenen Klimazonen

Klimas an. In dieser Übergangszone herrscht ein kurzer Sommer, der manchmal ähnlich warm werden kann wie in den mittleren Breiten. Der Winter ist jedoch extrem kalt (bis unter –50 °C).

Das polare Klima

In der **subpolaren Zone** erreichen die Durchschnittstemperaturen in keinem Monat mehr als etwa 12 °C. Die Winter sind sehr lang und kalt. Eine geschlossene Schneedecke hält sich oft bis zu 300 Tagen im Jahr.

In der **hochpolaren Zone** steigen die Durchschnittstemperaturen auch im Sommer meist nur wenig über 0 °C. Die Niederschläge sind sehr gering und fallen fast ausschließlich als Schnee.

1. Vergleiche die Temperaturkurven von Upernavik und Essen/Mülheim miteinander (Mat. 46.1 und 46.2). Erläutere die Unterschiede.
2. Beschreibe für einige Klimadiagramme (Mat. 47.1 und 48.1) den Jahresgang der Temperatur sowie die Höhe und die Verteilung der Niederschläge im Jahr. Ordne die einzelnen Stationen den Klimazonen der Erde zu (Mat. 48.2, Atlas).
3. Ordne die Temperaturzonen der Erde einzelnen Klimazonen zu (Mat. 46.3 und 48.2).
4. Welche Faktoren sind mitentscheidend dafür, dass die Klimazonen nicht immer parallel zu den Breitenkreisen verlaufen (z. B. Westküste Südamerikas, Indien/Pakistan)? Verwende zur Beantwortung eine physische Weltkarte und eine Karte der Meeresströmungen.

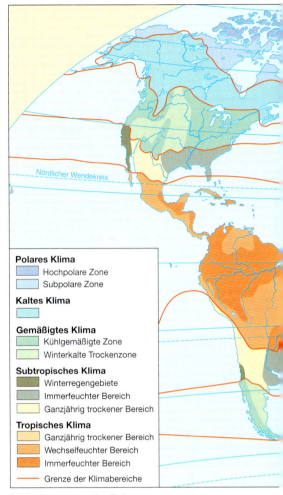

48.2 Klimazonen der Erde

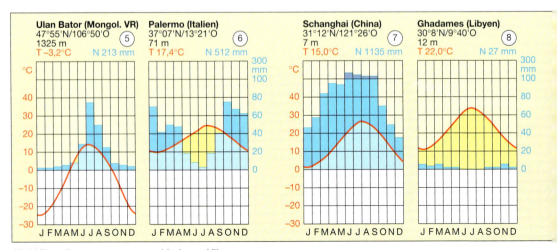

48.1 Klimadiagramme aus verschiedenen Klimazonen

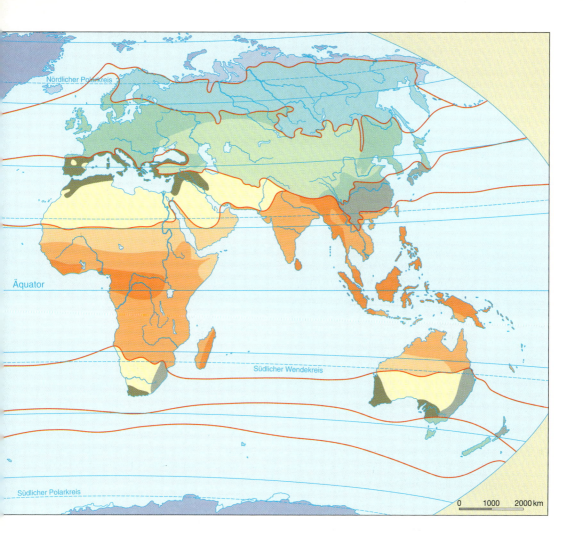
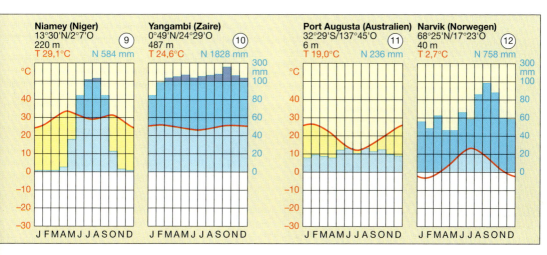

50.1 In den Vegetationszonen der Erde

2. Die Vegetationszonen

Die Naturlandschaften der Erde werden weitgehend von ihrer Vegetation bestimmt. Da das Klima zwischen Pol und Äquator sehr unterschiedlich ist, sind auf der Erde auch verschiedene **Vegetationszonen** zu finden.

Zu jeder Klimazone gehört eine Vegetationszone, deren Pflanzen an die jeweiligen Klimabedingungen angepasst sind. Von der Zusammensetzung der Vegetation eines Raumes kann häufig direkt auf das Klima geschlossen werden.

In den polnahen Gebieten schränken vor allem die niedrigen Temperaturen die Lebensmöglichkeiten von Pflanzen ein. Dort ist es ganzjährig so kalt, dass besonders Blütenpflanzen keine Lebensgrundlage finden. Daher sind die **Eis- und Schneewüsten** der Polargebiete meist vegetationslos.

Die subpolaren Gebiete bieten hingegen einigen wenigen Pflanzenarten Lebensmöglichkeiten, zum Beispiel Moosen, Flechten, Gräsern und Zwergsträuchern. Diese Vegetationszone heißt **Tundra**. Die Vegetationsperiode, also die Zeit im Jahr, in der Pflanzen wachsen und fruchten können, beträgt höchstens drei Monate.

An die Tundren schließt sich nach Süden die Zone des **borealen** (= nördlichen) **Nadelwaldes** an. Dieser Gürtel umfasst etwa 10 % der Landfläche der Erde und ist die größte aller Vegetationszonen. Die polare Baumgrenze wird dort erreicht, wo die Durchschnittstemperatur im Juli unter 10 °C liegt. Lichte Wälder aus Fichten, Kiefern, Lärchen und Birken bedecken vor allem in Nordamerika und in Russland riesige Flächen. In Russland heißt diese Vegetationszone auch **Taiga**. Da die Vegetationsperiode nur etwa vier Monate dauert, wachsen die Bäume sehr langsam.

Die kühlgemäßigten Breiten waren ursprünglich von **sommergrünen Laub- und Mischwäldern** bedeckt. Buchen, Eichen, Ahorn, Ulmen und Linden sind in Europa die vorherrschenden Baumarten dieser Vegetationszone. Heute findet man nur noch bescheidene Reste dieser Wälder vor. Die meisten Flächen wurden vom Menschen gerodet und in Ackerland umgewandelt. Die Fichtenwälder, die heute in den Mittelgebirgen Deutschlands das Bild prägen, wurden erst im Rahmen einer geregelten Forst- und Holzwirtschaft künstlich angepflanzt.

In den Winterregengebieten besteht die ursprüngliche Vegetation vorwiegend aus immergrünen **Hartlaubwäldern**. Da die Winter meist mild und feucht sind, ist diese Jahreszeit für viele Pflanzen die Hauptwachstumszeit. Charakterpflanzen des Mittelmeerraumes sind u. a. Steineiche, Korkeiche, Lorbeerbaum, Ölbaum, Pinie, Zypresse und Zeder. Die meisten Pflanzen sind an die sommerliche Trockenheit gut angepasst. Harte, ledrige Blätter von geringer Größe, die eine dicke Wachsschicht tragen oder dicht behaart sind, setzen die Verdunstung herab.

An den subtropischen Ostseiten der Kontinente wachsen, meist unter dem Einfluss feuchter Meeresluft, **subtropische Feuchtwälder**. Je nach der Anzahl der trockenen Monate sind diese Wälder immergrün oder nur während der feuchten Monate belaubt. Verschiedene Bambusarten und der Teakholzbaum sind in Asien charakteristische Pflanzen. In Australien herrschen Eukalyptusbäume vor.

Begrenzen in den polnahen Gebieten die niedrigen Temperaturen das Gedeihen der Pflanzen, so sind in den Wendekreisgebieten und im Inneren der Kontinente die geringen Niederschläge der bestimmende Klimafaktor für das Pflanzenwachstum. Im Inneren der Kontinente ist es sowohl in den gemäßigten Breiten als auch in den Subtropen wegen der großen Meeresferne so trocken, dass sich kein Wald entwickeln kann. Hier befinden sich **Steppen**, baum- und strauchlose Ebenen, auf denen vorwiegend Gräser wachsen. In Nordamerika heißen diese Graslandschaften **Prärien**. Weite Teile der Steppen Nordamerikas und Mittelasiens nutzen die Menschen heute für den Getreideanbau.

Die Trockengebiete im Bereich der Wendekreise werden vorwiegend von **Halbwüsten** und **Wüsten** eingenommen. Nur wenige Pflanzen sind durch ein stark entwickeltes Wurzelsystem, Verdunstungsschutz an den Blättern oder Wasserspeicherorgane (Kakteen, Wolfsmilchgewächse) in der Lage, die Trockenperioden zu überdauern. Die meisten Wüstenpflanzen überstehen die Trockenheit als Samen. Nach plötzlichen Regenfällen ergrünt und erblüht die Wüste für kurze Zeit in einer unvermuteten Farbenpracht, bis alles nach wenigen Wochen verdorrt. Doch die kurze feuchte Zeit hat für die Pflanzen ausgereicht, Samen zu bilden, die beim nächsten Regen, vielleicht nach Jahren, zu neuem Leben auskeimen.

51.1 In den Vegetationszonen der Erde

In den wechselfeuchten Tropen beherrschen die **Savannen** das Landschaftsbild. Die Länge der Trockenzeit ist maßgebend für die Ausbildung der Vegetation. In der **Dornsavanne** mit 7,5 bis 10 trockenen Monaten wachsen vorwiegend kniehohe Gräser, Dornbüsche und vereinzelte Bäume. Zwischen den weitstehend wachsenden Pflanzen bleibt der Boden ungeschützt.

Die **Trockensavanne** mit 5 bis 7,5 Trockenmonaten weist bereits eine geschlossene, meist brusthohe Grasbedeckung auf. Hier wächst stellenweise auch ein lichter Wald, der in der Trockenzeit das Laub abwirft. Man spricht daher auch von Trockenwald. Kennzeichnend für das Erscheinungsbild vieler einzeln stehender Bäume ist sowohl in der Trockensavanne als auch in der Dornsavanne die schirmartige Ausbildung der Kronen (z. B. Schirmakazien). Manche Bäume bilden tonnenförmige Stämme aus, in denen sie Wasser speichern können (z. B. Affenbrotbaum).

In der **Feuchtsavanne** mit 2,5 bis 5 Trockenmonaten können die Gräser mehrere Meter hoch werden (Elefantengras). In vielen Gebieten, besonders in der Nähe von Flussläufen, gibt es auch geschlossene Wälder, die in der Trockenzeit das Laub verlieren. Der Unterwuchs bleibt aber meist immergrün.

In Richtung Äquator wird der Baumbestand der Feuchtsavanne immer dichter und geht in den immerfeuchten Tropen allmählich in den immerfeuchten **tropischen Regenwald** über.

In den Hochgebirgen der Erde gibt es in verschiedenen Höhen unterschiedliche Vegetationsstufen. Die **Gebirgsvegetation** der Alpen reicht beispielsweise von Laubwäldern am Gebirgsfuß über Nadelwälder, Zwergsträucher und Mattenregionen bis zu vegetationslosen Schnee- und Eiswüsten im Bereich der Gipfel. Die Waldgrenze liegt auf der Alpennordseite bei ungefähr 2000 m, in den Anden steigt sie in Äquatornähe auf etwa 4000 m Höhe an.

1. Beschreibe nach Mat. 52.1 die Verbreitung der Vegetationszonen. Zeige hierbei den Zusammenhang zwischen Klima und Vegetation an einigen Beispielen auf (vgl. Mat. 48.2).
2. Welche Vegetationszonen fehlen auf der Südhalbkugel? Begründe.
3. Ordne die Fotos auf den Seiten 50–53 entsprechenden Vegetationszonen zu. Begründe.

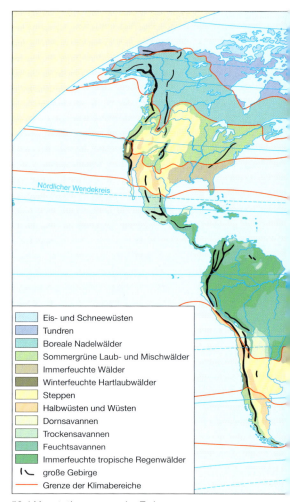

52.1 Vegetationszonen der Erde

52.2 In den Vegetationszonen der Erde

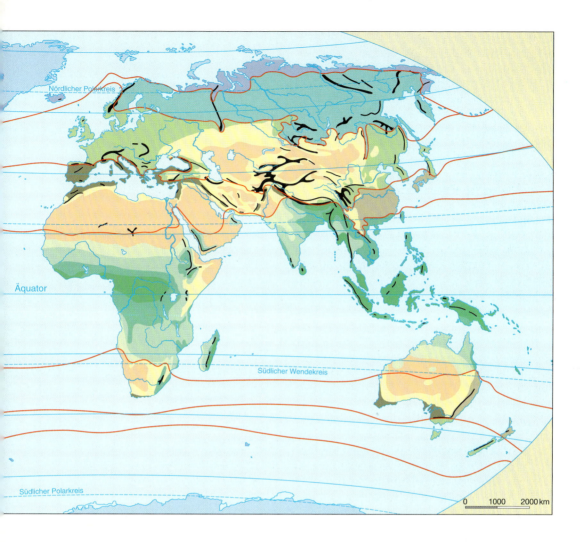

Übersicht: Gunst- und Ungunsträume auf der Erde

1. Betrachte im Atlas eine Karte der Bevölkerungsdichte auf der Erde. Welche Gebiete sind dicht besiedelt, welche sind fast menschenleer? Suche Gründe für die unterschiedliche Besiedlungsdichte.

Lebensgrundlage für die Mehrzahl der Menschen ist der Ackerbau. Die meisten dicht besiedelten Gebiete auf der Erde liegen daher dort, wo Ackerbau betrieben werden kann. Dies ist nur in solchen Räumen möglich, wo die klimatischen Gegebenheiten günstig sind.

Die Ansprüche der einzelnen Kulturpflanzen an das Klima sind recht unterschiedlich. So benötigen die meisten von ihnen zumindest in einigen Monaten des Jahres ausreichende Niederschläge und genügend Wärme zum Wachstum. Weizen z. B. gedeiht am besten in einem wintermilden, sommerwarmen Klima. Der Wasserbedarf ist besonders in der frühen Wachstumszeit sehr hoch, während in der Reifezeit geringere Niederschläge günstig sind. Solche Bedingungen kommen vielfach in den gemäßigten Breiten vor. Reis dagegen ist eine Kulturpflanze, die am besten in den immerfeuchten Tropen mit Niederschlägen von über 1000 mm wächst. Während der Wachstumszeit darf die durchschnittliche Tagestemperatur nicht unter 20 °C sinken. Daher ist Reisanbau in den gemäßigten Breiten in der Regel nicht möglich.

In den Polargebieten erlauben die fast ganzjährig niedrigen Temperaturen keinen Ackerbau. Große Gebiete auf der Nordhalbkugel liegen jenseits der polaren **Kältegrenze des Anbaus**. Hier können Menschen nur vom Fisch- und Robbenfang oder als Rentiernomaden leben.

In den Trockengebieten ist, mit Ausnahme von Bewässerungskulturen, kein Anbau möglich, da die Niederschläge zu gering oder zu unregelmäßig für das Gedeihen von Kulturpflanzen sind. Man spricht hier von der **Trockengrenze des Anbaus**. Aufgrund der ungünstigen Anbaubedingungen sind die Trockenräume kaum besiedelt.

Am Rande der Wüste, in der Übergangszone zur Dornsavanne, reicht die natürliche Vegetation aus, um die Herden der Nomaden mit Futter zu versorgen. Wo in den Trockensavannen Ackerbau betrieben wird, besteht häufig die Gefahr von Ernteausfällen durch längere Dürrezeiten.

54.1 Gunst- und Ungunsträume der Erde

In den immerfeuchten Tropen ist Ackerbau zwar möglich, doch erreicht man nur auf guten Böden, zum Beispiel in Vulkangebieten (vgl. S. 42), hohe Erträge. Der Bereich des tropischen Regenwaldes ist aufgrund des ständig feuchtheißen Klimas und der unfruchtbaren Böden meist nur dünn besiedelt. Lediglich die Küstenregionen der immerfeuchten Tropen sind stellenweise dichter besiedelt. Auch die Gebirge lassen in den Höhenlagen keinen Ackerbau zu, da die Temperaturen mit zunehmender Höhe über dem Meeresspiegel abnehmen. Man spricht auch von der **Höhengrenze des Anbaus**. Diese liegt in den äquatornahen Gebieten höher als in den gemäßigten Breiten.

Die günstigsten Voraussetzungen für die Landwirtschaft gibt es in den gemäßigten Breiten. Hier finden die meisten Kulturpflanzen die besten

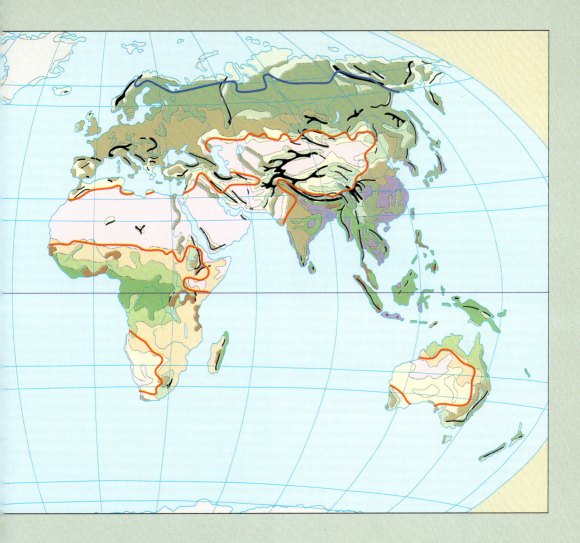

Wachstumsbedingungen: weder Mangel noch Überfluss an Feuchtigkeit und Wärme. Daher gehören die gemäßigten Breiten auch zu den am dichtesten besiedelten Gebieten der Erde.

In den dicht besiedelten Gunsträumen der Erde hat der Mensch die natürliche Vegetation weitgehend verdrängt. Viele Naturlandschaften sind zu Kulturlandschaften mit landwirtschaftlich genutzten Flächen, Siedlungen und Verkehrswegen umgestaltet worden. Das Erscheinungsbild einer Kulturlandschaft wird von natürlichen Faktoren (z. B. Relief, Klima) und vom Menschen bestimmt. In den einzelnen Landschaftszonen haben sich unterschiedliche Kulturlandschaften entwickelt. Die Nutzung verschiedenartiger Kulturpflanzen, andere Baustile und Lebensgewohnheiten bei verschiedenen Völkern haben dazu beigetragen.

2. Benenne die Gebiete in Europa und Asien, die jenseits der polaren Kältegrenze des Anbaus liegen (Mat. 54.1, Atlas). Welche Staaten haben Anteil an diesen Räumen?
3. In welchen Erdteilen ist der Anteil an Trockenräumen besonders hoch und in welchen Erdteilen gibt es keine ausgeprägten Trockenräume (Mat. 54.1)?
4. Informiere dich mithilfe eines Biologiebuches oder eines Lexikons darüber, welche Ansprüche die wichtigsten Kulturpflanzen an das Klima und an den Boden stellen. Unter welchen Bedingungen wachsen Weizen, Kartoffeln und Reis am besten (vgl. Mat. 15.3)?
5. Erläutere anhand der Fotos auf S. 6/7, wie Menschen und Natur das Erscheinungsbild von Landschaften beeinflussen.

Baumwollpflückmaschine in Kalifornien

Bau einer Wasserleitung in Israel

Räume im Wandel

Industriekomplex auf Aufschüttungsflächen in Japan

Die BAM – Verkehrserschließung in Sibirien

58.1 Teilstrecke der BAM im Stanowoibergland

1. Durch den „Wilden Osten" Russlands

1974 kündigte der Staatschef der damaligen Sowjetunion den Bau einer über 3000 km langen Eisenbahnlinie in Sibirien an. Unter großem Aufwand an Kapital, Arbeitskräften, Maschinen und Baumaterial gelang es, die **B**aikal-**A**mur-**M**agistrale, meist **BAM** genannt, innerhalb von zehn Jahren fertigzustellen.

1984 konnten die ersten durchgehenden Züge zwischen Ust-Kut und Komsomolsk verkehren. Bis dahin hatte es in Sibirien östlich des Baikalsees nur eine in Ost-West-Richtung verlaufende Bahnlinie gegeben, die Transsibirische Eisenbahn oder Transsib. Da die BAM auf weiten Strecken parallel zur Transsib verläuft, erhoffte man sich eine Entlastung dieser älteren Bahn, vor allem im Güterverkehr. Wichtiger noch: Die BAM sollte als erste Verkehrslinie in einem bisher fast völlig unbewohnten Raum im Osten Sibiriens die Grundvoraussetzung für eine Besiedlung und eine wirtschaftliche Nutzung schaffen. Außerdem verläuft die BAM soweit von der chinesischen Grenze entfernt, dass sie im Falle eines Grenzkonfliktes nicht direkt militärisch bedroht wäre.

1. Stelle fest, durch welchen Teil Russlands die BAM verläuft und welche Klima- und Vegetationszone diesen Raum kennzeichnet (Mat. 48.2, 52.1, 61.1 und Atlas).
2. Erläutere die Schwierigkeiten beim Bau der Bahn (Mat. 58.2 und 59.1).

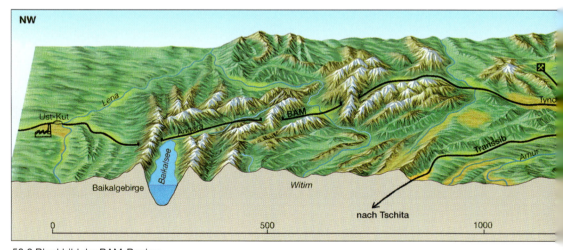

58.2 Blockbild der BAM-Region

Bedeutende Schwierigkeiten beim Bau und Betrieb der BAM ergeben sich aus dem Dauerfrostboden, dem extrem kontinentalen Klima und einer auf weiten Strecken hohen Erdbebengefährdung. Das Bauen im Bereich des Dauerfrostbodens bereitet große Schwierigkeiten und ist sehr teuer. Oft ändern sich die Dauerfrostverhältnisse schon auf verhältnismäßig kleinem Raum in Abhängigkeit von Gestein, Wasserhaltigkeit des Bodens und anderen Eigenschaften des Untergrundes. Gelegentlich muss für jeden Pfeiler einer Brücke der Dauerfrostboden auf andere Weise „überlistet" werden. Wenn dann auch noch Vorsorge gegen Erdbeben getroffen werden muss, wird verständlich, dass die Baukosten an der BAM bis zu dreimal höher liegen als unter Normalverhältnissen.

Mensch und Technik sind unter den herrschenden Klimabedingungen Grenzbelastungen ausgesetzt. Schon ab –10 °C brechen einfache Eisen- und Stahlgeräte wie Hacken oder Spaten, auch Baggerzähne. Lastwagen müssen vor dem Start angewärmt werden. Das geschieht oft mit offenem Feuer und ist entsprechend gefährlich. Bei –15 °C lässt die Spannung von Batterien nach, wird es noch kälter, auch die Schmierfähigkeit von Ölen. Autoreifen zerspringen, Stahlsägen zerreißen, Elektromotoren arbeiten nicht mehr. Die Lebensdauer eines Geländewagens erreicht nur zwei Jahre. Von jeder Arbeitsstunde gehen bei Temperaturen unter –20 °C etwa zehn Minuten als Wärmepause ab.

(nach: A. Karger und C. Liebmann, Sibirien. Köln 1986, S. 35 ff.)

70 Prozent der BAM-Siedler sind jünger als 30 Jahre. Wehrpflichtige Männer, die an der BAM arbeiten, werden vom Militärdienst befreit. Alle, ob Mann oder Frau, verdienen an der BAM zwei- bis dreimal mehr als im europäischen Teil Russlands.

Der 27-jährige Schlosser Wiktor Prokopow zum Beispiel kam aus Moskau nach Tynda, der Hauptstadt des BAM-Baus. Er verdient monatlich 600 Rubel, in seinem Moskauer Betrieb erhielt er durchschnittlich nur 200 Rubel. Dafür muss er in einem Klima mit 60 Grad minus im Winter und 40 Grad plus im Sommer leben. Nur zwei Monate im Jahr sind frostfrei. Dabei ist die Kälte im Winter oft noch eher zu ertragen als die gnadenlosen Mückenschwärme im Sommer, denen man hilflos ausgeliefert ist. So geht denn trotz aller materieller Vergünstigungen jeder Zweite wieder weg aus Taiga und Tundra. Trotzdem folgen viele Russen dem Ruf in den Wilden Osten. In der BAM-Drehscheibe Tynda lebten noch vor drei Jahren nur 3000 Menschen, die überwiegend in sibirischen Holzhäusern wohnten, Fische fingen und jagen gingen. Heute bevölkern den Ort bereits über 33 000, in vier Jahren werden dort 80 000 wohnen und später einmal soll die Hauptstadt der BAM 120 000 Einwohner zählen. Viele der Zugereisten wohnen noch enger und schlechter als sonst in Russland. Zwar sind mittlerweile die Zelte verschwunden, aber Tausende wohnen noch in alten Häusern und Eisenbahnwaggons, in denen es weder Toiletten noch fließendes Wasser gibt.

(nach: Der Spiegel, 46/1976)

59.1 Eisenbahnbau unter den Bedingungen Sibiriens

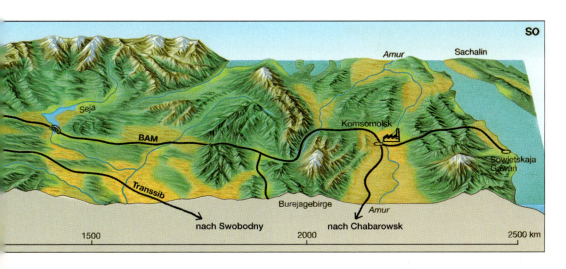

2. Die BAM-Region

Sibirien ist sehr reich an Bodenschätzen. Einige der Vorkommen an Erzen, Kohle, Erdgas und Erdöl gehören zu den größten der Welt. Auch die BAM-Region, eine mehrere hundert Kilometer breite Zone beiderseits der Bahnlinie, weist vielfältige Bodenschätze auf. Weitere wichtige Grundlagen für die wirtschaftliche Erschließung dieses Raumes sind Möglichkeiten zur Nutzung von Wasserkraft sowie riesige Holzvorräte in der Taiga.

Die BAM sollte, zusammen mit einigen Stichbahnen, den Zugang zu diesen Rohstoffen eröffnen. **Territoriale Produktionskomplexe (TPK)** wurden geplant, um die Industrialisierung der Region einzuleiten. Unter einem TPK versteht man einen großräumigen Verbund von Kraftwerken, Bergwerken und Industriebetrieben zur Verarbeitung der Rohstoffe sowie die notwendigen Infrastruktureinrichtungen, beispielsweise Verkehrswege, Siedlungen und Dienstleistungsbetriebe.

Was ist aus den Erschließungsplänen geworden? Bis Anfang der Neunzigerjahre ist es gelungen, eine Reihe von neuen Siedlungen zu gründen und mit der Nutzung der Rohstoffvorkommen zu beginnen. Seit dem Auseinanderbrechen der Sowjetunion in 15 selbstständige Einzelstaaten im Jahr 1991 stockt die Entwicklung allerdings weitgehend. Sibirien ist jetzt ein Teil des Staates Russland. Die Regierung in Moskau stellt nur noch wenige Gelder für Investitionen in einem derartig abgelegenen Raum wie der BAM-Region zur Verfügung. Da die Weltmarktpreise für die meisten Rohstoffe seit einigen Jahren relativ niedrig sind, ist auch die Bereitschaft von ausländischen Firmen gering, unter den schwierigen Bedingungen Sibiriens zu investieren. Lediglich die Ausbeutung der Holzvorräte geht rasch voran, vor allem durch japanische und südkoreanische Konzerne. Allerdings wird gerade in dieser Branche ein wahrer Raubbau an der Natur betrieben, da riesige Flächen gerodet werden, ohne dass anschließend eine Aufforstung erfolgt (vgl. auch S. 108).

1. Nenne Bodenschätze, die in der BAM-Region vorkommen (Mat. 61.1).
2. Vergleiche die Ziele der Erschließung mit den verwirklichten Projekten (Mat. 61.1–61.3).
3. Das Volk der Ewenken gehört zu den Verlierern der Erschließung. Erläutere (Mat. 60.1).

Zu den vielen Naturvölkern, die schon lange in Sibirien lebten, bevor die Russen in dieses Gebiet kamen, gehören die Ewenken oder Tungusen. Die Menschen dieses asiatischen Volkes lebten als nomadische Rentierzüchter in der Taiga, vor allem in der heutigen BAM-Region. In den Zwanziger- und Dreißigerjahren, nach der Machtergreifung der Kommunisten in der Sowjetunion, wurden die Ewenken gezwungen, ihre nomadische Lebensweise aufzugeben und sesshaft zu werden. Der russische Staat sorgte für eine Grundversorgung im Gesundheits- und Bildungswesen, indem erstmals in diesem Gebiet Krankenhäuser und Schulen errichtet wurden. Die meisten Ewenken konnten auch nach der Sesshaftwerdung weiter als Rentierzüchter, Fischer oder Jäger arbeiten.

Mit dem Bau der BAM änderte sich das Leben der Ewenken grundlegend. Etwa eine halbe Million Russen kam binnen weniger Jahre ins Land und verdrängte sie aus vielen ihrer gewohnten Arbeitsplätze. Die Wälder wurden gerodet, das Wild vertrieben, fischreiche Flüsse verschmutzt. Der Lebensraum der Ewenken wurde weitgehend vernichtet. Heute sind die meisten Ewenken arbeitslos. Sie leben von einer geringen staatlichen Unterstützung. Ihre Kultur wurde von den Zuwanderern zerstört. Der soziale Zusammenhalt durch die Familie besteht vielfach nicht mehr. Die Jugend sieht keine Zukunftsperspektive. Alkoholismus und eine hohe Kriminalitätsrate sind die Folge. Es ist zu befürchten, dass die Ewenken, deren Zahl von 65 000 um 1900 auf weniger als 25 000 heute zurückgegangen ist, in absehbarer Zukunft aussterben werden.

60.1 Die Ewenken – Verlierer der Erschließung

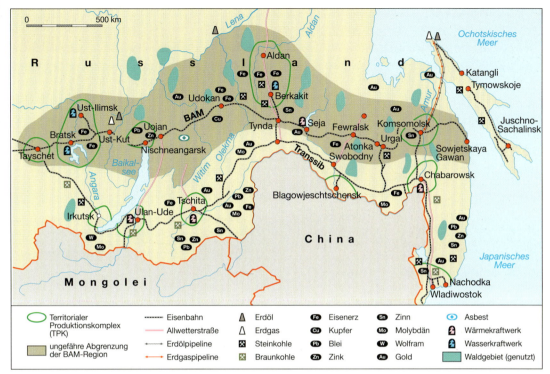

61.1 Die BAM-Region

Hauptstrecke:	BAM zwischen Ust-Kut und Komsomolsk, 3150 km
Anschlussstrecke:	Lenabahn zwischen Tayschet und Ust-Kut, 680 km; Amurbahn zwischen Komsomolsk und Sowjetskaya Gawan, 480 km
Querverbindung	Kleine BAM von der Transsib über Tynda an der BAM nach Berkakit in Südjakutien, ca. 350 km
Bauzeit:	1974–1984
Baukosten:	über 30 Mrd. DM
Beschäftigte:	120 000 Arbeitskräfte; Durchschnittsalter 25 Jahre
Bauwerke:	über 140 Brücken und 9 Tunnel
BAM-Region:	300 bis 400 km breite Zone, die in Zukunft erschlossen werden soll
Bodenschätze:	reiche Lagerstätten in der BAM-Region: Kupfererz bei Udokan, etwa 40 % der Weltvorräte; verkokbare Steinkohle bei Berkakit, Förderung im Tagebau
Planungen:	60 neue Städte, 6 territoriale Produktionskomplexe

61.2 Kleines BAM-Lexikon

Die BAM ist heute nur ein Schienenstrang, der über 3000 km durch weitgehende Wildnis verläuft. Die Strecke ist eingleisig und es gibt kaum Stationen oder Reparaturwerkstätten. Es fehlt eine parallel verlaufende Straße, um Reparaturpunkte anfahren zu können. Ein zuverlässiger Transportverkehr wird also noch lange nicht möglich sein. Offen ist, welche Transportfunktion die BAM einmal übernehmen soll. Transportgut Nr. 1 sollte Erdöl sein, das über Pipelines aus Westsibirien kommend über die BAM zum Export nach Japan an die Pazifikküste transportiert werden sollte. Seit aber der Ölpreis gefallen ist, entfällt diese eingeplante Transportaufgabe. Auch der Plan, Stahl zum Export nach Ostasien über die BAM zu bringen, ist nicht aufgegangen. Und die Hoffnung, dass der Warenaustausch zwischen Westeuropa und Ostasien teilweise über die BAM erfolgen könnte, wird sich bei der zweifelhaften Betriebssicherheit dieser Bahnlinie auch kaum erfüllen. Eine Neuorientierung der Transportaufgaben hat vorerst den Holztransport an die erste Stelle gesetzt.

(nach: N. Wein. In: Die Erde 1988, S. 151)

61.3 Die BAM – eine Fehlplanung?

Petrodollars verändern die Wüste am Persischen Golf

62.1 Ölförderung in der Wüste

Erste Ölförderung	
Iran	1910
Bahrain	1925
Irak	1927
Saudi-Arabien	1936
Kuwait	1946
Katar	1949
Vereinigte Arabische Emirate (VAE)	1963

1. Öl – das „Schwarze Gold"

26. August 1908: Im Südwesten des Iran wird man zum ersten Mal bei der Ölsuche fündig. In diesem Teil der Wüste klettert das Thermometer bis auf 50 °C im Schatten – falls man den hier überhaupt findet. Hitze und Trockenheit machen den Ölarbeitern schwer zu schaffen. Doch die Aussicht auf große Gewinne führt dazu, dass bis in die Gegenwart an immer mehr Stellen Öl gefördert wird.

Die ausländischen Ölfördergesellschaften, auf deren Hilfe der Iran angewiesen war, verdienten als erste hieran. Sie stellten Wissen, Geräte und Ingenieure, sie bestimmten die Fördermengen, sie schlossen die Handelsverträge. Erst 1960 schlossen sich einige Erdöl exportierende Länder zur **OPEC** (s. Glossar) zusammen, um den Ölgesellschaften gegenüber ihre eigenen Interessen durchzusetzen. Der Reichtum begann für die Golfstaaten im Oktober 1973, als alle OPEC-Staaten einig waren: Sie erhöhten den Ölpreis und drosselten die Förderung. Von 1973 bis 1981 verdienten sie ungefähr 3 000 000 000 000 DM.

Der Ölsegen, den die Araber als „Geschenk Allahs" verstehen, hat die Scheichtümer am Golf mit einem Schlag aus dem Nomaden- in das Jet-Zeitalter katapultiert. Noch bevor die ersten Öltanker anlegten, hatten die Ölfirmen mit Bohrtürmen, Pipelines und Häfen das Gesicht der Länder verändert. Im Auftrag großer Konzerne warben westliche Ölexperten bei den Beduinenfürsten um Zustimmung zur Erdölförderung an immer neuen Stellen und diese kauften von ihren Ölkunden Konsumgüter und Luxuswaren. Mit zunehmendem Reichtum gaben sie Raffinerien und Wasserwerke, Gewächshäuser und Industrien in Auftrag. Aus einer bis dahin unterentwickelten Region wurde eine gigantische Großbaustelle.

Traditionelle Lebensformen bestehen zwar heute noch weiter, aber die explosionsartig einsetzende Verstädterung hat alte Siedlungsstrukturen verdrängt. Die alten Kleinstädte der Scheichtümer wurden eingeebnet, neue Städte aus dem Wüstensand gestampft, autogerecht wie in Amerika. Banken, Geschäftshäuser, Fernmeldetürme, alle Arten von Firmensitzen, teure Luxushotels drängen sich in den Innenstädten. Breite Ringstraßen umgeben jenseits von Grünzonen den Stadtkern. Autobahnen führen sternförmig hinaus in weite Wohnquartiere, in Industriebezirke, zur Universität oder zum Flughafen mitten in der Wüste.

1. Nenne die Staaten am Persischen Golf. In welchen wird Erdöl gefördert (Mat. 63.1, Atlas)?
2. Das Erdöl hat das Leben in den Golfstaaten verändert. – Erkläre.
3. Lies bei „Trockenheit kann überwunden werden" (S. 18 ff.) nach, wie die ursprüngliche Lebensweise in diesem Naturraum aussah.
4. „Der Reichtum der Golfstaaten kommt vom Öl." Erkläre diese Aussage (Text, Mat. 63.2).
5. Erläutere die Entwicklung der weltweiten Erdölförderung seit 1982 (Mat. 63.3).

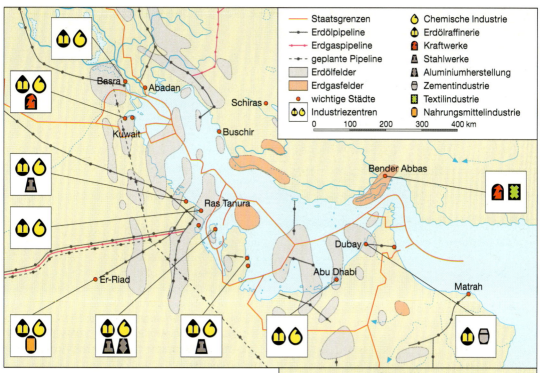

63.1 Wirtschaft am Golf

Kuwait: Hier und da ein eingezäuntes Zapfventil, kaum auffälliger als der Anschluss für den Gartenschlauch im Rasen. Keine Bohrtürme, keine Pumpen. Das Öl fließt in der Regel mit eigenem Druck aus dem Boden, läuft in Röhren zu einem Verteiler und weiter in die Raffinerien am Hafen. Draußen auf See warten die Tanker. Aus den Röhren fließen täglich eine runde Million Barrels Öl (1 Barrel 159 l). Mit dem Öl fließen die Dollars; Kuwait nimmt durchschnittlich zehn Milliarden Dollar im Jahr durch das Öl ein. (nach: GEO 12/1984)

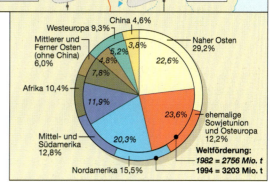

63.3 Erdölförderung 1982/1994

	Reserven 1993 (in Mio. t)	Reichweite (in Jahren)[*1]	Förderung (in Mio. t) 1982	1994	hiervon Eigenverbrauch	Exportanteil des Öls	BSP[*2] je Einwohner 1993 (in US-Dollar)
Vereinigte Arab. Emirate (VAE)	12 892	113	60	108	8 %	62 %	21 430
Bahrain	111	18	3	6	–	76 %	7 940
Iran	12 695	73	98	180	27 %	80 %	2 230
Irak	13 417	134	48	100 (1989)	13 % (1989)	95 %	850
Katar	493	21	16	22	–	93 %	15 030
Kuwait	13 024	283	42	102	–	93 %	19 360
Oman	607	16	16	40	–	94 %	4 850
Saudi-Arabien	35 328	84	325	403	15 %	92 %	7 820
Welt	135 710	42	2 756	3 203			

[*1] bei gleichbleibender Förderung
[*2] Das Bruttosozialprodukt (BSP) bezeichnet den Produktionswert aller Waren und Tätigkeiten einschließlich des Wertes der Handelsbilanz eines Jahres/eines Staates

63.2 Bedeutung des Erdöls für die Golfstaaten 1994

64.1 Abu Dhabi am Persischen Golf

> Wo noch vor 20 Jahren Wüste war, stehen heute Paläste für reiche Kaufleute und hohe Regierungsbeamte. Aber auch so etwas wie sozialen Wohnungsbau gibt es. In Kuwait werden für die „lower income class" respektable Einfamilienhäuser gebaut mit sechs oder acht Zimmern, zwei Bädern, Küche, Dachterrasse und hinter dem Haus ein Extratrakt für das Dienerehepaar aus Sri Lanka oder Indien. Zwischen den Häusern liegen prächtige Grünanlagen, die mindestens einmal am Tag bewässert werden. Wasser ist genügend vorhanden. Es wird in Meerwasserentsalzungsanlagen gewonnen. Ein teures Verfahren, ein Kubikmeter Wasser kostet etwa 12,– DM, aber Geld scheint keine Rolle zu spielen.
> (nach: GEO 12/1984)

64.2 Wandel in der Wüste

64.3 Fußballstadion von Abu Dhabi

2. Folgen des Reichtums

1. Erläutere den Wandel der Städte mithilfe des Textes S. 62 und Mat. 64.1–3.
2. Beschreibe die Bevölkerungs- und Stadtentwicklung in den Golfstaaten (Mat. 65.1).

Die modernen Städte üben eine magische Anziehungskraft auf die ländliche Bevölkerung aus: Beduinen verkaufen ihre Herde und ziehen an den Rand der Städte. Bauern verlassen ihre Felder, ziehen in Behelfsunterkünfte oder Sozialwohnungen. Sie leben zwar „in der Stadt", sind aber noch lange keine Städter, haben sich noch nicht an die andersartige Lebensweise gewöhnt.

In der Aufbauphase zwischen 1970 und 1980 entwickelten sich die Bauindustrie und das Dienstleistungsgewerbe. Die eigene Bevölkerung reichte nicht aus, um genügend Arbeitskräfte zu stellen; zudem mangelte es an Facharbeitern, Technikern, Akademikern und Verwaltungskräften. Deshalb mussten ausländische Arbeitskräfte geholt werden.

> „Ein amerikanischer Ingenieur oder ein Einheimischer verdient so viel wie 2000 Pakistanis zusammen. Glauben Sie, dass das noch lange so weitergehen wird?", fragt besorgt ein Araber, der wie andere befürchtet, dass die sozialen Ungerechtigkeiten auf Dauer zu Unruhen führen können, umso mehr, als bei wirtschaftlichen Flauten die ausländischen Arbeitskräfte jeweils zuerst ihren Job verlieren und des Landes verwiesen werden.
> (nach: Time Life)

In die Landwirtschaft ist stark investiert worden: Wissenschaftler züchten in riesigen gekühlten Gewächshäusern ertragreiche Sorten, u. a. von Paprika, Gurken und Tomaten. Auf Musterfarmen werden neue Bewässerungsmethoden erprobt. Wasser wird aus großen Tiefen gefördert, Meerwasserentsalzungsanlagen sind entstanden. Seit 1982 kann sich z. B. Saudi-Arabien erstmals selbst mit Weizen versorgen – der Import einer Tonne Weizen wäre allerdings nur halb so teuer wie die Erzeugung im eigenen Land.

Seit Mitte der 80er-Jahre fließen Öl und Geld am Golf spärlicher, da der Ölpreis verfiel und die Einnahmen sanken. Die Ölexporte gingen deutlich zurück, die Industrieländer verringerten wegen

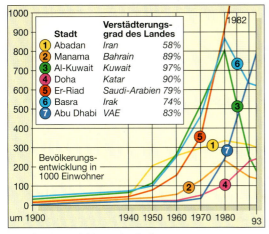

65.1 Stadtentwicklung der Golfstaaten

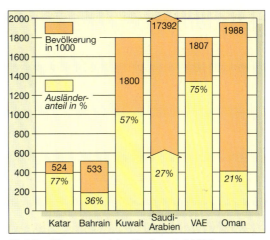

65.3 Bevölkerung und Ausländeranteil 1993

des hohen Preises ihren Ölverbrauch. Andere Erdölförderländer drängten auf den Weltmarkt, der Weltmarktanteil der OPEC-Staaten sank um ein Drittel auf 41 % (1992). Der Golfkrieg zwischen Irak und Kuwait 1990/91 führte zu schweren Schäden und wirtschaftlichen Verlusten.

Am Persischen Golf wurde man sich allmählich dessen bewusst, dass das Öl nur für eine begrenzte Zeit reicht und dass für die „Nach-Ölzeit" Vorsorge getroffen werden muss. Zunächst wurden Millionen Dollar in den Aufbau der Erdöl verarbeitenden Industrien, wie z. B. der Erdölchemie, gesteckt. Statt Rohöl oder Halbfabrikate sollen End- oder Fertigprodukte exportiert werden, die höhere Gewinne erbringen. Man hat jedoch eingesehen, dass zur Schaffung stabiler, zukunftssicherer Verhältnisse die Ölverarbeitung allein nicht ausreicht. Deshalb wurde in einem zweiten Schritt mit der Entwicklung unterschiedlicher Industriezweige begonnen.

1981 wurde der Golfkooperationsrat mit dem Ziel gegründet, untereinander wirtschaftlich enger zusammenzuarbeiten und sich von den Industrieländern unabhängiger zu machen. Zuletzt beschloss man 1992 die schrittweise Einführung einheitlicher Zölle.

3. Der Ölboom hat positive und negative Folgen gehabt – erläutere (Mat. 64.1 und 64.3, 65.1 und 65.3 und Texte).
4. Welche Bedeutung hat die Golfregion für die Erdölversorgung der Erde (Mat. 65.2)?
5. Öl – ein dauerhafter Garant für Wohlstand in den Golfstaaten (Mat. 63.2 und Texte)?

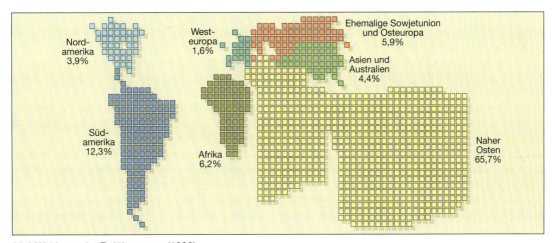

65.2 Weltkarte der Erdölreserven (1993)

Australien – vom Agrarland zur Industrienation

66.1 Rinderfarm am Rand der Simpson-Wüste

1. Landwirtschaft in Australien

Eine Farm im Outback
Die Red Creek Station der Familie Myers liegt im Norden Westaustraliens. Sie ist nur mit dem Flugzeug oder in stundenlanger halsbrecherischer Fahrt über Sandpisten zu erreichen.

Mit einer Fläche von 2850 km² hat Myers Station die durchschnittliche Größe einer Rinderfarm im Outback. Herr Myers besitzt zur Zeit etwa 7000 Stück Vieh. Er liegt damit an der Obergrenze der Kapazität, denn 100 ha Land können nur drei Rinder ernähren. Dies ist jedoch nur in den Jahren möglich, wenn ausreichend Niederschläge fallen und genügend Futter auf den Weiden wächst. Bei dem großen Dürrerisiko ist das nie sicher.

Mit Schaudern denkt Herr Myers an die Dürrejahre 1982 und 1983, in denen mehr als die Hälfte seiner Rinder umkam. Er überlegt, ob sich für seine Kinder der Beruf des Farmers künftig noch lohnt.

Das Leben ist für Frau Myers und die Kinder anstrengend und entbehrungsreich. 40 °C Tagestemperatur, Staubstürme und das Fehlen vieler Annehmlichkeiten erschweren das Leben. Lebensmittel, Haushaltsgegenstände, Drahtrollen, Baumaterial und vor allem Treibstoff für die Geländewagen müssen die Farmbewohner aus dem 165 Meilen entfernten Depot holen.

In zwei Regentanks fängt Herr Myers den seltenen Regen auf. Das meiste Wasser wird aus 150 m Tiefe gepumpt. Für die Tiere ist das leicht salzige Wasser noch geeignet. Für die Verwendung als Trinkwasser muss es jedoch vorher erst aufbereitet werden.

Das wichtigste Gerät der Farm ist das Sprechfunkgerät. Mit ihm werden Bestellungen aufgegeben, ärztlicher Rat eingeholt und Verbindung mit den Männern der Farm gehalten. Über Funk erhalten die Kinder Schulunterricht. Seit Ende der 80er-Jahre erfolgt ein Teil des Unterrichtsangebotes per Satellitenfernsehen.

(Rainer Koch)

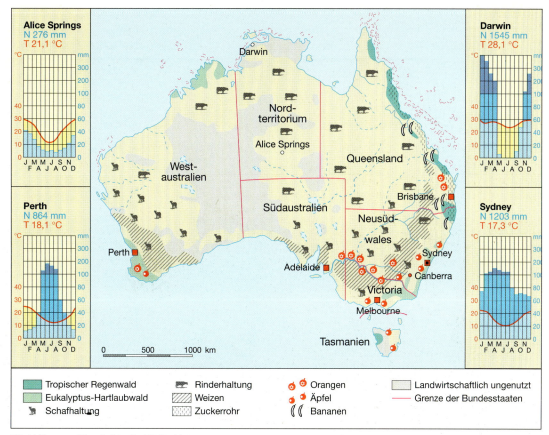

67.1 Klima und landwirtschaftliche Nutzung

Die Bedeutung der Landwirtschaft

Die natürlichen Gegebenheiten schränken die landwirtschaftliche Nutzung Australiens erheblich ein. Nur 2 % der Gesamtfläche sind als Ackerland nutzbar, 65 % sind Weideflächen mit meist extensiver Viehwirtschaft. Schaffarmen mit 10 000 – 15 000 Schafen auf 1000 – 5000 km² und Rinderfarmen mit 20 000 – 25 000 Rindern auf 25 000 km² sind üblich. Besonders durch die anspruchslosen Merinoschafe konnte der extreme Trockenraum wirtschaftlich genutzt werden.

Die Landwirtschaft Australiens war von Anfang an exportorientiert; 1992 betrug der Anteil landwirtschaftlicher Exporte 42 % am Gesamtexport. Der pazifische Raum mit den USA und Japan bildet das Hauptabsatzgebiet. Australien ist weltweit der größte Produzent und Exporteur von hochwertiger Schafwolle. Als nach 1991 die Weltmarktpreise für Wolle, Fleisch und Weizen fielen, entstanden große wirtschaftliche Probleme. Zusätzlich führten Überweidung und Dürren zu Bodenerosion, zur Zunahme von Staubstürmen und zur Ausbreitung von Dornbuschvegetation (Scrub). Aufgrund starker Inanspruchnahme sank der Grundwasserspiegel ab. In Bewässerungsgebieten nimmt die Bodenversalzung zu.

Vor Jahren schon forderten Ökologen eine räumliche Begrenzung der landwirtschaftlichen Nutzung und der Viehbestände; doch erst der Preisverfall auf den Exportmärkten lässt Australien gegenwärtig an eine deutliche Verkleinerung seiner Schafsbestände denken.

1. Schildere die Lebensbedingungen im australischen Outback am Beispiel der Familie Myers (Mat. 67.1, Atlas, Text).
2. Erläutere die Formen der Landnutzung und ihre räumliche Verteilung (Mat. 67.1, Klimadiagramme).
3. Die Landwirtschaft Australiens wird von der Natur und vom Weltmarkt geprägt. Begründe.

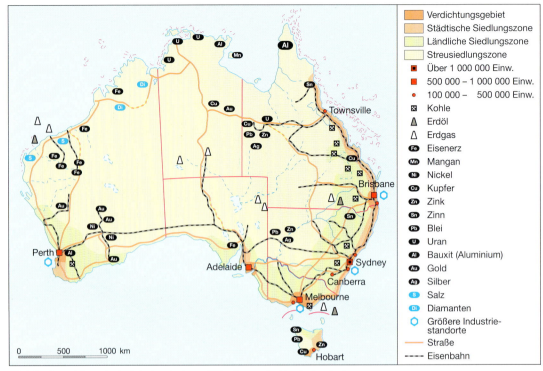

68.1 Bodenschätze, Industriestandorte und Siedlungsstruktur in Australien

2. Australien entdeckt seine Bodenschätze

1. Über welche Bodenschätze verfügt Australien (Mat. 68.1)?
2. Wo liegen diese Bodenschätze und unter welchen klimatischen Bedingungen werden sie abgebaut (Mat. 68.1 und 67.1, Atlas)?
3. Untersuche die Siedlungsverteilung in Australien (Mat. 68.1, Atlas).

Nach dem Zweiten Weltkrieg begann in Australien die Suche nach eigenen Bodenschätzen. Bei dem Aufbau einer Industrie wollte man nicht auf teure Rohstoffimporte angewiesen sein. In den folgenden Jahren wurden riesige Lagerstätten verschiedener mineralischer Rohstoffe und Energierohstoffe gefunden; ein großer Teil davon in Australiens „toter Mitte". Die Entwicklung der Nickelproduktion ist ein Beispiel für den schnellen Aufbau des Bergbaus. Bis 1966 importierte Australien seinen Nickelbedarf. 1992 stand das Land in der Nickelförderung an 4. Stelle und beliefert heute sowohl heimische als auch internationale Märkte.

Noch 1965 musste Australien Eisenerz einführen. 1992 lag es an 4. Stelle der Förderländer. Aus der 1964 begonnenen Ölförderung kann das Land sich selbst versorgen und außerdem exportieren. Neue Öl- und Gasfunde vor der Küste Westaustraliens führten zu einer weiteren Zunahme.

Ähnlich stürmisch verlief die Entwicklung bei Blei, Zink, Uran, Bauxit und Gold. Die reichen Lagerstätten von Energierohstoffen und Erzen liegen günstig für den Abbau. Steinkohle, Braunkohle, Uran, Eisenerz und Mineralsande können im Tagebau abgebaut werden. Einige Bodenschätze konzentrieren sich auf wenige, aber riesige Vorkommen. So stammen 70 % des geförderten Eisenerzes (64 % Fe-Gehalt) aus der Pilbara-Region in Westaustralien. Braunkohle wird besonders um Melbourne abgebaut und verstromt. Die Uranvorkommen liegen im Nordterritorium. 85 % des Erdöls werden in der Bass-Straße gefördert.

Seit Mitte der 70er-Jahre hat sich Australien zu einer der wichtigsten Industrienationen der Erde entwickelt. Dies ermöglichten sowohl der damals beginnende Aufbau der verarbeitenden Industrie als auch die weltweite Nachfrage nach industriellen Rohstoffen.

Industriemacht im 3. Jahrtausend?

Die wachsende Industrialisierung stellt Australien vor ein Problem: Es werden Fachkräfte benötigt, die das bevölkerungsarme Land nur bedingt zur Verfügung hat. Die meisten von ihnen leben zudem in den klimabegünstigten Gebieten an den Küsten. So versucht die australische Regierung auf zweierlei Weise, Arbeitskräfte für die neuen Industrieregionen im Landesinnern zu gewinnen: Zum einen werden Jahr für Jahr Tausende von Einwanderern ins Land gelassen, wobei darauf geachtet wird, dass sie die in Australien benötigten Berufe haben. 1993 wanderten z. B. 85 000 Menschen nach Australien ein. Zum anderen versucht die Regierung, die bisherige Bevölkerungskonzentration im bevorzugten Südosten aufzuheben. Um dies zu erreichen, werden „richtige" Städte in der Nähe der Rohstofflagerstätten aus dem Nichts gebaut. Sie sollen ihren Bewohnern all das bieten, was die alten Städte an der Küste auch aufweisen: Wohnkomfort, Freizeitangebote, Bildungseinrichtungen. Mithilfe solcher neuen Städte soll nach Vorstellung der Regierung allmählich der innere Bereich Australiens auch für eine dauerhafte Besiedlung erschlossen werden.

Wirtschaftspolitisches Ziel der Regierung ist es, Australien bis zum Jahrhundertende zum Bergbauland Nr. 1 der westlichen Welt zu machen. Die Erschließung und Industrialisierung sind jedoch in hohem Maße an den Import von Facharbeitern, Know-how, Kapital und unternehmerischer Initiative gebunden. Die Regierung schließt daher mit internationalen Gesellschaften und Großunternehmen der Industrieländer Raumerschließungs- und Nutzungsverträge ab. Hieran sind besonders japanische Firmen beteiligt.

4. Beschreibe die Entwicklung der Rohstoffförderung in Australien (Mat. 69.1).
5. Beschreibe die Entwicklung der Industrieproduktion (Mat. 69.2). Suche die wichtigsten Industriestandorte (Atlas, Mat. 68.1).
6. Erläutere die Entwicklung der australischen Exportstruktur (Mat. 69.3).
7. Australiens wichtigste Handelspartner waren früher die EG-Länder und die USA. Seit den 70er-Jahren orientiert sich Australien stärker nach Asien hin, vor allem aber nach Japan. Lies im Kapitel Japan (S. 72–77) nach und begründe.

		1971	1980	1992
Bauxit	(Mio. t)	11	28	40
Steinkohle	(Mio. t)	45	81	171
Braunkohle	(Mio. t)	23	32	51
Eisenerz	(Mio. t)	57	97	117
Mangan	(1000 t)	786	2194	1980
Kupfer	(1000 t)	173	228	378
Nickel	(1000 t)	35	72	58
Uran	(t)	–	837	3530
Erdgas	(1000 m³)	1962	9008	21000
Erdöl	(Mio. t)	4	18	25

69.1 Entwicklung der Rohstoffförderung

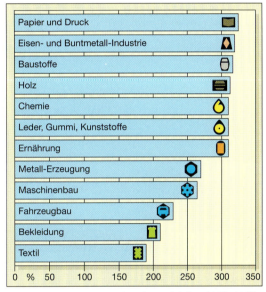

69.2 Entwicklung der Industrieproduktion 1969–1992

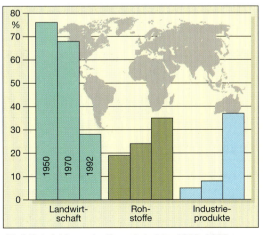

69.3 Entwicklung der Exportstruktur 1950–1992

3. Das German-Creek-Projekt: Förderung von Steinkohle mit ausländischer Hilfe

Bereich	Infrastrukturmaßnahmen	Kosten
Eisenbahn	22 km Anschlussgleise, Lokomotiven, Waggons	140 Mio. DM
Häfen	Ausbau (Hay Point) und Neuanlagen	74 Mio. DM
Städte	Middlemount/Neuanlage	116 Mio. DM
Straßen	35 km zweispurige Autobahn/neu	17 Mio. DM
Wasser	Ausbau des Versorgungsnetzes, neue Wehranlagen	25 Mio. DM
Energie	Netzausbau, Neuanschlüsse	39 Mio. DM
Summe	German-Creek-Projekt	411 Mio. DM
Gesamtinfrastrukturkosten im australischen Steinkohlenbergbau bis ins Jahr 2000:		4 744 Mio. DM

70.1 Kostenvoranschläge von Infrastrukturmaßnahmen

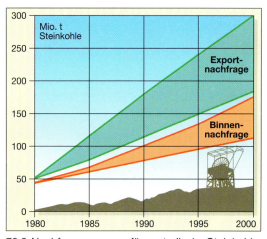

70.2 Nachfrageprognose für australische Steinkohle aus dem Jahre 1979

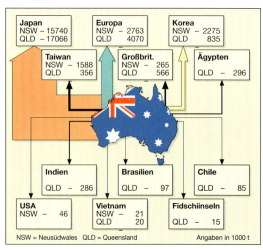

70.3 Steinkohlenexporte Australiens

1. Beschreibe die Lage der German-Creek-Lagerstätte und nenne weitere Steinkohlengebiete in Australien (Mat. 71.1 u. Mat. 71.3).

2. Vergleiche die Abbaubedingungen mit denen im Ruhrkohlenbergbau (Mat. 71.2, Atlas).

3. Erläutere die Entwicklung der australischen Steinkohlenförderung (Mat. 69.1 u. 70.2).

4. Nenne die fünf wichtigsten Abnehmer von australischer Steinkohle (Mat. 70.3). Miss im Atlas die Länge der Transportwege.

Während in der Bundesrepublik Deutschland die Steinkohlenhalden wuchsen, Zechen geschlossen und Tausende von Bergleuten entlassen wurden, entwickelte sich in Australien der Steinkohlenbergbau positiv. 1993 machte Kohle 12 % des Exporterlöses aus. Dies war jedoch nur möglich mithilfe ausländischen Kapitals und erfahrener Bergwerksgesellschaften. Beim **German-Creek-Projekt** z. B. ist die Ruhrkohle-AG beteiligt, ebenso wie britische, amerikanische und australische Gesellschaften.

Die Interessen des Lieferlandes Australien und der Abnehmerländer ergänzen sich hierbei: Australien benötigt für die Erschließung seiner reichen Bodenschatzvorkommen, für den weiteren Aufbau einer eigenen Industrie und für die Erschließung des weitgehend unbesiedelten Landesinnern dringend Kapital; die Industrienationen decken ihren Energiebedarf nach zwei Ölkrisen wieder stärker mit Kohle. Die günstigen Abbaubedingungen in Australien lassen es zu, dass trotz des hohen Transportkostenanteils nicht nur asiatische, sondern auch weit entfernte Absatzmärkte in Betracht kommen. Die Schaffung neuer Arbeitsplätze, die verkehrsmäßige Erschließung des Binnenlandes und neue Infrastrukturmaßnahmen sollen bewirken, dass die bisher zu einseitig im Südosten konzentrierte Bevölkerung und Industrie stärker dezentralisiert werden können.

5. Erläutere die Standortentwicklung des German-Creek-Projektes (Mat. 71.2, 71.4, Text).

6. Zeige die räumlichen Veränderungen auf, die mit seiner Durchführung verbunden sind (Mat. 71.1 und Mat. 70.1).

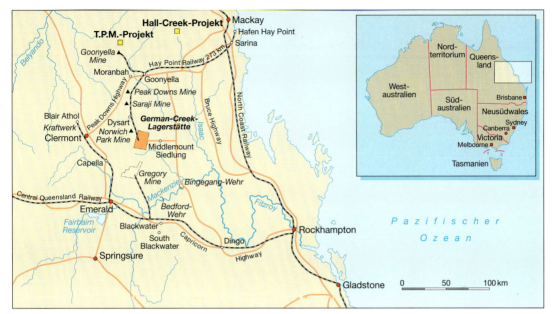

71.1 Das German-Creek-Projekt

Bundesstaat	Kohlesorten	bekanntes Vorkommen (in Mio. t)	förderbare Menge (in Mio. t)	davon im Tagebau (%)	Kokskohle-anteil (%)	tiefste Lagerung (in m)	Mindest-flözdicke (in m)	vermutete Vorkommen (in Mio. t)	geschätztes Gesamt-vorkommen (in Mio. t)
New South Wales	Bitumen	22 700	12 100	26	23	1 000	0,3	490 000	512 700
Queensland	Bitumen	23 740	13 870	32	55	900	1,5	114 700	138 440
hiervon									
German Creek	Anthrazit	342	342	27	100	140	1,3	330	672
Western Australia	Sub Bitumen	200	160	91	0	400	0,6	2 090	2 290
Tasmania	Bitumen	50	25	0	0	300	1,5	–	–
South Australia	Sub Bitumen	720	720	100	0	100	–	2 300	3 020

71.2 Australiens Steinkohlenvorkommen

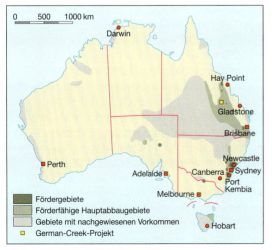

71.3 Australiens Steinkohlengebiete

1964	erste Exploration im Bowen-Becken
1977–78	Im Auftrag des German-Creek-Projektes werden über 55 000 Bohrungen durchgeführt
1979	Baubeginn nach Zuteilung der Abbau-berechtigung durch die Regierung
1981	Förderbeginn
1982	Erreichen der jährlichen Höchstförder-menge von 3,35 Mio. t in Tagebauweise
1984	Exportabwicklung über den neuen Kohlehafen Hay Point 2
1996	Beginn des Untertagebaus

(nach World-Coal und nach Glückauf)

71.4 Entwicklung des Standortes German-Creek

Japan – ein Rohstoffzwerg als Handelsriese

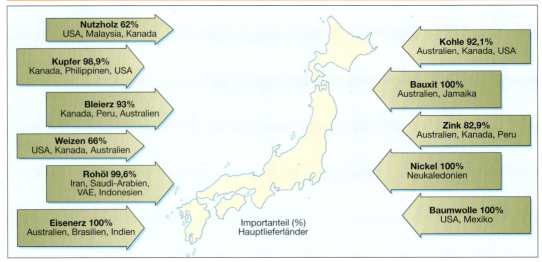

72.1 Rohstoffimporte Japans 1993

1. Japans Vordringen auf den Weltmarkt

„Nintendo – Renner des Weihnachtsgeschäftes"
„Canon entwickelt Kamera ohne Film"
„Sony baut den größten Fernseher der Welt"
„Japan größter Werkzeugmaschinen-Exporteur"
„Schon jedes vierte Auto ein Japaner"
„Japan führend auf dem Computer-Chip-Markt"
„Wer stoppt Japan? Amerikanische Firmen bitten US-Regierung um Hilfe"
„Japaner: Wir haben die ganze Welt vor Augen"

(Überschriften aus deutschen Zeitungen)

Die Zeitungsüberschriften deuten es an: Japans Industrie ist den Weltmarktkonkurrenten in vielen Belangen um einen Schritt voraus, japanische Exportprodukte haben einen großen Anteil am Weltmarkt.

Vor 1960 wurde Japan als Handelsmacht noch gar nicht ernst genommen. Damals gelangte überwiegend „Japanware" wie Papier, Fächer, Wandschirme, Porzellan oder Bambuserzeugnisse nach Europa und in die USA. „Made in Japan" verband man zudem noch mit billigen Massenprodukten und Nachahmungen von westlichen Waren.

Textil-, Schwer- und Werftindustrie sowie der Maschinenbau sind die Industriezweige, mit denen Japans Aufstieg zur Industrienation und Welthandelsmacht begann. Als diese Industriezweige jedoch nicht mehr genügend Gewinne einbrachten, reagierten die Japaner schnell. In den 70er-Jahren wurde der Schwerpunkt der industriellen Produktion auf hochwertige Fertigprodukte verlagert: Autos, Motorräder, Kameras sowie Geräte der Unterhaltungselektronik eroberten westliche Märkte. Auch die chemische Industrie machte große Fortschritte. In Kumamoto auf der Insel Kiuschu werden Forschung und Weiterentwicklung der Elektroindustrie betrieben. Hier wurden die Grundlagen dafür geschaffen, dass Japan im Bereich der Mikrochips und Computer einen Spitzenplatz in der Weltproduktion errang.

Japans Wirtschaftserfolg ist verblüffend: Das Land hat kaum Bodenschätze, Rohstoffe werden über weite Strecken importiert, der Industrie fehlen geeignete Flächen, der Transport der Exportgüter per Schiff ist weit und teuer. Aber: Japan betreibt intensive Marktforschung, entdeckt frühzeitig Marktnischen, stellt sich rechtzeitig auf Käuferwünsche ein. Es produziert preiswerter aufgrund weitreichender Modernisierung und Automatisierung der Produktion sowie geringer Lohnnebenkosten. Japan steigerte sein Exportvolumen nicht zuletzt durch das Erschließen neuer

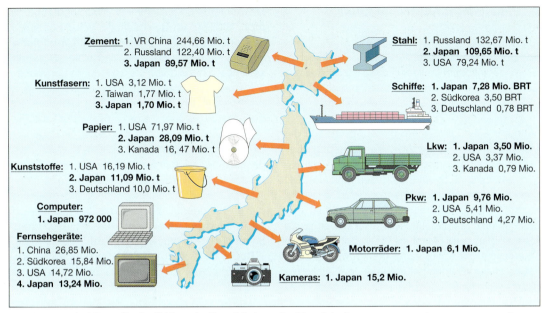

73.1 Japanische Waren für den Weltmarkt (Stand Anfang der 90er-Jahre)

Märkte im pazifischen Raum und schaffte es bisher weitgehend, seinen Binnenmarkt durch Schutzzölle gegen ausländische Importe abzusichern.

Seit 1993 werden Japans Exporte nach Europa und Nordamerika erschwert: Der Europäische Binnenmarkt und die Nordamerikanische Freihandelszone (USA, Kanada, Mexiko) ermöglichen einen freien Warenaustausch nur zwischen den Mitgliedsstaaten. Deshalb versucht Japan, eigene Produktionsstandorte in diesen Binnenmärkten zu errichten.

1. Erläutere anhand von Mat. 72.1, wie Japan seinen Rohstoffbedarf deckt.
2. Beschreibe die Entwicklung der japanischen Industrie seit 1950 (Mat. 73.2). Welche japanischen Produkte kennst du?
3. Welche Bedeutung haben japanische Industrieprodukte (Mat. 73.1)?
4. Vergleiche die Handelsentwicklung Japans mit derjenigen anderer Industrienationen (Mat. 73.3).
5. Erkläre abschließend die Kapitelüberschrift.

	1950	1970	1992
Roheisen (Mio. t)	2,2	68,0	73,7
Rohstahl (Mio. t)	4,8	93,3	99,6
Zement (Mio. t)	4,5	57,2	88,3
Pkw (Mio.)	0,002	3,2	8,5
Lkw (Mio.)	0,07	2,1	3,0
Schiffe (Mio. BRT)	1,7	9,9	7,4
Kühlschränke (Mio.)	0,005	2,6	4,4
Waschmaschinen (Mio.)	0,002	4,4	5,2
Fotoapparate (Mio.)	0,2	5,8	14,5
Videorekorder (Mio.)	–	–	19,4
Transistoren (Mio.)	–	–	22,7

73.2 Produktion ausgewählter Industrieerzeugnisse

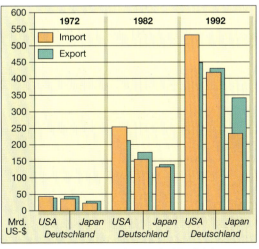

73.3 Japans Handelsentwicklung im Vergleich

2. Industriestandorte im Meer

1. Beschreibe die Lage der Hauptballungsgebiete der Industrie und der großen Häfen (Atlas).
2. Warum nennt man die Ostseite Japans auch die „Fensterseite" zur Handelswelt?

Mitte der 60er-Jahre nahm die Konzentration der Industrieanlagen so zu, dass die Regierung neue Industriestandorte plante. Sie sollten im Meer liegen, und zwar an Stellen, an denen man Neuland gewinnen konnte. Hierbei kamen den Japanern natürliche Gunstfaktoren zugute: Die Küsten sind buchtenreich und die Flüsse transportieren große Mengen Sand und Geröll ins Meer. Daher sind die Meerestiefen in Küstennähe gering. Viele Flüsse haben zudem Deltamündungen ausgebildet. Hier lassen sich Eindeichungen und Aufschüttungen relativ einfach durchführen.

Solch günstige Voraussetzungen waren z. B. in der Bucht bei Kuraschiki gegeben, wo der Großindustriekomplex Mizuschima (= „Wasserinsel") entstand. Selbst 6 km von der Küste entfernt betrug die Wassertiefe im Durchschnitt nur 5 m. Um großen Tankern und Frachtern das Anlegen zu ermöglichen, mussten Fahrrinnen und Hafenbecken bis zu 18 m tief ausgebaggert werden. Der dabei geförderte Grobsand und Kies fanden für die Aufschüttungsfläche Verwendung. Zusätzlich trug man kleinere Hügelketten in der Umgebung ab und kippte das Gestein ins Meer. Auf den Abtragungsflächen wurden Werkswohnungen für die Arbeiter des Industriekomplexes gebaut.

Die Aufschüttungsfläche war 1985 rund 2500 ha groß. Sie liegt im Durchschnitt 2,70 m über NN, das sind etwa 50 cm über dem bisher höchsten Wasserstand. Zur Seeseite hin ist die „Wasserinsel" Mizuschima durch starke Mauern geschützt.

Durch Aufschüttungen wie bei Kuraschiki sind bisher in Japan 1500 km^2 Industrieflächen aus dem Meer gewonnen worden. Die staatliche Planung sieht insgesamt 17 000 km^2 Neuland vor. Ob es jedoch dazu kommt scheint fraglich, denn der Stahlbedarf geht weltweit zurück, und die Auftragslage der Werften ist schlecht. Es gibt schon Aufschüttungsflächen, die nicht zu Industriekomplexen ausgebaut worden sind. Sie dienen z. T. als Öltanklager oder liegen brach. Auch sonst bringt die Neulandgewinnung Probleme mit sich:
- Durch Aufschüttungsflächen und Küstenbegradigungen ist die ursprünglich 27 000 km lange natürliche Küstenlinie erheblich verkürzt worden. Dabei gingen viele Erholungsgebiete verloren.
- Durch die Anlage von Großindustriekomplexen hat die Gefährdung durch Luft- und Wasserverschmutzung stark zugenommen.

3. Erläutere die Standortgegebenheiten in der Bucht von Kuraschiki (Atlas).
4. Nenne Rohstoffe, die von den verschiedenen Betrieben des Großindustriekomplexes benötigt werden (Mat. 75.1 und 75.2).
5. Erläutere die Standortvernetzung in Mizuschima (Mat. 75.1 und 75.2).
6. Diskutiert die Vor- und Nachteile der Industriestandorte „im Meer" (Mat. 57.1 und 74.1).

74.1 Industrien, Gewerbe, Stell- und Parkplätze auf Aufschüttungsflächen

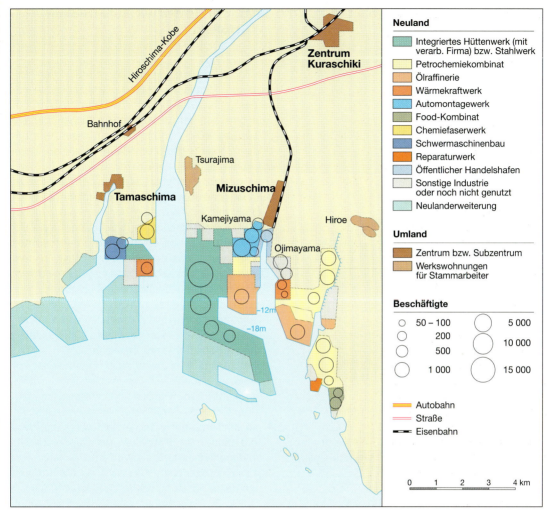

75.1 Großindustriekomplex Mizuschima

Integriertes Hüttenwerk: Wenn alle Stufen der Verarbeitung von der Rohstoffaufbereitung bis zur Herstellung des Endproduktes zusammengefasst sind, spricht man von einem integrierten Industriewerk (hier: von Eisenerz und Kohle zu Stahl und Stahlprodukten).

Petrochemiekombinat: „Kombinat" stammt aus dem Russischen und bedeutet hier, dass aus einem Rohstoff (Erdöl) in einer Kette von Verarbeitungsprozessen Grundstoffe oder Endprodukte (z. B. Chemiefasern) hergestellt werden.

Ölraffinerie: In Mizuschima konkurrieren zwei Ölraffinerien miteinander. Etwa ein Drittel der Erdölprodukte (Schweröl, Heizöl, Benzin) wird in Mizuschima selbst verbraucht. Der Rest geht in die Industriezentren an der Ostküste.

Wärmekraftwerke: Auf der Basis von Schweröl produzieren zwei Kraftwerke mehr elektrische Energie als in Mizuschima gebraucht wird. Mit dem Überschuss wird das Umland versorgt.

Automontagewerk: „Mitsubishi-Motors" beschränkt sich auf die Montage von Autos. Nur etwa 30 % der benötigten Einzelteile werden im eigenen Werk produziert. Die Karosseriebleche liefert das integrierte Hüttenwerk, Kleinteile stammen aus Zulieferfirmen der näheren Umgebung.

Food-Kombinat: Hier werden importierte Agrarprodukte zu Nahrungsmitteln, Pflanzenölen und Futtermitteln verarbeitet. Die Produkte werden hauptsächlich zur Versorgung Japans verwandt. Im Großindustriekomplex Mizuschima waren 1985 47 000 Personen in mehr als 90 Firmen beschäftigt.

75.2 Betriebe in Mizuschima

3. Der Preis des wirtschaftlichen Erfolges

Die **Umweltbelastung** ist nach 1945 in den Verdichtungsräumen in kritische Grenzbereiche gestiegen. Die starke Industrialisierung in den Buchten und auf den Aufschüttungsflächen hat die Wasserbelastung enorm steigen lassen. Die Lebensgrundlage der Meerestiere wurde an vielen Stellen zerstört, viele Fischer wurden arbeitslos, die Aquakultur geriet in Gefahr. In den 60er-Jahren gab es erste Tote zu beklagen: Giftiges Quecksilber war mit den Abwässern der chemischen Industrie in die Meeresbuchten gelangt, von dort über das Nahrungsmittel Fisch in den menschlichen Organismus. Japan ist der erste Staat, in dem **Umweltopfer** offiziell anerkannt wurden und vom Staat finanzielle Entschädigungen erhielten.

Mit strengen Gesetzen und weit reichenden Planungen wurde seit 1970 versucht, die Umweltbelastungen in Grenzen zu halten und den Menschen vor den Folgen zu bewahren:
– Betriebe mussten nachträglich Filteranlagen zur Reinigung von Abgasen einbauen,
– verbleites Benzin ist seitdem verboten,
– überall gibt es Geschwindigkeitsbegrenzungen,
– es wird empfohlen, nicht mehr als 570 g Fisch pro Woche zu essen, um die Quecksilberbelastung des Körpers in Grenzen zu halten,
– neue Industriebetriebe sollen dezentralisiert werden (Entlastung der Verdichtungsräume).

Erste Erfolge stellten sich ein: Japan wurde bei der Umwelttechnik führend, in Tokio sind „Sauerstoff-Tankstellen" nicht mehr notwendig, die Luftbelastung ist insgesamt zurückgegangen. Die Verschmutzung der Küstenbereiche, vor allem diejenige durch Schwermetalle in den Buchten, lässt sich jedoch auf Jahrzehnte hinaus nicht beheben.

1. Zeige die Gefahren auf, die mit Bevölkerungs- und Industriekonzentration in Verdichtungsräumen verbunden sind (Mat. 76.1 und 76.2).
2. Vergleiche den Zugang zu weiterführenden Schulen in Japan und Deutschland (Mat. 77.1). Erläutere (Mat. 77.2).
3. Erläutere die Stellung der Frau im japanischen Erwerbsleben (Mat. 77.4 und 5).
4. Welchen „Preis" muss der Einzelne für Japans Wirtschaftserfolg bezahlen (Mat. 77.1–6)?

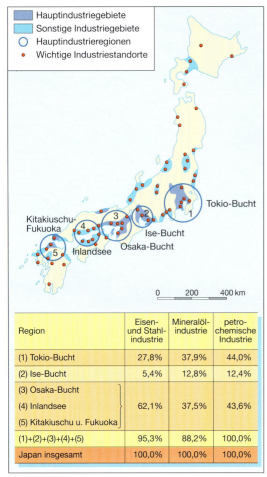

Region	Eisen- und Stahlindustrie	Mineralölindustrie	petrochemische Industrie
(1) Tokio-Bucht	27,8%	37,9%	44,0%
(2) Ise-Bucht	5,4%	12,8%	12,4%
(3) Osaka-Bucht			
(4) Inlandsee	62,1%	37,5%	43,6%
(5) Kitakiuschu u. Fukuoka			
(1)+(2)+(3)+(4)+(5)	95,3%	88,2%	100,0%
Japan insgesamt	100,0%	100,0%	100,0%

76.1 Industrielle Schwerpunktbildung

Region	anerkannte Umweltopfer mit Dauerschäden	Krankheit	Ursache
Tokio-Bucht	35 905	Erkrankung der Atemwege, Asthma	Luftverschmutzung
Ise-Bucht	7 242		
Osaka-Bucht	41 345		
Inlandsee	2 333		
Kitakiuschu u. Fukuoka	3 292		
Küste der Bucht von Minamata, Kumamoto	1769	Minamata-Krankheit	Wasservergiftung durch Quecksilber
Gebiete am unteren Aganogawa, Niigata	679	Minamata-Krankheit	Wasservergiftung durch Quecksilber
Gebiet am unteren Jinzugawa, Tojama	107	Itai-Itai-Krankheit	Wasservergiftung durch Cadmium

76.2 Amtlich anerkannte Umweltopfer

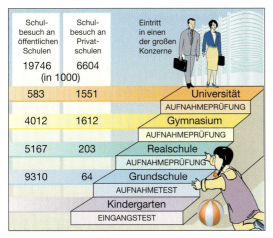

77.1 Treppe zum Erfolg

Wirtschaftsbereich		in 1000 Yen (1000 Yen = ca. 1,30 DM)		
		1980	1985	1988
Bekleidungs-industrie	Männer	239	298	310
	Frauen	103	126	131
Chemische Industrie	Männer	341	437	478
	Frauen	173	217	242
Kreditinstitute und Versicherungs-gewerbe	Männer	444	559	639
	Frauen	204	255	305

77.4 Bruttomonatsverdienste der Arbeiter

Der Kampf um spätere Spitzenpositionen in Politik oder Wirtschaft beginnt in Japan bereits im Alter von vier Jahren. Schon im Kindergarten werden englische Vokabeln und der spielerische Umgang mit Computern gelernt. Bei bestandener Prüfung der regelmäßig stattfindenden Leistungstests ist der Weg frei zu einer Schule mit gutem Ruf, allerdings erst nach Bestehen einer schwierigen Aufnahmeprüfung. Die Anforderungen während der neunjährigen Pflichtschulzeit und während des anschließenden dreijährigen Besuchs einer Oberschule sind sehr hoch. Will man am Ende unter den Besten sein, die die Zulassung zu einer der angesehenen Universitäten erhalten, dann kommt man ohne intensive Zusatzarbeit in Nachhilfekursen nicht aus. (nach einem Fernsehbericht)

77.2 Karriere machen nur die Besten

Was Japans Industrie an Vorteilen zu bieten hat, gewährt sie ausschließlich den Männern. Die Durchschnittseinkommen weiblicher Arbeitskräfte liegen nur knapp über der Hälfte der Verdienste der Männer, weil ihnen praktisch alle höheren Positionen versperrt sind. Nur für schlecht bezahlte Fließbandarbeit, für einfache Handreichungen und Hilfsdienste, also für die billigen Tätigkeiten, sind Frauen gesucht. Wer von ihnen nicht selbst resigniert und aufgibt, wird spätestens mit 50 Jahren pensioniert, lange bevor die staatliche Altersversorgung beginnt und mindestens 5 Jahre vor den Männern. Kein anderer Industriestaat behandelt seine weiblichen Arbeitskräfte so diskriminierend wie Japan.
(nach: G. Dambmann, 25mal Japan, München)

77.5 Gleichberechtigung – nicht am Arbeitsplatz

Das anlässlich der Olympischen Spiele 1960 eingeweihte rund 140 km lange Stadtautobahn-Netz galt damals als „übertriebener Luxus". Heute ist es der Schauplatz des täglichen Chaos, fast rund um die Uhr: Elektronische Anzeigetafeln markieren Staulängen, signalisieren in Gelb Kriechtempo und in Rot totalen Stau. Die Fahrt führt über kreuzungsfreie „Expressways", die mal in acht Etagen übereinander, mal in drei Tunneln untereinander verlaufen. Wenn es gut läuft, braucht man für 30 km 90 Minuten, mitunter jedoch die dreifache Zeit. Deshalb lassen sich selbst Manager in überfüllte Bahnen quetschen, in denen kein Aktenkoffer mehr zu Boden fallen kann, wenn man ihn lostlässt. (gekürzt nach: Rheinische Post vom 13.11.1993)

77.3 Nichts geht mehr: Der Verkehr in Tokio

Die altehrwürdige, fast 1200-jährige Kaiserstadt Kioto mit ihren rund 2000 Schreinen und Tempelanlagen ist das Ziel von fast 40 Millionen Touristen im Jahr. Sie alle wollen das „Schloß der Shogune", den „Goldenen Pavillon" oder den „Tempel des klaren Wassers" sehen.
Doch das malerische Bild wird gestört: Baukräne überragen die prachtvollen Pagoden, mehrgeschossige Betonklötze erdrücken mit ihrer gesichtslosen Hässlichkeit Tempel und Paläste. Die Kaiserstadt ist zu einer „Boom-Town" geworden. Ganze Straßenzüge Kiotos fallen inzwischen den Bulldozern zum Opfer. Die Kaiserstadt wird gnadenlos zubetoniert.
(gekürzt nach: Spiegel Nr. 4/1991)

77.6 Kaiserstadt Kioto durch Bau-Boom in Gefahr

Negev – aus Wüste wird Ackerland

78.1 Wüste Negev

Wasser für die Wüste

Abgesehen vom Bergland von Judäa und der nördlichen Küstenebene kann die Landwirtschaft in Israel nicht ohne künstliche Bewässerung betrieben werden. Das Staatsgebiet Israels besteht nämlich zu über 50 % aus Wüsten und zu weiteren 20 % aus kargen Berghängen. Um eine wachsende Bevölkerung ernähren zu können, mussten und müssen landwirtschaftlich nutzbare Flächen in allen Regionen des Landes gewonnen werden.

Israel kann jährlich über eine Wassermenge von 2,2 Mrd. m³ verfügen. Allerdings liegen nur 15 % aller natürlichen Wasserreserven südlich von Tel Aviv. Der bei weitem größte Teil des Wassers wird in der Landwirtschaft benötigt, der Rest in den Haushalten und in den Industriebetrieben. Da das Wasser in Israel öffentliches Eigentum ist, übernimmt der Staat sowohl die Beschaffung als auch die Verteilung an die Bevölkerung und an die Betriebe. Um das Wasser möglichst gerecht im ganzen Land zu verteilen, wird die Wassermenge für die ländlichen Siedlungen genau berechnet. Sie hängt ab von der Einwohnerzahl, der Höhe der Niederschläge im jeweiligen Gebiet und der Größe der Anbaufläche. Berücksichtigt wird auch, ob die Siedlung Wasser aus eigenen Brunnen nutzen kann.

78.2 Bewässerter Negev

Um die Wasserversorgung für die wachsenden Siedlungen und den zunehmenden Anbau landwirtschaftlicher Produkte sicherzustellen, bauten die Israelis zunächst eine Wasserleitung vom Fluss Yarmuk in den Negev. Sie wurde 1955 fertig gestellt und bringt jährlich etwa 270 Mio. m³ Wasser in den nördlichen Negev. Allein diese Wasserleitung ermöglichte in kurzer Zeit die Gründung von 75 Siedlungen mit einer Fläche von 15 000 ha. Wenige Jahre später folgte die sehr viel längere Leitung vom See Genezareth (Kineret) in den Negev. Mit ihr flossen zusätzlich 220 Mio. m³ Wasser jährlich aus dem Kineret in den Negev. Das Netz der Wasserleitungen ist in Israel inzwischen sehr dicht und durchzieht das Land von Norden bis Süden. Das Wasser fließt vorwiegend in Rohrleitungen, um die Verdunstung bei den hohen Temperaturen im Sommer herabzusetzen.

Bevor die **Nationale Wasserleitung** (das gesamte Leitungsnetz) fertig gestellt war, mussten sich die Siedler aus wenigen Brunnen mit Wasser versorgen und mit dem **Regenfeldbau** begnügen. Heute versucht der Staat Israel, mit modernsten Anlagen Wasser zu speichern und alle Wasserreserven zu nutzen: Winterliche Regenfälle werden in Staubecken oder in geeigneten Gesteinsschichten des Untergrundes gespeichert. So vergrößert das eingeleitete Süßwasser den Grundwasservorrat. Im Sommer wird das Wasser heraufgepumpt und zusätzlich in die Nationale Wasserleitung eingespeist. Sollte die Nationale Wasserleitung einmal ausfallen, so könnten die unterirdischen Vorräte den Bedarf für kurze Zeit decken. Grundwasser aus früheren, niederschlagsreicheren Erdzeitaltern wird aus sehr großen Tiefen an die Oberfläche gepumpt und sogar das Abwasser aller Städte wird nach der Reinigung für Bewässerungszwecke verwendet.

Doch reicht alles zusammen nicht aus, die Wasserversorgung Israels auf Dauer sicherzustellen: Das Land verbraucht durchschnittlich 20 % mehr Wasser als durch Regen nachgeliefert wird.

1. Welchen Landschaftsgürteln und Klimazonen gehört Israel an (Atlas, Mat. 48.2 und 54.1)?
2. Erläutere die Verteilung der Niederschlagsmengen (Mat. 79.2, Atlas).
3. Beschreibe den Verlauf der Nationalen Wasserleitung (Mat. 79.1, Atlas).
4. Wie versucht Israel, seine Wasserversorgung sicherzustellen (Text, Mat. 79.1)?

79.1 Bewässerungssysteme in Israel

Haifa 32°48'N/34°59'O													10 m
	J	F	M	A	M	J	J	A	S	O	N	D	Jahr
T	14	15	17	20	23	26	28	28	27	24	20	16	21°C
N	175	109	41	25	5	2	2	2	3	25	94	185	668 mm

Tel Aviv 32°03'N/24°50'O													40 m
	J	F	M	A	M	J	J	A	S	O	N	D	Jahr
T	11	13	15	19	21	25	27	27	26	23	18	14	20°C
N	137	91	48	17	4	1	–	–	3	19	80	120	520 mm

Beersheba 31°15'N/34°48'O													280 m
	J	F	M	A	M	J	J	A	S	O	N	D	Jahr
T	11	12	13	18	24	25	27	26	24	22	19	13	20°C
N	47	39	32	8	3	–	–	–	–	4	27	43	203 mm

79.2 Klima in Israel

Bewässerungsmethoden

Die Nationale Wasserleitung ermöglichte den Siedlern seit 1964, in den südlichen Landesteilen eine intensive Landwirtschaft zu betreiben. Zunächst konnte Israel lediglich Zitrusfrüchte exportieren. Bei der Bewässerung der Zitrusplantagen bediente man sich der jahrtausendealten **Berieselungsmethode**. Die Felder sind mit Gräben und Rinnen durchzogen, deren Gefälle das Wasser zu den Pflanzen gelangen lässt. Nahezu die Hälfte des verrieselten Wassers geht allerdings für die direkte Versorgung der Pflanzen verloren. Viel Wasser verdunstet, weil es in offenen Gräben fließt. Die Kosten für eine solche Anlage sind meist gering. Das ist bei der Gründung einer ländlichen Siedlung von großem Vorteil.

Trotz der Nationalen Wasserleitung stand den Siedlungen Wasser nur in begrenzter Menge zur Verfügung. Eine Erhöhung der Wassermenge war nicht möglich. Da man die landwirtschaftliche Nutzfläche vergrößern wollte, suchte man nach Bewässerungsmethoden, bei denen die zugeteilte Wassermenge für die Bewässerung größerer Flächen ausreiche.

Die **Sprinklerbewässerung** bringt „künstlichen" Regen. Das Wasser spritzt aus sich drehenden Düsen, die auf Aluminiumrohre montiert sind. Diese Rohre können mit Traktoren leicht auf Rollen oder Kufen zum Einsatzort gezogen werden. Starker Wind wirkt sich bei der Sprinklerbewässerung nachteilig aus, da er eine gleichmäßige Wasserverteilung verhindert. Auch hier ist die Verdunstung hoch.

Die sparsamste Art, das in Israel so kostbare Wasser zu verwenden, stellt die **Tropfbewässerung** dar. Auf der gesamten Anbaufläche sind Schlauchleitungen verlegt. Diese Schläuche sind in bestimmten Abständen mit Löchern versehen. An die einzelnen Tropflöcher setzt man die Pflanzen. Automatische Regler sorgen dafür, dass nur so viel Wasser austropft, wie die jeweilige Pflanzenart für ihr Wachstum benötigt. Auch Dünger und Pflanzenschutzmittel können kontrolliert mit dem Wasser direkt an den Wurzelstock geführt werden. Der Wasserverbrauch ist somit wesentlich geringer als bei anderen Bewässerungsmethoden. Die Anschaffungskosten für eine Anlage zur Tropfbewässerung sind dagegen sehr hoch. Hinzu kommt ein hoher Aufwand für die ständige Überwachung und Instandhaltung der Anlage.

80.1 Berieselung

80.2 Sprinklerbewässerung

80.3 Tropfbewässerung

Der Geologe Arie Issar ist der Hoffnungsträger der Unbeirrbaren, seit er in den Siebzigerjahren ein riesiges Wasserreservoir unter der Negev- und Sinai-Wüste entdeckte. Issar lebt und arbeitet im Forschungsinstitut der Ben-Gurion-Universität in Sde Boger.

Hier gedeihen salztolerante Obstbäume, Gemüsepflanzen und Weinreben, die bei guter Düngung auch mit Salzwasser auskommen. In einem doppelwandigen, flüssiggekühlten und mit einem Wärmetauscher gekoppelten Treibhaus benötigen Pflanzen nur zehn Prozent der normalen Süßwassermenge. Mit dieser Methode sollen Zimmerpflanzen und Schnittblumen für den Export gezüchtet werden. Andere Blumen und Ziersträucher blühen draußen unter der Wüstensonne. Daneben wachsen Algenkulturen, Lieferanten hochwertiger Eiweiße, die – getrocknet und zu Pillen gepreßt – in US-Naturkostläden zu hohen Preisen verkauft werden.

Manche der botanischen Tüfteleien sind bereits über das Laborstadium hinausgewachsen. Im Kibbuz Yotvata beispielsweise stehen im Schatten langgestreckter Dachreihen Kühe mit Riesenteuern an automatischen Melkplätzen. Der Milchertrag ist so groß, dass Yotvata-Joghurts längst in Israel zu einem Begriff geworden sind. Wie ausgestanzt liegen die grünen Rechtecke und Kreise der Felder in der Wüstenebene. Auf dem von Plastikschläuchen durchzogenen Boden wachsen Gemüse sowie Mais für das Vieh.

(nach: Geo-Spezial 4/1988)

81.1 Die Experimentierstation

Israels 200 000 Bauern wollen auf die Barrikaden gehen. Ziel ihres Zorns ist der Landwirtschaftsminister Etan, der den Israelis jetzt den jahrzehntelang hemmungslos sprudelnden Wasserhahn abdrehen will. Doch dem ehemaligen General, der radikale Sparmaßnahmen angeordnet hat, bleibt keine Wahl.

Israels Wasserreserven leiden seit Jahren an galoppierender Schwindsucht. Was die Zeitungen bereits vor Monaten noch warnend als Wasserkrise deklarierten, droht inzwischen zur Katastrophe auszuwachsen. Schon Ende 1990 waren die meisten Reservoirs im Norden des Landes leer. Israel, das in den vergangenen Jahren durchschnittlich knapp zwei Milliarden Kubikmeter des Lebenselixiers verbrauchte, lebt seit Jahrzehnten über seine Wasserverhältnisse. Vor allem die intensive Landwirtschaft, die mehr als die Hälfte des gesamten Trinkwassers verbraucht, trägt dazu bei.

Jetzt zog Minister Etan die Notbremse. Er kürzte mit einer sehr drastischen Maßnahme den Bauern die Wasserzuteilung um 50 %. Sparen sollen auch die Kommunen und Gartenbesitzer. Dies führte zu einem Aufschrei der Empörung bei den Betroffenen. Sie fürchten, daß Israel, die „grüne Insel" im Nahen Osten, innerhalb weniger Monate zu einer braunen Steppe wird, wenn die im Laufe von 40 Jahren mit großem Kostenaufwand angelegten „grünen Lungen" des Landes absterben.

(nach: Ruhr-Nachrichten vom 26.3.1991)

81.2 Israels Wasservorräte fast verbraucht

5. Beschreibe die in Israel gebräuchlichen Bewässerungsmethoden. Stelle in einer Tabelle die Vor- und Nachteile der Methoden zusammen (Mat. 80.1–3, Text S. 80).

6. Berichte über die Forschungen in der Experimentierstation Sde Boger (Mat. 81.1).

7. Erläutere die israelischen Maßnahmen und Entwicklungen zum sparsamen Umgang mit Wasser im landwirtschaftlichen Bereich (Text, Mat. 81.1–3).

8. Erkläre den folgenden Satz des israelischen Landwirtschaftsministers: „Wir kontrollieren jeden Regentropfen von dem Moment an, da er aus der Wolke fällt, bis er im Meer verschwindet oder verdunstet" (Text, Mat. 79.1, 81.1–3).

Wasserverbrauch in der Landwirtschaft		
Jahr	gesamt (Mio. m^3)	m^3/ha
1948/49	257	8570
1955/56	830	8690
1962/63	1040	7740
1970/71	1245	7240
1973/74	1150	6390

Erträge einiger Kulturpflanzen				
Frucht	Wachstum	Erträge bei Tropfbewässerung	Sprinklerbewässerung	Wasserbedarf l/m^2 = mm
Tomaten	Sept.–März	66 t/ha	38,5 t/ha	980
Melonen	Aug.–Dez.	43 t/ha	24,0 t/ha	635
Paprika	Sept.–Mai	9 t/ha	5,0 t/ha	1417
süßer Mais	Febr.–Mai	12 t/ha	5,0 t/ha	976

81.3 Wasserverbrauch in der Landwirtschaft

USA – hoch industrialisierte Landwirtschaft

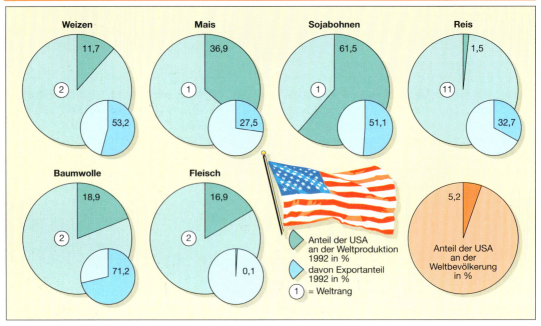

82.1 Landwirtschaft der USA: Anteil an der Weltproduktion und am Weltexport

1. Grundlagen der Landwirtschaft

Noch im 19. Jh. wurden die Wald- und Steppengebiete Nordamerikas durch Indianervölker überwiegend extensiv genutzt. Die natürlichen Voraussetzungen für eine **intensive landwirtschaftliche Nutzung** waren mit Ausnahme von Alaska und den Gebirgsregionen im Westen überall günstig. Die weißen Siedler wandelten ehemals ungenutzte Gebiete zu landwirtschaftlichen Nutzflächen um (Kultivierung), raubten jedoch den Indianern nach und nach deren Weide- und Jagdgründe und somit ihren Lebensraum. Die Linie der 500-mm-Jahresniederschläge, die etwa parallel zum 100. Meridian verläuft, bildet die Trockengrenze des Anbaus. Westlich davon fallen die Niederschläge spärlicher; es muss bewässert werden. Für die Bewässerung steht jedoch nicht immer genug Wasser zur Verfügung: Die wenigen Niederschläge können über Jahre hinweg weit unter dem Durchschnitt liegen und das Grundwasser reicht auf Dauer nicht aus, das Niederschlagsdefizit auszugleichen. Dadurch ist das Ernterisiko besonders groß. Weitere Risiken bilden Wirbelstürme und Kaltlufteinbrüche. Den Kernraum der agrarischen Produktion bilden die Prärien der Great Plains im Mittelwesten der USA mit ihren günstigen Klimavoraussetzungen und den guten Böden.

Voraussetzung für die hohen Ertragsleistungen der US-Landwirtschaft war ein **Strukturwandel**. Während der letzten Jahrzehnte fanden Modernisierung und Automatisierung Eingang in die landwirtschaftliche Produktion: In Trockengebieten bewässern riesige Kreisregner die Felder; elektronisch gesteuerte Erntemaschinen für Obst und Gemüse stellen durch Sensoren den Reifegrad fest. Maschinen ernten, sortieren und verpacken in einem Arbeitsgang die Ernte. Die Spezialisierung schritt voran, der Einsatz von Maschinen stieg, das Saatgut wurde durch wissenschaftliche Forschungen verbessert. Die Landwirtschaft entwickelte sich zum **Industrial Farming**.

1. Erläutere die weltwirtschaftliche Bedeutung der US-Landwirtschaft (Mat. 82.1).
2. Beschreibe Lage und Ausdehnung der Anbauzonen in den USA (Wirtschaftskarte im Atlas).
3. Erläutere den Verlauf der „Trockengrenze des Anbaus" (Mat. 54.1).

2. Eine Maisfarm in Iowa

John Connors hatte mich eingeladen, die Farm seines Vaters im Nordwesten Iowas zu besuchen. Als wir das kleine Landstädtchen Bremen Richtung Farm verlassen hatten, empfand ich die Landschaft als eintönig, ja sogar langweilig. Die Straße verlief schnurgerade. Im gleichen Abstand zweigten Nebenstraßen rechtwinklig ab. Die meisten der riesengroßen Felder waren mit Mais bestellt.

„Die Landaufteilung stammt noch aus der Zeit der ersten Siedler", antwortete John auf meine entsprechende Frage. „Damals wurde das Land gleichmäßig in sog. Townships eingeteilt und diese in Sections unterteilt. Oberflächenform, Gewässer und Bodenbeschaffenheit spielten hierbei keine Rolle. Eine Section wurde schließlich in vier Quartersections oder „Homelands" untergliedert und an die Siedler verkauft."

Während wir auf das zweistöckige Wohnhaus zufuhren, erzählte er mir von seiner Tätigkeit als Farmer: „Ich hatte Glück, dass ich zu meinen 64 ha nach und nach weitere 92 ha hinzukaufen bzw. pachten konnte. Ein zu kleiner Farmbetrieb ernährt heute nämlich nicht mehr seinen Mann. Eine Farm ist inzwischen fast ein Industriebetrieb, mit vielen leistungsstarken Maschinen. Fremde Arbeitskräfte einzusetzen, kann ich mir schon lange nicht mehr leisten. Statt dessen ist die Mechanisierung ständig fortgeschritten. Vor einigen Jahren habe ich mein letztes Vieh abgeschafft und mich auf Mais- und Sojabohnenanbau spezialisiert, wie viele Farmer in der Gegend. Beides sind nährstoffreiche Futterpflanzen. Sojabohnen werden auch in der Lebensmittelindustrie verwertet.

Der Mais, den ich heutzutage anbaue, hat übrigens kaum noch Gemeinsamkeiten mit dem, den mein Großvater zu vor 50 Jahren angebaut hat. Heute gibt es speziell gezüchteten Mais, sogenannten Hybridmais. Der wächst gleichmäßig hoch, lässt sich deshalb maschinell besser ernten und ist zudem ertragreicher. Allerdings kann man ihn nicht wieder aussäen. Ich muss deshalb in jedem Jahr neues Saatgut kaufen."

(Nach dem Bericht eines deutschen Austauschschülers)

1. Erläutere das System der Landaufteilung in den USA (Mat. 83.1 und 2).
2. Wodurch konnte Farmer Connors die Leistungsfähigkeit seines Farmbetriebes steigern?

83.1 Feldflur in Kansas

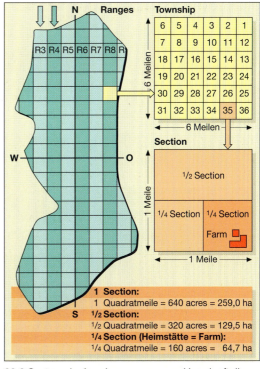

83.2 System der Landvermessung und Landaufteilung

3. Im Weizengürtel der USA

„O.K., am 12. Juli erntet ihr also meine Felder in Red Cloud ab und am 15. Juli die in Fullerton. Dort treffen wir uns dann." Nick Foster legt den Telefonhörer auf und notiert auf seinem Planungskalender die Termine für die Weizenernte in Nebraska. Er ist landwirtschaftlicher „Unternehmer". „Farmer" kann man zu ihm eigentlich nicht mehr sagen. Seine Weizenfelder erreichen inzwischen eine Gesamtgröße von 8000 ha, sie liegen in Oklahoma und in Nebraska. Er selber wohnt in der Stadt und organisiert die landwirtschaftliche Arbeit vom Büro aus. Seine Felder sucht er nur noch gelegentlich auf. Suitcase (Koffer-)Farmer werden Leute wie er genannt.

84.1 Mähdrescherkolonne in Oklahoma

84.2 Erntezug der Mähdrescher

Im Weizengürtel der USA sind Betriebsformen wie die von Nick Foster nichts Besonderes. Familienbetriebe haben nach und nach die Betriebsfläche vergrößert, um mit den Farmen im Osten konkurrenzfähig zu bleiben. Wegen der geringeren Niederschläge westlich des 100. Meridians sind die Hektarerträge niedriger als im Osten; in regelmäßigen Abständen drohen zudem Dürren. Viele Farmer haben daher bewusst in verschiedenen Regionen liegende Felder hinzugekauft, um auf diese Weise das Ernterisiko zu verringern. Schließlich werden in einem Jahr nicht alle Gebiete der USA gleichzeitig von Dürren heimgesucht.

Im Weizengürtel der USA schließen Farmer wie Nick Foster Verträge mit Lohnunternehmen. Diese übernehmen verschiedene Arbeiten für die spezialisierten Weizenbetriebe, stellen Maschinen und Arbeitskräfte. Für die Farmer hat dies mehrere Vorteile: Sie müssen kein Kapital für die Anschaffung und Unterhaltung eines teuren Maschinenparks aufbringen und keine Hilfskräfte für die Feld- und Erntearbeit einstellen.

Die Mähdrescher-Kolonne, mit deren Leiter Nick Foster gerade telefoniert hat, ist bereits seit Ende Mai im Ernteeinsatz. Angefangen von Mitteltexas arbeiten sich die 300 000 DM teuren Maschinen pro Tag bis zu 25 km nach Norden vor.

1. Verfolge den Zug der Mähdrescher, und erläutere die Erntedaten (Mat. 84.2).
2. Warum vergeben immer mehr Weizenfarmer die Feldarbeiten an Lohnunternehmen?

4. Wandel und Probleme der US-Landwirtschaft

In der ersten Hälfte des 20. Jahrhunderts begann mit der **Mechanisierung** der Farmen eine agrarische Revolution: Tierische Zugkraft wurde durch Traktoren und Lkw ersetzt, Mähdrescher übernahmen die Arbeit von Farmarbeitern. Weideflächen stehen für marktorientierten Ackerbau zur Verfügung, die Betriebsgröße der Farmen nahm ständig zu. Seit 1950 gibt es für fast alle Früchte Erntemaschinen, die Tierhaltung ist weitgehend automatisiert. Der **Kapitaleinsatz** in den Betrieben stieg um ein Vielfaches. Die wissenschaftliche Forschung erbrachte besseres Saatgut, wirksamere Schädlingsbekämpfungsmittel und besseren Mineraldünger. Die Ausdehnung künstlich bewässerter Flächen ergab eine **Intensivierung** im Pflanzenbau.

Die **Produktivität** der landwirtschaftlichen Arbeitskräfte nahm ständig zu: 1994 versorgte eine Arbeitskraft bereits 90 Personen gegenüber 10 im Jahr 1930. „Agriculture – America's biggest industry" – diese Schlagzeile kennzeichnet die Bedeutung der US-Landwirtschaft, an der indirekt 20 % des US-Bruttosozialproduktes hängen.

„Amerikas Weizen wächst schneller, als wir ihn essen können, schneller, als wir ihn verschenken können, und viel schneller, als wir ihn lagern können." Aus der zunächst gewünschten Ertragssteigerung um das Doppelte und Dreifache entwickelte sich eine **Überproduktion**. Die Nachfrage nach amerikanischen Nahrungsmitteln ist ins Stocken geraten. Die eigene Bevölkerung wächst seit den 80er-Jahren nur noch geringfügig; außerdem sind auf dem Weltmarkt mit Kanada, Australien, Argentinien und den Staaten der Europäischen Union Konkurrenten aufgetaucht, die ebenfalls zunehmend Agrarüberschüsse produzieren. Als Folge dieses Überangebots sanken die Preise, vor allem für Weizen, aber auch für Mais, Sojabohnen und für einige tierische Produkte. Aufgrund der hohen Exporte (vgl. Mat. 82.1) litten besonders die US-Farmer unter den Schwankungen der Weltmarktpreise. Die US-Regierung versuchte zunächst, durch Preisstützungen und Abnahmegarantien helfend einzugreifen; die erhoffte Steigerung des Einkommens blieb jedoch vor allem bei den mittelgroßen Familienfarmen im Mittelwesten der USA aus.

Als die Erlöse nicht mehr ausreichten, versuchten die Farmer, durch weitere Steigerung der Erntemengen zu höheren Einnahmen zu kommen. Eine noch größere Überproduktion drohte. Daraufhin änderte die US-Regierung ihre Agrarpolitik: Die Absatzgarantie wurde gestrichen und Prämien wurden für die Aufgabe eines Teils der Anbaufläche oder unrentabler Betriebe gezahlt. Die Erntefläche sollte um mindestens 9,3 Mio. ha verringert werden und zwar bei Weizen, Mais, Sorghum (Hirseart), Reis und Baumwolle. Der Erfolg war gering. Zwar sank die Weizenanbaufläche, doch handelte es sich weitgehend um minderwertige Böden. Auf den verbleibenden guten Böden wurde umso intensiver angebaut.

Das gegenwärtige Überangebot landwirtschaftlicher Produkte auf dem Weltmarkt und der Abbau staatlicher Hilfsmaßnahmen führen dazu, dass immer mehr Farmen aufgegeben werden müssen (vgl. Quellentext S. 264).

1. Beschreibe den Strukturwandel in der US-amerikanischen Landwirtschaft (Mat. 85.1).
2. Schildere die Situation vieler Familienfarmen (Text S. 85 und S. 264). Stelle in einer Tabelle Ursachen, Erscheinungsformen und Folgen der Landwirtschaftskrise zusammen.

	Zahl der Farmbetriebe (in Mio.)	Erwerbstätige in der Landwirtschaft (in Mio.)	durchschnittliche Farmgröße (in ha)	Traktoren (Mio. Stück)	Mineraldüngerverbrauch (Mio. t)	Mais (dt/ha)	Weizen (dt/ha)	Rinder (Mio. Stück)
1930	6,5	12,4	57	1,1	5,5	16	.	.
1950	5,6	9,9	85	3,3	20,3	.	.	77
1960	3,9	7,0	119	4,6	37,1	42	17	96
1970	2,9	4,5	150	4,6	54,5	54	21	112
1984	2,3	3,9	183	4,3	49,0	66	26	115
1992	2,1	2,7	190	4,8	18,7	83	27	100

85.1 Entwicklung landwirtschaftlicher Strukturen in den USA

86.1 Feedlots im Mittelwesten

Von der Ranch zum Agribusiness

Auf den weiten Prärien (vgl. S. 51) der südlichen Plains befand sich Ende des 19. Jahrhunderts das Hauptrinderzuchtgebiet der USA. Die Herden weideten frei auf den riesigen Ranches, die teilweise größer waren als das Saarland (2570 km²). Bei dieser **extensiven Viehwirtschaft** dauerte es 4–5 Jahre, bis die Rinder schlachtreif waren. Cowboys trieben dann die Rinderherden z. T. über mehr als 1000 km in langen Trecks zu den großen Schlachthöfen wie Chicago oder Kansas City.

Im 20. Jahrhundert entwickelte sich vor allem im Mittelwesten der USA eine **intensive Viehwirtschaft**: In spezialisierten Familienbetrieben, die einen Teil der Futterpflanzen selber anbauten, wurde aufgekauftes Jungvieh bis zur Schlachtreife gemästet und dann in die nahen Großstadtschlachthöfe verkauft.

Die geänderten Essgewohnheiten führten seit den 60er-Jahren zu einer steigenden Nachfrage vor allem nach Geflügel- und Rindfleisch. Immer mehr Farmer richteten ihre Produktion auf die Viehwirtschaft aus, indem sie verstärkt Futterpflanzen wie Mais oder Sorghum anbauten. Der Rinderbestand wuchs bis zu seinem Höchststand von 125 Millionen Tiere im Jahr 1975, der Bestand an Hähnchen und Hühnern (chicken) wuchs auf über 6 Milliarden.

Es entstanden neue Produktions- und Organisationsformen vor allem im Süden, Südwesten und auch in Kalifornien: In riesigen Betriebseinheiten werden teilweise über 100 000 Tiere gehalten; sie sind im Besitz großer Konzerne. Tierzucht, Mast, Schlachtung und Handel des tiefgekühlten

---

Im Rahmen einer Betriebsbesichtigung des Ohio Feedlot in der Nähe von Columbus in Ohio konnte ich erfahren, in welchem großen Ausmaß bereits Ende der 60er-Jahre in der US-Landwirtschaft mit industriellen Methoden gearbeitet wird.

Ein Verkaufsleiter, ein Betriebswissenschaftler und ein Agraringenieur leiten gemeinsam diesen Rindermastbetrieb, der ca. 20 000 Mastplätze besitzt. Die Tiere werden ganzjährig in überdachten Ställen gehalten, die 450 m lang und etwa 20 m breit sind. Jeder Stall ist in 20 Buchten unterteilt, in die jeweils 100–125 Tiere mit einem Anfangsgewicht von 225–350 kg eingestallt werden.

Das Jungvieh wird vorwiegend aus Kentucky und Tennessee erworben und in 120–210 Tagen bis zu einem Endgewicht von 450–500 kg gemästet. Verfüttert wird ein Gemisch aus Mais und Sojabohnen, das weitgehend aus den Erträgen der etwa 1000 ha großen Betriebsfläche stammt. Der Rest wird von benachbarten Farmen und den Futtermittelfabriken des Nahbereichs hinzugekauft.

Die Fütterung geschieht mit zwei Lastkraftwagen, die in Längsrichtung durch die Ställe fahren. Auf ihnen ist eine Waage angebracht, mit der das Futter genau dosiert und dem Besitzer der Tiere in Rechnung gestellt werden kann.

Weitere Kosten werden für Einstallung, Stallmiete, Betreuung, Medizin und Verkaufstransport erhoben, wenn schlachtreife Tiere im Auftrag der Besitzer an Großschlachtereien verkauft werden.

(nach: H. W. Windhorst.
Agrarindustrieller Rindermastbetrieb)

86.2 Betriebsbesichtigung in einem Feedlot

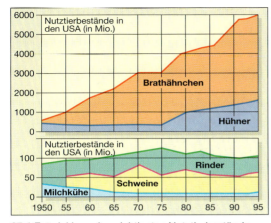

87.1 Entwicklung der wichtigsten Nutztierbestände

Produkt		1982	2000
Rindvieh	kg Fleisch pro kg Futter	0,07	0,072
	Kälber pro Kuh u. Jahr	0,88	1,0
Milchvieh	kg Milch pro kg Futter	0,99	1,03
	Milch pro Kuh u. Jahr (kg)	5530	11120
Geflügel	kg Fleisch pro kg Futter	0,40	0,57
	Eier pro Henne u. Jahr	243	275
Schweine	kg Fleisch pro kg Futter	0,157	0,176
	Ferkel pro Sau u. Jahr	14,4	17,4
Mais	dt/ha	65,0	88,3
Weizen	dt/ha	24,5	30,5
Reis	dt/ha	53,6	63,2
Baumwolle	kg/ha	541	623

87.3 Produktionssteigerungen

Fertigproduktes sind in ihrer Hand. Auch Futtermittel, Arzneien, Geräte, Maschinen und Verpackungsmaterial kommen aus Betrieben des jeweiligen Konzerns. Diese Form intensivster Landwirtschaft, die man **Agribusiness** nennt, ist auf vielen Gebieten weit vorangeschritten: So stellt eine einzige Firma fast 40 % des Maissaatguts der USA her, nur 61 Betriebe erzeugen mehr als 50 % aller Eier. Zudem konzentrieren sich 70 % der Eierproduktion auf nur vier Bundesstaaten.

Dieser **Konzentrationsprozess** hatte schwer wiegende Folgen für den ländlichen Raum. Die Aufgabe vieler kleiner Farmbetriebe führte zu einer Entleerung des ländlichen Raumes, wobei die jungen und gut qualifizierten Arbeitskräfte abwanderten, während überwiegend alte und weniger qualifizierte zurückblieben. Als Folge dieses Prozesses lassen sich inzwischen, vor allem im Mittelwesten der USA, eine Überalterung der Bevölkerung, verminderte Wirtschaftskraft sowie der Verfall ganzer Ortschaften feststellen.

3. Erläutere die Begriffe „extensive" und „intensive" Viehwirtschaft.
4. Beschreibe die Entwicklung des Mastrindbestandes (Mat. 87.1).
5. Zeige am Beispiel des Ohio-Feedlots die räumliche Verflechtung der US-Viehwirtschaft auf (Wirtschaftskarte im Atlas). Fertige hierzu eine Kartenskizze an (s. S. 260).
6. Erkläre die Entwicklung der Arbeitsproduktivität in der US-Landwirtschaft (Mat. 87.3 u. 86.2).
7. Erläutere den Begriff „Agribusiness" (Mat. 86.1 u. 2, 87.2, Text).

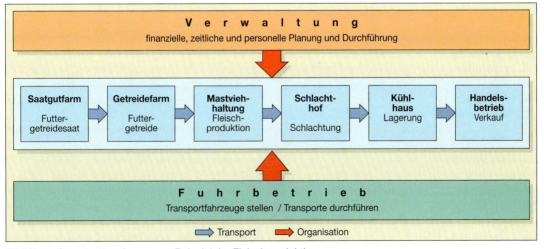

87.2 Neue Organisationsformen am Beispiel der Fleischproduktion

88.1 Sensorgesteuerte Tomatenerntemaschine

88.2 Weintraubenerntemaschine

Kalifornien – Commercial Farming im Fruchtgarten der USA

Kalifornien gilt als Wunderland im Westen der USA. Der „Fruchtgarten der Nation" hat eine Reihe von Superlativen aufzuweisen: die höchsten Erträge in der Landwirtschaft, die größte Vielfalt im Anbau. Im Kalifornischen Längstal wachsen Spezialkulturen aus fast allen Klimagebieten der Erde: Pflaumen, Birnen, Aprikosen, Kirschen, Melonen, Datteln, Avocados, Zitronen, Orangen, Tomaten, Reis, Baumwolle und Wein. Je nach Absatzmöglichkeiten und den besonderen Anforderungen, die eine Pflanze an Boden und Klima stellt, haben sich ganz bestimmte Anbauzentren gebildet: Im Norden riesige Weizenfelder, im Süden große Plantagen mit Orangen, Zitronen und Pampelmusen, unterbrochen von Baumwollpflanzungen. Gemüse, Obst und Wein wachsen überall im Tal. Geerntet wird mehrmals im Jahr.

8. Beschreibe Relief, Klima und natürliche Vegetation Kaliforniens; achte hierbei besonders auf die Niederschlagsverteilung (Atlaskarten und S. 259).
9. Beschreibe den Verlauf der Bewässerungskanäle und Wasserleitungen und stelle fest, woher sie ihr Wasser beziehen (thematische Karte im Atlas).
10. Begründe, warum große Mengen Wasser von Norden nach Süden geleitet werden.

Die Obst- und Gemüsefarmen versorgen die kalifornischen Städte ständig mit frischer Ware. Mit Kühlwaggons der Eisenbahn oder per Flugzeug werden auch die Städte im Nordosten der USA ganzjährig beliefert. Alles ist darauf ausgerichtet, dass möglichst viele Arbeiten maschinell ausgeführt werden können. Deshalb sind die Felder groß und die Abstände zwischen den Beeten und Bäumen weit. Auch die Zucht neuer Obst- und Gemüsesorten richtet sich nach den Erfordernissen des mechanisierten Anbaus.

Obstbäume werden von Maschinen beschnitten, die an den Bäumen entlangfahren. Fangarme pflücken das reife Obst. Durch Plastikschläuche rollen die Früchte in gepolsterte Verpackungen. Auch der Salat wird maschinell geerntet: Ein elektronisch gesteuertes Messgerät tastet den Salatkopf ab; wenn er reif ist, schnappt das Messer der Maschine zu. Nicht nur die Schädlingsbekämpfung, sondern z. T. auch Aussaat und Düngung erfolgen vom Flugzeug aus.

Die meisten Farmer sind durch Verträge an eine Handelsfirma oder Konservenfabrik gebunden. Sie sind verpflichtet, eine bestimmte Menge einer Frucht zu einem vorgegebenen Termin zu liefern. Die Produkte sollen möglichst frisch, in möglichst großer Stückzahl, bei möglichst gleichbleibender Qualität und bei möglichst geringen Produktionskosten den Verbraucher erreichen.

Im Durchschnitt sind Obst- oder Gemüsefarmen 200 ha groß, manche sind größer als 1000 ha (in Deutschland sind Betriebe mit Sonderkulturen 3–5 ha groß). Besonders große Farmen, so genannte „Agrarfabriken", gehören nicht einzelnen Farmern, sondern Gesellschaften. Das sind nicht nur Agrarfirmen, sondern oft weltbekannte Großunternehmen wie Kodak, Coca-Cola, Standard Oil oder Unilever (vgl. S. 86). Für diese Firmen ist die

Ernte: Tomaten-Erntemaschine reißt Stauden aus, sammelt Tomaten ein; elektronisches Auge scheidet unreife Früchte aus; Bedienung durch zwei Personen. Nachteile: hohe Anschaffungs- und Energiekosten.

Züchtung: Super-Tomate UC-82; Früchte nahezu alle gleichzeitig reif; lässt sich leicht vom Stiel lösen; wächst in länglich-eckiger Form, d. h., rollt nicht vom Förderband, ist verpackungsgünstig. Nachteil: weniger saftig, weniger Geschmack.

Verarbeitung: Herstellung von Konserven, Fruchtsäften und Tiefkühlkost; Transport von Frischgemüse in Kühlwaggons bis an die Ostküste.

89.1 Industrialisierte Landwirtschaft

89.3 Bewässerung im östlichen San Joaquin Valley

agrarische Massenproduktion ein Geschäft wie jedes andere. Diese Art Landwirtschaft wird als **Industrial Farming** oder als **Commercial Farming** bezeichnet.

Um die Kosten niedrig zu halten, werden nur wenige Landarbeiter fest angestellt. Zusätzlich helfen Wanderarbeiter bei der Ernte. Sie ziehen mit Auto oder Wohnmobil von Ort zu Ort: Im Mai ernten sie Erdbeeren in Mittelkalifornien, im Oktober/November Wein im nördlichen kalifornischen Längstal, von Dezember bis April Gemüse im Imperial Valley.

Die etwa 100 000 Wanderarbeiter stammen überwiegend aus Mexiko. Die niedrigen Stundenlöhne dieser „Chicanos" werden noch von illegal über die Grenze kommenden Landsleuten unterboten, bis diese erwischt und nach Mexiko abgeschoben werden. Mit Streiks haben sich die Landarbeiter inzwischen höhere Löhne erkämpft. Daraufhin beschleunigten jedoch die Agrarfirmen die Automatisierung der Landwirtschaft. Heute noch arbeiten einige tausend „Illegale" auf den Feldern.

11. Kennzeichne am Beispiel des Tomatenanbaus den landwirtschaftlichen Intensivanbau (Mat. 88.1, 89.1 und 89.2).

12. Erkläre den Begriff „Commercial Farming". Nenne Merkmale für diese Art von Landwirtschaft und vergleiche mit Formen des Agribusiness.

13. Erläutere die Rolle der „Chicanos" in der kalifornischen Landwirtschaft.

14. Zeige die Bedeutung Kaliforniens beim Anbau von Agrarprodukten auf (Mat. 89.2).

Rangplatz	Produkt	Wert in Mio. $	Anteil Kaliforniens an der Erzeugung der USA (in %)	Rangplatz Kaliforniens in den USA
1	Milch	2084,7	12,7	2
2	Rindfleisch	1552,1	5,0	7
3	Weintrauben	1205,9	88,5	1
4	Baumwolle	1095,6	20,1	2
5	Gartenbauprodukte	831,0	27,6	1
6	Heu und Luzerne	720,4	6,0	1
7	Blumen u. ä.	632,5	28,6	1
8	Mandeln	615,6	100,0	1
9	Kopfsalat	598,2	67,9	1
10	Orangen	422,5	32,1	2
11	Erdbeeren	407,7	74,1	1
12	Tomaten zur Weiterverarbeitung	383,4	88,2	1
13	Masthähnchen	346,6	5,0	9
14	Eier	307,5	11,5	1
15	Walnüsse	234,7	100,0	1
16	Zuckerrüben	212,6	21,7	2
17	Brokkoli	212,6	90,0	1
18	Reis	195,4	20,4	2
19	Putenfleisch	180,1	11,2	3
20	Tomaten zur Frischvermarktung	177,3	27,2	2

89.2 Die wichtigsten Agrarerzeugnisse Kaliforniens 1990

Übersicht: Weltwirtschaftliche Verflechtungen

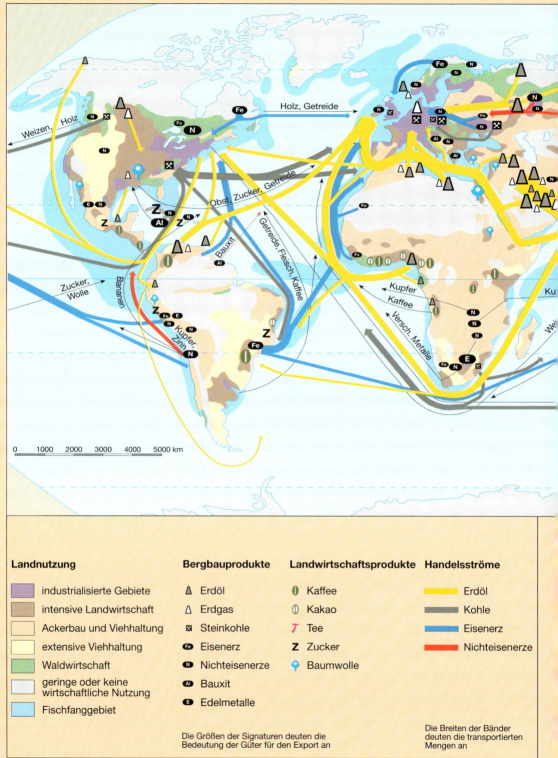

90.1 Weltwirtschaftliche Verflechtung

Landnutzung
- industrialisierte Gebiete
- intensive Landwirtschaft
- Ackerbau und Viehhaltung
- extensive Viehhaltung
- Waldwirtschaft
- geringe oder keine wirtschaftliche Nutzung
- Fischfanggebiet

Bergbauprodukte
- Erdöl
- Erdgas
- Steinkohle
- Eisenerz
- Nichteisenerze
- Bauxit
- Edelmetalle

Landwirtschaftsprodukte
- Kaffee
- Kakao
- Tee
- Zucker
- Baumwolle

Handelsströme
- Erdöl
- Kohle
- Eisenerz
- Nichteisenerze

Die Größen der Signaturen deuten die Bedeutung der Güter für den Export an

Die Breiten der Bänder deuten die transportierten Mengen an

Industrie- und Entwicklungsländer hängen beim Welthandel voneinander ab. Im Laufe der Zeit hat sich ein deutliches wirtschaftliches Ungleichgewicht zwischen ihnen entwickelt, der sog. **Nord-Süd-Gegensatz** ist entstanden. Dieser verstärkt sich zur Zeit immer noch, weil sich die Warenstruktur der Länder deutlich voneinander unterscheidet: Einige Länder haben ihre Wirtschaft bereits weit entwickelt; sie bieten mithilfe eigener oder fremder Rohstoffe und Halbfertigwaren/Zwischenprodukte Fertigwaren an, die auf dem Weltmarkt die höchsten Erlöse erzielen. Im Unterschied dazu sind andere Länder kaum in der Lage, mehr als agrarische oder industrielle Rohstoffe auf den Weltmarkt zu liefern.

Der Welthandel wird z. T. durch staatliche Schutzmaßnahmen für die jeweils eigene Wirtschaft gegenüber Importen stark beeinträchtigt, besonders, wenn diese billiger oder qualitativ besser sind. Handelszölle beeinträchtigen den Welthandel; außerdem unterliegen fast 50 % des Welthandelsvolumens weiteren Behinderungen, z. B. Mengenbegrenzungen. GATT-Verhandlungen sollen, solche Handelshemmnisse beseitigen.

1. Miss die längste Handelsentfernung (Mat. 90.1); ziehe den Atlas hinzu.
2. Über welche Handelsgüter verfügen die einzelnen Kontinente?
3. Beschreibe Handelsbeziehungen zwischen Europa und Übersee-Staaten (Mat. 90.1).
4. Wie verteilen sich die Haupthandelsnationen auf die einzelnen Kontinente (Mat. 91.1)?

91.1 Die größten Handelsnationen der Welt

EU (**E**uropäische **U**nion)
Ziele: Bildung umfassenden Wirtschaftsgemeinschaft mit freiem Verkehr von Personen, Gütern, Dienstleistungen und Kapital; gemeinsamer Außenzoll

OPEC (**O**rganization of **P**etroleum **E**xporting **C**ountries – Organisation Erdöl exportierender Länder)
Ziele: u. a. Interessenwahrung durch Abstimmung der Ölpolitik, z. B. über Fördermenge und Preis

GATT (**G**eneral **A**greement on **T**ariffs und **T**rade – Allgemeines Zoll- und Handelsabkommen)
110 Mitgliedstaaten 1994
Ziel: weltweite Aufrechterhaltung des Freihandels durch Abbau der Zölle und Beseitigung der Diskriminierung im internationalen Handelsaustausch

91.2 Handelsorganisationen und -abkommen

Austrocknung des Aralsees

Straßenbau im tropischen Regenwald

Gefährdung von Lebensräumen

Vulkanausbruch

Sahel – Sand frisst das Land

14.5.1973
100 000 vom Hungertod bedroht
Im Zentralafrikanischen Staat Tschad sind rund 100 000 Menschen durch die lang anhaltende Dürre vom Hungertod bedroht.

16.8.1973
Im Sahel siegt die Wüste: „Sie sterben unter den Fingern weg"
In Obervolta klettern ausgemergelte Gestalten auf kahle Bäume; sie verschlingen die verdorrten Knospen. In Mali zerstören Dorfbewohner Termiten-Bauten; sie suchen die Hirsevorräte der Insekten.
Eine extreme Dürre sucht Westafrika heim. In der Sahel-Zone südlich der Sahara ist seit 1968 kaum Regen gefallen. In einigen Gebieten haben fünfjährige Kinder noch nie Regen erlebt. Wo Hirse wuchs, frisst sich die Steppe vor. Der Hungertod bedroht 6 Millionen der 24 Millionen Einwohner der Staaten Mauretanien, Senegal, Mali, Obervolta, Niger und Tschad.
Wo einst Herden weideten, modern jetzt Kadaver.

12.5.1984
Ein Land, das sich selbst zerstört
In Obervolta und der ganzen Sahelzone steht eine neue Katastrophe bevor

2.4.1984
Die Wüste holt sich täglich 16 Meter Land
Lautlos, scheinbar unaufhaltsam rückt sie vor und verschlingt jährlich sechs Millionen Hektar fruchtbaren Landes: die Wüste – eine tödliche Bedrohung für alles Leben.
Wenige Kilometer von Kargl entfernt, im Grenzgebiet zu Äthiopien und Somalia, beginnt die von nur wenigen Büschen belebte Steppe. 4000 Nomaden versuchen hier, 50 000 Tiere zu ernähren.

1.2.1984
Dem Sahel kommt die Hoffnung abhanden
Ungewöhnliche Sandstürme peitschen die Sahara immer weiter in den westafrikanischen Süden

6.6.1981
Rühmliche Ausnahme: Niger kann sich selbst ernähren
Lebensmittelproduktion wächst schneller als Bevölkerung

11.10.1984
Vor einer neuen Katastrophe
Der Hunger bedroht mehr als sechs Millionen Menschen
In Äthiopien sterben täglich 250 Menschen an Hunger

29.10.1984
Selbst gemachtes Elend
Afrikas Dürrekatastrophen sind vom Menschen gemacht

16.9.1985
In der Sahelzone wurden die Brunnen zur tödlichen Falle
Sie bauten Brunnen, um den Menschen in der Sahelzone zu helfen. Doch es scheint, dass die Entwicklungshelfer gerade so die Dürre zur Dauerkatastrophe machten.

94.1 Zeitungsmeldungen

1. Sahel – ein rettendes Ufer?

1. Von welcher Katastrophe berichten die Zeitungen (Mat. 94.1)?
2. Bestimme die Lage der Sahelzone und nenne die Staaten, die an ihr Anteil haben (Mat. 95.1 und Atlas).
3. Miss die West-Ost- und die Nord-Süd-Ausdehnung der Sahelzone.

Kadaver von verendeten Tieren im Sand; bis auf das Skelett abgemagerte Menschen in Flüchtlingslagern, die kraftlos den Tod erwarten; Kinder mit krankhaft aufgedunsenen Bäuchen, ein Zeichen von Mangelernährung – diese Schreckensbilder aus Gebieten südlich der Sahara kennen wir aus der Zeitung und dem Fernsehen.

1973 war das Jahr der ersten großen Hungerkatastrophe. Drei Jahre hatte es nicht genügend geregnet. Die Felder verdorrten, das Vieh verhungerte, verdurstete oder musste wegen Entkräftung notgeschlachtet werden. Schließlich verhungerten auch die Menschen. Im Staat Mali starben 90 % der Kleinkinder. Nach 1975 regnete es wieder mehr, aber bereits 1984 erreichten uns erneut Schreckensnachrichten. In Mauretanien und in Sudan waren zwei Drittel der Gesamtbevölkerung vom Hungertod bedroht.

Sahel ist ein arabisches Wort und bedeutet „Ufer". Früher, als noch arabische Kaufleute mit ihren Karawanen in wochenlangen Reisen die Wüste durchquerten, war diese Bezeichnung gerechtfertigt. Die ersten Grashalme und Dornbüsche erschienen den Reisenden als „rettendes Ufer". In dieser Übergangszone zwischen Wüste und Savanne fanden sie Wasser und Nahrung für die Tiere. Hier wohnten wieder Menschen, mit denen sie Handel treiben konnten.

Heute ist aus dem „rettenden Ufer" ein gefährdeter Raum geworden, die Sahara rückt nach Süden vor. Schätzungen über das Ausmaß gehen weit auseinander. Der jährliche Verlust an Weide- und Ackerfläche wird mit 20 000 km² angegeben (zum Vergleich: Die Fläche von Nordrhein-Westfalen beträgt 34 075 km²).

Die Ausbreitung der Wüste ist ein Vorgang, den man in vielen Trockengebieten der Erde beobachten kann. Fachleute nennen ihn **Desertifikation** (desert, engl.: Wüste). Im Sahel sind 20 Millionen Menschen betroffen.

4. Welche Vegetationszonen umfasst die Sahelzone (Mat. 95.1, vgl. S. 50–53)?
5. Warum sahen die Karawanenreisenden im Sahel ein „rettendes Ufer" (Text, Mat. 95.1)?
6. Die Desertifikation wird als „schleichende Katastrophe" bezeichnet. Begründe.

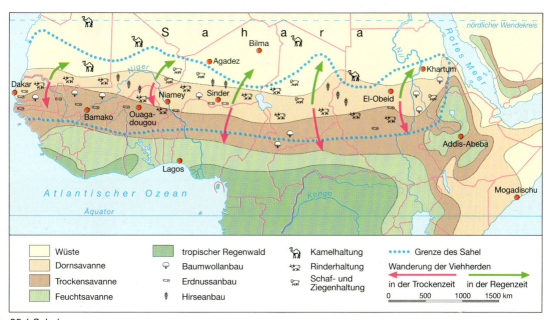

95.1 Sahelzone

2. Ursachen der Dürrekatastrophe

1. Werte das Klimadiagramm von Niamey aus (Mat. 96.1).
2. Vergleiche die Höhe der Niederschläge in den Jahren 1905 bis 1986. Kam die Dürre Anfang der Siebzigerjahre überraschend (Mat. 96.1)?

Fatimatha lebt in dem kleinen Ort Taroum, nordöstlich von Niamey, der Hauptstadt von Niger. Sie kennt nur das Ergebnis der Desertifikation: Mangel an Wasser. Seit 6 Jahren ist der Dorfbrunnen endgültig versiegt. Der Weg zum nächsten Wasser führenden Brunnen ist weit. Mehrmals täglich geht Fatimatha ihn mit einem Wassereimer auf dem Kopf und einem weiteren in der Hand.

Am Brunnen drängeln sich die Frauen und jungen Mädchen der Gegend, da auch in den Nachbardörfern die Brunnen versiegt sind. Beim langen Warten in der sengenden Sonne kommt es immer wieder zu Streitereien, vor allem mit den Viehhirten aus dem Norden, die endlich ihre mageren, vor Durst brüllenden Tiere tränken wollen.

Die Bäume, die früher um den Brunnen standen, kennt Fatimatha nur aus den Erzählungen ihrer Großmutter. Diese erinnert sich auch noch genau an die ersten Entwicklungshelfer, die kamen, um die Lebensbedingungen für die Menschen in Taroum zu verbessern. Sie ließen eine Schule und eine Arztstation bauen. Durch die bessere medizinische Versorgung wuchs die Bevölkerung sehr schnell. Die Bauern rodeten weite Flächen im Umkreis des Dorfes, um neue Felder anzulegen. Die noch verbliebenen Bäume und Sträucher wurden nach und nach für den täglichen Bedarf an Feuerholz geschlagen. (nach einer Reportage des WDR)

Ähnlich wie in Taroum ist die Entwicklung überall im Sahel verlaufen. Die Bevölkerung nahm stark zu. Die Anbauflächen wurden erweitert. 1970 hatte sich die Grenze des Ackerbaus rund 100 km nach Norden verschoben. In diesen Gebieten fällt im Durchschnitt weniger als 500 mm Niederschlag im Jahr. Das Anbaurisiko ist hoch, der Ernteertrag gering. Man erzielt etwa 100 kg Hirse je Hektar, in den südlichen Gebieten mit mehr Niederschlag sind es 700 kg/ha. Die Bauern versuchten, das Ernterisiko zu vermindern, indem sie größere Flächen bestellten. Wieder wurden Sträucher und Bäume gerodet. Neue Tiefbrunnen holten Wasser bis aus 400 m Tiefe. Dadurch sank der Grundwasserspiegel. Weitere Bäume verdorrten.

Die neuen Brunnen zogen auch die Nomaden mit ihren Herden an. Die alten Brunnen, meist um die 10 m tief, versiegten oft während der Trockenzeit. Damit wurden auf natürliche Weise das Wachstum der Herden begrenzt und die Nomaden zur **Weidewanderung** gezwungen. Die Tiefbrunnen, die ganzjährig Wasser pumpten, ermöglichten es den Nomaden, die Herden zu vergrößern. Impfungen verhinderten Seuchen. So wuchsen die Rinder- und Ziegenherden, obwohl die Weideflächen durch die Ausdehnung des Ackerbaus von Jahr zu Jahr kleiner wurden. Viele Nomaden schränkten ihre Weidewanderung ein und

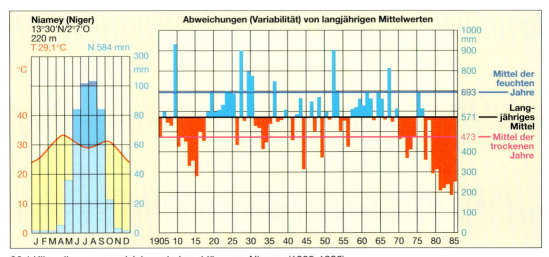

96.1 Klimadiagramm und Jahresniederschläge von Niamey (1905-1986)

	Fläche in Mio. km²	Bevölkerung in Mio. (1992)	Acker	Weide in % der Gesamtfläche	Wald
Burkina Faso	0,27	9,6	10	37	26
Mali	1,24	9,8	2	24	6
Mauretanien	1,03	2,1	1	38	15
Niger	1,27	8,2	4	8	2
Senegal	0,20	7,7	27	20	28
Sudan	2,50	26,6	3	14	11
Tschad	1,29	5,8	3	35	16
z. Vgl. Deutschland	0,35	80,9	37	17	29

nach: Statistisches Jahrbuch für das Ausland 1993

97.1 Staaten der Sahelzone

	Viehbestand (in Mio.) (Rinder, Kamele, Schafe, Ziegen)				
	1950	1970	1974	1985	1990
Senegal	2,0	5,5	5,1	5,4	6,3
Mauretanien	4,5	8,5	5,8	8,2	8,4
Mali	11,0	17,3	6,9	19,5	22,7
Burkina Faso	2,5	7,5	4,8	8,6	9,8
Niger	7,7	13,8	10,0	9,2	10,5
Sudan	8,7	9,1	8,7	8,9	9,4
Tschad	18,4	29,5	44,3	25,1	26,1

97.3 Entwicklung des Viehbestandes

blieben oft das ganze Jahr in der Nähe der neuen Brunnen.

Zunächst ging alles gut. Eine Reihe von feuchten Jahren ermöglichte gute Ernten und brachte auch für große Herden genügend Futter und Wasser. Die Menschen waren voller Hoffnung. Anfang der Siebzigerjahre blieb dann der Regen aus. Es kam zur Katastrophe.

3. Beschreibe die Landnutzung im Sahel (Text, Mat. 95.1).
4. Welche Veränderungen haben in der Sahelzone stattgefunden (Mat. 97.1, 97.3 u. 97.4)?
5. Die Desertifikation beginnt häufig im Umkreis eines Tiefbrunnens. Begründe.
6. Inwieweit trägt der Mensch Verantwortung für das Ausmaß der Katastrophe (Text, Mat. 97.2)?

97.4 Wüste im Vormarsch

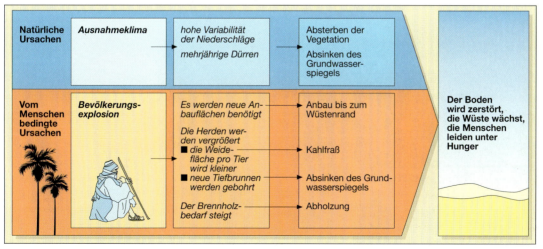

97.2 Ursachen der Desertifikation

Um in zukünftigen Dürrezeiten die Menschen in der Sahelzone vor erneuten Katastrophen zu bewahren und um eine weitere Zerstörung ihres Lebensraumes zu verhindern, halten Fachleute u. a. folgende Maßnahmen für notwendig:
- Eindämmen des Bevölkerungswachstums,
- Verringerung des Viehbestandes und planmäßige Zucht hochwertiger Fleisch- und Milchtiere,
- Wechsel der Weidegebiete nach festgelegten Plänen – vor allem in der Nähe großer Tiefbrunnen (s. Mat. 98.3),
- bessere Verteilung der Herden durch die Anlage von mehr kleinen Brunnen,
- Schaffen von Futterreserven durch Bewässerung, Anpflanzung von Futtersträuchern,
- Rücknahme der nördlichen Ackerbaugrenze um mindestens 100 km,
- Schutz der noch vorhandenen Vegetation und Aufforstung als Maßnahme gegen Bodenverwehung und Erosion sowie als Brennholzlieferant für die Bauern,
- weniger Anbau für den Export, Steigerung der heimischen Lebensmittelproduktion,
- Getreideimporte nur in Katastrophenfällen,
- Erhöhung der Erzeugerpreise für heimische Nahrungsmittel,
- Einrichtung von Vermarktungsmöglichkeiten für die Kleinbauern und von Vorratsspeichern, um bei zukünftigen Dürreperioden Versorgungsengpässe zu vermeiden,
- Anlage von Brennholzplantagen in der Nähe größerer Städte und Siedlungen,
- Ersatz der Energie verschwendenden offenen Feuerstellen durch geschlossene Öfen.

98.1 Notwendige Maßnahmen in der Sahelzone

3. Wege aus der Krise

Bei der Hungerkatastrophe 1973 wurden Tausende von Menschen durch Nahrungsmittelspenden aus dem Ausland gerettet. Spenden sind jedoch kein Mittel, um die Ernährungsprobleme im Sahel auf die Dauer zu lösen. Schon mancher afrikanische Staat hat erlebt, dass Spenden auch Probleme bedeuten. Wenn Getreide kostenlos oder sehr billig im Land abgegeben wird, fallen die Preise für dieses Produkt. Die einheimischen Bauern stellen dann den Anbau ein oder produzieren nur noch für den Eigenbedarf. Im nächsten Jahr ist die Abhängigkeit von Spenden noch größer. Besser ist es, einen anderen Weg einzuschlagen. Der Staat Niger garantiert den Bauern relativ hohe Erzeugerpreise, die Anreiz zu vermehrtem Anbau bieten. Das selbst angebaute Getreide reichte sogar im Krisenjahr 1984 aus, um die vorhandene Bevölkerung zu ernähren.

Für eine langfristige Sicherung der Nahrungsmittelversorgung genügt dies nicht. Der Prozess der Desertifikation muss aufgehalten werden. Dazu sind eine Reihe von Maßnahmen notwendig. Vor allem muss das unkontrollierte Abholzen von Bäumen aufhören. Holz dient als Brennmaterial und wird für den Bau von Hütten und zum Einzäunen von Feldern und Weiden benötigt. Auf diese Weise verbraucht eine Familie pro Woche etwa einen Baum oder großen Strauch. Bei dem geringen Baumbestand im Sahel bedeutet dies, dass jede Familie im Jahr etwa einen Hektar Land entwaldet. So sind um die Städte Kahlschlagflächen

98.2 Aufforstung

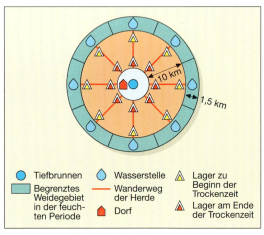

98.3 Schema der Weide-Rotation

mit einem Radius von bis zu 100 km entstanden. Hier trocknet der Boden schnell aus. Wind trägt die feine fruchtbare Erde fort. Während der Regenzeit entstehen tiefe Erosionsrinnen. Diese Gebiete sind dann nicht einmal mehr als Weideflächen zu nutzen.

Um den unkontrollierten Raubbau an Brennholz zu stoppen, haben Experten folgende Projekte zu verwirklichen versucht:
– Kochherde, in Stein gemauert oder aus mit Stroh gemischter Erde gebaut, verbrauchen bis zu zehnmal weniger Holz als offene Feuerstellen oder traditionelle Herde. Der Bau kostet oft nur die eigene Arbeitskraft. Die Einführung eines verbesserten Kochherdes setzt aber voraus, dass traditionelle Lebensgewohnheiten verändert werden. So ist die offene Feuerstelle in der Mitte der Hütte Kochplatz und auch Versammlungsort für die ganze Familie. Außerdem hält der Rauch des offenen Feuers die Hütte von Insekten frei.
– Gasenergie, z. B. der Biogasofen: Durch Gärung von menschlichen, tierischen, pflanzlichen Abfällen in Gruben entsteht nach 14 Tagen Biogas.
– Verwendung von Sonnenenergie, z. B. zum Kochen. Doch der Tagesrhythmus der Einheimischen ist durch die Tageshitze so bestimmt, dass sie ihre Mahlzeit abends zu sich nehmen.

1. Der Staat Niger kauft Getreide zu einem relativ hohen Preis von den Bauern. Was soll durch diese Maßnahme erreicht werden?
2. Warum stellt der Brennholzbedarf eine besondere Gefahr für den Sahel dar? Erläutere die vorgeschlagenen Maßnahmen. Überlege, welche Schwierigkeiten sich bei ihrer Verwirklichung ergeben können (Text, Mat. 99.1–3).
3. Diskutiert die von den Fachleuten vorgeschlagenen Maßnahmen, um für die Zukunft Hungersnöte zu verhindern (Mat. 98.1, Mat. 98.2). Überlegt bei jeder Maßnahme, welchen Nutzen sie bringen soll und welche Schwierigkeiten sich ergeben könnten.
4. Beschreibe das Prinzip der Weide-Rotation mithilfe des Schemas (Mat. 98.3).
5. Welche der vorgeschlagenen Maßnahmen und angestrebten Veränderungen betreffen die Nomaden, welche die Bauern?
6. Unterscheide Sofortmaßnahmen von solchen, die erst langfristig wirken.

99.1 Geschlossene Feuerstelle

99.2 Biogasbehälter

99.3 Nutzung von Sonnenenergie

Der Aralsee wird zur Wüste

100.1 Verlandetes Ufer des Aralsees

1. Der Aralsee vor dreißig Jahren

„Vergib uns Aral. Bitte komm zurück!", steht auf einem Fischerboot, das jetzt rostend auf dem Sand des immer weiter austrocknenden Sees liegt.
„Man kann den Aralsee nicht mit Tränen füllen!", dichtet ein usbekischer Poet. „Der Aralsee wird zurückkommen", steht auf einer Schrifttafel in einer Straße in Nukus. *(aus: geographie heute, 6/92)*

Niemand hätte einen Grund gehabt, vor dreißig Jahren so etwas zu schreiben. Feriengruppen aus der gesamten damaligen Sowjetunion lockte der Aralsee zu der Zeit an. Ein Schriftsteller in Muinak erzählt von damals:
Ich war Anfang der Sechzigerjahre auf einer Dienstreise für die Regierung in dieser Gegend unterwegs. Dabei kam ich auch zum Aralsee und ich musste meinen Aufenthalt, der eigentlich nur ganz kurz sein sollte, einfach verlängern: die leuchtende Wüste, der leuchtende Himmel und dazwischen der blaue See. Die Landschaft war einfach zu schön.

Fischerboote tuckerten in die Häfen rings um den Aralsee. Ihre Bäuche waren bis zu den Ladeluken gefüllt, überwiegend mit Karpfen, Plötzen, Brassen und Barben, vier der 24 heimischen Süßwasserfischarten. Die Fischerboote brachten Arbeit für 60 000 Menschen in der Fischindustrie, z. B. in Aralsk und Muinak, und Nahrung für die Bevölkerung nicht nur rund um den See. Im Mündungsgebiet des Amu-Darja bog sich auf einer Fläche von ungefähr 800 000 ha meterhohes Schilfrohr über dem Wasser. Die Königin des Aralsees, die Baumwolle, das weiße Gold, steckte ihre Fruchtbüschel wie weiße Farbtupfer aus den Blättern hervor und sattgrüne Reishalme wogten im Wind. Auf den Märkten boten die Bauern Gemüse und Obst an, das sie auf ihren bewässerten Feldern am Fluss angebaut hatten.

Ferienhäuschen standen in der Nähe des Sees. Das Klima förderte die Erholung: 200 warme Tage waren es im Jahr, fast immer schien die Sonne, heißes und trockenes Wetter im Sommer und eine geringe Luftfeuchtigkeit das ganze Jahr. Wunderbare Strände haben mich damals immer wieder in ihren Bann gezogen.

Das alles hätte zur Schaffung eines großen Erholungsgebietes am Aralsee beitragen können. Damals hat man überlegt: Wenn man am Aralsee einen internationalen Kurort errichtet, kann man von den Gewinnen die Rohbaumwolle im Ausland kaufen, die man damals in der ehemaligen Sowjetunion dringend brauchte.

1. Suche auf einer Atlaskarte den Aralsee und bestimme die Gebirge, in denen der Syr-Darja und der Amu-Darja entspringen.
2. Vergleiche die Landschaft um den Aralsee gestern und heute (Text, Mat. 92.1, 100.1). Begründe die Veränderungen (Mat. 101.1–4).

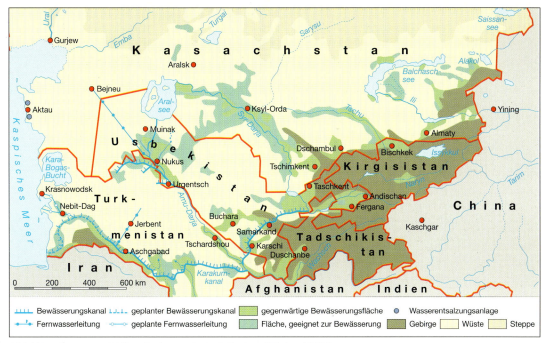

101.1 Bewässerungsfeldbau in den zentralasiatischen Wüsten (1990)

Der größere Teil des Wassers, das für die Bewässerung entnommen wird, erreicht seinen Bestimmungsort nicht. Berechnungen ergaben, dass im Laufe von 10 Jahren 84 Mrd. m³ Wasser auf die Felder kamen, aber im gleichen Zeitraum 100 Mrd. m³ durch den Boden und die Wände der Kanäle in den Sand liefen, in versumpften Gebieten versickerten oder in abflusslose Seen eingeleitet wurden und verdunsteten. Je mehr Böden in den 70er-Jahren bewässert wurden, desto größer waren die Verluste. Das liegt z. T. an den Kanalbetten, die nicht betoniert wurden, und an fehlenden Rinnen für kleine Wasserläufe.

Außerdem sinkt die Wirkung der Bewässerung durch Versalzung (vgl. S. 22) und Verschmutzung des Wassers, das auf die Felder kommt. Die Flüsse Amu-Darja und Syr-Darja transportieren Bodensalze, Säuren, Insekten- und Unkrautvernichtungsmittel, chemische Düngemittel sowie Abwässer in hohen Konzentrationen. Insgesamt führt die ungeheure Wasserverschwendung dazu, dass dem Amu-Darja und dem Syr-Darja 90 % des Wassers entzogen werden und sie den Aralsee nicht mehr oder nur als kleine Rinnsale erreichen.

(nach: Sowjetunion heute, 5/89)

101.2 Milliarden Kubikmeter Wasser versickern

Jahr	1940	1970	1975	1990
Millionen Hektar	2,08	6,43	7,19	8,17

101.3 Bewässerungsflächen mittelasiatischer Staaten

Der durch die natürlichen Gegebenheiten bedingte Wassermangel in Kasachstan und Mittelasien hat sich durch die starke Bevölkerungszunahme in diesem Gebiet noch vergrößert. Es wird erwartet, dass die gegenwärtige Bevölkerungszahl von mehr als 50 Mio. Menschen in diesem Raum bis zum Ende des Jahrhunderts um 8 bis 10 Mio. zunehmen wird. Als Ursachen werden hierfür neben der hohen Geburtenrate die verbesserte Gesundheitsfürsorge und das geringe Ausmaß der Abwanderung der Bevölkerung genannt. Um die Lebensgrundlage der Bevölkerung sichern und Arbeitsplätze zur Verfügung stellen zu können, legte man besonderen Wert auf eine arbeitsintensive Produktion. Der Bewässerungsfeldbau (Baumwolle und Südfrüchte, aber auch Reis), der nach 1960 stark ausgedehnt wurde, hat zwar Arbeitsplätze geschaffen, aber durch den enormen Wasserbedarf auch erhebliche Probleme bereitet.

(nach: Geographie aktuell, 4/88)

101.4 Mehr Wasser für mehr Menschen

102.1 Schrumpfung des Aralsees

Jahr	Spiegelhöhe (m ü. NN)	Wasserfläche (1000 km²)	Wasservolumen (Mrd. m³)	Salzgehalt (g/l)
1900	53,0	64,5	1000	10
1974	49,9	53,7	839	13
1978	46,8	49,7	720	15
1979	46,0	48,5	630	17
2000	38,1	36,5	380	34
2010	33,0	22,0	150	über 70

102.2 Veränderungen des Aralsees

2. Vom Meer zum Salzsee

Der Spiegel des Aralsees sinkt jährlich um rund 90 Zentimeter. Wenn das so weitergeht, wird nach den Vorstellungen zahlreicher Wissenschaftler gegen Ende dieses Jahrhunderts an der Stelle des Aralsees ein Salzsee übrigbleiben. Schon jetzt steigen jährlich rund 65 Millionen Tonnen Salzstaub vom früheren Meeresboden in die Atmosphäre. Aus dem Weltraum lässt sich eine Staubfahne von bis zu 400 Kilometer Länge und 40 Kilometer Breite beobachten.

Der übermäßige Einsatz von chemischen Mitteln in der Landwirtschaft verschlimmert die Lage noch weiter. Eine Ärztin aus Muinak berichtet:

Was am Aralsee geschieht, gefährdet die Gesundheit und das Leben von fast drei Millionen Menschen. Sie sind auf Trinkwasser aus dem Amu-Darja angewiesen. Der aber ist schon in seinem Mittellauf so sehr verschmutzt, dass das Wasser praktisch unbrauchbar ist; erst recht natürlich in seinem Unterlauf. In den letzten Jahren ist insbesondere in Karakalpakien die Säuglingssterblichkeit rasch angestiegen. Sie ist fast sechsmal so hoch wie im übrigen Bereich der Sowjetunion. Die Lebenserwartung ist deutlich niedriger. Die Menschen hier leiden viel häufiger an Leberentzündungen, Magenerkrankungen und Speiseröhrenkrebs. Bei Untersuchungen hat man eine deutlich erhöhte Salzkonzentration in der Muttermilch festgestellt. (nach: Sowjetunion heute, 5/89)

Der Schwund des Meeres hat bereits zu einer wirtschaftlichen, klimatischen und ökologischen Tragödie geführt. Die Schifffahrt ist fast zum Erliegen gekommen. Die Hälfte der Menschen hat die Städte Aralsk und Muinak verlassen. Es waren einst Hafenstädte mit einer bedeutenden Fisch verarbeitenden Industrie. Heute liegt Aralsk 80 km vom Meer entfernt. Der Fischfang und damit auch die Verarbeitung von heimischen Fischen sind zum Erliegen gekommen.

Mit dem Austrocknen des Aralsees verändert sich auch das Klima. Die Winter werden kälter und länger, die Sommer heißer. Die Zahl der Frosttage ist so sehr gestiegen, dass möglicherweise in naher Zukunft wegen ihrer Frostempfindlichkeit keine Baumwolle mehr angebaut werden kann. Außerdem ist die Luftfeuchtigkeit deutlich zurückgegangen. Die Zahl der Salzstaubstürme hat sich verdoppelt, sodass Wanderdünen schon ehemalige Fischerdörfer bedrohen und viele Felder von einem Salzschleier bedeckt sind.

103.1 Trockengefallener Boden des Aralsees

103.2 Versalzung von Bewässerungsflächen

Gibt es noch eine Chance?

Um wenigstens das heutige Wasservolumen im Aralsee zu erhalten, müssten im Jahr ungefähr 30 bis 35 Kubikkilometer zufließen, das heißt jene Menge, die pro Jahr verdunstet. Wie ist das zu erreichen?

Viele sehen eine Lösung darin, den Baumwollanbau erheblich einzuschränken. Insbesondere betrifft das den Anbau der Baumwolle minderer Qualität. Andere Fachleute treten für strengste Einsparungen bei der Bewässerung und für angemessene Wasserpreise ein. Wenn man die Bewässerung auf 10 000 Kubikmeter je Hektar beschränken würde (1990; 15 000 m^3), so könnte schon heute auf den Baumwollfeldern eine enorme Wassermenge eingespart werden und der Aralsee die für ihn lebensnotwendigen 30 Kubikkilometer Wasser pro Jahr erhalten.

Durch Modernisierung der Bewässerungsanlagen könnte in vielen Fällen der Wasserverbrauch auf die Hälfte oder sogar ein Drittel reduziert werden. Große Verluste entstehen heute durch Verdunstung und Versickerung von Wasser. Im Einzugsbereich des Aralsees müssten insgesamt 5 Millionen Hektar mit neuen Bewässerungsanlagen versehen werden.

Um das Jahr 2010 könnten diese Maßnahmen durchgeführt sein, sodass dann insgesamt rund 50 Milliarden Kubikmeter Wasser jährlich eingespart werden könnten.

Eine sparsamere Wassernutzung könnte durch den Einsatz von Wasserentsalzungsanlagen erreicht werden, sie könnten mithilfe von Sonnenenergie betrieben werden und eine mehrfache Benutzung des Bewässerungswassers bzw. Wiederverwendung des Dränagewassers ermöglichen. In Mittelasien werden bislang nur 6 Prozent des Wassers wiederholt genutzt, im Durchschnitt der gesamten früheren Sowjetunion beträgt dieser Anteil jedoch bereits knapp 33 Prozent. Weitere Einsparungen wären durch Einführung anderer Bewässerungsmethoden zu erreichen, vor allem durch die viel sparsamere Tropfbewässerung (vgl. S. 80).

Auch für die Gesundheit der Menschen in diesem Raum muss gesorgt werden. Krankenhäuser werden benötigt, vor allem aber ist es wichtig, dass die Menschen sauberes Wasser zu trinken bekommen. Zudem ist es sinnvoll, zu der traditionellen Struktur der Landwirtschaft zurückzukehren, zu Viehzucht, Gemüseanbau, Kürbis- und Melonenkulturen. Für fünf Millionen Hektar mit diesen Pflanzen benötigte man bis etwa 1960 nur 64 Kubikkilometer Wasser, ohne dass dadurch der Seespiegel des Aralsees absank.

Die genannten Maßnahmen können die Länder dieses Raumes nicht allein leisten, sie waren die ärmsten Republiken der ehemaligen Sowjetunion. Die Produktion auf bewässertem Land erbringt einen Großteil ihrer Exporterlöse. Eine rasche Verringerung des Wassereinsatzes bei der Bewässerung ist mit hohen Kosten verbunden und wird den Lebensstandard weiter senken, falls diese Länder keine Unterstützung erhalten, um neue Produktionszweige aufzubauen.

1. Beschreibe die Folgen des hohen Wasserverbrauchs (Text S. 102, Mat. 102.1 und 2, 103.1 und 2).

Abholzung hat weit reichende Folgen

Im September des Jahres 1992 erlebte Pakistan die schlimmste Flutkatastrophe seit Menschengedenken. Schätzungen gehen von Schäden aus, die umgerechnet über 1 Mrd. DM betragen. Allein die Verluste in der Landwirtschaft belaufen sich auf 15–30 %. Rund 70 % der Baumwollernte, des Hauptexportartikels, wurden vernichtet.
Die Flüsse, die aus dem Himalaya kommen, schwollen in kürzester Zeit auf Rekordhöhe an. Stauwehre mussten vorsorglich gesprengt werden, um den Wassermassen den Abfluss zu ermöglichen. Das ausströmende Wasser ließ mehr als 500 Dörfer unter einer 3–4 m hohen Flutwelle verschwinden.
Mehrere Millionen Menschen mussten evakuiert werden und flüchteten aus den tief liegenden Bereichen. Abgelegene Siedlungen im Norden konnten tagelang nicht erreicht werden und nur durch Hilfslieferungen von Nahrungsmitteln wurde eine Hungersnot abgewendet.

(nach: Geographische Rundschau 2/93)

104.1 Jahrhundertflut in Pakistan

1. Entwaldung im Himalaya gefährdet auch das Tiefland

Schon immer traten Indus, Ganges und Brahmaputra während der Regenzeit von Juni bis September, dem Sommermonsun (vgl. S. 137), über die Ufer. Die Regenfälle sind so stark, dass hier am Südabhang des Himalaya mit die höchsten Niederschläge auf der Erde gemessen werden (in Cherrapunji 10 420 mm mittlerer Jahresniederschlag). Die Hälfte der Landesfläche von Bangla Desh steht dann bis zu 4 $\frac{1}{2}$ m unter Wasser; die Menschen aber leben auf geschützten, teilweise künstlich angelegten Hügeln in Sicherheit. Die Ablagerungen der Flüsse enthalten viele Nährstoffe und bilden somit einen natürlichen Dünger, der der Landwirtschaft zugute kommt.

In den letzten Jahrzehnten allerdings hat das Ausmaß der Überschwemmungen zugenommen. Fachleute sehen einen Zusammenhang mit der ausgedehnten Abholzung von Wäldern im Himalaya, wie z. B. in Nepal.

1. Beschreibe die Auswirkungen der Überschwemmungen (Mat. 104.1 und 104.2).

104.2 Überschwemmungen in Bangla Desh

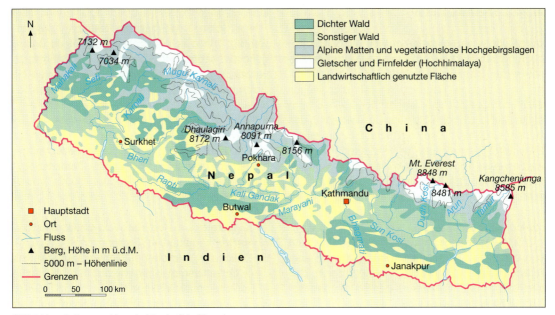

105.1 Vegetation und Landwirtschaft in Nepal

Nepals Wald nimmt ab

In den 50er-Jahren stellte die Holzwirtschaft in Nepal noch einen bedeutenden Wirtschaftszweig dar. Seither ist aber mehr als die Hälfte des Waldbestandes abgeholzt worden und heute sind nur noch 30 % der Landesfläche bewaldet. Jährlich gehen weitere 2 % des Waldbestandes verloren und es wird befürchtet, dass Nepal in naher Zukunft entwaldet sein wird.

Die Wälder dienen besonders der Bereitstellung von Brenn- und Bauholz. 90 % des Holzeinschlags werden als Brennholz und für Holzkohle genutzt. Über 700 kg Holz werden jährlich pro Kopf der Bevölkerung verbraucht. In den Wäldern wachsen aber nur 10 % dieser Menge nach.

Seit 1970 hat die Bevölkerungszahl um ein Drittel zugenommen. Um die ständige Nahrungsmittelknappheit zu überwinden, mussten steile Hänge für die Landwirtschaft nutzbar gemacht werden. Auf den durch Brandrodung gewonnenen Flächen legte man bewässerte Terrassen an, auf denen Reis angebaut wird.

2. Lokalisiere Nepal auf einer Atlaskarte. Stelle einen Zusammenhang zwischen dem Relief und der Landnutzung her (Mat. 105.1).
3. Liste Gründe auf, die zur großflächigen Entwaldung geführt haben (Mat. 105.2–3, Text).

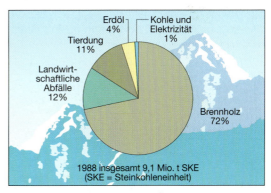

105.2 Träger der nepalesischen Energieerzeugung

105.3 Anbauterrassen im Himalaya Nepals

Folgen der Entwaldung

Der Waldbestand Nepals hat weit reichende Bedeutung als Rückhaltereservoir für das Regen- sowie das Schmelzwasser des Himalaya. Durch die schützenden Baumkronen fällt der Regen gleichmäßiger und mit nicht so hoher Geschwindigkeit auf den Boden. So kann das Wasser in den Boden eindringen und wird dort wie in einem Schwamm gespeichert. In trockenen Monaten wird es dann abgegeben. So wird der Wasserabfluss gleichmäßig verteilt. Fehlt dagegen das schützende Blätterdach, fließt das Wasser oberirdisch schnell ab und kann die Flüsse in kurzer Zeit stark anschwellen lassen.

Das organische Material, die Streuschicht und das Unterholz, schützen den Boden vor einer Abtragung der Humusschicht, der **Erosion**. Zusätzlich hält das Wurzelwerk der Bäume den Boden. In Nepal ereignen sich täglich bis zu 20 000 Erdrutsche, wobei Häuser fortgerissen und Terrassen zerstört werden. Bis zu 80 t/ha fruchtbarer Mutterboden werden jährlich weggeschwemmt. Der abgespülte Boden lagert sich in den Flussmündungen ab, wie z. B. in Bangla Desh.

Um den Wald im Himalaya retten zu können, sind Pflege, Schutz und Erhalt des Restbestandes notwendig. Um dies zu ermöglichen, ist es unumgänglich, alternative Energien zum Brennholz zu verwenden. Diese könnten in Windmühlen, in Solaranlagen sowie in kleinen Wasserkraftwerken an künstlichen Staustufen gewonnen werden.

Aufforstungen könnten den Boden vor der Abspülung schützen. In Nepal wird allerdings nur ein Viertel der Abholzungsfläche wieder aufgeforstet. Ein Teil der Setzlinge geht außerdem durch unkontrolliertes Abweiden sowie durch Baumdiebe wieder verloren.

4. Erläutere, inwiefern der Wald die Bodenerosion verhindern kann (Text).
5. Zeige auf, wie die natürlichen Ursachen von Überschwemmungen durch den menschlichen Einfluss verstärkt werden (106.1, 107.2).
6. Untersuche die landwirtschaftliche Nutzung in der Region Kakani. Welche Folgen lassen sich erkennen (Mat. 107.1 und 107.2)?
7. Stelle Maßnahmen zur Rettung des Bergwaldes zusammen. Welche sind deiner Meinung nach noch kurzfristig möglich (vgl. S. 99)?

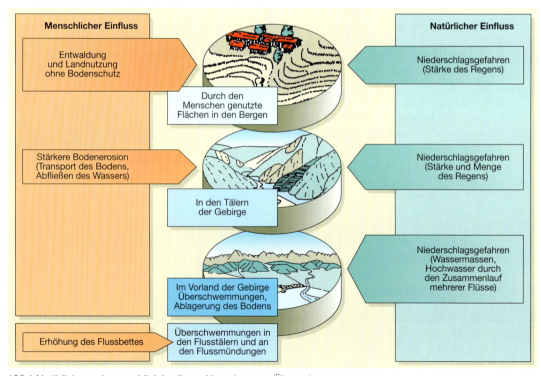

106.1 Natürliche und menschlich bedingte Ursachen von Überschwemmungen

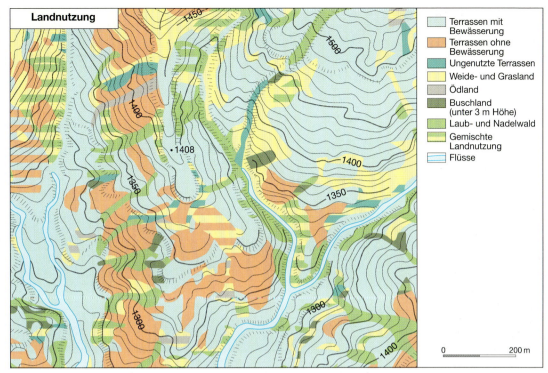

107.1 Landnutzung im Gebiet Kakani in der Nähe von Kathmandu

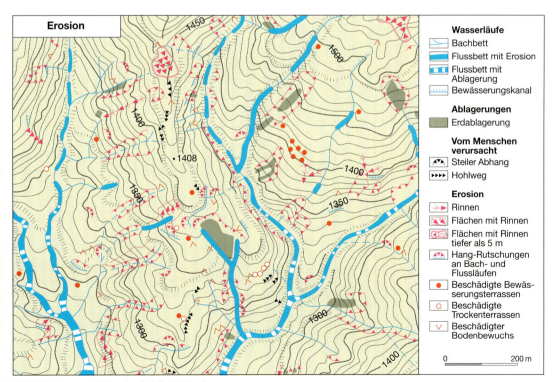

107.2 Erosionsschäden im Gebiet Kakani

108.1 Zerstörte Taiga

2. Raubbau an der Taiga

Die Vernichtung der Wälder Sibiriens schreitet rasch voran. Jedes Jahr wird eine Fläche von der Größe der Schweiz abgeholzt. Die Folgeschäden nehmen immer mehr zu: Der ungeschützte Boden ist der **Erosion** ausgeliefert. Er wird vom Wind fortgeweht und vor allem dann, wenn auch Berghänge abgeholzt werden, spült der Regen den Boden weg. Der Schlamm gelangt in die Flüsse und lagert sich dort ab. Weil das Wasser nicht mehr so schnell abfließen kann, kommt es dann häufig zu Überschwemmungen.

Oft sind die Flüsse durch Flößholz und große Mengen an Abfallholz verstopft. Durch das Baumharz wird das Flusswasser vergiftet. Die Fische sterben und die Lachse können die Holzbarrieren bei ihrer Wanderung zu den Laichplätzen nicht überwinden. Der Raubbau an den Wäldern Sibiriens zerstört auch den Lebensraum vieler Tiere. Damit werden den dort lebenden Naturvölkern wie Ewenken (vgl. S. 60), Jakuten oder Mansen die Lebensgrundlagen entzogen, die auf Jagd und Fischerei, den Rentierherden und den Früchten des Waldes beruhen.

Wenn heute von der Zerstörung der „grünen Lungen" unseres Planeten die Rede ist, dann steht der tropische Regenwald im Blickfeld. Dabei ist, von der Weltöffentlichkeit fast unbeachtet, in der sibirischen Taiga eine vergleichbare Katastrophe längst voll im Gang: Auch hier zerreißt das Knattern der Kettensägen die Stille der Wildnis. Auch hier schlagen die Abholztrupps großer ausländischer Firmen den Wald in riesigen Flächen gnadenlos kahl. So wird eine einzigartige Naturlandschaft zerstört und ein Ökosystem ruiniert, das zur Erhaltung des Weltklimas ebenso unersetzlich ist wie der Regenwald.

Sib-ir, schlafende Erde, haben die Tataren jenes schier unendlich weite Land genannt: zehn Millionen Quadratkilometer Steppe, Tundra und Taiga. Deutschland hätte fast dreißigmal darauf Platz.

Sibirien ist mit einem unvorstellbaren Reichtum an Wald gesegnet. Doppelt so groß wie der Dschungel des Amazonasbeckens ist allein die Fläche der Taiga; im Holz und torfigen Grund ihrer Wälder lagern 40 Milliarden Tonnen Kohlenstoff und damit eine gigantische Menge Kohlenstoffdioxid ...

(nach: KOSMOS 6/1993)

108.2 Die Taiga wird vernichtet

109.1 Unberührte Taiga

Der Dauerfrostboden (vgl. S. 16) taut im Sommer nur wenige Meter auf. Er ist dann besonders verletzlich und seine Struktur wird von den schweren Maschinen der Holzfällertrupps für Jahrhunderte zerstört. Der Waldboden besteht zumeist aus Torfmoosen, die nach dem Abholzen schutzlos der Sonnenstrahlung ausgesetzt sind. Dadurch werden biologische Abbauprozesse eingeleitet, bei denen Kohlenstoffdioxid freigesetzt wird. Auch das hier geerntete Holz wird irgendwann als Abfall verbrennen oder verrotten. Beide Vorgänge zusammen ergeben dann einen sehr großen Ausstoß an Kohlenstoffdioxid, der den Treibhauseffekt (vgl. S. 114) drastisch beschleunigen wird.

Eine Wiederaufforstung ist wegen der kurzen Sommer äußerst schwierig und es dauert mindestens hundert Jahre, bis in diesem kalten Klima (vgl. S. 50) aus Setzlingen ein Wald herangewachsen ist. Aufforstungen werden trotz gesetzlicher Bestimmungen vernachlässigt und halten nicht annähernd Schritt mit der Waldvernichtung.

1. Beschreibe die Größenverhältnisse Sibiriens und seiner Wälder (Atlas, Mat. 108.2 u.109.2).
2. Erläutere die Folgen der Abholzungen (Text, Mat. 108.1, 108.2 und 109.3).

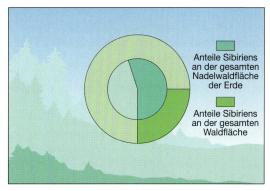

109.2 Anteil der Wälder Sibiriens an der Waldfläche der Erde

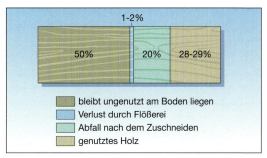

109.3 Holzeinschlag und Holznutzung in Sibirien

110.1 Brennender Urwald

3. Amazoniens Regenwälder in Gefahr

Brasiliens Großgrundbesitzer, Rinderzüchter und Neusiedler frohlocken – endlich wieder ein gutes Brandrodungsjahr nach der Pleite von 1992, als die Amazonas-Urwälder während der eigentlich trockensten Jahreszeit wegen Dauerregens einfach nicht zum Brennen zu bringen waren. Doch seit Juni herrscht Zufriedenheit; auch im nordwestlichen Teilstaat Mato Grosso (dichter Wald) mit der zweieinhalbfachen Größe Deutschlands brennen Bäume und Büsche wie Zunder. Bereits eine Flugstunde vor der Ankunft in der Provinzhauptstadt Cuiabá endet die Bodensicht, nimmt man außer dem Qualm nur noch hin und wieder Feuersäulen wahr. Das von manchen Passagieren Befürchtete allerdings tritt nicht ein: Der Airport ist noch offen. Kein anderer Flughafen in ganz Brasilien muss wegen der Brandrodungen häufiger geschlossen werden als jener von Cuiabá.

In Cuiabá scheint dies keinen mehr aufzuregen; bei Temperaturen von 40 bis 52 °C im Rauchschatten inhalieren sozusagen die rund 300 000 Bewohner zwangsläufig Unmengen von Schadstoffen. Nach Expertenberechnungen steigen als Folge der Brände jährlich mehr als 600 Millionen Tonnen giftiger Gase von brasilianischem Territorium auf, dabei werden im Durchschnitt Waldgebiete von der Größe der Schweiz vernichtet.

Keine der durchaus vorhandenen Umweltschutzgruppierungen unternimmt irgendetwas, meldet sich zu Wort. Nur die in Cuiabá stationierten Umweltschutzexperten sind erschüttert.

(nach: Neue Zürcher Zeitung vom 18./19.9.1993)

1. Miss die Entfernungen von Macapá nach Iquitos und von Cuiabá nach Boa Vista (Atlas). Vergleiche mit Entfernungen in Europa.
2. Nenne die Staaten, die Anteil am tropischen Regenwald Amazoniens haben (Atlas).
3. Berichte über Lebensbedingungen in Cuiabá.

111.1 Rinderzucht in einem abgebrannten und gerodeten Gebiet

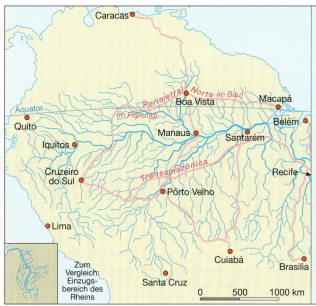

Amazonas – Steckbrief der Superlative

Länge: 6516 km mit Ucayali-Apurimac
Breite: ca. 300 km an der Mündung; über 50 km im Deltabereich; 18 km bei Santarém; 5 km unterhalb von Manaus; 1,8 km bei Iquitos
Tiefe: im Mittellauf 50 m; bei Manaus über 100 m
Nebenflüsse: über 200, davon 17 länger als der Rhein (1320 km)
Schiffbarkeit: Ozeanschiffe mit 5000 BRT können bis Manaus fahren, Schiffe mit 3000 BRT bis Iquitos

Vergleich mit anderen Strömen

	Länge km	Einzugs-gebiet 1000 km²	mittl. jährl. Abfluss m³/s
Amazonas	6516	7180	180 000
Nil	6671	2881	1 584
Mississippi-Missouri	6019	3221	17 545
Ganges-Brahmaputra	2900	938	20 000
Donau	2850	805	6 450

111.2 Amazonas – Steckbrief der Superlative

In den 80er-Jahren war Rondônia, ein Bundesstaat im äußersten Westen Brasiliens, das Hauptbesiedlungsgebiet im brasilianischen Amazonien. Ein großer Teil der Neusiedler kam aus dem Süden des Landes, wo die Ausweitung des Soja-Anbaus sie von ihrem Land vertrieben hatte. Für Rondônia brachte die Besiedlung zunächst vor allem die Zerstörung der Natur und den Tod der Indianer. Möglich wurde der Zustrom durch die 1968 gebaute Straße BR 364 von Cuiabá nach Pôrto Velho. Der Ansturm begann aber erst zu Beginn der 80er-Jahre mit der Asphaltierung dieser Straße im Rahmen des groß angelegten Besiedlungsprogramms, das insgesamt etwa 1,5 Milliarden US-Dollar verschlang. (...)

(aus: D. Gawora u. C. Moser: Amazonien. Aachen 1993, S. 55)

112.1 Regenwald in Rondônia

Ursachen der Tropenwaldzerstörung

Riesige Gebiete des tropischen Regenwaldes fallen Jahr für Jahr der Brandrodung zum Opfer. Aus Satellitenaufnahmen, die 1987 im Laufe einiger Wochen über Brasilien gemacht wurden, hat man ein erschreckendes Bild zusammengesetzt: Rondônia, so groß wie die Bundesrepublik Deutschland, steht in Flammen. (nach: GEO 9/89)

Ursache für die systematische Abholzung ist in Amazonien vor allem das Interesse an den gerodeten Flächen. Der traditionelle Brandrodungsfeldbau (vgl. S. 34) im Regenwald Amazoniens schonte die Wälder, solange nur durchschnittlich 5 Menschen je km^2 sich vom Wald ernährten und genug Lebensraum hatten, um bewirtschafteten Flächen eine Erholungspause von 10 bis 12 Jahren zu geben. Heute ist die Zahl der Brandrodungsfeldbau betreibenden Menschen auf 60 bis 75 pro km^2 stark angestiegen. Deshalb müssen ständig neue Flächen gerodet und bereitgestellt werden; die erforderlichen Brachezeiten können nicht mehr eingehalten werden.

Neben dem Brandrodungsfeldbau führt noch eine weitere Form der landwirtschaftlichen Nutzung zur Zerstörung des Regenwaldes: die Rinderzucht in Großbetrieben (**Fazendas**). Sie soll die Fleischversorgung Brasiliens verbessern und darüber hinaus Fleisch für den Export produzieren. Deshalb unterstützt die brasilianische Regierung die Rodung der Wälder mit sehr viel Geld. Sehr große Waldgebiete in Amazonien, ca. 150 000 km^2, sind bisher dafür vernichtet worden.

Wie allen landwirtschaftlichen Betrieben ist es auch den Rinderzuchtbetrieben gesetzlich verboten, mehr als 50 % der Besitzfläche zu roden. Doch die Überwachung durch die staatlichen Forstbehörden ist schwierig. Hunderte von Holzfällern gehen mit Machete, Axt, Motorsäge und Feuer gegen den Urwald vor. Noch schneller geht es mit zwei Planierraupen, die im Abstand von 10–50 m eine Kette hinter sich herziehen und alle Bäume niederreißen. Man nutzt das Holz nicht, sondern man verbrennt es. Anschließend wird das Weidegras eingesät.

Viele neu gebaute Nationalstraßen, z. B. die **Transamazonica**, zerschneiden den Regenwald und verkleinern ihn. Dazu kommen noch viele Nebenstraßen und neue Siedlungen (**Agrovilas**), die im Zuge der Agrarkolonisation errichtet werden.

113.1 Karte des tropischen Regenwaldes in Brasilien

Verheerend auf den tropischen Regenwald hat sich auch ausgewirkt, dass in den Industrieländern der Bedarf an **Tropenholz** für Fenster, Möbel oder Türen ständig gewachsen ist. Weil er so artenreich ist (vgl. S. 40), stehen jeweils nur zwei bis vier Stämme der für den Export interessanten Nutzbäume auf einem Hektar Regenwald. Werden sie gefällt, reißen sie andere Bäume mit oder beschädigen sie. Um sie abzutransportieren, bahnen sich Bulldozer einen Weg durch den Regenwald. Experten schätzen, dass somit über 50 % der Pflanzen stark beschädigt oder zerstört werden, obwohl nur wenige Stämme verwertet werden können. Ist erst einmal eine neue Straße da, wird diese auch hier zu einer Leitlinie für neue Brandrodungen der landlosen Siedler (vgl. S. 36).

Ein noch größerer Teil des gesamten Holzverbrauchs entfällt allerdings auf die Brennholzgewinnung. Man schätzt, dass in Brasilien über 70 % des genutzten Holzes für Brennholz und Holzkohle verwendet werden (vgl. Nepal S. 105). Holz ist immer noch die wichtigste Energiequelle der Armen; Erdöl und Kohle können sie nicht bezahlen.

Als eine weitere große Gefahr für den tropischen Regenwald hat sich die Nutzung der gewaltigen Wasserkraftreserven des Amazonas und seiner Nebenflüsse herausgestellt. Die Flüsse werden aufgestaut, damit Elektrizität für viele Industrievorhaben in Amazonien und auch außerhalb gewonnen werden kann. Hierfür sind kilometerlange Dämme notwendig, weil das Gefälle der Flüsse in Amazonien nur gering ist. Das aufgestaute Wasser bildet riesige Seen. Große Waldflächen und viele Indianersiedlungen versinken in den Fluten. Wenn alle geplanten Stauseen verwirklicht sein sollten, steht ein Zehntel Amazoniens ständig unter Wasser.

Ähnlich zerstörerische Auswirkungen auf den tropischen Regenwald hat der Abbau von Rohstoffen. Für die Errichtung von Aufbereitungsanlagen und Hüttenwerken benötigt man große Flächen. Aus Mangel an Steinkohle wird für die Verhüttung von Eisenerz Holzkohle verwendet. Dafür müssen allein in der Serra dos Carajas jährlich 15 000 km² Wald geschlagen werden. Das entspricht der sechsfachen Fläche des Saarlandes.

4. Lokalisiere den Bundesstaat Rondônia in Mat. 113.1.
5. Beschreibe die Auswirkungen der Tropenwaldzerstörung am Beispiel Rondônias (Text S. 112, Mat. 112.1).
6. Nenne die Ursachen, die zur Vernichtung des Tropenwaldes führen.
7. Welchen Umfang hat die Rodung der Regenwälder in Brasilien erreicht (Text S. 110, 112, Mat. 112.1, 113.1)?

Die Tropenwaldzerstörung geht alle an

Die großflächige Entwaldung hat Erosionsschäden und schwerwiegende Störungen des Wasserhaushaltes zur Folge. Der Regen, der ohne schützende Walddecke auf den Boden prasselt, spült die Bodenkrume weg. Durch die Sonneneinstrahlung wird der Boden knochentrocken und an der Oberfläche zu Staub, der mit den ersten Regengüssen fortgeschwemmt wird.

Die Entwaldung führte zu einem gesteigerten Oberflächenabfluss des Niederschlags. In der Regenzeit schwellen die Flüsse daher rascher und höher an, in der Trockenzeit führen sie dagegen weniger Wasser. Im Laufe der Zeit wird die jährliche Niederschlagsmenge abnehmen, weil über die Hälfte des Regens, der auf die Wälder fällt, aus vorangegangenen Niederschlägen stammt: Das dichte, flache Wurzelwerk der Bäume nimmt einen großen Teil des Regens auf, durch die hohe Verdunstung wird Wasser über die Blätter an die Atmosphäre abgegeben und fällt später wieder als Regen. Wenn der Wald gerodet ist, wird dieser Kreislauf unterbrochen und die Regenmenge verringert sich. Außerdem kann die warme und trockene Luft über den entwaldeten und aufgeheizten Flächen die Regenwolken wegtreiben. Ergebnis: Die Niederschlagsmenge geht zurück und die Trockenzeiten werden länger und ausgeprägter. Bei einer Veränderung der klimatischen Verhältnisse können sich auch kleine Waldinseln inmitten der Rodungsgebiete nicht lange halten.

(nach: D. Gawora u. C. Moser: Amazonien. Aachen 1993, S. 59)

Nicht nur das Klima des tropischen Regenwaldes wird nachhaltig verändert, auch auf das gesamte Weltklima hat die Zerstörung der Regenwälder großen Einfluss. Durch das Verbrennen von gewaltigen Mengen Holz wird CO_2 in großem Umfang freigesetzt. Das verstärkt den **Treibhauseffekt** und trägt zur Erwärmung des Weltklimas bei. Mit schwerwiegenden Folgen müssen wir in den nächsten Jahrzehnten rechnen: Der Meeresspiegel könnte – so ist zu befürchten – in den nächsten 50 Jahren um einen bis zwei Meter ansteigen; polare Eismassen werden teilweise schmelzen. Viele Küstenlandschaften würden im Meer versinken (z. B. Bangla Desh).

In vielen Gebieten der Erde würden sich die Lebensbedingungen wahrscheinlich entscheidend verändern. Die kalten Regionen würden wärmer und feuchter, die Steppen und Wüsten noch heißer und trockener werden.

8. Fertige eine Skizze zur Wirkungsweise des Treibhauseffektes an (Mat. 114.1).
9. Erläutere den Zusammenhang zwischen dem Abbrennen des Tropenwaldes und dem Treibhauseffekt (Mat. 114.1).
10. Erläutere die Folgen, die mit der Zerstörung des tropischen Regenwaldes verbunden sind (Text S. 114 und Mat. 115.1–4).
11. Erkläre mithilfe des Mat. 115.2 den Begriff „Tropenwaldaktionsplan".
12. Obwohl die Tropenwälder sehr weit entfernt liegen, müssen wir etwas für ihren Schutz tun. Begründe anhand der Mat. 115.1 und 115.2.

Die Atmosphäre der Erde besteht zu mehr als 99% aus Stickstoff und Sauerstoff. In ganz geringen Anteilen sind noch andere Gase vorhanden, darunter Kohlendioxid (CO_2) und Wasserdampf. Diese beiden Gase wirken wie die Glasscheiben eines Treibhauses: Sie lassen die kurzwelligen Sonnenstrahlen fast ungehindert hindurch. Diese treffen auf den Boden und erwärmen ihn. Vom erwärmten Boden wird dann die Wärmestrahlung ausgesendet, die aber, da sie längerwellig als die Sonnenstrahlung ist, nur noch teilweise durch die Glasscheibe nach außen dringt. Die Luft im Treibhaus erwärmt sich also. Man spricht vom Treibhauseffekt. Ohne diesen natürlichen Treibhauseffekt gäbe es sicherlich kein Leben auf der Erde:

Die durchschnittliche Lufttemperatur an der Erdoberfläche würde statt plus 15 Grad nur minus 18 Grad Celsius betragen. Steigt der CO_2-Anteil in der Atmosphäre, wird immer weniger Wärme in den Weltraum abgegeben, auf der Erde wird es wärmer.

Außer CO_2 und Wasserdampf sind an dem Treibhauseffekt auch noch andere Gase beteiligt. Sie haben allerdings eine geringere Auswirkung.

Während der letzten Jahrzehnte ist der CO_2-Gehalt der Atmosphäre dauernd gestiegen. Neben dem Verbrennen von z. B. Erdöl und Steinkohle stammt seit den 70er-Jahren ein immer größerer Teil der jährlichen CO_2-Zunahme vom Abbrennen der tropischen Regenwälder.

114.1 Treibhauseffekt der Atmosphäre

Brasiliens Indianer sterben aus

Pinto de Oliveira, ein Beamter der brasilianischen Indianerbehörde FUNAI, zeichnet ein düsteres Bild von dem Völkermord im brasilianischen Amazonasgebiet.

Die Situation sei besonders verheerend im Tal des Rio Javari, einem 8,4 Mio. Hektar großen Gebiet an der Grenze zu Peru, in dem noch etwa 2500 Indianer weitgehend unberührt leben. Diese Region sei extrem wichtig, so Pinto, denn nirgends auf der Welt gebe es ein vergleichbares Gebiet, in dem so viele unterschiedliche Indianervölker lebten. In jüngster Zeit beobachte FUNAI allerdings, dass illegal arbeitende Holzfäller, professionelle Fischer und Jäger sowie Kokainpflanzer in dieses Gebiet vordrängten.

Als besonders krasses Beispiel schildert der Indianerschützer das Schicksal der Araras: Vor drei Jahren noch hätte das Indianervolk im Gebiet um den Rio Javari gelebt. Eine Suchexpedition in diesem Monat fand von den Indianern keine Spur mehr, sie seien damit laut Pinto das 46. Indianervolk, das in den vergangenen 100 Jahren in Brasilien ausgerottet wurde. Die Juna-Indianer könnten dieses Schicksal bald teilen. Vor zehn Jahren schon war dieser Stamm auf 200 Mitglieder dezimiert worden, heute leben noch acht von ihnen.

Außer Absichtserklärungen habe die brasilianische Bundesregierung bislang nicht viel für den Schutz der Indianer unternommen, klagt Pinto.

(nach: Frankfurter Rundschau, 01.10.1991)

115.1 Das Leben der Indianer ist gefährdet

115.3 Indio arbeitet an seinem Bogen

115.4 Indiodorf am Amazonas

„Umweltschützer fordern: Importverbot für Roheisen aus der Carajas-Region wegen des Völkermords an den Indianern und der Zerstörung des Regenwaldes."

„Brasiliens Präsident behauptet: Umweltschützer wollen mit ihrem Protest gegen die Nutzung Amazoniens die Armut in Brasilien zementieren."

In diesen beiden Zeitungsmeldungen spiegelt sich der Nord-Süd-Gegensatz (vgl. S. 184) deutlich wider. Rufe und Aufforderungen, den tropischen Regenwald zu schützen, sind zu einfach, greifen zu kurz. Denn es ist nicht gerecht, von den armen Ländern den Verzicht auf die Nutzung der z. T. einzigen natürlichen Reichtümer zu fordern, ohne gleichzeitig von den reichen Ländern zu verlangen, dass sie sich solidarisch verhalten. Es geht um einen gerechten Ausgleich von Nehmen und Geben.

Darum schlagen Politiker und Wissenschaftler vor, dass von den reichen Ländern jährlich 10 Mrd. DM bereitgestellt werden, um damit Maßnahmen zur Erhaltung des tropischen Regenwaldes zu bezahlen. Diese Maßnahmen sind zusammengefasst im **„Tropenwaldaktionsplan"**. Er verlangt von Brasilien selbst zunächst erhebliche Einschränkungen in der Nutzung des Tropenwaldgebietes (z. B. keine neuen Rinderfarmen, keine weiteren Talsperren und Erschließungsstraßen). Als Ausgleich dafür wird Brasilien finanziell unterstützt (z. B. durch Schuldenerlass und verstärkte Entwicklungshilfe).

115.2 Der Schutz der Regenwälder geht uns alle an

Bedrohung durch Erdbeben und Vulkane

116.1 Erdbebenfolgen in San Francisco 1989

Schweres Erdbeben erschüttert Los Angeles

Ein starkes Erdbeben und eine Serie von Nachbeben haben am Montag im Großraum von Los Angeles schwere Verwüstungen angerichtet. Als die Erde etwa 45 Sekunden lang bebte, suchten Tausende Menschen Schutz unter Tischen, Betten und Türbögen, andere stürzten in Panik auf die Straße.

Mehrere Häuser fielen über ihren Bewohnern zusammen. In vielen Straßen öffneten sich tiefe Risse, Gasleitungen explodierten. Über Teilen des Großraumes Los Angeles standen hohe Rauchwolken. In der Region von Sylmar brannten allein über 50 Häuser nieder. Die Feuerwehr war ununterbrochen im Einsatz, um ein Übergreifen der Flammen auf andere Häuser zu verhindern. Tausende Häuser in und um Los Angeles sind zum Teil zerstört oder erheblich beschädigt und somit unbewohnbar geworden.

Es gab zahlreiche Überschwemmungen, die durch Wasserrohrbrüche verursacht wurden. Nicht nur in weiten Teilen der Stadt, sogar bis an die kanadische Grenze brach die Stromversorgung zusammen. Nach Schätzungen der Behörden sind fast 90 % der Einwohner von Los Angeles ohne Elektrizität. Der Flughafen der Millionenstadt wurde wegen Stromausfalls vorübergehend geschlossen. Die Telefonverbindungen sind weiträumig gestört.

Mehrere Autobahnbrücken brachen zusammen, eine davon stürzte auf eine darunterliegende Fahrbahn. Andere Straßen und Highways sind durch Trümmer und Gesteinsbrocken blockiert. Im San-Fernando-Tal entgleiste ein Güterzug mit 16 Waggons.

Wegen der Seuchengefahr wurde die Bevölkerung der Region dazu aufgerufen, nur abgekochtes Wasser zu trinken. Aus Angst vor Gasexplosionen wagten jedoch viele nicht, den Gasherd einzuschalten.

Inzwischen hat es in der Region über 50 Nachbeben gegeben, die nach Angaben von Experten noch tagelang andauern können.

(nach: Neuss-Grevenbroicher Zeitung vom 18.1.1994)

116.2 Erdbeben in Los Angeles am 17.1.1994

1. Erdbeben in Kalifornien

1. Lokalisiere Los Angeles und San Francisco auf einer Atlaskarte.
2. Beschreibe die Auswirkungen von Erdbeben in Kalifornien (Mat. 116.1–2).

In den vergangenen hundert Jahren ist Kalifornien mehrere Male von starken **Erdbeben** heimgesucht worden. Die bisher schwerste Katastrophe ereignete sich 1906 in San Francisco. Damals sackten die Häuser ganzer Straßenzüge zusammen, die Straßen waren aufgerissen, Wasser und Gas entwichen aus den Leitungen. Noch schlimmere Auswirkungen als das Beben hatte das Feuer, das in den Holzhäusern genug Nahrung fand. Nach drei Tagen waren 28 000 Häuser zerstört, 13 Quadratkilometer der Innenstadt verwüstet und 60 % der über 400 000 Einwohner der Stadt obdachlos.

Die für die Stabilität der Gebäude erlassenen Baurichtlinien wurden seither allerdings nicht sehr streng befolgt. So baute man weiterhin Schnellstraßen, Wohn- und Industriegebiete sowie Stromleitungen ohne ausreichenden Erdbebenschutz. Sogar ein neuer Staudamm wurde in einem der gefährdetsten Gebiete am Stadtrand von San Francisco errichtet. Selten haben die Behörden in Schulen und Krankenhäusern Erdbebenübungen abhalten lassen, bei denen die Bevölkerung das Verhalten im Katastrophenfall probt.

Was bedeutet es heute für die Bewohner Kaliforniens, mit dem ständigen Risiko eines Erdbebens zu leben? Einige von ihnen sind nicht sonderlich zu beunruhigen. Eine junge Einwohnerin San Franciscos meint: „Ich lebe gerne hier und finde die Stadt wunderbar. Jede Gegend hat Probleme und ich kann mir nicht den ganzen Tag Sorgen machen. Erdbeben sind nicht gefährlicher als Hurrikane und Überschwemmungen. Erdbeben sind sogar spannender, denn man kann sie nicht vorhersagen und sie sind unberechenbar."

Nach den schweren Erdbeben von 1989 und 1994 wurden allerdings zunehmend Stimmen laut, die zusätzliche Maßnahmen zum Schutz der Bevölkerung forderten, vor allem schärfere Bauvorschriften und deren Einhaltung.

3. Vergleiche die Auswirkungen der Erdbeben von 1906 und 1994 (Mat. 116.2, Text).
4. Erläutere, wie man sich vor den Folgen von Erdbeben schützen kann (Mat. 117.1–2, Text).

Vor dem Erdbeben: Sichern Sie Bücherregale, Küchenmöbel, Öfen usw. durch Befestigung an der Wand. Statten Sie Ihr Haus mit Feuerlöschern aus. Halten Sie einen Vorrat an Wasser, Konserven und getrockneten Lebensmitteln für wenigstens drei Tage bereit. Bereiten Sie Notfallgegenstände vor, u. a. Radio, Taschenlampe, Arzneimittel, wichtige persönliche Unterlagen.
Während des Erdbebens: Achten Sie auf die drei Hauptrisiken: umfallende Möbel, splitterndes Fensterglas und Feuer. Rechnen Sie mit Stromausfällen. Öffnen Sie die Zimmertüren weit, um einen Fluchtweg offen zu halten. Halten Sie sich nicht in engen Gassen auf (herunterfallende Gegenstände, Glas, usw.).
Nach dem Erdbeben: Falls Sie zu Hause und unverletzt sind, überprüfen Sie alle möglichen Feuerquellen. Füllen Sie Badewannen und Waschbecken mit Wasser. Hören Sie auf das Radio. Es gibt voraussichtlich Nachbeben. Seien Sie darauf vorbereitet, sich selbst und anderen zu helfen.

(nach: Schulfernsehen Südwest, Heft 3/94, S. 51)

117.1 Verhaltensregeln bei Erdbeben

117.2 Erdbebensichere Bauweise

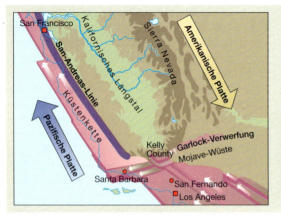

118.1 Die San-Andreas-Verwerfung

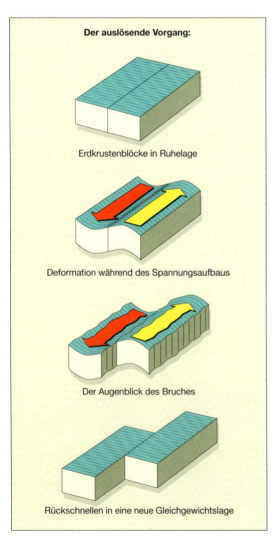

118.2 Versetzung entlang einer Verwerfung

Kein Staat der USA ist durch Erdbeben gefährdeter als Kalifornien.

Die **Erdkruste** ist keine feste Einheit, sondern besteht aus Schollen. Zwei solcher Schollen, sog. **Platten,** driften hier aneinander vorbei: die Pazifische und die Nordamerikanische Platte. Die Plattenränder bilden die San-Andreas-Verwerfung, die sich vom nördlichen Nachbarstaat Oregon über 1000 km bis nach Mexiko erstreckt. Die Geschwindigkeit der Platten zueinander beträgt über 5 cm pro Jahr. So haben sich in den letzten 140 Mio. Jahren die Platten um über 560 km gegeneinander verlagert.

Beim Vorbeigleiten verhaken sich immer wieder einzelne Plattenteile. Dabei bauen sich Spannungen auf, die mit den Erdbeben freigesetzt werden. Während des Erdbebens 1906 wurde ein Versatz der Platten bis zu 6 Metern gegeneinander beobachtet. Der Riss, der sich zeigte, war über 400 km lang. Noch heute zeugen abknickende Flüsse und verschobene Bergrücken davon.

Die San-Andreas-Spalte und viele weitere Brüche in der Erdkruste durchziehen dicht besiedelte Gebiete in Kalifornien. In den Regionen um San Francisco und Los Angeles leben heute über 15 Mio. Menschen. Fachleute rechnen mit weiteren großen Erdbeben bereits in wenigen Jahren.

5. Erläutere das Entstehen der Erdbeben in Kalifornien (Mat. 118.1–2).
6. Erdbeben stellen für Kalifornien ein besonders hohes Risiko dar. Begründe dies, indem du die Lage von Siedlungen, Industrieanlagen, Verkehrswegen, Stauseen, Kanälen und Kraftwerken untersuchst (Atlas).

2. Lassen sich Erdbeben vorhersagen?

Verwerfungen wie die San-Andreas-Spalte in Kalifornien gibt es an vielen Stellen der Erde. Auch **Gräben** sind Schwächezonen der Erdkruste, an denen es immer wieder zu Erdbeben kommt. Jahr für Jahr werden weltweit mehr als 1 Mio. Beben gemessen, von denen Menschen allerdings nur weniger als ein Prozent wahrnehmen. Selbst Deutschland ist gelegentlich davon betroffen, wenn auch die Auswirkungen nicht so katastrophal sind wie in anderen Erdbebengebieten.

Seit jeher wird versucht, Erdbeben vorherzusagen. Wissenschaftler haben Methoden entwickelt, die Bewegungen der Erdkruste, der oberen Erdschicht, zu analysieren. Mithilfe von Laserlichtstrahlen werden millimetergenaue Messungen der Erdbewegungen durchgeführt, um von der Regel abweichende Ergebnisse als Vorboten von Erdbeben zu interpretieren. Andere Forscher haben herausgefunden, dass sich Gestein unter hohem Druck, lange bevor es bricht, physikalisch verändert. Es öffnen sich Mikrorisse, die das Volumen des Steins verändern und damit den elektrischen Widerstand sowie die charakteristische Schallgeschwindigkeit beeinflussen.

Auch Tiefbrunnen, Teiche und Kanäle werden in die Beobachtung auf natürliche Veränderungen einbezogen. Ungewöhnlicher Geruch kann auf ausströmende Gase hinweisen und manchmal beobachtete man, dass sich Gewässer trübten. Schließlich bezogen die Forscher auch den **Erdmagnetismus** in ihre Beobachtungen mit ein.

Sorgfältig wird auch das Verhalten von Tieren beobachtet. Haustiere werden plötzlich aggressiv, während das Wild die Scheu vor dem Menschen verliert. Forscher führen das Verhalten auf elektrochemische Prozesse zurück.

Trotz aller Bemühungen und einzelner Erfolge ist die Vorhersage allerdings immer noch nur in begrenztem Maße zeitlich und räumlich möglich.

1. Nenne Möglichkeiten und Grenzen der Erdbebenvorhersage.
2. Lokalisiere erdbebengefährdete Gebiete in Deutschland (Mat. 119.1–2). Nenne große Städte in ihrem Einzugsbereich. Vergleiche die Auswirkungen mit denen in Kalifornien.

Ein Erdbeben hat am frühen Morgen des 13. April 1992 Millionen Bürger an Rhein und Ruhr aus dem Schlaf gerissen. In Deutschland und in den Niederlanden wurden bei dem stärksten Beben der Region seit 1756 über 50 Menschen verletzt. Das Zentrum des etwa 15 Sekunden langen Bebens war um 3.20 Uhr die niederländische Grenzstadt Roermond. Im Ruhrgebiet hob und senkte sich die Erde um etwa 10 Zentimeter.
In Heinsberg wurden etliche Häuser beschädigt, einige waren abbruchreif. Die Außenwände bekamen starke Risse, Zwischendecken stürzten ein. Schornsteine und Dachziegel fielen von den Häusern und beschädigten Fahrzeuge. Überall brachten die Erdstöße Mobiliar ins Wanken, Geschirr und Gläser klirrten in den Schränken, Alarmanlagen schrillten. Bürger berichteten, bereits wenige Minuten vor dem Beben hätten Tiere außergewöhnlich reagiert: So seien Vögel mit lautem Schreien weggeflogen.
Als Ursache nannten Wissenschaftler Verschiebungen in der Erdkruste entlang des Rurtalgrabens. Die dadurch entstandenen Spannungen hätten sich durch das Erdbeben entladen.

(nach: Westdeutsche Allgemeine Zeitung, 14.4.1992)

119.1 Erdbeben in Deutschland

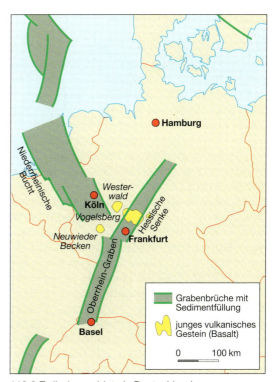

119.2 Erdbebengebiete in Deutschland

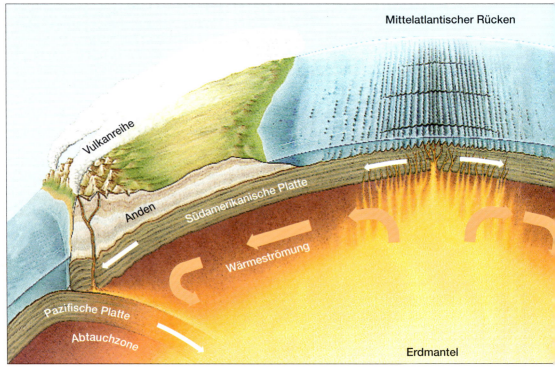

120.1 Erdkruste in Bewegung

3. Driftende Kontinente

Vielen Forschern war aufgefallen, dass sich einige Kontinente wie bei einem Puzzle aneinanderfügen lassen. Inzwischen haben sie herausgefunden, dass die Erdkruste, die äußerste Erdschicht, aus sieben großen und zahlreichen kleineren, bis zu 100 km dicken Platten besteht. Diese „schwimmen" auf einer zähflüssigen Unterlage, dem oberen Teil des **Erdmantels**. Dabei führt jede dieser Platten eigenständige Bewegungen durch. Der Motor dieser Bewegungen sind die durch Wärme im Erdinneren verursachten Strömungen. Dabei werden Geschwindigkeiten bis zu 10 cm/Jahr erreicht. Bei der Kollision zweier Platten bildet sich, wie bei der Kollision zweier Autos, eine Knautschzone. Sichtbare Auswirkungen sind z. B. die Alpen und der Himalaya. Den Raum auseinander driftender Platten füllen die Ozeane aus. Platten können sich auch übereinanderschieben, d. h., eine Platte taucht unter einer anderen weg. Auch hier entstehen Gebirge, z. B. die Anden und es bilden sich die bis in eine Tiefe von über 11 km reichenden **Tiefseegräben**.

Diese Vorstellung von Abläufen der Erde wird **Plattentektonik** genannt. 1912 stellte der deutsche Geophysiker Alfred Wegener seine Therorie der **Kontinentalverschiebung** vor. Er ging davon aus, dass sich die ozeanische und die kontinentale Kruste in ihrer chemischen Zusammensetzung unterscheiden. Die ozeanische Kruste besteht aus schwererem Gesteinsmaterial als die Kontinente, die so über den Meeresboden „driften" können.

Erdbeben sind natürliche Erschütterungen. Dabei werden Gesteinsmassen gegeneinander versetzt. Manchmal geschieht dies dicht unter der Erdoberfläche, wie z. B. in Kalifornien, das Zentrum kann aber auch in einer Tiefe bis zu 700 km liegen. Dann werden im **Epizentrum**, dem über dem Zentrum liegenden Ort an der Oberfläche, die stärksten Erschütterungen gemessen. Solche Tiefbeben ereignen sich besonderst dort, wo sich Platten überschieben. Zu diesen Regionen gehören z. B. die Erdbebengebiete Japans und Chinas.

1. Beschreibe die Theorie der Plattentektonik (Mat. 120.1, Text).
2. Erläutere die Erdbebentätigkeit am Atacama-Graben und in den Anden (Mat. 120.1, Atlas).

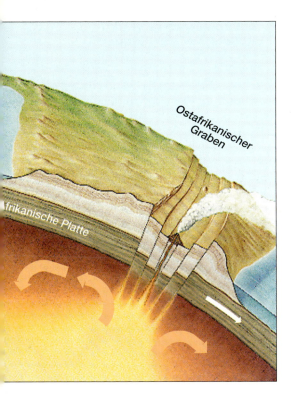

121.1 Vulkanausbruch

Nicht nur Erdbeben, auch **Vulkane** zeugen von den Veränderungen der Erdkruste. Aus einer Tiefe bis zu 100 km steigen Gase und flüssiges Gestein, **Magma,** durch den Vulkanschlot auf. In einem Krater erreichen sie die Erdoberfläche. Bei dem Ausbruch, der **Eruption,** hat das Gemisch noch eine Temperatur von über 1000 °C. Manchmal fließt die Lava, d. h. das entgaste Magma, ruhig aus, bei anderen Ausbrüchen begleitet eine laute Explosion den Austritt des Magmas.

Bei heftigen Vulkanausbrüchen wird die Asche noch über Jahre durch den Westwind über die gesamte Erde verteilt. Da sie die Sonnenstrahlen teilweise abschirmt, kann das Klima weltweit beeinträchtigt werden. Wasser und vulkanischer Staub vermischen sich manchmal zu verheerenden Schlammströmen, die alles Leben vernichten.

Da Vulkanausbrüche kaum vorhersehbar sind, stellen sie eine ständige Bedrohung für die dort lebenden Menschen dar.

3. Erkläre das Entstehen von Vulkanen (Mat. 120.1).
4. Beschreibe die Vorgänge beim Ausbruch eines Vulkans (Mat. 121.1–2).

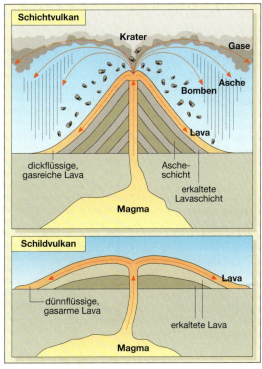

121.2 Schicht- und Schildvulkan

Am frühen Morgen stößt der Mt. Pelée eine riesige Dampffontäne aus. Es folgen vier gewaltige Detonationen und aus dem Vulkan steigt eine schwarze Rauchwolke. Gleichzeitig wälzt sich eine auf 2000 °C erhitzte Glutlawine seitlich aus dem Krater und bewegt sich mit einer Geschwindigkeit von 150 km/h auf die Küste zu. Noch 8 km vom Krater entfernt muss die Temperatur des Gases 800 bis 1000 °C betragen haben. Die Glutlawine von gewaltiger Zerstörungskraft ließ nicht nur Glas, Porzellan und Metallgegenstände schmelzen, sondern auch Schiffe im Hafen von St. Pierre fingen Feuer. Ein Augenzeuge von einem Schiff, das in der Bucht auf Reede lag, berichtet:

„Als wir uns St. Pierre näherten, konnten wir die rollenden und springenden Flammen unterscheiden, die in gewaltigen Mengen vom Berg ausgespien wurden und hoch in den Himmel stiegen. Riesige schwarze Rauchwolken hingen über dem Vulkan. Zuckend stiegen die Flammen empor, hin und wieder einen Moment auf diese oder auf die andere Seite wogend, dann wieder höher aufspringend. Ständig war ein dumpfes Grollen zu hören. Etwa um 7.45 Uhr gab es eine schreckliche Explosion, der Berg wurde in Stücke gerissen. Es gab keine Warnung. Die Flanke des Vulkans riss auf und eine dichte Flammenwand raste auf uns zu. Es donnerte wie aus tausend Kanonen. Die Glutwolke stürzte wie ein grell aufflammender Blitz auf uns zu und über uns hinweg. Die Stadt verschwand vor unseren Augen, dann wurde um uns die Luft erstickend heiß. Wo auch immer die feurige Masse die See traf, begann das Wasser zu kochen, und mächtige Dampfwolken stiegen auf. Der Feuersturm vom Vulkan hielt nur wenige Minuten an. Er schrumpfte zusammen und setzte alles, was er traf, in Brand."

Nur zwei Einwohner von St. Pierre sollten dieses Inferno überstehen. Etwa 20 km² betrug die Fläche totaler Zerstörung. Unmittelbar nach dieser Katastrophe zeigte sich am Gipfel des Mt. Pelée ein ungewöhnlicher Vorgang. Aus dem Krater schob sich eine täglich 10–12 m wachsende Staukuppe, die schließlich 300 m Höhe erreichte und den Schlot verschloss. Es handelte sich um zähe Lava, die schon im oberen Vulkanschlot erstarrte und von äußerst brüchiger Struktur war. Einige Wochen darauf fiel sie in sich zusammen und hinterließ einen Haufen mürber Lavabrocken.

(nach: G. Beese: Karibische Inseln. Köln 1985, S. 28 ff.)

122.1 Der Ausbruch des Mt. Pelée

4. Ein Vulkan zerstört die Hauptstadt Martiniques

Über 200 Jahre hatten die 30 000 Einwohner der Hauptstadt St. Pierre auf der Antillen-Insel Martinique in der Nähe des Vulkans Mt. Pelée gelebt, ohne dass etwas passierte. So waren sie ohne Furcht und ignorierten die vielen Anzeichen, die auf die bevorstehende Katastrophe am frühen Morgen des 8. Mai 1902 hindeuteten.

Wochen vorher roch es nämlich schon nach Schwefelgasen. Anfang April stiegen bereits Dampfwolken aus Spalten hoch oben am Berg auf. Kurze Zeit später fiel ein leichter Ascheregen auf die Stadt und es gab mehrere Erdstöße. Auch hatte sich der ausgetrocknete Krater mit einem 200 m breiten, dampfenden See gefüllt. Aus einem kleinen Vulkankegel strömte heißes Wasser in den See und aus der Tiefe war ein dumpfes Blubbern zu hören. Eine Woche vor dem Ausbruch verstärkte sich der Ascheregen, sodass die Sonne verdunkelt wurde und über dem Vulkan stand eine schwarze Wolke, aus der es blitzte und donnerte. Es regnete dort oben in Strömen und Windböen trieben über die Stadt.

1. Begründe, warum Martinique von Naturgefahren bedroht ist (Mat. 124.2, Atlas).
2. Erläutere die Erscheinungen, die bei einem bevorstehenden Vulkanausbruch auftreten.
3. Berichte über den Ausbruch des Mt. Pelée (Mat. 122.1–2).

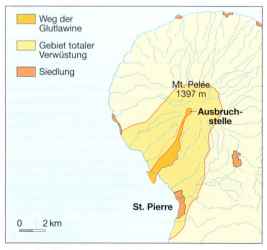

122.2 St. Pierre und der Mt. Pelée

5. Vulkane bringen auch Nutzen

Durch Vulkane werden Siedlungen und Kulturland zerstört und trotzdem kehren die Bewohner nach einem Ausbruch immer wieder in ihre Nähe zurück. Auch die unteren Hänge des Mt. Pelée sind mit dichtem Regenwald zugewuchert oder werden heute wieder intensiv landwirtschaftlich genutzt. Hier werden Produkte für den eigenen Gebrauch und für den regionalen Markt angebaut.

Bei Vulkanausbrüchen werden Lava und Asche ausgeworfen. Diese enthalten viele Mineralien. Bei der **Verwitterung** des lockeren Lavabodens kann daraus in wenigen Jahren, unter günstigen klimatischen Bedingungen, hochwertiger Ackerboden werden (vgl. S. 42). Auch das vulkanische Gestein – Basalt, Bims – wird genutzt, z. B. als Baumaterial, für Pflastersteine und zur Befestigung von Deichen.

Vulkanische Wärme kann auf unterschiedliche Weise genutzt werden. In den USA und in Neuseeland, aber auch in Europa (Italien, Island) wird sie zur Herstellung von Elektrizität genutzt. Die Dampfkammern ehemaliger Vulkane werden angebohrt und der heiße Dampf wird in Kraftwerken genutzt. Die heißen Dämpfe treiben die Turbinen an, die somit auf umweltfreundliche Weise Strom erzeugen können.

In Island wäre menschliches Leben ohne den Einfluss des Vulkanismus nur schwer möglich. Die Wärme unter der Erdoberfläche sorgt für eine Aufheizung des Grundwassers. Dieses wird abgepumpt und durch Rohrleitungen verteilt, sodass Häuser beheizt und mit Warmwasser versorgt werden. In den von heißen Quellen versorgten Treibhäusern gedeihen Tomaten, Salat und weitere Gemüse- sowie Obstsorten. Damit ist Island von teuren Einfuhren weitgehend unabhängig.

1. Zeige, dass die im Text genannten Staaten im Bereich aktiver Zonen der Erdkruste liegen (Mat. 124.2).
2. Erläutere, warum an den Hängen des Mt. Pelée landwirtschaftliche Nutzung möglich ist.
3. Nenne Möglichkeiten, welchen Nutzen man aus dem Vulkanismus ziehen kann (Mat. 123.2 und 123.3, Text).
4. Erläutere, warum für Island, aber auch für Japan, die Nutzung vulkanischer Erdwärme von Bedeutung ist (Atlas, Text).

123.1 Lavastrom bei Nacht

123.2 Rohbau aus Bimssteinen

123.3 Kulturland auf Lavaböden

Übersicht: Schwächezonen der Erde

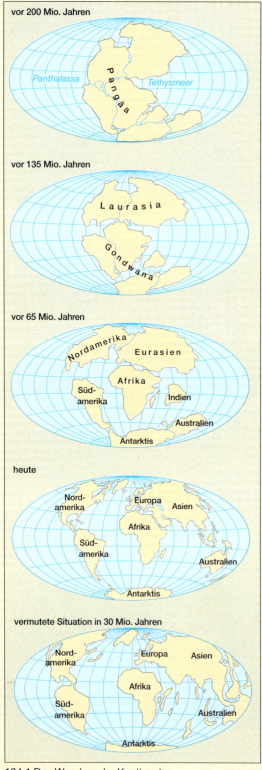

124.1 Das Wandern der Kontinente

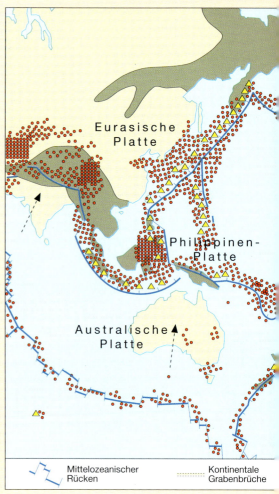

124.2 Schwächezonen der Erde

1. Arbeite mit Mat. 124.2, 125.1 und 125.2 sowie mit dem Atlas.
   – Erläutere den Zusammenhang zwischen dem Auftreten von Vulkanen und der Lage von Platten.
   – Nenne Gründe für das Auftreten von Erdbeben in Neuseeland, Japan und der Türkei.
   – Stelle die Bevölkerungsdichte einiger gefährdeter Regionen fest. Welche Schlüsse kannst du ziehen?
   – Den Rand des Pazifischen Ozeans nennt man den „Pazifischen Feuerring". Erläutere diesen Begriff.
2. Beschreibe das Wandern der Kontinente (Mat. 124.1). Erläutere in diesem Zusammenhang das Entstehen des Himalaya und der Anden (Mat. 124.2).

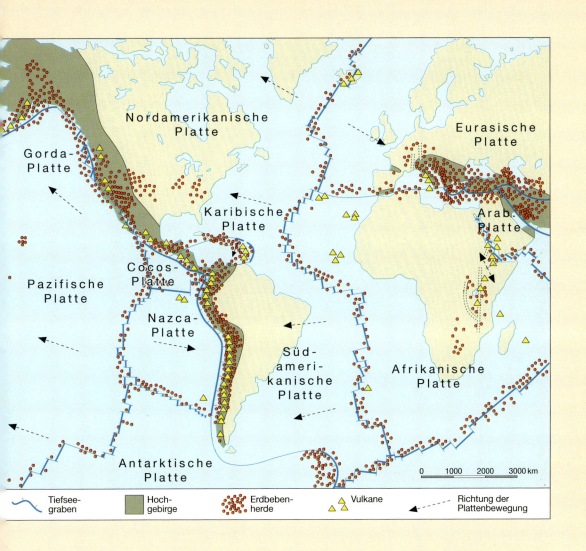

Jahr	Vulkan	Land
79	Vesuv	Italien
1669	Ätna	Italien
1760	Makiau	Indonesien
1792	Unzen	Japan
1815	Tambora	Indonesien
1883	Krakatau	Indonesien
1902	Mt. Pelée	Martinique
1911	Taal	Philippinen
1955	Besjimianni	Kamtschatka
1959	Kilauea	Hawaii
1972	Heimaey	Island
1980	Mt. St. Helens	USA
1985	Nevado de Ruiz	Kolumbien
1992	Pinatubo	Philippinen

125.1 Vulkanausbrüche der Neuzeit

Jahr	Land	Auswirkungen
1906	USA (San Francisco)	Feuersbrünste und Flutwelle, über 1000 Tote
1923	Japan (Tokio)	Landsenkungen, Feuersbrünste, 200 000 Tote
1976	China (Tangschan)	750 000 Tote, totale Zerstörung der Stadt
1985	Mexico (Mexico-City)	Zerstörungen in der Innenstadt, 30 000 Tote
1988	Armenien (Spitak)	Verwüstungen und Bergstürze, 55 000 Tote
1993	Indien (Latur)	Vernichtung von Dörfern, 30 000 Tote
1995	Japan (Kobe)	Zerstörungen in der Innenstadt, 5380 Tote

125.2 Schwere Erdbeben seit 1906

Favela in Brasilien

Nahrungsmittelproduktion am Nil

Immer mehr Menschen – immer größere Probleme?

Verkehr in Indien

Ägypten – Wettlauf zwischen Pflug und Storch

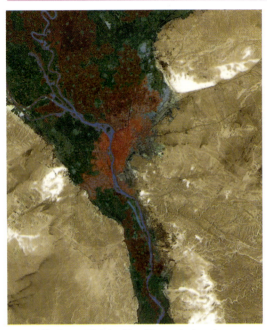

128.1 Niltal und Nildelta (Satellitenaufnahme)

128.2 Ägypten

1. Ägypten – ein Geschenk des Nils

1. Beschreibe den Lauf des Nils von den Quellen bis zur Mündung. Durch welche Länder fließt er (Mat. 128.1 u. 2, 129.2)?

2. Beschreibe die Niederschlagsverhältnisse in den Quellgebieten und im weiteren Verlauf des Nils mithilfe von Mat. 129.2.

„Ägypten ist ein Geschenk des Nils", notierte vor 2400 Jahren der griechische Geschichtsschreiber Herodot. Ein Flug über das Niltal verdeutlicht, dass dieser Satz auch heute noch gilt.

Mit 6671 km ist der Nil der längste Fluss der Erde. Über 2000 km fließt er durch die Wüste, wobei Wasser verdunstet, versickert und für die Bewässerung entnommen wird. Daher führt der Nil nicht wie die Flüsse in Deutschland seine größte Wassermenge an der Mündung, sondern fast 2000 km stromauf.

In der Wüste ist der Nil ein **Fremdlingsfluss**. Sein Wasserreichtum entstammt „fremden", klimatisch anders gearteten Regionen. Die Quellflüsse des Nils kommen aus den Tropen. Im äquatornahen Quellgebiet des Weißen Nils fällt der meiste Niederschlag, wenn die Sonne im Zenit steht. Der Sudd, ein Sumpfgebiet, durch das der Weiße Nil im Sudan fließt, saugt wie ein Schwamm das Hochwasser auf und gibt es in der regenärmeren Zeit langsam wieder ab. Der Wasserstand des Weißen Nils ist daher regelmäßig. Anders verhält es sich beim Blauen Nil, dessen Quellgebiet im Hochland von Äthiopien liegt. Die Hauptregenzeit beginnt dort im Juli. Der Fluss schwillt dann zu einem Strom an, der den fruchtbaren Boden mit sich reißt. Das Wasser wird schlammig-trüb. Diese Flutwelle, **Nilschwelle** genannt, setzt sich am Mittel- und Unterlauf fort.

Bis zur Fertigstellung des Nasserstausees führte der Nil einen Teil des Schlamms bis zur Mündung mit. Da hier die Fließgeschwindigkeit gering ist, lagerten sich viele der mitgeführten Stoffe ab. Das Mündungsgebiet wuchs langsam in das Mittelmeer. Aus der Luft gesehen bilden die zahlreichen Mündungsarme ein Dreieck. Daher nennt man solche Flussmündungen **Delta**.

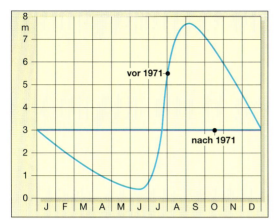

129.1 Nilwasserstand bei Kairo

Im Niltal ragten während der Überschwemmung nur die Dörfer aus der trüben Flut heraus. Vor der Nilschwelle hatten die Bauern kleine rechteckige Becken angelegt, die von Erddämmen umgeben waren. In ihnen sammelte sich das trübe Wasser und blieb zwei Monate stehen. In dieser Zeit lagerte sich der fruchtbare Schlamm ab. Nach dem Abfließen des Wassers waren die Felder durch den Schlamm gedüngt und hatten Feuchtigkeit gespeichert. Die Aussaat konnte beginnen.

Dieser **Überschwemmungsfeldbau** erlaubte nur eine Ernte im Jahr. Die Erträge waren unterschiedlich. Es gab „magere" Jahre und sogar Hungersnöte, wenn die Nilflut zu niedrig ausfiel oder das Wasser zu schnell und zu hoch stieg. Um die Nilschwelle möglichst genau vorauszusagen, verglichen die Ägypter schon vor 6000 Jahren den Lauf der Gestirne mit dem Gang der Jahreszeiten und entwarfen so den ersten Kalender. Nach den jährlichen Überschwemmungen mussten sie die Felder neu vermessen und die Kanäle und Dämme neu errichten. Mathematisches und technisches Wissen sowie die Hieroglyphen wurden entwickelt. Ihren Göttern errichteten die Ägypter prunkvolle Tempel, ihren Königen die Pyramiden.

3. Flüsse in Deutschland führen an der Mündung mehr Wasser als am Mittellauf. Beim Nil ist das anders. Begründe diese Aussage.

4. Stelle in einer Tabelle die Vor- und Nachteile des Überschwemmungsfeldbaus zusammen.

5. Beschreibe den Nilwasserstand bei Kairo vor 1971 (Mat. 129.1) und erkläre ihn. Wie hat er sich seit 1971 verändert? Welche Erklärung könnte es dafür geben?

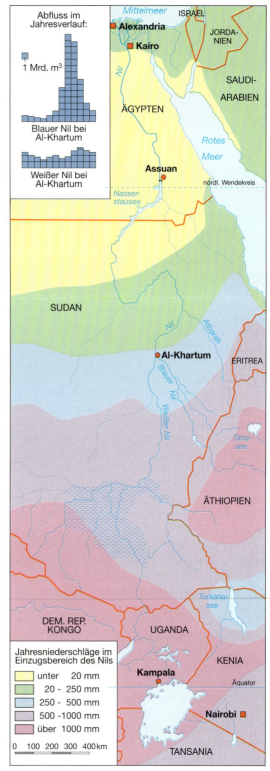

129.2 Jahresniederschläge im Einzugsgebiet des Nils

Jahrtausende hindurch konnte Ägypten seine Bevölkerung selbst ernähren. In der Antike war es sogar ein landwirtschaftliches Überschussgebiet, eine „Kornkammer".

Auch in der Neuzeit konnte Ägypten Überschüsse produzieren, aber ab 1974 war das Land hierzu nicht mehr in der Lage. Seither führt es in steigendem Maße mehr Nahrungsmittel ein, als es ausführen kann. Bereits zehn Jahre später musste Ägypten etwa die Hälfte der benötigten Nahrungsmittel einführen.

Bei Weizen und Mais betragen die Einfuhren 75 %, bei Linsen 93 %, bei Speiseöl 68 %, bei Zucker 46 % und bei Fleisch 27 %.

Ägypten leiht sich zur Finanzierung der Importe Geld im Ausland. Im Jahr 1990 beliefen sich Ägyptens Schulden auf über 50 Mrd. US-Dollar. Seit 1988 kann Ägypten für diese Kosten nicht mehr selbst aufkommen.

(nach: Cornelsen Aktuelle Landkarte, 4/93, Die Nilländer)

130.1 Die Nahrungsmittelversorgung Ägyptens

2. Zu wenig Ackerland?

Ein kleines Dorf 140 km stromaufwärts (südlich) von Kairo und 650 km nördlich des Assuandammes verdeutlicht die Gründe, welche die Probleme Ägyptens widerspiegeln:

Beni Khalil liegt am östlichen Nilufer. Das Bewässerungsland zwischen dem Nil und dem steilen Anstieg zur arabischen Wüste ist hier nur wenige hundert Meter breit. Die **Fellachen** – (Bezeichnung für die Landbevölkerung) – sind sehr arm. Sie verdienen ihr Geld, indem sie Ackerbau betreiben und sich der Tierhaltung widmen.

Seinen Beruf hat der Fellache von seinem Vater geerbt. Bei allen Familien herrscht Geldmangel, sodass der Aufbau einer anderen Tätigkeit (z. B. Handel) nur sehr schwer möglich ist. Zudem sind rund 60 % der Dorfbewohner Analphabeten. Von denen, die eine Beschäftigung haben, sind 60 % Bauern, 25 % üben eine einfache Tätigkeit als Angestellte im Staatsdienst aus und einige wenige sind noch Nilschiffer.

In Ägypten gilt eine Anbaufläche von einem Hektar als Mindestgröße für die Eigenversorgung einer fünfköpfigen Familie. Schafe, Ziegen, Esel, Rinder und Wasserbüffel dienen ebenfalls der Selbstversorgung. Diese Eigenversorgung nennt man **Subsistenzwirtschaft,** auch wenn gelegentliche Überschüsse wie Geflügel und Eier von den Frauen auf dem Markt verkauft werden, um Bargeld zu bekommen.

Angaben über das Bargeldeinkommen spiegeln das Ausmaß der Armut in Beni Khalil wider. So haben ca. 30 % der Haushalte ein Bargeldeinkommen von 16 bis 35 DM im Monat, die anderen weniger. Da die landwirtschaftliche Nutzfläche für die Bevölkerung von Beni Khalil viel zu klein ist – sie beträgt durchschnittlich nur 0,115 ha pro Haushalt –, ist das Prinzip der Subsistenzwirtschaft kaum noch aufrechtzuerhalten.

All dies sind Gründe dafür, dass viele junge Leute nach Kairo oder in die Staaten der Golfregion abwandern, um mit dort gemachten Einnahmen die Existenz der Familien in Beni Khalil zu unterstützen. Oft kehren diese jungen Menschen aber verheiratet und mit eigenen Kindern in ihr Dorf zurück. Sie lassen sich dort häuslich nieder und arbeiten im elterlichen Betrieb oder als Nilschiffer. Mit ihren neu erbauten einfachen Häusern besetzen diese Rückwanderer kostbare landwirtschaftliche Nutzflächen des Nilsaumes. Somit verringert sich fortlaufend das Ackerland für die Bevölkerung von Beni Khalil.

Die wirtschaftliche Perspektive für die Menschen in Beni Khalil und für ähnlich strukturierte Dörfer Ägyptens ist düster.

Dieses Beispiel zeigt auf, dass Ägypten zu wenig Ackerland besitzt, um die eigene Bevölkerung ernähren zu können.

1. Stelle die Lage des Sadd-el-Ali-Staudammes fest (Atlas).

2. Beni Khalil liegt zwischen Kairo und El-Minya. Beschreibe die Art der landwirtschaftlichen Nutzung, die du im Atlas vermerkt vorfindest, und nenne den Oasentyp (Text, vgl. S. 20).

3. Fertige eine Faustskizze von Ägypten an und zeichne die landwirtschaftlich genutzte Fläche sowie die besiedelte Fläche ein (vgl. S. 260).

4. Beschreibe die Bevölkerungsentwicklung im Verhältnis zur Entwicklung der landwirtschaftlichen Nutzfläche Ägyptens (Mat. 131.1).

5. Erläutere die unzureichende Nahrungsmittelversorgung Ägyptens (Mat. 130.1, 131.1 u. 3, Text).

6. Erläutere die positiven und negativen Folgen des Staudammes (Mat. 131.2).

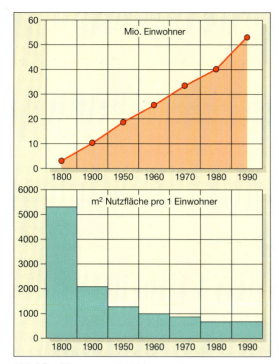

131.1 Bevölkerungsentwicklung und landwirtschaftliche Nutzfläche Ägyptens

Hauptarten der Bodennutzung (ohne Sinai) in 1000 ha

Nutzungsart	1978	1979	1980	1981	1983
Landwirtschaft	2838	2848	2855	2468	2471
Ackerland	2700	2700	2700	2307	2308
Dauerkulturen	138	148	155	161	163
Wald	2	2	2	2	2
sonstige Fläche	96705	96695	96688	96075	96072

Defizit der Nahrungsmittelproduktion in Ägypten 1983/1984 in 1000 t

Produkt	Produktion	Verbrauch	Defizit
Weizen	1796	7211	75,2%
Mais	3231	4175	22,6%
Bohnen	225	262	14,1%
Zucker	662	1154	42,6%
Fleisch	472	660	29,9%
Fisch	150	280	46,4%

131.3 Veränderungen in der Landwirtschaft Ägyptens

Der ASSUANDAMM staut die Flutwelle des Spätsommers. Dies bringt viele Vorteile:
- Die Überschwemmungen im Herbst und der Wassermangel im Sommer sind beseitigt.
- Man kann nun ganzjährig bewässern. Bis zu drei Ernten im Jahr sind möglich.
- 5000 km² Wüste wurden zu Ackerland.
- Das Wasserkraftwerk von Assuan erzeugt elektrische Energie, die zur industriellen Entwicklung des Landes benötigt wird.
- Die regelmäßige Wasserführung macht den Nil für große Schiffe ganzjährig befahrbar.

Wasser gibt es nun genug im Niltal. Aber schon bald traten negative Folgen auf:
- Im gesamten Niltal ist das Grundwasser gestiegen, stellenweise liegt es nur noch eine Handbreit unter der Oberfläche. Im Wasser sind Salze und andere Mineralien gelöst. In haarfeinen Rissen, Kapillaren, steigt das Wasser an die Oberfläche und verdunstet. Deutlich sichtbar bleibt das Salz zurück.
- Seitdem die Bewässerungsgräben das ganze Jahr über gefüllt sind, gedeihen dort Schnecken, in denen sich ein Saugwurm vermehrt. Die Larven der Würmer bohren sich in die Haut der Menschen, die im Graben baden oder barfüßig in den Reisfeldern arbeiten, und gelangen in die Blutbahn. So übertragen sie die Bilharziose, eine gefährliche Leber- und Darmkrankheit. Unter ihr leidet heute jeder dritte Ägypter. Früher schwemmte die Nilflut einen Großteil der Schnecken ins Meer.
- Die Fließgeschwindigkeit des Nils hat sich erhöht und so trägt der Fluss an den Ufern wertvolles Land ab.
- Noch 1000 km stromabwärts spüren die Menschen die Folgen des Assuan-Dammes. Der Nilschlamm „düngte" das Mittelmeer vor der Küste. Algen und Plankton, die sich von ihm ernährten, waren Nahrungsgrundlagen großer Sardinenschwärme. Seitdem der Schlamm ausbleibt, sind die Sardinen fort. Die Küstenfischer haben kaum noch Arbeit.

131.2 Vor- und Nachteile des Assuan-Staudammes

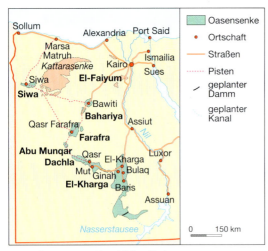

132.1 Gebiete des New Valley Projects

3. Das „New Valley Project"

Wegen der Bevölkerungsexplosion sah sich die ägyptische Regierung gezwungen, neue landwirtschaftliche Flächen zu erschließen. In der Umgebung von El-Kharga fand man reichhaltige Grundwasservorkommen, die heute die Voraussetzung dafür sind, mitten in der Sahara Landwirtschaft betreiben zu können.

Seit 1959 erfolgt eine Kooperation zwischen der ägyptischen Regierung und ausländischen Partnern. Auf deutscher Seite ist dies die Gesellschaft für Technische Zusammenarbeit (GTZ). Diese verfolgen neben dem Ausbau der Landwirtschaft im New Valley noch andere Ziele:

Hier sollen neue, ertragreichere Pflanzensorten, die aber auch anspruchsvoller sind, angebaut werden (Hybridsorten). Außerdem ist geplant, weitere Siedlungsareale zu errichten und die Entwicklung des Bergbaus voranzutreiben. Letzteres wird durch die Erschließung der reichen Phosphatvorkommen im Raum von El-Kharga durch einen Gleisanschluss ans Rote Meer geschehen.

Die gesteckten Ziele in der Landwirtschaft sind nur schwer zu erreichen, da wegen der sehr hohen Verdunstung Versalzungsschäden drohen (vgl. S. 22). Dennoch wurden bis 1991 insgesamt rund 14 000 km² landwirtschaftliche Nutzflächen geschaffen (LN Ägyptens 1980: 28 550 km²). Neben dem Verdunstungsproblem gibt es noch ein weiteres Problem bei der Erschließung des New Valley. Es ist nicht die Begrenztheit des Wassers. Denn es sind im westlichen Teil Ägyptens riesige Mengen **fossilen Grundwassers** (Wasser aus früheren niederschlagsreichen Erdzeitaltern) festgestellt worden. Es wurde berechnet, dass es 50 000-mal mehr Wasser enthält als dem Nil pro Jahr entnommen wird. Vielmehr sind es technische Gründe, die eine Förderung dieses Grundwassers nicht dort möglich macht, wo es benötigt und landwirtschaftlich sinnvoll wäre.

Dennoch werden heutzutage ganzjährig Datteln, Oliven, Zitrusfrüchte, Aprikosen sowie das Futtergras Alfalfa angebaut. Im Laufe eines Jahres werden ferner Weizen, Klee, Zwiebeln, Gemüse, Reis und Sorghum (eine Hirsesorte) kultiviert.

Auch Viehhaltung wird in reichem Umfang betrieben. So gibt es im New Valley Rinder, Schafe, Ziegen, Esel und Kamele und als Federvieh Enten, Hühner und Truthähne.

Die GTZ begann ihren Einsatz im Rahmen des New Valley Projects im November 1976 in Farafra. Die GTZ konzentrierte ihre Arbeit auf zwei Hauptprojekte:
1979–1984 Bau und Instandsetzung von Brunnen durch deutsche Firmen.
1982–1988 Praxisbezogene Grundlagenforschung (auftretende Probleme der Versalzung und der Wasserreserven, Fließgeschwindigkeit des Grundwassers); gleichzeitig wurden wegen rasch auftretender Versalzungserscheinungen Entwässerungsmaßnahmen durchgeführt.

(aus: Cornelsen Aktuelle Landkarte 4/93, Die Nilländer)

(GTZ= Gesellschaft für Technische Zusammenarbeit)

132.2 Zur Zusammenarbeit mit der GTZ

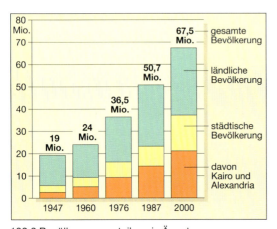

132.3 Bevölkerungsverteilung in Ägypten

133.1 Neue Stadt in Ägypten (El-Kharga Oase)

4. Neue Städte als Entlastung für Kairo

Die starke Landflucht hat dazu geführt, dass Kairo zu den am schnellsten wachsenden Millionenstädten der Welt gehört. Seit ca. 30 Jahren wächst die Metropole über ihre eigentliche Stadtgrenze hinaus. 1960 hatte Kairo eine Einwohnerzahl von ca. 4 Millionen; 1995 hat sie 15 Mio. Einwohner. Jedes Jahr kommen etwa 300 000–350 000 Einwohner hinzu, d. h., alle zwei Jahre wächst die Einwohnerzahl Kairos um die der Stadt Frankfurt. Die 15 Millionen Einwohner dieser Stadt leben heute auf einer Fläche, die doppelt so groß ist wie 1960.

Zur Entlastung Kairos hat die staatliche Planung „Neue Städte" projektiert und anlegen lassen. Diese liegen – halbkreisförmig um die Hauptstadt im Süden, Westen und Osten – außerhalb des Agrarlandes in 30 bis 60 km Entfernung zum Zentrum. Jede Stadt soll in ihrer Endausbaustufe 500 000 Einwohner aufnehmen können.

Zudem sollen die mitten in der Wüste liegenden „Neuen Städte" bis zu 80 000 industrielle Arbeitsplätze bieten. An allen Standorten sind Wohnanlagen entstanden, bei denen aus Kostengründen der mehrgeschossige Wohnungsbau in Gebäudekomplexen überwiegt. Die Wohnanlagen sind eingebettet in gepflegte Grünanlagen. Doch wo sind die Menschen, die hier leben sollen?

Die Ägypter lehnen es ab, in den „Neuen Städten" zu wohnen, und zwar nicht nur, weil die Wohnungen nicht erschwinglich sind, sondern ihnen fehlt in den westlich-modernen Quartieren das orientalisch-ägyptische Flair der Niloase.

Im Fall der industriellen Arbeitsplätze ist festzustellen, dass bis 1990 rund 500 Fabriken mit annähernd 40 000 Beschäftigten in den „Neuen Städten" die Produktion aufgenommen haben. Dieser Erfolg ist darauf zurückzuführen, dass die erschlossenen Gewerbeflächen im Vergleich zu Kairo sehr preiswert sind. Die Arbeitnehmer werden tagtäglich aus Kairo und Umgebung mit Werksbussen zu ihren Arbeitsplätzen gebracht.

1. Beschreibe die Bevölkerungsverteilung in Ägypten von 1947–2000 (Mat. 132.3).
2. Nenne Probleme, die die Zuwanderer aus den Niloasen in Kairo haben könnten (vgl. S. 150).
3. Welche Einstellung haben die Ägypter zu den „Neuen Städten", erläutere (Mat. 133.1, Text).
4. Suche die Senken des „New Valley" und stelle ihre Lagebeziehungen zum Niltal, zu Kairo und zum Roten Meer fest (Atlas, Mat. 132.1).
5. Erläutere die Tätigkeit der GTZ beim „New Valley Project" (Mat. 132.2, Text).

Bevölkerungsexplosion in Indien

Das Wertvollste, das unser Land besitzt, sind die Menschen. Aber dieser Schatz ist erschreckend groß und sein Wachstum bereitet große Sorgen. Das Ackerland wird immer weniger. Im Jahr 1921 hatten wir 251 Millionen Einwohner. Sechzig Jahre später waren wir über 684 Millionen. Unsere Bevölkerung war in dieser Zeit um das Zweieinhalbfache gewachsen. Weißt du, wie viele Menschen in Indien jährlich hinzukommen? Es sind genau so viele, wie der Kontinent Australien Einwohner hat. Das schnelle Wachstum war möglich, weil wir mit einigem Erfolg Krankheiten wie Malaria, Tuberkulose oder Pocken bekämpft haben. Ein Kind, das Anfang der 70er-Jahre geboren wurde, hat eine viel höhere Lebenserwartung als früher. Um 1920 betrug sie 20 Jahre, heute liegt sie bei über 50 Jahren. Inzwischen sind die Grenzen des Wachstums erreicht. Es dürfen nicht mehr so viele Kinder geboren werden und wir müssen ein Gleichgewicht zwischen Geburten und Sterbefällen erreichen. Wenn unser schneller Bevölkerungsanstieg nicht gebremst wird, kommen schwere Probleme auf uns zu. 60 % unserer Menschen leben unterhalb der Armutsgrenze und können sich kaum das Nötigste kaufen. Deshalb gehört unser Lebensstandard zu den niedrigsten in der Welt.

(nach: Lands and Peoples. A Textbook for Geography for Class VIII, New Delhi 1983)

134.1 Indischer Schulbuchtext

1. Warum viele Familien viele Kinder haben

Das indische Gesundheitsministerium beklagt, dass von den Frauen, die nicht lesen und schreiben können, nur die wenigsten Geburtenkontrolle betreiben. Sie sind nicht aufgeklärt. Die Regierung bemüht sich, die Kinderzahl zu begrenzen. Beraterinnen und Berater klären die Bevölkerung über die verschiedenen Möglichkeiten der Empfängnisverhütung auf. Doch die Ärmsten – ein Viertel der Bevölkerung – fühlen sich von der Familienplanung nicht angesprochen. Ihr Leben ist so erbärmlich, dass sie Kinder brauchen, die sehr früh mitarbeiten müssen. Viele Eltern bevorzugen Söhne, weil diese im Alter die Eltern versorgen, während Töchter irgendwann zu den Schwiegereltern ziehen.

Alle fünf Jahre werden die Mindestlöhne neu festgesetzt. Die Großbetriebe halten sich in der Regel daran, kleinere Betriebe selten, weil die Kontrolle fehlt. Die Masse der ländlichen Arbeiter erhält weniger als die Mindestlöhne. Ein Landarbeiter verdient 10 bis 25 Rupien am Tag. Das sind umgerechnet 1,00 bis 2,50 DM. Ein Busschaffner kommt auf 25, ein Elektroingenieur auf 30 Rupien. Auf dem Land kostete 1990 1 kg Hammelfleisch 34 Rupien, 1 l Milch 5 Rupien, 1 kg Reis 4–6 Rupien, ein „Dhoti" (Kleidungsstück für Männer) 58 Rupien, ein Sari 80 Rupien.

134.2 Viele Kinder: Last oder Wohlstand?

134.3 Aufforderung zur Familienplanung

Wozu die Bevölkerungsexplosion führt

Armut und Hunger. Anfang der 90er-Jahre lag das jährliche Bevölkerungswachstum in Indien bei 16 Millionen Menschen. Nordrhein-Westfalen hatte 17,5 Millionen Einwohner. Jedes fünfte Kind, das weltweit geboren wurde, kam 1991 in Indien zur Welt. Indien war nicht in der Lage, eine ausreichende Menge an Nahrungsmitteln für seine Bewohner zu erzeugen. Das Bevölkerungswachstum vergrößerte die Zahl der unterernährten Menschen. Sie verdienten so wenig Geld, dass sie nicht einmal die importierten Nahrungsmittel bezahlen konnten.

Kinderarbeit. Mehr als ein Drittel der indischen Bevölkerung ist unter 15 Jahre alt. Kinder sind billigere Arbeitskräfte als Erwachsene. Manche werden von ihren Eltern zur Abzahlung von Schulden in Arbeitsverhältnisse gegeben. Sie verdienen meist nur die Hälfte vom Lohn der Erwachsenen. In einer Streichholzfabrik arbeiten Kinder bis zu 12 Stunden am Tag. Fast die Hälfte von ihnen, die meisten Mädchen, sind noch nicht 15 Jahre alt. Die jüngsten unter ihnen sind zwischen 4 und 6 Jahren. Sie verdienen 2 Rupien am Tag.

In Kaschmir sitzen Hunderte von kleinen Mädchen und Jungen stundenlang über Webrahmen gebeugt im Dämmerlicht der Fabriken. Sie atmen den Staub von Wolle und Kunststoff ein. Ihre Ernährung ist unzureichend und sie bekommen wenig Schlaf. Liefern sie schlechte Arbeit ab, werden sie geschlagen. Die Teppiche und Tücher, die sie herstellen, werden exportiert und oft als Sonderangebote in unseren Kaufhäusern verkauft.

Unterernährung, Mangelernährung, Krankheiten. Anfang der 90er-Jahre starben von 1000 Babys 90 im ersten Lebensjahr. In Deutschland waren es im gleichen Zeitraum 7. Kinder von sehr jungen Müttern und Kinder von Frauen, die schon mehr als vier Söhne und Töchter haben, sterben eher. Häufig sind die Babys schon bei der Geburt zu leicht. Manchmal füttern die Mütter die Kleinkinder auch zu selten oder sie geben ihnen etwas Falsches zu essen. Falsche Ernährung kann zu schweren Entwicklungsstörungen führen. Zwei Drittel aller indischen Kinder bis zum Alter von fünf Jahren sind unterernährt. Aber nicht nur die Kinder werden krank. Auch die Erwachsenen leiden darunter, dass sauberes Trinkwasser immer knapper wird. Nur etwas mehr als die Hälfte der Bevölkerung hat eine Wasserzapfstelle in der Nähe. Oft genug verschmutzen Düngemittel und Chemikalien sowie Fäkalien aus den Haushalten das Grundwasser und das Wasser in den Seen und Flüssen. Trotz staatlicher Gesundheitsvorsorge sind noch viele Krankheiten nicht vollständig besiegt worden, wie z. B. Malaria und Cholera oder verschiedene Darm- und Wurmkrankheiten.

1. Beschreibe die Bevölkerungsentwicklung in Indien von 1920 bis heute (Mat. 134.1, 135.2).
2. Gib Gründe an, warum so viele Familien immer noch so viele Kinder haben (Mat. 134.2 und 3, 135.1 und Text).
3. Hohe Kindersterblichkeit führt zu vielen Geburten. Kläre den scheinbaren Widerspruch.
4. Erläutere die Auswirkungen der Bevölkerungsexplosion in Indien (Mat. 134.1 und 2, 135.2, Text, sowie Mat. 156.2 und 3, 157.1).

135.1 Arbeitende Mädchen

135.2 Indiens Bevölkerungsentwicklung

136.1 Das Dorf als Mittelpunkt

2. Die indische Landwirtschaft – eine Erfolgsstory

Der Wettlauf zwischen Bevölkerungsvermehrung und Nahrungsmittelangebot hat alle indischen Regierungen zu besonderen Maßnahmen gezwungen. Sie unterstützen die Gründungen von Dorfgenossenschaften. Sie bieten Kleinbauern Hilfe bei der Lagerhaltung und Vermarktung an. Sie führten eine Landreform durch, die die Besitzzersplitterung und Verschuldung überwinden sollte. Sie kaufen Überschussgetreide und verkaufen es verbilligt an Einkommensschwache weiter. Sie setzten die „Grüne Revolution" in Gang.

Indien kann stolz auf seine Landwirtschaft sein, die es geschafft hat, die wachsende Bevölkerung zu ernähren. Die Bauern haben erfolgreich das Land von den Fesseln der Nahrungsmittelimporte gelöst. Es gab eine Zeit, als westliche Beobachter Indiens Untergang voraussagten. Sie prophezeiten für die 80er-Jahre schwere Hungersnöte. Die „Grüne Revolution" hat tatsächlich das Gegenteil bewiesen, trotz der Abhängigkeit vom Monsunregen. Manche Experten sind der Meinung, dass die indische Gangesebene allein das Land ernähren könnte, wenn die Durchschnittsernten erhöht werden könnten. Das dürfte keine großen Schwierigkeiten machen. Indien wird bis zum Jahr 2000 mehr Getreide erzeugen, als es benötigen wird. Dann werden genügend Überschüsse vorhanden sein, um die Hungrigen in der Welt zu ernähren.

(nach: Perspektiven Indien. Juli 1993)

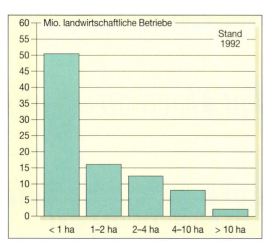
136.2 Überholt oder angemessen?

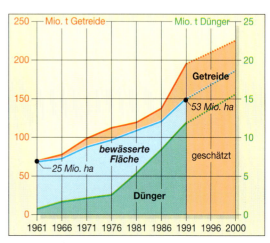
136.3 Landwirtschaftliche Betriebe und ihre Größen

136.4 Die „Grüne Revolution" und ihre Auswirkungen

Ein Kleinbauer in einem der 700 000 Dörfer

Rajiv besitzt knapp 1 ha Land. Einen halben Hektar hat er an einen Großgrundbesitzer verpfändet, um die Hochzeit seiner Tochter bezahlen zu können. In zehn Jahren erhält er sein Land zurück. So lange muss er im Jahr 60 % Zinsen zahlen.

Als die Regierung vor 30 Jahren die „Grüne Revolution" ausrief, wollte Rajiv sich auch beteiligen. Die neuen Reis- und Weizensorten reifen schneller und bringen auf einem Feld zwei bis drei Ernten in einem Jahr. Doch sie brauchen viel Wasser. Dazu benötigt man Bewässerungsanlagen. Hohe Erträge erfordern viel Mineraldünger. Da die neuen Sorten nicht so widerstandsfähig sind, müssen Schädlingsbekämpfungsmittel eingesetzt werden. Für all das hat Rajiv kein Geld. Bei der Fläche, die er noch bearbeitet, lohnt sich kein Traktor. Den Mähdrescher kann sich nur der Großgrundbesitzer leisten. Rajiv ist froh, wenn er Wasser für seine Reisfelder hat. Setzt der **Monsun**, der Jahreszeitenwind, zu spät ein, bringt er zu wenig Regen. Bleibt er ganz aus, bedeutet das noch mehr Armut. Als Rajivs Frau krank wurde, musste er wieder zum Geldverleiher gehen. Ihre Söhne suchen nun Arbeit in der Stadt.

1. Was bedeutet „Grüne Revolution"? Wer profitiert davon, wer nicht (Mat. 136.3 u. 4, Text)?
2. Welche Bedeutung besitzt der Monsun für Indien (Mat. 137.1, Text)?
3. Erläutere die Probleme, die sich für Rajiv ergeben (Mat. 136.1 u. 2, 137.2 und Text).

137.2 Herkömmliche Bewässerungsmethode

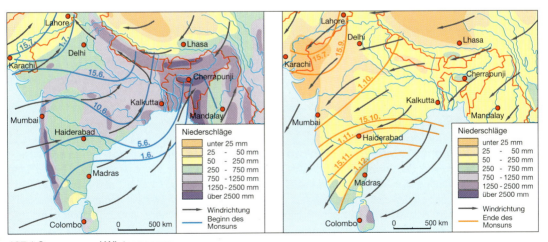

137.1 Sommer- und Wintermonsun

138.1 Zuwanderer auf Arbeitssuche

3. Land-Stadt-Wanderungen

Gefälle im Einkommen. In den vergangenen Jahren ist der wirtschaftliche Graben zwischen der städtischen Bevölkerung und der Landbevölkerung immer größer geworden. Besonders betroffen sind die besitzlosen Landarbeiter, deren Zahl auf 75 Millionen geschätzt wird, aber auch die unzähligen Kleinbauern, deren Produktion bestenfalls zur Selbstversorgung ihrer meist großen Familien ausreicht. Obwohl die Regierung die Preise für alle landwirtschaftlichen Produkte, Mineraldünger und Energie niedrig hält, konnte sie nicht verhindern, dass die Entwicklung des Pro-Kopf-Einkommens bei weitem nicht mit den Steigerungen in den Städten Schritt hält.

(nach: Handelsblatt, 8.2.1988)

Billige Arbeitskräfte. Rund 60 000 Wanderarbeiter, auch Kulis genannt, arbeiten auf den Baustellen New Delhis. Sie stammen zumeist aus dem Bundesstaat Rajastan, sind Landlose oder Kleinbauern, deren Acker die Familien nicht mehr ernährt. Größtenteils sind sie Analphabeten und ungelernt. Sie stellen das unerschöpfliche Reservoir an billigen Arbeitskräften. Ein ungelernter Bauarbeiter verdient am Tag den Gegenwert von 2 kg Reis. Ein Zehntel des Verdienstes muss er an den Vermittler abliefern, von dem er abhängig ist. Arbeit gibt es aber nicht jeden Tag. Das heißt, der tägliche Reis ist nicht immer sicher. Nicht zuletzt deshalb arbeiten die Frauen und manchmal die Kinder mit auf der Baustelle.

(nach: BMZ: Zusammenarbeit mit Entwicklungsländern, 1987)

Vom Regen in die Traufe. Fortschreitende Umweltzerstörung macht die Böden unfruchtbar und führt zu sich häufenden Naturkatastrophen. Familien, die kein Stück Land mehr bebauen und keine Tagelöhner-Arbeit finden können, ziehen in Millionenstädte wie Kalkutta. Sie lassen sich vorübergehend, so hoffen sie, auf irgendeinem Bürgersteig nieder und gehen auf Arbeitssuche. Männer werden vielleicht Rikschafahrer, Frauen finden als Hilfsarbeiterinnen auf Großbaustellen Arbeit, Kinder sortieren Müll. Doch die Arbeit ist hart und die Bezahlung schlecht. Für viele reicht das Geld nicht einmal zum Leben in einer Slumhütte.

(nach: Der ferne Nächste. Nachrichten aus der ökumenischen Diakonie 1/92; In: Praxis Geographie 1/94)

Die Lichter der Großstadt. Der städtische Magnet zieht die Menschen aus ganz Indien an. Keine der anderen Riesenstädte des Subkontinents bietet so viele und so vielfältige Jobs in Industrie und Dienstleistungsgewerbe wie Mumbai. Doch der dramatisch steigende Bedarf an Arbeits- und Wohnplätzen übertrifft bei weitem die Möglichkeiten der Metropole. Die Hälfte ihrer Zwölf-Millionen-Bevölkerung, so die inoffizielle Schätzung, haust in Slums oder auf der Straße: fünf Millionen in menschenunwürdigen Verhältnissen. Über zahlreiche Stadtteile ziehen sich die Elendshütten hin. Auf Bürgersteigen reihen sich Notbehausungen aneinander. Wer es nicht einmal zu einem Dach aus Pappdeckeln bringt, legt sich nachts einfach aufs Pflaster. Großfamilien schlafen in Hauseingängen, vor Bahnhöfen, unter freiem Himmel.

(nach: R. Siebert: Leben auf dem Müll. 1991; zit. nach: Praxis Geographie 1/94)

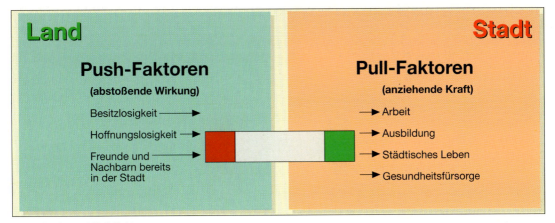

139.1 Push- und Pull-Faktoren

In der Landwirtschaft arbeiten 66 von 100 Beschäftigten. In Deutschland sind es drei. Die vielen indischen Kleinbauern erzeugen gerade so viel, dass sie sich selbst versorgen zu können. Sie betreiben Subsistenzwirtschaft. Zu den vielen Kleinbauern kommen noch Landpächter und Landarbeiter ohne eigenen Grund und Boden hinzu. Ein großes Problem ist die Unterbeschäftigung.

Viele Dorfbewohner sind hoch verschuldet und können sich aus eigener Kraft nicht mehr helfen. Die schlechten wirtschaftlichen Bedingungen treiben sie (engl. *to push*) aus ihrem Dorf heraus. Die Regierung will die **Landflucht** eindämmen und fördert Kleinindustrie in den Dörfern. Dennoch wandern viele junge Menschen aus ihrer Heimat ab. Die Städte üben auf sie eine große Anziehungskraft aus (engl. *to pull*).

Dort nimmt die Bevölkerung schneller zu als im gesamten Land. Jeder fünfte Stadtbewohner ist ein Zuwanderer. Nur wenige finden Arbeit in der Verwaltung oder in Betrieben. Die meisten versuchen, als Straßenhändler, Gelegenheitsarbeiter oder Kleinhandwerker zu überleben. Wohnungen sind knapp, die Verkehrsmittel überfordert. Müll- und Wasserprobleme häufen sich. In Mumbai ließ die Stadtverwaltung 800 000 Slumbewohner wieder in das Landesinnere transportieren.

1. Erläutere den Begriff Push- und Pull-Faktoren (Mat. 139.1, Text, S. 136–137, engl. Lexikon).
2. Benenne die Ursachen für die Land-Stadt-Wanderungen (Mat. 139.1, Text, S. 136–137).
3. Erläutere die Auswirkungen der Landflucht auf die ländlichen Gebiete und auf die Städte (Mat. 138.1, 139.2 u. 3, Text).

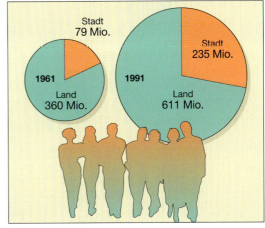

139.2 Stadt-Land-Bevölkerung

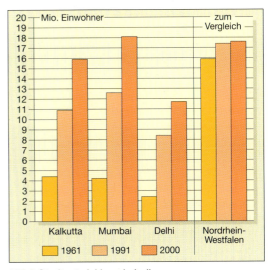

139.3 Stadtentwicklung in Indien

China – mehr als eine Milliarde Menschen

Staatsname: Volksrepublik China
Einwohner: 1,18 Mrd.
 bevölkerungsreichster Staat der Erde
Fläche: 9,6 Mio. km²
 drittgrößter Staat der Erde, vergleichbar
 mit der Fläche Europas (10 Mio. km²)
Städte: Hauptstadt: Peking (Beijing) 7,1 Mio. Einw.
 größte Stadt: Schanghai 7,8 Mio. Einw.
Währung: 1 Yuan = 10 Jiao = 100 Fen
 100 Yuan = 16,80 DM

140.1 Steckbrief China (Werte für 1993)

140.3 Eine chinesische Familie

Der Konfuzianismus ist eine Weltanschauung, die in China bis in die jüngste Zeit das Leben der Menschen beeinflusst hat. Gründer war der chinesische Philosoph Konfuzius, der um 500 v. Chr. lebte. Grundkern seiner Lehre ist die Familie; das Familienleben ist das Fundament des Staates.

Der Kommunismus möchte eine Wirtschafts- und Gesellschaftsordnung sein, in der es nur Gemeinbesitz gibt und alle Menschen sozial gleichgestellt sind. Die Freiheit des einzelnen Menschen wird aufgehoben. Das Privateigentum in Industrie, Handel und Landwirtschaft wird verstaatlicht oder zumindest eng begrenzt. Kommunistisch regierte Staaten bezeichnen sich als Volksrepubliken (VR). In ihnen ist der Staatsapparat der Kommunistischen Partei (KP) untergeordnet und wird von ihr überwacht.

Bedeutendster chinesischer Kommunist war *Mao Zedong* (Mao Tse-tung), der Gründer der Volksrepublik China (1949). Er regierte von 1954 bis zu seinem Tode 1976 als Präsident der Chinesischen Volksrepublik und war Vorsitzender der allmächtigen Kommunistischen Partei Chinas, die heute noch an der Macht ist. Mit großem Einsatz gelang es den Kommunisten nach ihrer Machtübernahme, große Teile der Bevölkerung zu alphabetisieren. Konnten 1949 vier Fünftel der Chinesen weder lesen noch schreiben, so sind heute (1994) nur noch 18,5 % der Bevölkerung Analphabeten.

140.2 Gesellschaftsordnungen Chinas

1. Die Stellung der Einzelperson in der Gemeinschaft

Tian xia wei gong – „Unter dem Himmel dient alles der Gemeinschaft." So lautet ein Sprichwort aus alter Zeit, das heute noch Gültigkeit besitzt. Das Land unter dem Himmel, „Tian xia", ist das Reich der Mitte. In China stand nie der einzelne Mensch im Vordergrund, sondern immer nur die Gemeinschaft. Der Einzelne ist nur ein winziges Glied darin. Der zur Staatsdoktrin erhobene Konfuzianismus sorgte für eine tief greifende Reglementierung des Lebens.

Tugendhaft war, wer die Autorität übergeordneter Personen anerkannte: der Untertan den Herrscher, der Sohn den Vater, die Frau den Mann, der jüngere Bruder den älteren Bruder, der jüngere Freund den älteren Freund. Man hatte sich unterzuordnen und der übergeordneten Person mit „Ehrfurcht" zu begegnen. Die kommunistische Partei Chinas münzte diese alte Tradition für ihr Anliegen um in: „Da gong wu si!" (Für die große Gemeinschaft, gegen die individuellen Interessen!), „Dem Volke dienen", „Ein Leben für die Partei, für die Revolution!"

Die Familie
Jeder hatte seinen festen Platz in der Familie, mit ganz konkreten Aufgaben und Pflichten. Das Familienoberhaupt, der älteste Mann der ältesten Generation, besaß eine herausragende Autorität. Ungehorsam gegenüber seinen Anweisungen

wurde von der Obrigkeit bestraft. Dafür war er den Behörden gegenüber für das Verhalten seiner Familienangehörigen haftbar. Ein Familienverband umfasst Verwandte bis zu vier Generationen und konnte sich auf eine ganze Gemeinde erstrecken. Der Familienvorsteher besaß die Verfügungsgewalt über das Eigentum der Gesamtfamilie: Grund und Boden, sonstiges Vermögen. Großfamilien waren auch eine wirtschaftliche Notwendigkeit. Der Grundbesitz der meisten Bauernfamilien war nicht groß. Die Söhne blieben daher in der elterlichen Familie, um an Grund und Boden teilzuhaben. So wurde einer Aufteilung des Bodens in immer kleinere Parzellen entgegengewirkt.

Die Chinesen hatten schon früh gelernt, den Boden intensiv zu nutzen: Sie düngten regelmäßig mit organischen Stoffen und bepflanzten auch kleinste Parzellen mit verschiedenen Pflanzensorten. So gelang es bis in das 20. Jahrhundert, mit immer intensiveren Anbaumethoden das Gleichgewicht zwischen Bevölkerungswachstum und landwirtschaftlicher Produktion zu wahren.

Trotzdem war China schon immer von Hungersnöten heimgesucht. In den vergangenen zwei Jahrtausenden gab es 1900 Hungersnöte, die durch Dürren und Überschwemmungen verursacht wurden. In solchen Zeiten war Kindermord für die armen Bauern ein Ausweg, die Familie klein zu halten. Seit 1950 ist der Säuglings- oder Kindermord ausdrücklich verboten.

Heute kommen in China täglich 60 000 Kinder zur Welt, das sind 40 pro Minute.

1. Stelle in einem Kreisdiagramm dar: Anteil der Chinesen und Anteil der Inder (S. 135) an der Weltbevölkerung (vgl. Mat. 154.1).
2. Liste auf, wofür die Familie Tschen ihr monatliches Einkommen ausgibt (Mat. 141.1). – Gib die einzelnen Ausgabeposten in Prozent vom Einkommen an.
3. Mache dir klar, was Abweichungen in der Bevölkerungszählung von 0,1 %, 1 %, 2 % bei 500 Mio. und bei 1 Mrd. Menschen bedeuten.
5. Beschreibe den traditionellen Familienverband. Erkläre seine Bedeutung für den Staat.
6. Erläutere die Stellung des Einzelnen in der Gesellschaft bzw. zum Staat nach den Lehren des Konfuzius und nach der Doktrin (Lehre) des Kommunismus (Mat. 140.2, Text).

Obwohl beide Familien separate Wohnungen hatten, lebten sie so, als wären sie nicht getrennt. Die ältere Frau Tschen verwaltete das gemeinsame Einkommen, das im Monat 193 Yuan betrug. Der Sohn verdiente 51 und seine Frau 58 Yuan. Frau Tschen hatte die Fabrik vorschriftsmäßig mit fünfzig Jahren verlassen und ihr Mann war mit sechzig Rentner geworden; beide erhielten siebzig Prozent ihres letzten Lohnes, das heißt jeweils 42 Yuan.

Die Miete für beide Zimmer belief sich auf 6,30 Yuan, elektrischer Strom kostete 1,50 Yuan, fließendes Wasser 5 Fen pro Person, Gas für den Herd 4 Yuan. *„Unsere Gasrechnung ist hoch, weil wir viel fürs Baby kochen müssen"*, erläuterte Frau Tschen.

Das Gebäude hatte keine Heizung, sodass dafür keine Kosten anfielen. Die Durchschnittstemperatur betrug im Winter 10 °C, obwohl sie nachts auf −2 °C fallen konnte. *„Aber wir haben Steppdecken, um uns warm zu halten"*, meinte Frau Tschen.

Die vier erwachsenen Tschens verbrauchten etwa 15 Yuan pro Person für Lebensmittel, während die Ernährung des Babys 25 Yuan kostete, weil es Glukose, Milch und Lebertran benötigte.

Das junge Paar nahm täglich eine Mahlzeit in der Fabrik zu sich, wo das teuerste Gericht 20 Fen kostete. Zum Frühstück aßen alle Reis, der am Abend zuvor gekocht wurde, oder gebratenen Teig, den sie in einem Geschäft kauften.

Jeden Monat gab die Schwiegertochter ihren Eltern 10 Yuan. Das junge Paar zahlte außerdem 8 Yuan in einen Fabrikfonds für gegenseitige Hilfe. Dieser Fonds wurde für Arbeiter eingerichtet, die in eine Notsituation gerieten oder für den Kauf eines dringend benötigten Gegenstandes Geld brauchten. Einmal im Jahr erhielten sie das Geld zurück, das sie in den Fonds eingezahlt hatten.

Sie brauchten sich über Arztkosten keine Gedanken zu machen, da sie als Fabrikarbeiter Anspruch auf freie medizinische Versorgung hatten.

Von dem übrigen Geld, rund 80 Yuan, zahlte Frau Tschen 25 Yuan auf ein Familienkonto ein, von dem jeder bei Bedarf Geld abheben konnte. Zwei Jahre zuvor hatten ihr Sohn und seine Frau eine größere Summe abgehoben, um sich ein Radio zu kaufen. Dies hatte einen Familienstreit verursacht.

(nach: Lois Fischer-Ruge: Alltag in Peking. Frankfurt 1981)

141.1 Alltag in Peking

Wie viele Chinesen gibt es eigentlich? Viele Jahre war man nur auf Schätzungen und Vermutungen angewiesen. Auf eine entsprechende Frage Mitte der 60er-Jahre antwortete der damalige chinesische Parteivorsitzende Mao Zedong: „Ich weiß es nicht." Auf die Frage: „Ist es nicht möglich, aufgrund der Ausgabe von Kleiderbezugsscheinen eine ziemlich genaue Schätzung zu erreichen?" antwortete Mao: „Die Bauern verwirren das Bild manchmal. Früher haben sie die Geburten von Söhnen verschleiert, um sie der Rekrutierung für den Militärdienst zu entziehen. Jetzt besteht eher die Tendenz, höhere Geburtenzahlen und geringere landwirtschaftliche Nutzflächen anzugeben, die Höhe der Ernten zu bagatellisieren und die Wirkung von Naturkatastrophen zu übertreiben. Heutzutage wird eine Geburt sofort gemeldet, aber einen Todesfall zu melden, wird oft monatelang für überflüssig gehalten."

Erst die Volkszählung von 1982 brachte es an den Tag: die Einwohnerzahl der Volksrepublik China hatte die Schallmauer von einer Milliarde Menschen durchstoßen. Ende 1987 belief sich die Bevölkerungszahl auf 1,07 Mrd. Einwohner. China ist das bevölkerungsreichste Land der Erde vor Indien. Mehr als ein Fünftel der Erdbevölkerung (22,6%) leben in diesem Land. Die Bevölkerung hatte sich seit 1949, dem Jahr der Gründung der Volksrepublik, verdoppelt (1949: 541,67 Mio.).

(nach: Thomas Heberer: Wenn der Drache sich erhebt. China zwischen Gestern und Heute)

142.1 Wie viele Chinesen gibt es eigentlich?

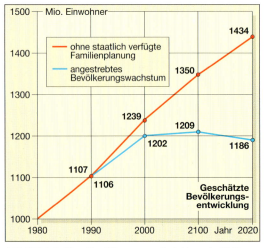

142.2 Zukünftige Bevölkerungsentwicklung in China

2. Der chinesische Weg in der Bevölkerungspolitik

1979 wurde das Prinzip der „Ein-Kind-Familie" aufgestellt. Die neue Verfassung von 1982 legt fest, dass der Staat Familienplanung fördert, damit das Bevölkerungswachstum in Einklang steht mit den Plänen der wirtschaftlichen und sozialen Entwicklung.

Erklärtes Ziel des Staates war, die Wachstumsrate bis zum Jahr 2000 auf Null zu senken und die Bevölkerungszahl bei 1,2 Mrd. zu stabilisieren. Um das zu erreichen, gab die Verwaltung Geburtsbescheinigungen aus. Sie legen fest, wann eine Frau in den nächsten Jahren ein Kind haben sollte. Verheiratete Paare, die nur ein Kind haben wollen, erhalten von der Verwaltung eine „Ein-Kind-Bescheinigung". Mit ihm sind eine Reihe von Vorteilen verbunden: Das Kind erhält kostenlos medizinische Betreuung. Die berufstätigen Eltern erhalten zusätzlich etwa zehn Prozent ihres Monatslohnes oder, in der Dorfgemeinschaft, den gleichen Wert in Arbeitspunkten gutgeschrieben. Einzelkinder haben Vorrecht bei der Aufnahme in Kinderkrippen und Kindergärten sowie in allen Schulen. Später sollen sie von den Arbeitsämtern bei der Vermittlung von Arbeit bevorzugt werden. Familien mit nur einem Kind werden auch bei der Zuteilung von Wohnraum begünstigt. Das Dorfkomitee ist verpflichtet, sich besonders dann um die Mitglieder mit nur einem Kind zu kümmern, wenn sie alt oder krank sind. Eltern, die im Besitz der Ein-Kind-Bescheinigung sind, verlieren alle Vorteile, wenn sie ein zweites Kind bekommen. Sie müssen alle finanziellen Zuwendungen zurückzahlen. Zahlreiche öffentliche Proteste zwangen den Staat zu einer freizügigeren Handhabung der Ein-Kind-Vorschrift. So erlaubte man meist ländlichen Haushalten mit einem Mädchen als einzigem Kind, ein zweites zu bekommen. Die ursprüngliche „Ein-Kind-Politik" wurde offiziell in eine „Ein-Sohn-" oder „Zwei-Kind-Politik" umgewandelt.

Der wachsende Wohlstand im Laufe der 80er-Jahre, vor allem in den Küstenprovinzen, machte es vielen Ehepaaren möglich, sich einen Sohn zu „erkaufen". Man nahm die Geldstrafe für die Geburt eines zweiten oder dritten Kindes auf sich und verzichtete auch auf die staatlichen Leistungen für die Kindererziehung.

143.1 Bevölkerungsverteilung

Zu Beginn der 90er-Jahre verschärft der Staat seine Familienpolitik wieder. Man will nachdrücklich auf ein höheres Heiratsalter und eine spätere Erstgeburt hinwirken. Die durchschnittliche Kinderzahl pro Frau soll auf 2,0 gesenkt werden. Zwischen 1980 und 1987 lag die durchschnittliche Kinderzahl einer chinesischen Familie bei 2,5. Der Staat sieht keine andere Möglichkeit, die wirtschaftlichen Ziele der 90er-Jahre zu gewährleisten. Denn die geburtenstarken Jahrgänge der 60er-und-70er Jahre („Baby-Boom-Jahre" in China) erreichen das Heiratsalter und könnten einen neuen Baby-Boom verursachen. Die Ernährungssicherung könnte problematisch werden. Bei Getreide ist man schon heute auf Nahrungsmitteleinfuhren angewiesen. Außerdem müssen jährlich 15 Mio. Berufsanfänger ins Arbeitsleben integriert und bis zur Jahrtausendwende mehr als 100 Mio. neue Arbeitsplätze geschaffen werden. Die Volkszählung 1990 hat in ländlichen Gebieten eine durchschnittliche Kinderzahl von 2,8 und in Städten von 1,3 ermittelt. Die Lebenserwartung liegt in China bei 68,0 Jahren für die männliche und bei 70,9 für die weibliche Bevölkerung (Bundesrepublik Deutschland 72,5 und 79,0).

Die staatlichen Behörden stoppen den Zustrom in die städtischen Verdichtungsräume. Nur Zuwanderer, die einen Arbeitsplatz vorweisen können, dürfen sich legal in der Stadt niederlassen. Lediglich dann können sie Lebensmittelkarten, eine Wohnung und Berechtigungsscheine für ärztliche Versorgung und Konsumgüter sowie ein Fahrrad beanspruchen. Mit Lebensmittelkarten und Berechtigungsscheinen sichert der Staat jedem Bürger eine Mindestversorgung für Nahrung, Kleidung und kostenlose ärztliche Behandlung.

1. Berichte und erkläre, wie sich die Chinesen früher bei der Geburt eines Kindes dem Staat gegenüber verhielten (Mat. 142.1).
2. Beschreibe die Familienpolitik der chinesischen Regierung. Gib Gründe an, die für die Maßnahmen sprechen, und Gründe, die gegen die Art der Maßnahmen sprechen (Text, Mat. 142.2).
3. Vergleiche die Bevölkerungsverteilung mit der naturräumlichen Großgliederung (Mat. 143.1 und Atlaskarten). – Erkläre, warum 80 % der Bevölkerung Chinas auf nur 15 % der Staatsfläche leben.

Tansania – Versorgungsprobleme

Bevölkerung und Ernährung

Der ostafrikanische Staat Tansania gehört mit zu den ärmsten Ländern der Erde. Seine Bevölkerung, 1993 etwas über 28 Mio., wächst jährlich um 3,0 %. Das ist weltweit eine der höchsten Wachstumsraten. Ca. 60 % der Bevölkerung sind nicht älter als 20 Jahre. Schätzungen prognostizieren für Tansania eine Bevölkerungszahl zwischen 66 und 97 Mio. Einwohner im Jahr 2025.

Mehr als zwei Drittel der Bevölkerung leben auf einem Zehntel der Staatsfläche (945 087 km², davon über 53 000 km² Binnengewässer). Den dicht besiedelten Landesteilen, – die Küstenregion, die Hänge des Kilimandjaro (Mat. 45.1), die Regionen um die Binnenseen – stehen fast menschenleere Gebiete gegenüber. Die Bevölkerungsverteilung ist eng gebunden an die landwirtschaftliche Eignung des Staatsraumes. Von der gesamten Staatsfläche entfallen 5,5 % auf Ackerland und Dauerkulturen.

Die Landwirtschaft ist etwa mit der Hälfte an der wirtschaftlichen Wertschöpfung beteiligt. Ca. 75 % aller Exporterlöse stammen von landwirtschaftlichen Produkten. 80 % aller Erwerbstätigen arbeiten in der Landwirtschaft. Trotzdem ist seit 1978 die Ernährung der Bevölkerung aus eigener Produktion nicht mehr möglich. Tansania muss einen erheblichen Anteil seiner Exporterlöse für Nahrungsmittelimporte ausgeben.

Für die Eigenversorgung werden Mais, Sorghum, Kassawa (Maniok) und Süßkartoffeln angebaut; je nach Bodenbeschaffenheit und klimatischen Möglichkeiten auch Hirse, Bohnen, Erdnüsse, Kochbananen und Reis. Vorwiegend für den Export sind Kaffee, Zuckerrohr, Baumwolle, Tee, Sisal und Cashewnüsse bestimmt. Auf den Inseln Sansibar und Pemba werden auf Plantagen Gewürznelken erzeugt.

Die für den Eigenbedarf der dörflichen Bevölkerung angebauten Feldfrüchte haben den englischen Sammelnamen **Food-crops** (Nahrungsmittel). Eine landwirtschaftliche Produktion, die überwiegend der Eigenversorgung dient, wird Subsistenzwirtschaft genannt. Zu den Subsistenzbauern gehört ein großer Teil der Landarbeiter ohne eigenen Besitz in Tansania.

Vereinigte Republik Tansania
Kurzname aus **Tan**ganjika, **San**sibar, Asca**nia**.
Währung: 100 Tansania-Schilling = 0,23 DM
Auslandsverschuldung:
7522 Mio. $ = 298 % des BSP
Inflation:
durchschnittlich 1985–93: 23,4 %
Außenhandel:
Import: 1522,7 Mio. $; **Güter:** 46 % Investitionsgüter, 27 % Konsumgüter, 17 % Halbfertigwaren (darunter 8 % Rohöl); **Länder:** 13 % Großbritannien, 11 % Saudi-Arabien, 9 % Japan, 9 % Deutschland, 5 % Indien, 5 % Italien, 4 % Belgien/Luxemburg; **Export:** 419,8 Mio. $; **Güter:** 24 % Kaffee, 18 % Baumwolle, 14 % Fertigwaren, 11 % Mineralien, 6 % Tee, 6 % Cashewnüsse, 4 % Tabak; **Länder:** 11 % Deutschland, 8 % Indien, 8 % Großbritannien, 8 % Japan, 8 % Belgien/Luxemburg, 6 % Portugal, 5 % Niederlande.

144.1 Steckbrief Tansania (Werte für 1993)

1. Beschreibe die Lage und das Großrelief Tansanias (Atlas, Mat. 145.1).
2. Tansania liegt in den Tropen. Informiere dich über die Klimaverhältnisse (vgl. S. 46).
3. Erkläre die Verteilung der Plantagen und der Hauptanbauprodukte in Abhängigkeit vom Relief und vom Klima (Mat. 144.2).
4. Es besteht in Tansania keine Landknappheit. Einige Gebiete sind übervölkert. – Begründe.

144.2 Früchte für den Eigenbedarf

145.1 Land- und Forstwirtschaft Tansanias

Maniok, Kassawa

Die Wurzeln dieses bis zu 3 m hohen Strauches sind an ihrem Ende knollig verdickt. Die Knollen sind 30–50 cm lang und 3–5 kg schwer; sie haben eine braune oder rote Schale und enthalten 20–40 % Stärke, Fett und Eiweiß.

In den Tropen hat der Maniok die Rolle der Kartoffel, er ist dort für die menschliche Ernährung die wichtigste Wurzelknolle und schafft die Ernährungsgrundlage für die ärmere Bevölkerung.

Sorghum

Sorghum ist eine alte Kulturpflanze. Das aufrechte, 1–6 m hohe Gras hat einen dicken, von Mark erfüllten Halm und 50–80 cm lange Blätter.

Die Vegetationszeit beträgt nur 3–4 Monate. Die Körner enthalten 70–75 % Kohlenhydrat und bis zu 10 % Eiweiß; sie werden gemahlen, das Mehl als Brei oder in Form von Fladen gegessen.

Lukas Kanjele ist ein alter Mann. Er wurde im letzten Jahr des Ersten Weltkrieges, 1918, geboren. Damals hatten seine Eltern ihren Hof in dem Dorf Mtowisa in der Nähe vom Rukwa-See.

Lukas Kanjele kann sich noch gut an sein Leben in Mtowisa erinnern und spricht gerne darüber:

„Eigentlich müsste es uns heute besser gehen als früher. Es gibt viel mehr Kleidung und die Geschäfte sind voll mit Lebensmitteln, Radios und sogar Fernsehgeräten. Doch irgendwie haben diese ganzen Sachen unser Leben nicht schöner gemacht. Im Gegenteil! Immer mehr Leute haben heute nicht mehr genug zu essen und niemand hilft ihnen! Früher wurde keiner mit seinen Sorgen allein gelassen. Jeder war in die Dorfgemeinschaft einbezogen – von seiner Geburt bis zum Tod. Dabei waren die weisen alten Leute in einem Dorf diejenigen, die darüber wachten, dass jeder sich entsprechend seiner Stellung und Rolle in der Gemeinschaft verhielt. Wenn ein Kind geboren war, wurden die Alten gerufen. Sie setzten sich neben das Kind und beobachteten es, um festzustellen, welchem der Alten es ähnlich sah. Wenn Ähnlichkeiten festgestellt waren, wurde dem Kind der Name dieses alten Mannes oder der alten Frau gegeben, die von nun an speziell die Verantwortung für das Wohlergehen des Kindes übernahm. Er oder sie wachte darüber, dass das Kind von den Eltern gut versorgt wurde.

Wenn das Kind das Jugendalter erreicht hatte, wurde es in Freundschaften eingebunden. Immer wenn ca. sechs bis acht Jugendliche in dem Dorf ungefähr dreizehn oder vierzehn Jahre alt waren, wurden sie zusammen auf ihr Leben als erwachsene Mitglieder der Gemeinschaft vorbereitet. Während dieser Zeit schlossen alle Jugendlichen in dieser Gruppe eine Freundschaft, die ein Leben lang andauerte. Jeder war verpflichtet, dem anderen im Notfall beizustehen. Diese Freundschaften konnten nicht gelöst werden und wenn heute einer aus meiner Altersgruppe zu mir kommt und um Hilfe bittet, werde ich ihm helfen.

Überhaupt haben wir früher viel gemeinsam gearbeitet. Wenn zum Beispiel jemand ein neues Haus brauchte, so hat er am Abend bekanntgegeben, dass am nächsten Morgen gebaut würde und alle sind gekommen und haben ihm geholfen.

Das Leben in der Gemeinschaft hörte nie auf. Als meine Eltern alt wurden, sind sie damals von mir versorgt worden. Eine meiner Töchter, sie war gerade neun Jahre alt, hatte die Aufgabe, den ganzen Tag bei meinen Eltern zu bleiben, für sie zu kochen und ihnen jeden Wunsch zu erfüllen. Heute sind die alten Leute oft ganz allein. Niemand kümmert sich um sie. Die Kinder sind in der Schule und die Alten müssen häufig noch selbst ihre Nahrung auf dem Feld anbauen. Überhaupt, das Alter ist heute wertlos geworden. Die Jungen wollen unsere Ratschläge nicht mehr hören. Sie sagen: „Ich bin zur Schule gegangen und kenne das moderne Leben. Was kannst du uns schon erzählen?"

(aus: Praxis der Geographie 2/94)

146.1 Lukas Kanjele berichtet von früher

Ländliche Siedlungen und Betriebsformen

Das Erbe der Kolonialzeit

Das Jahr 1918 brachte das Ende der deutschen Kolonialherrschaft in Ostafrika. Ende des Ersten Weltkrieges kamen die Siegermächte überein, die Verwaltung des ehemaligen Deutsch-Ostafrika (Kolonie seit 1891) an Großbritannien zu übertragen, mit Ausnahme von Ruanda und Burundi, die den Belgiern übergeben wurden. Das unter britischem Mandat stehende Gebiet erhielt die Bezeichnung Tanganjika territory, kurz Tanganjika genannt. 1961 wurde Tanganjika unabhängig.

In der Kolonial- und Mandatszeit richteten Europäer die ersten Plantagen ein, Großbetriebe, die für den Weltmarkt produzierten. Die Mehrzahl der Plantagen waren gemischte Betriebe, in denen mehrere Nutzpflanzen angebaut wurden: meist Sisal, Kaffee, Kokospalmen. Die einheimische Bevölkerung, die bis dahin nur die Subsistenzwirtschaft kannte, übernahm schon frühzeitig auch den Anbau von Cash-crop-Pflanzen, wie Kaffee, Tee, Baumwolle. Die überwiegend kleinbäuerlichen Betriebe Tansanias erzeugen bis heute sowohl für die Eigenversorgung als auch für Verkaufszwecke. Den Absatz übernimmt der Staat oder eine genossenschaftliche Organisation.

Die Ujamaa-Idee

„In einem so armen Land", erklärte der Ministerpräsident Nyerere anlässlich des Unabhängigkeitstages, „wird es schwere Anstrengungen kosten, den Lebensstandard des Volkes zu heben und die allgemeine Wirtschaftslage zu verbessern." Nyerere wollte dies erreichen, indem er die Bevölkerung zur gemeinsamen Arbeit zum Wohle des gesamten Staates glaubte verpflichten zu können. Er orientierte sich am Leben in der traditionellen afrikanischen Großfamilie. Nyereres Politik wurde weltweit als Ujamaa-Sozialismus oder afrikanischer Sozialismus bekannt. Ujamaa ist ein Kisuaheli-Wort und bedeutet „Familienzusammenhalt". Menschen sollen in einer Gemeinschaft leben und arbeiten. Sie wäre am besten in einem Dorf zu verwirklichen und müsste groß genug sein, um modernen Methoden und den Bedürfnissen der Menschen des 20. Jh. Rechnung zu tragen.

In den 60er-Jahren begann eine Umsiedlungsaktion in allen Landesteilen. Die Menschen, die in verstreuten Dorfsiedlungen von ca. 60 Haushalten lebten, wurden aufgefordert, ihre Dörfer zu verlassen und in Mittelpunktsdörfer mit etwa 700 Haushalten zusammenzuziehen. Die Regierung glaubte, dass die Landbevölkerung im Laufe der Zeit die Vorzüge der neuen Lebens- und Wirtschaftsweise erkennen und akzeptieren würde. Man nimmt an, dass bis Mitte 1975 mehr als 9 Mio. Afrikaner, etwa 60 % der Bevölkerung, in mehr als 6000 Dörfer zusammengesiedelt worden sind. Danach wurde die Umsiedlungsaktion abgebrochen. Das hatte mehrere Gründe: Die Standorte vieler Ujamaa-Dörfer waren schlecht gewählt. Es fehlte an Wasser und die Bodenverhältnisse waren häufig schlechter als in der verlassenen Heimat. Der schwerste Rückschlag trat 1974/1975 ein, als infolge einer extremen Dürreperiode nicht mehr genügend Nahrungsmittel erzeugt werden konnten. Nur durch Nahrungsmitteleinfuhren und -hilfen konnte eine Hungerkatastrophe vermieden werden. Seit 1986 wird in dem immer noch sozialistischen Land der privaten Initiative in Produktion und Handel mehr Freiraum gewährt. Gegen Korruption wird schärfer vorgegangen.

Die Landwirtschaft der Chagga
Landwirtschaftlich sehr erfolgreich ist der Volksstamm der Chagga. Ihr Siedlungsraum sind die südöstlichen Abhänge des Kilimandjaro in 1000–2000 m Höhe. Auf meist nur 1 bis 2 ha großen Pflanzungen bauen die Chagga als Exportprodukt Kaffee an. Unter den Kaffeesträuchern (1–3 m) gedeihen zur Selbstversorgung und zum Verkauf auf den einheimischen Märkten Knollenfrüchte (Taro, Yams, Batate), Feldgemüse, Mais

147.1 Bäuerlicher Betrieb der Chagga

sowie Futtergräser. Den für die Kaffeepflanzen wichtigen Schatten geben Bananenstauden und verschiedene Baumarten. 15 Sorten Bananen gibt es. Sie dienen der Ernährung, dem Bierbrauen und als Viehfutter. Über dem „Bananenstockwerk" (3–5 m) folgt noch ein Baumstockwerk mit bis zu 25 m hohen Bäumen, die hochwertiges Bau- und Brennholz liefern. Mithilfe der Schmelzwasser vom Kilimandjaro nutzen die Chagga auch trockene Gebiete. Die wenigen Tiere, die sich die Bauern leisten können, werden entweder im Stall gehalten oder im Freien angepflockt. Zufütterung mit Ernteabfällen, Gras und Laub ist üblich. Der Dung der Tiere wird in die Kaffeepflanzungen eingebracht. Die wirtschaftlich wenig ertragreichen einheimischen Rinderrassen haben die Chagga durch importierte Milchrinder ersetzt. Zum Viehbestand gehören auch Ziegen, Schafe und Hühner. Der Boden wird mit der Hacke bearbeitet. Durch ihre intensive Wirtschaftsform gelingt es den Chagga, auf recht begrenzten Nutzflächen eine große Bevölkerungszahl zu ernähren.

Man bezeichnet diese Form der bäuerlichen Landnutzung auch als **Hausgartenbau.**

5. Nimm Stellung zum Bericht des Lukas Kanjele (Mat. 146.1).
6. Erkläre die Ujamaa-Idee. Stelle Vor- und Nachteile aus deiner Sicht gegenüber (Text).
7. Beschreibe den Hausgartenbau der Chagga (Mat. 147.1 und Text).
8. Die kleinbäuerlichen Betriebe produzieren für den Eigenbedarf und für den Export. Stelle Vorteile dieser Betriebsform gegenüber der reinen Subsistenzwirtschaft heraus.

Für den Eigenbedarf oder für Geld anbauen?

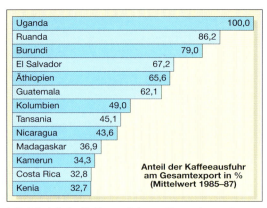

148.1 Anteil der Kaffeeausfuhr am Gesamtexport

(Anteil der Kaffeeausfuhr am Gesamtexport in %, Mittelwert 1985–87)

Land	%
Uganda	100,0
Ruanda	86,2
Burundi	79,0
El Salvador	67,2
Äthiopien	65,6
Guatemala	62,1
Kolumbien	49,0
Tansania	45,1
Nicaragua	43,6
Madagaskar	36,9
Kamerun	34,3
Costa Rica	32,8
Kenia	32,7

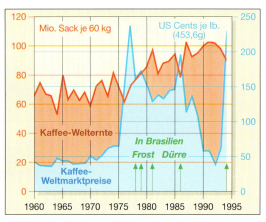

148.2 Kaffee-Welternte/Weltmarktpreise

Land	Anteil am Gesamtexport
Belize	33% Tee (1992)
Benin	60% Baumwolle (1989)
Côte d'Ivoire	34% Kakao, Kakaoprodukte (1992)
Gambia	79% Erdnüsse, Erdnusserzeugnisse (1986)
Komoren	78% Vanille (1993)
Malawi	76% Tabak (1991)
Marshallinseln	83% Kokosnussöl (1988)
Samoa	60% Kopra (1989)
Somalia	40% Bananen (1988)
Tonga	60% Kürbisse (1991)
Uganda	91% Kaffee (1993)

148.3 Anteile am Gesamtexport

Cash-crops ...

Für einige Länder ist Kaffee ein bedeutender, für manche der wichtigste Devisenbringer. Die Anbauländer gehören zu den Entwicklungsländern. Hohe Temperaturen und Niederschläge sind für den Anbau günstig. Bei wenig Niederschlägen muss bewässert werden. 13 °C stellen das untere Temperaturlimit dar. Jüngere Pflanzen benötigen einen Sonnenschutz (Bäume, Bananenstauden).

Wertmäßig wird das Welthandelsprodukt Kaffee nur vom Erdöl übertroffen. Der Großteil des Erlöses vom Kaffeeverkauf fällt an Zwischenhändler, Spediteure, Röstereien, Einzelhändler. Fast alle haben ihren Standort in den Industrieländern. Vier US-amerikanische Unternehmen und zwei in der Schweiz beherrschen den internationalen Kaffeemarkt. Diese Konzerne diktieren den Erzeugerstaaten die Handelsbedingungen. Das wird durch die seit Jahren anhaltende Kaffeeüberproduktion begünstigt. Angebot und Nachfrage stehen in einem für die Produzenten ungünstigen Verhältnis. Bekamen die Kleinbauern 1985 noch ein einfaches Motorfahrzeug für drei Sack Kaffee, so mussten sie 1990 schon zehn Sack Kaffee dafür zur Verfügung stellen (vgl. S. 176). Um gleiche Einnahmen zu haben, muss diese Erzeugergruppe die Produktion von Kaffee ausdehnen. Das geht auf Kosten des Anbaus von Grundnahrungsmitteln für ihre Familien. Die Plantagenbesitzer andererseits bauen mehr Kaffee an, um kleine Anbieter aus dem Markt zu drängen.

1. Suche im Atlas die Länder, die vom Kaffee-Export abhängig sind (Mat. 148.1). Nenne weitere Länder mit Kaffeeanbau.
2. Was bedeutet es, vom Weltmarkt abhängig zu sein? Nenne Probleme, die sich aus der Abhängigkeit von einem landwirtschaftlichen Exportartikel ergeben. Beachte Mat. 148.2.
3. Erörtere die Situation der kleinbäuerlichen Betriebe, die Kaffee erzeugen.
4. Suche im Atlas die in Mat. 148.3 erwähnten Länder. Überlege, welche Nachteile sich für ein Land ergeben, wenn es seine Exporterlöse überwiegend aus nur *einem* landwirtschaftlichen Erzeugnis bestreitet.

... oder Nahrungsmittelerzeugung für den Eigenbedarf?

Bäuerliche Betriebe, die nur der Eigenversorgung dienen und einen mehr oder weniger großen Teil auf ortsnahe Märkte bringen, sind in Entwicklungsländern heute noch die Regel. Sie sichern die Ernährung vieler am Ort lebender Menschen. In Jahren schlechter oder ausbleibender Ernten, z. B. in Dürrejahren, droht aber die Gefahr von Hungersnöten. Geld, um Nahrungsmittel zu kaufen, fehlt immer dann, wenn es keine anderen Verdienstmöglichkeiten gibt. Geld wird benötigt, um ein Fahrrad, ein Moped, ein Radio, Schuhe und Kleidung, Schulbücher (nicht selten auch den Schulbesuch), Mineraldünger, Vieh, Land zu kaufen und Steuern zu bezahlen. Die Subsistenzbauern suchen deshalb nach zusätzlichen Verdienstmöglichkeiten. Sie verdingen sich als Saisonarbeiter auf Plantagen oder als Gelegenheitsarbeiter in den Städten, sogar als Wanderarbeiter in Nachbarstaaten. Die Feldarbeit zu Hause übernehmen dann allein die Ehefrau und die Kinder. Nach Schätzungen werden heute in Afrika 60 bis 80 % der Nahrung von Frauen produziert.

Ein großer Teil der ländlichen Bevölkerung in Entwicklungsländern ist ohne Landbesitz. Diese Bevölkerungsgruppe ist noch stärker als die Subsistenzbauern darauf angewiesen, ihren Lebensunterhalt zu verdienen. Sie verdingen sich als Gelegenheitsarbeiter.

Um immer mehr Menschen in Entwicklungsländern mit Nahrung versorgen zu können, aber auch mit den notwendigen Gütern des täglichen Bedarfs, sind krisenfeste bäuerliche Betriebe unbedingt notwendig. Diese Betriebe müssen aber auch möglichst vielen Menschen Arbeit und damit Verdienstmöglichkeiten geben.

Die wirtschaftliche Bedeutung von Plantagen ist in den Entwicklungsländern anerkannt. Die Produktivität der Plantagen steht in krassem Gegensatz zu den meisten Bauernwirtschaften in ihrem Umland. Seit den 70er-Jahren werden deshalb in vielen Ländern Kooperationen zwischen den Plantagen und den Kleinbauern gefördert. Eine Form ist der Vertragsanbau: Die bäuerlichen Betriebe gehen einen Anbauvertrag mit der Plantagengesellschaft ein. Sie verpflichten sich zur Ablieferung bestimmter Cash-crop-Früchte und erhalten dafür eine Abnahmegarantie bei festem Preis. Zusätzlich erhalten sie hochwertiges Saat- und Pflanzgut sowie die Kenntnis neuer Anbautechniken.

Eine andere Form der Kooperation ist die genossenschaftliche Selbstorganisation mehrerer Bauern. Sie schließen sich zusammen und organisieren den Einkauf und den Verkauf ihrer Produkte gemeinsam (vgl. S. 37).

Zu einer erfolgreichen Politik der „ländlichen Entwicklung" zur Verhinderung von Armut und Hunger muss auch gehören – darüber sind sich Fachleute einig –, möglichst vielen Besitzlosen Landbesitz zu ermöglichen. Viele Menschen müssten bei der Landarbeit eingesetzt werden. Man sagt, es muss arbeitsintensiv und nicht kapitalintensiv gewirtschaftet werden. Verdienen die Menschen Geld, wird Kaufkraft geschaffen und es kann sich ein Binnenmarkt entwickeln.

149.1 Überwiegend Frauen verrichten Feldarbeit

5. Stelle die Vorteile der reinen Subsistenzwirtschaft den Nachteilen gegenüber.
6. „Bäuerliche Genossenschaft."– Erkläre diesen Begriff.
7. Nenne Gründe, warum Frauen einen übermäßigen Anteil an der Feldarbeit haben (Mat. 149.1).
8. Produzieren für den Export. Produzieren für die eigene Versorgung. – Eins von beiden oder beides? Begründe deine Entscheidung.

Rio de Janeiro – Wachstum einer Metropole

150.1 Rio de Janeiro

João Callado stammt aus Satiro Dias, einem Dorf im brasilianischen Bundesstaat Bahia. Er war einer der vielen Kleinbauern im Nordosten Brasiliens, die ihre Familien trotz harter Arbeit kaum noch ernähren konnten. Außerhalb der Landwirtschaft gab es kaum Arbeit. Nach langem Zögern entschlossen sich João und seine Frau Maria, die Heimat zu verlassen, für immer von Satiro Dias wegzuziehen. Vor zwei Wochen sind sie mit den fünf Kindern in Rio de Janeiro angekommen. João schildert einem europäischen Fernsehteam seine Situation:

Im Nordosten, dem „Armenhaus Brasiliens", müssen die meisten Kleinbauern mit weniger als 10 Hektar Nutzfläche auskommen und oft genug gehört ihnen das Land nicht selbst. Die Verträge mit den Großgrundbesitzern sind sehr hart. Ich musste das anbauen, was der Großgrundbesitzer vorschrieb, und die Ernte zur Hälfte an ihn abliefern. Da bleibt nicht viel zum Leben übrig. Obendrein haben häufig Dürreperioden die gesamte Ernte vernichtet. Viele haben aufgegeben und arbeiten nun als Gelegenheitsarbeiter auf den Zuckerrohrplantagen der Großgrundbesitzer. Ich hatte auch nicht genug Land, um Maniok, Bohnen und Reis anzubauen. Nach Dürren und Hunger sind vier meiner neun Kinder gestorben. In Satiro Dias gab es keine Zukunft für uns. Hier in Rio will ich mir eine Arbeit suchen und meine Kinder zur Schule schicken. Mit einer Ausbildung können sie später einen guten Beruf ergreifen. Aber wo wir hier wohnen können, weiß ich noch nicht. Obwohl wir zu Hause alles verkauft haben, wird das Geld nicht lange reichen. Für die ersten Tage können wir in einer Hütte in einem ärmlichen Viertel am Stadtrand bleiben. (aus einem Fernsehbericht)

Wie João ziehen jedes Jahr über 100 000 Menschen aus dem landwirtschaftlich geprägten Nordosten in die großen Städte im Südosten Brasiliens. Den „Menschen ohne Land" versprach die Regierung schon in den Siebzigerjahren Hilfe. Alle angekündigten Agrarreformen scheiterten aber bisher am Widerstand der Großgrundbesitzer. Da auch kaum Arbeitsplätze in der Industrie entstanden, nehmen die sozialen Probleme und Spannungen im Nordosten Brasiliens weiter zu. Ein Ende der Abwanderung ist nicht abzusehen.

Wie viele Zuwandererfamilien, leben die Callados inzwischen in der Rocinha, dem größten Elendsviertel Rios. In Brasilien heißen diese Wohngebiete der armen Bevölkerung **Favelas**. Man schätzt, dass inzwischen 3 000 000 Menschen in 400 Favelas leben – genaue Zahlen kennt niemand.

Eng nebeneinander drängen sich an den Berghängen eines Talkessels, nahe dem Berg Corcovado, Baracken aus Brettern, Blech und roh gemauerten Ziegeln. Immer wieder kommt es hier nach tropischen Regengüssen zu Bergrutschen. Joãos Holzhütte ohne Wasseranschluss kostete ihn 50 000 Cruzeiros, das sind für ihn als Lagerarbeiter vier Monatslöhne. Dennoch hat er großes Glück gehabt: Einen festen Arbeitsplatz haben die wenigsten Menschen in der Favela. Viele versuchen, sich in den besseren Vierteln der Stadt als Hausangestellte zu verdingen oder ihren Lebensunterhalt mit Gelegenheitsjobs zu sichern. Wegen der schlechten hygienischen Verhältnisse und der fehlenden medizinischen Versorgung sind viele Favelabewohner krank. Das Fehlen einer Abwasserkanalisation ist der größte Missstand, ansteckende Krankheiten können sich auf diese Weise in kurzer Zeit seuchenartig ausbreiten.

Die Regierung versucht, durch die Errichtung neuer Schulen, in denen die Kinder auch kostenlose Mahlzeiten erhalten, die Not zu lindern. Es ist jedoch fraglich, ob der hochverschuldete Staat

Jahr	Einwohner Rio-Stadt (in 1000)	Anzahl der Favelas	Favela-Bewohner (in 1000)	in % der Stadtbevölkerung
1950	2 000	105	170	9
1960	3 300	147	335	10
1970	4 250	300	1 000	24
1980	5 100	350	2 000	40
1990	5 300	400	3 000	57

151.2 Das Wachstum der Favelas in Rio

Brasilien die Kosten für eine wirksame Verbesserung der Lebensverhältnisse in den ständig wachsenden Favelas aufbringen kann.

1. Fasse die Gründe zusammen, aus denen João Callado mit seiner Familie nach Rio de Janeiro zog.
2. Bestimme mithilfe einer Atlaskarte die Lage von Bahia und Rio de Janeiro. Wie groß ist die Entfernung zwischen Rio und Salvador (Hauptstadt Bahias)?
3. Erläutere anhand des Textes und Mat. 151.1 die Lebensbedingungen in einer Favela.
4. Fertige ein Diagramm an, in das du die Einwohnerzahlen aus Mat. 151.2 überträgst.

151.1 Favela in Rio de Janeiro

Straßenkinder in Rio de Janeiro

Jede Nacht sterben Kinder und Jugendliche als Opfer der Gewalt und eines stillen Krieges auf den Straßen Brasiliens: 424 tote Straßenkinder im letzten Jahr allein in Rio, seit Anfang dieses Jahres bereits 320 Opfer von Gewaltverbrechen – so lautet die Horrorstatistik.

Die Großstadt wirkt wie ein Magnet auf die Kinder und Jugendlichen der Favelas. Im Großstadtdschungel scheinen die Überlebenschancen besser als in der trostlosen Wüste der Bretterbuden draußen an der Peripherie. Mit Diebstahl und Bettelei, Handlangerdiensten und als Kuriere der Rauschgifthändler halten sich die Kinder über Wasser.

Passanten und Geschäftsleuten sind die Straßenkinder ein Dorn im Auge. Ladeninhaber, die ohnmächtig zusehen müssen, wie ihre Geschäfte wiederholt von jugendlichen Banden geplündert worden sind, greifen zur Selbsthilfe.

(nach: Bonner Generalanzeige vom, 26.07.1993)

152.1 Zeitungsmeldung

5. Beschreibe die Lage der verschiedenen Wohngebiete in Rio (Mat. 152.2 u. 150.1, Text).
6. Erläutere die Ursachen der Gewaltkriminalität in der Stadt (Mat. 152.1, Text).

Ein krasser Gegensatz zwischen Reichtum und Armut kennzeichnet das Stadtbild Rio de Janeiros. Im Norden gibt es in der Nähe der Industriegebiete große Arbeiterviertel. Hier sind die Wohnverhältnisse zwar besser als in den Favelas, aber die Fabriken gefährden hier die Gesundheit der Menschen und beeinträchtigen die Wohnqualität. Im Sommer werden unter einer schadstoffhaltigen Dunstglocke die höchsten Temperaturen der Stadt gemessen und die teilweise versumpften Uferbereiche der Bucht von Guanabara sind durch ungeklärte Abwässer verschmutzt.

In Copacabana, Ipanema und Leblon, den traditionellen Wohngebieten der Oberschicht, gibt es dagegen viele moderne Apartmenthäuser mit Swimmingpools und tropischen Gärten auf den Dächern. Das Leben in diesen Vierteln ist aber immer gefährlicher geworden. 1992 wurde alle zehn Minuten ein Auto gestohlen, Raubüberfälle sind an der Tagesordnung. Nicht wegen der Bequemlichkeit, sondern aus Angst vor Überfällen werden Kinder mit dem Wagen zu einer der teuren Privatschulen gefahren und gekaufte Waren lässt man aus Sicherheitsgründen von Firmen nach Hause bringen. Viele Reiche sind deshalb in das neue Villenviertel Barra da Tijuca gezogen, wo Grundstücke von hohen Mauern umgeben, mit Alarmanlagen und teilweise sogar von bewaffneten Posten gesichert sind.

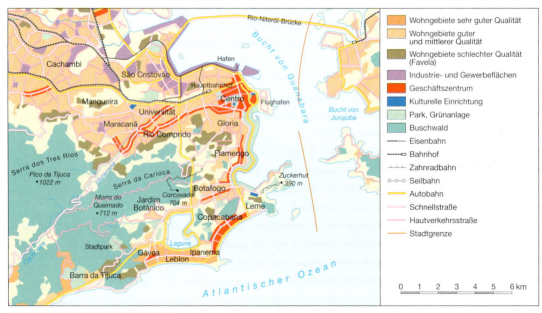

152.2 Wohnqualität in Rio de Janeiro

In vielen Millionenstädten der Dritten Welt ist der Zustrom Arbeit suchender Menschen so groß wie in Rio de Janeiro. Wohnungen und Bauland werden immer knapper. Siedlungen, Gewerbe- und Verkehrsflächen breiten sich daher auch im Umland jenseits der Stadtgrenze aus, ohne dass staatliche Planung diese Entwicklung steuern kann. Alte Vororte wachsen so mit der Stadt zusammen und bilden mit ihr zusammen einen verdichteten Großraum, eine **Agglomeration.** Auch in Industrieländern wachsen Städte nach Zahl, Einwohnern und Fläche. Der weltweit zu beobachtende Prozess der Verstädterung ist jedoch in den Entwicklungsländern besonders dynamisch.

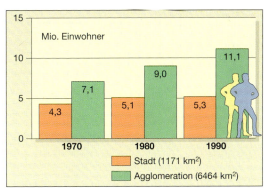

153.2 Bevölkerungsentwicklung in Stadt und Agglomeration Rio de Janeiros

7. Untersuche die Bevölkerungsentwicklung in den Städten und in den Landgemeinden Brasiliens (Mat. 153.3) und erkläre die Unterschiede.
8. Vergleiche das Bevölkerungswachstum im Stadtgebiet Rio mit dem in der Agglomeration (Mat. 153.2).
9. Mat. 153.1 zeigt, welche Agglomerationen bis zum Jahr 2025 besonders stark anwachsen werden. In welchen Kontinenten ist das Wachstum am größten?

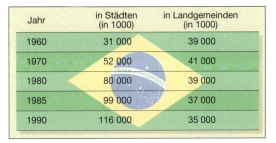

Jahr	in Städten (in 1000)	in Landgemeinden (in 1000)
1960	31 000	39 000
1970	52 000	41 000
1980	80 000	39 000
1985	99 000	37 000
1990	116 000	35 000

153.3 Bevölkerung Brasiliens nach Stadt und Land

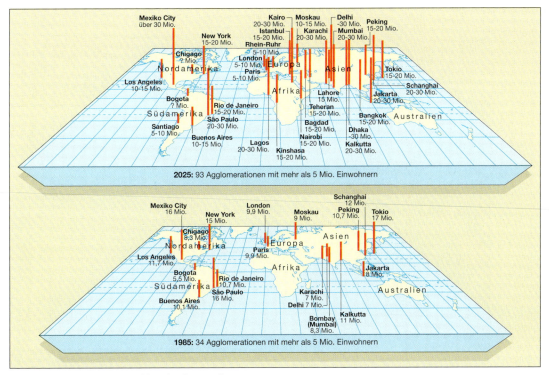

153.1 Entwicklung ausgewählter Agglomerationen

Die lautlose Explosion der Weltbevölkerung

In den 40 Jahren von 1950 bis 1990 hat sich die Weltbevölkerung mehr als verdoppelt, von 2,5 Milliarden auf 5,3 Milliarden Menschen. Und das Tempo nimmt immer noch zu. In den Neunzigerjahren vermehrt sich die Menschheit schneller als je zuvor, ein Rekord, den wir erleben. In jeder Sekunde werden derzeit fünf Kinder geboren und zur Jahrtausendwende wird es fast eine Milliarde Menschen mehr geben. Nichts deutet darauf hin, dass diese Lawine an Fahrt verliert. Zwar hat sich die Zahl der Geburten pro Frau seit den Siebzigerjahren allmählich verringert, doch die absolute Geburtenzahl steigt weiterhin, und selbst bei einem drastischen Rückgang der Geburtenrate wird der demographische (der Bevölkerungs-) Druck unvermindert anhalten. Denn die Masse der Paare, mit deren Fortpflanzung zu rechnen ist, wächst und wächst. Erst im 21. Jh., so lauten die Prognosen, wird die Zahl der Geburten wieder langsam zurückgehen.

(nach: Die Erde 2000)

Die Ursache für diese Bevölkerungsexplosion liegt im Verhältnis zwischen Geburten- und Sterberate begründet. Die **Geburtenrate** gibt an, wie viele Geburten im Jahr pro 1000 Menschen zu verzeichnen sind. Indien hat z. B. eine mittlere Geburtenrate von 29 ‰ im Jahr. Das bedeutet, dass bei einer Bevölkerung von 898 Mio. Menschen 26 Mio. pro Jahr geboren werden. Die **Sterberate** gibt an, wie viele Menschen pro Jahr von 1000 Einwohnern sterben. Indien hat eine Sterberate von 10 ‰, das sind 9,0 Mio. Menschen pro Jahr. Die **Wachstumsrate** der Bevölkerung wird aus der Differenz von Geburten- und Sterberate errechnet. Sie beträgt für Indien also 19 ‰ entsprechend 15 Mio. Menschen im Jahr. Daraus lässt sich hochrechnen, wann sich die Bevölkerung Indiens verdoppelt: Indien hat eine Verdoppelungszeit von 37 Jahren. Im Vergleich dazu hatte Deutschland 1991 eine Geburtenrate von 10 ‰ und eine Sterberate von 11 ‰!

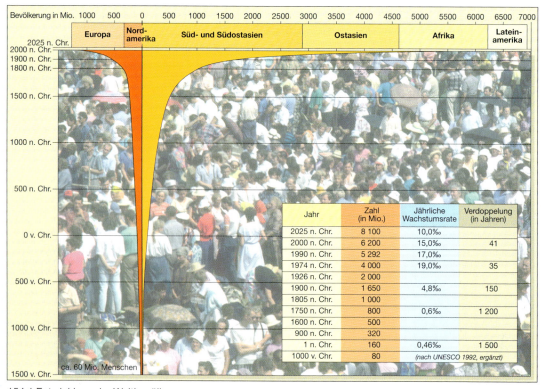

Jahr	Zahl (in Mio.)	Jährliche Wachstumsrate	Verdoppelung (in Jahren)
2025 n. Chr.	8 100	10,0 ‰	
2000 n. Chr.	6 200	15,0 ‰	41
1990 n. Chr.	5 292	17,0 ‰	
1974 n. Chr.	4 000	19,0 ‰	35
1926 n. Chr.	2 000		
1900 n. Chr.	1 650	4,8 ‰	150
1805 n. Chr.	1 000		
1750 n. Chr.	800	0,6 ‰	1 200
1600 n. Chr.	500		
900 n. Chr.	320		
1 n. Chr.	160	0,46 ‰	1 500
1000 v. Chr.	80		

(nach UNESCO 1992, ergänzt)

154.1 Entwicklung der Weltbevölkerung

Ungleiches Bevölkerungswachstum

Im Jahre 2025 werden nach UNO-Berechnungen mehr als 8,3 Mrd. Menschen auf unserem Planeten leben. Die Weltbevölkerung entwickelt sich aber nach Regionen unterschiedlich. Für die Industriestaaten wird eine jährliche Zunahme von 5 ‰ angenommen, für die Entwicklungsländer von etwa 20 ‰.

87 Millionen Menschen mehr pro Jahr auf unserem Planeten werfen riesige Probleme auf: 87 Mio. Schüler mehr als im Jahr zuvor, zusätzliche Nahrung für 87 Mio., Wohnungen für sie, Trinkwasser, Kleidung, medizinische Betreuung … Und das, obwohl bereits für alle früher Geborenen nicht genügend Schulen, Arbeit, Nahrungsmittel und Wohnraum vorhanden sind.

Land	Einwohner	Fläche	E/km²
1. China	1 178 Mio.	9 571 000 km²	123
2. Indien	898 Mio.	3 287 000 km²	273
3. USA	258 Mio.	9 529 000 km²	27
4. Indonesien	187 Mio.	1 904 000 km²	98
5. Brasilien	156 Mio.	8 512 000 km²	18
6. Russland	149 Mio.	17 075 000 km²	9
7. Pakistan	128 Mio.	796 000 km²	161
8. Japan	125 Mio.	378 000 km²	331
9. Bangla Desh	115 Mio.	144 000 km²	799
10. Nigeria	105 Mio.	924 000 km²	114
11. Mexiko	90 Mio.	1 958 000 km²	46
12. Deutschland	81 Mio.	357 000 km²	227

155.2 Staaten, Bevölkerung und Fläche (1993)

1. Stelle die Verdoppelung der Weltbevölkerung nach Zeitabständen fest (Mat. 154.1).
2. Erläutere den Begriff „Bevölkerungsexplosion" (Mat. 154.1 und Text).
3. Vergleiche die Einwohnerzahl in unterschiedlichen Erdräumen im Jahr 2000 (Mat. 154.1).
4. Nenne für ausgewählte Länder (Mat. 155.2) Verdoppelungszeit (Mat. 155.1) und prozentuales Wachstum der Bevölkerung (Mat. 155.3). Welche Probleme können sich ergeben?
5. In welchen Ländern (Mat. 155.2) ist das Bevölkerungswachstum niedrig?

Verdoppelungszeit der Bevölkerung	Bevölkerungswachstum in %
> 80 Jahre	< 0,88
40 Jahre	1,75
35 Jahre	2,05
30 Jahre	2,35
25 Jahre	2,85
< 20 Jahre	> 3,55

155.3 Verdoppelungszeit und Prozentuales Wachstum

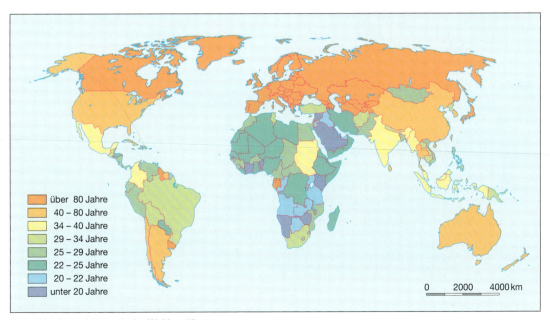

155.1 Verdoppelungszeit der Weltbevölkerung

Der Kindersegen – Kinder, ein Segen?

Kinderreichtum ist in vielen Entwicklungsländern erwünscht, denn Kinder bringen persönliches Ansehen und helfen, das Überleben der Familie zu sichern: Sie holen Wasser und Holz, hüten Tiere, arbeiten auf den Feldern mit, knüpfen mit ihren kleinen, geschickten Fingern die feinsten Teppiche. Oft tragen sie auch finanziell zum Familieneinkommen bei, indem sie z. B. in Straßenküchen helfen, in Handwerksbetrieben aufräumen, Botengänge verrichten, als Kleinhändler und Schuhputzer auf der Straße Geld verdienen. Verbreitet sind aber auch Bettelei, z. B. in Touristenzentren, und bei großer Armut Kleinkriminalität.

Kinder sorgen für ihre Eltern, wenn diese alt oder krank geworden sind; das ist notwendig, da es in den meisten Ländern der Dritten Welt keine Kranken- oder Rentenversicherungen gibt.

In manchen Religionen darf die Ahnenverehrung nur von Söhnen ausgeübt werden; hier bewahrheitet sich der Spruch: Der Wunsch nach einem Sohn ist der Vater vieler Töchter!

Früher wurde die hohe Geburtenrate durch die Kindersterblichkeit ausgeglichen. 1950 z. B. starben in Entwicklungsländern 150 ‰ der Kinder im ersten Lebensjahr. Durch eine bessere medizinische Versorgung ist diese Rate heute auf unter 50 ‰ gesunken (Deutschland 1993 6 ‰). Da gleichzeitig die durchschnittliche Lebenserwartung ansteigt, besteht eine große Spanne zwischen Geburten- und Sterberate.

156.1 Bevölkerungsanteil unter 15 Jahren (in %)

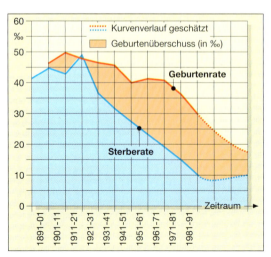

156.2 Geburten- und Sterberate in Indien

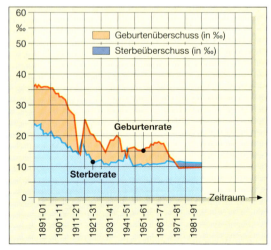

156.3 Geburten- und Sterberate in Deutschland

Bis zum Beginn des Industriezeitalters hatten auch Länder wie Großbritannien, Frankreich und Deutschland hohe Geburten- und Sterberaten. Doch durch die Entwicklungen in Wirtschaft und Gesellschaft sanken die Kinderzahlen. Heute herrschen in den Industrieländern hauptsächlich Kleinfamilien vor, die finanziell attraktiver sind, einen höheren Lebensstandard gewährleisten und die Frauen nicht mehr so stark ans Haus binden. Eine Familie in Deutschland hat durchschnittlich nur noch 1,4 Kinder.

Deshalb erwarten Bevölkerungsforscher, dass mit wachsender Industrialisierung auch in den Entwicklungsländern die Kinderzahlen pro Familie sinken. Durch Geburtenkontrolle soll diese Entwicklung beschleunigt werden. Ziel ist z. B. die Zwei-Kinder-Familie. Strenger ging man in China vor (vgl. S. 142). Die Menschen sind aber nur schwer zum Verzicht auf Kinder zu bewegen.

Die unterschiedliche Einstellung zu Kindern hat in Industrie- und Entwicklungsländern zu einem typischen Aufbau der Bevölkerung nach Altersgruppen geführt. Das wird in der graphischen Darstellung deutlich (vgl. Mat. 157.1). Sie fasst jeweils fünf Jahrgänge, getrennt nach männlich und weiblich, zu einer Altersgruppe zusammen. Der prozentuale Anteil an der Gesamtbevölkerung oder ihre absolute Zahl kann auf der X-Achse abgelesen werden. Entwicklungsländer haben einen Bevölkerungsaufbau in Form einer Pyramide – daher spricht man auch von **Bevölkerungspyramide** –, Industrieländer in Form einer Glocke.

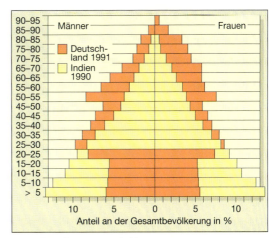
157.1 Bevölkerung nach Altersgruppen

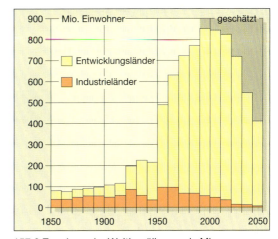
157.2 Zunahme der Weltbevölkerung in Mio.

1. Vergleiche die Aufgaben eines Kindes in einem Entwicklungsland mit deinen eigenen.
2. Vergleiche die Angaben zum Bevölkerungsanteil unter 15 Jahren miteinander und nenne mögliche Folgen (Mat. 156.1, Text S. 155).
3. Beschreibe die Entwicklung der Geburten- und Sterberaten in Indien und Deutschland; erkläre die Unterschiede (Text, Mat.156.2u.3).
4. Erläutere den Altersaufbau der Bevölkerung in Indien und Deutschland (Text, Mat. 157.1). Welche Probleme ergeben sich daraus für die beiden Länder und welche Aufgaben hat die Bevölkerungspolitik (vgl. Mat. 155.3)?
5. Kennzeichne die Bevölkerungspolitik Indiens anhand der Briefmarke (Mat. 157.3).
6. Warum sind Menschen in Entwicklungsländern nur schwer für die Geburtenkontrolle zu gewinnen (Text)?

157.3 Briefmarke aus Indien

Aktionsseiten: Kann man denn gar nichts tun?

Weltweit gibt es ein Viertel Reiche und drei Viertel Arme. Ein Viertel der Menschen ist nicht in der Lage, seine Grundbedürfnisse – Ernährung, Kleidung, Wohnung, Gesundheit und Bildung – zu decken. Das sind die Ärmsten der Armen. Für diese Menschen setzen sich verschiedene Hilfsorganisationen ein.

In Afrika, Asien und Lateinamerika werden verschiedenste Projekte durchgeführt. Damit die Lebensbedingungen auf Dauer besser werden, wird die Entwicklung in vielen verschiedenen Bereichen unterstützt: Landwirtschaft, Gesundheit, Bildung, Kleingewerbe, Schulung von Fachkräften, Frauenförderung und andere Bereiche.

Häufig wird von den Organisationen auch Notstandshilfe in Krisengebieten geleistet.

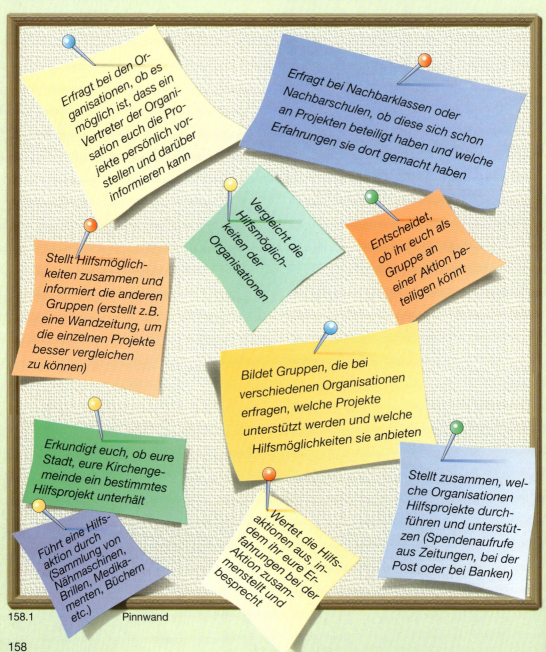

158.1 Pinnwand

- Erfragt bei den Organisationen, ob es möglich ist, dass ein Vertreter der Organisation euch die Projekte persönlich vorstellen und darüber informieren kann
- Erfragt bei Nachbarklassen oder Nachbarschulen, ob diese sich schon an Projekten beteiligt haben und welche Erfahrungen sie dort gemacht haben
- Stellt Hilfsmöglichkeiten zusammen und informiert die anderen Gruppen (erstellt z.B. eine Wandzeitung, um die einzelnen Projekte besser vergleichen zu können)
- Vergleicht die Hilfsmöglichkeiten der Organisationen
- Entscheidet, ob ihr euch als Gruppe an einer Aktion beteiligen könnt
- Bildet Gruppen, die bei verschiedenen Organisationen erfragen, welche Projekte unterstützt werden und welche Hilfsmöglichkeiten sie anbieten
- Erkundigt euch, ob eure Stadt, eure Kirchengemeinde ein bestimmtes Hilfsprojekt unterhält
- Führt eine Hilfsaktion durch (Sammlung von Nähmaschinen, Brillen, Medikamenten, Büchern etc.)
- Wertet die Hilfsaktionen aus, indem ihr eure Erfahrungen bei der Aktion zusammenstellt und besprecht
- Stellt zusammen, welche Organisationen Hilfsprojekte durchführen und unterstützen (Spendenaufrufe aus Zeitungen, bei der Post oder bei Banken)

159.1 Hilfsorganisationen sorgen für Unterstützung

Übersicht: Hunger in der Welt

Die Erntemengen und die Vorräte an Nahrungsmitteln auf der Erde reichten theoretisch aus, alle Menschen zu ernähren. Die Produktion verteilt sich aber nicht gleichmäßig auf alle Kontinente und Länder, die zudem unterschiedlich dicht besiedelt sind. So stieg z. B. die Nahrungsmittelproduktion 1992 gegenüber dem Vorjahr weltweit um 2 % pro Kopf der Bevölkerung, doch sank sie in Afrika um 7 %. Deshalb mussten nach Angaben der UNO 1992 über 500 Mio. Menschen hungern; Unter- oder Fehlernährung sind die Folge. Bei Unterernährung bekommt der Mensch weniger Nährstoffe, als sein Körper benötigt. Als Maßstab für die aufgenommene Nährstoffmenge dient der Wärmewert der Nahrungsmittel, angegeben in Kilojoule (kJ) oder Kilokalorien (kcal). Der Körper benötigt je nach Arbeitsleistung unterschiedlich große Energiemengen: im Ruhezustand etwa 1700 kcal (7140 kJ), bei leichter körperlicher und geistiger Arbeit etwa 2500 kcal (10 500 kJ) und bei schwerer körperlicher Arbeit über 3000 kcal (12 600 kJ) pro Tag. Eine ausgewogene Ernährung besteht zu etwa 60 % aus Kohlenhydraten, 25 % Fetten und mindestens 15 % Eiweiß, davon die Hälfte tierischen Ursprungs. Stimmt die Zusammensetzung der Nahrung nicht, stellt sich eine Fehlernährung ein. Die Folgen von Unter- und Fehlernährung sind eine verringerte Leistungsfähigkeit, das Immunsystem wird geschwächt und harmlose Erkrankungen können zum Tode führen.

Nahrungsmittel fehlen vor allem in Entwicklungsländern mit zu geringer Eigenproduktion. Oft fehlen Devisen, um aus Ländern mit Überschussproduktion Nahrungsmittel zu kaufen. Die Hauptgründe für die nicht ausreichende Nahrungsmittelproduktion vieler Entwicklungsländer sind:
– verbreiteter Rückgang der Bodenfruchtbarkeit,
– zu geringe Produktivität der Landwirtschaft,
– fehlende Möglichkeiten zu Vermarktung, Transport, Lagerung, Konservierung der Produkte,
– Produktion von Agrargütern für den Weltmarkt und Vernachlässigung der Selbstversorgung,
– zu niedrige Preise für Lebensmittel, wodurch Anreize zur Produktionssteigerung fehlen,
– absolute Armut vieler Menschen, die verhindert, dass sie sich auf dem Markt versorgen können,
– Naturkatastrophen wie Dürren, Überschwemmungen und Erdbeben sowie Kriege, Flüchtlingsströme u. ä.

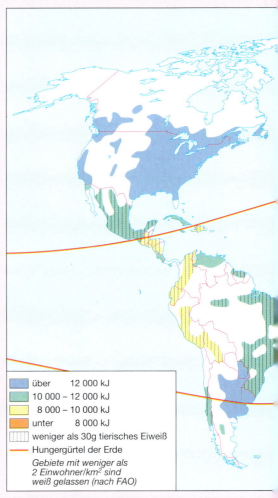

über 12 000 kJ
10 000 – 12 000 kJ
8 000 – 10 000 kJ
unter 8 000 kJ
weniger als 30g tierisches Eiweiß
Hungergürtel der Erde
Gebiete mit weniger als 2 Einwohner/km² sind weiß gelassen (nach FAO)

160.1 Verbrauch von Nahrungsmitteln pro Tag und

1. Berechne nach Kalorientabellen (Kochbuch!) deine Tagesration an Nahrungsmitteln.
2. Beschreibe die Lage des Hungergürtels der Erde (Mat. 160.1) und ordne diese Region nach Klimazonen (Mat. 48.2).
3. Überprüfe, ob es Zusammenhänge zwischen der Lage des Hungergürtels und den entsprechenden Klimaten gibt (Text).
4. Nenne andere Faktoren, die die Versorgung von Entwicklungsländern mit Nahrungsmitteln beeinflussen. Vgl. S. 33, 42, 128, 134, 148.
5. Stelle einen Zusammenhang zwischen der Nahrungsmittelproduktion, der Bevölkerungsentwicklung und der Pro-Kopf-Erzeugung von Nahrungsmitteln her (Mat. 161.2).
6. Diskutiere, welche Verantwortung die Industrieländer für die Entwicklungsländer haben.

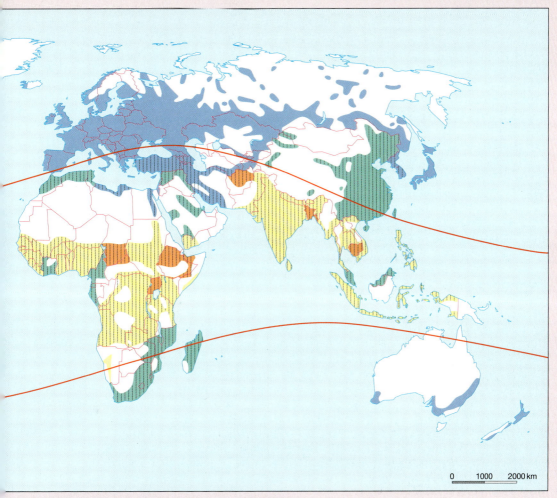

Kopf der Bevölkerung (Durchschnitt der Jahre 1970–1980)

161.1 Welt zwischen Hunger und Überfluss

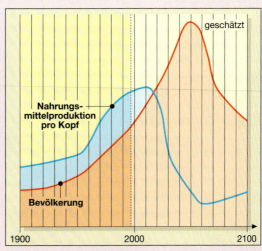

161.2 Nahrungsmittelproduktion

Long Beach in Kalifornien

Grenzübergang zwischen USA und Mexiko

Fischerdorf in Mexiko

Eine Welt mit ungleichen Entwicklungsmöglichkeiten

„Is was?"

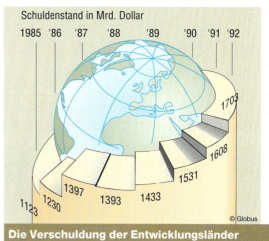

Die Verschuldung der Entwicklungsländer

„Ist dir klar, dass ich dich in der Hand habe?"

Die am stärksten verschuldeten Entwicklungsländer

„Wir müssen den Gürtel enger schnallen!"

Lastenträger

Mali – Staudämme gegen die Dürre

164.1 Verdorrtes Land in Mali

Mali ist ein westafrikanisches Land, dessen Staatsfläche sich von der Oberguineaschwelle bis in die zentrale Sahara erstreckt. Mit 1 250 000 km² ist Mali dreieinhalbmal so groß wie Deutschland. Allerdings leben dort nur 10,1 Mio. Einwohner, vorwiegend in den südlichen Landesteilen. Neben der Hauptstadt Bamako (660 000 E.) sind Ségou und Mopti weitere große Städte Malis.

Infolge des geringen Gefälles der Flüsse Niger und Bani entstand zwischen Ségou und Timbuktu ein ausgedehntes Binnendelta, das nach der Regenzeit weitgehend überflutet ist. Es stellt das wichtigste Agrargebiet Malis dar. Über 80 % der Erwerbspersonen sind in der Landwirtschaft und Fischerei tätig, während nur 6 % ihren Lebensunterhalt in der Industrie verdienen.

Die malischen Exporterlöse stammen im Wesentlichen von Baumwolle (42 %) und Lebendvieh (30 %). In jüngerer Zeit gewinnt auch der Gold-bergbau an Bedeutung. Als wichtigste Handelspartner gelten die Länder der EU, wobei Frankreich als ehemalige Kolonialmacht eine führende Rolle einnimmt. Zu den wichtigsten Einfuhren gehören Maschinen, elektrotechnische Erzeugnisse und Nahrungsmittel, vor allem Getreide.

164.2 Mali im Überblick (1993)

1. Traditionelle Nutzung hat ihre Grenzen

1. Beschreibe die klimatischen Verhältnisse in Mali (Mat. 165.1).

Nach Norden hin nimmt nicht nur die Dauer der Regenzeit ab, auch die jährlichen Niederschlagsmengen schwanken zunehmend. Jahren, in denen bis zu 40 % mehr Niederschlag als im Durchschnitt fällt, stehen solche gegenüber, in denen nur die Hälfte der üblichen Regenmenge erreicht wird. Häufig fallen mehrere Jahre hintereinander zu wenig Niederschläge. Eine solche Dürreperiode trat z. B. in den 70er-Jahren auf.

Die traditionelle Nutzung des Landes erfolgte im Süden Malis durch den Wanderfeldbau (vgl. S. 36). Nach einer 3- bis 5-jährigen Bodennutzung war der Boden erschöpft und die Kleinbauern zogen weiter. Der Boden konnte sich während der 15- bis 20-jährigen Brache aber wieder erholen. Dagegen herrscht im Norden Malis die Viehwirtschaft vor. Die Viehherden gehören nomadisch, aber auch halbnomadisch lebenden Stämmen.

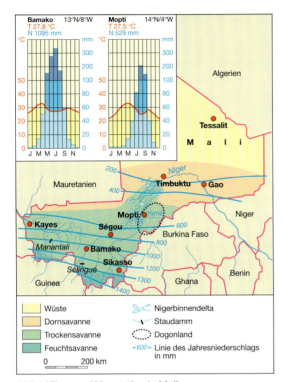

165.1 Klima und Vegetation in Mali

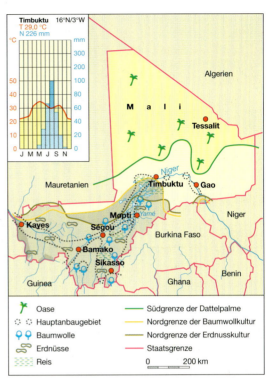

165.2 Landwirtschaftliche Nutzung

In den Savannen sind Hirse und Sorghum als Grundnahrungsmittel vorherrschend. Daneben kommt besonders in der Trockensavanne dem Reisanbau größerer Bedeutung zu. Außerdem spielen für die Eigenversorgung weitere Produkte wie Maniok, Bohnen und Süßkartoffel eine große Rolle.

Sorghum und Hirse werden oft in Mischkultur mit Baumwolle und Erdnüssen angebaut. Diese sind für den Export bestimmt; in zunehmendem Maße werden sie im Land industriell verarbeitet und bilden somit eine Grundlage für die Industrialisierung im ländlichen Raum.

In den letzten Jahren hat sich die Bewirtschaftung einem Wandel unterzogen. Das Bevölkerungswachstum (jährlich über 2,5 %) erforderte weitere Feldflächen. Da ein geeigneter Boden nur in begrenztem Maße zusätzlich zur Verfügung stand, verkürzte man die Brachezeiten oder verkleinerte die Brachefelder. Dies führte dazu, dass der Boden weniger Ertrag brachte.

Um mit einer ganzjährigen Bewässerung die landwirtschaftlichen Erträge sicherzustellen, begann man in den Siebzigerjahren, große Staudämme zu errichten. Mit den Sélingué- und Manantali-Dämmen sollen, neben der Gewinnung von Energie, vor allem der Bewässerungsfeldbau ausgeweitet und eine doppelte Ernte pro Jahr erreicht werden. Die Regierung hofft, somit die Selbstversorgung des Landes mit Nahrungsmitteln, insbesondere Reis und Weizen, zu erreichen.

Es stellten sich aber auch negative Folgen ein. Durch das Ausbleiben des Hochwassers gingen der Fischbestand des Niger und die Fangzahlen drastisch zurück. Ehemalige Reisanbauflächen veröderten in der Trockenheit. Kanäle und Schleusen mussten stillgelegt oder den neuen Gegebenheiten angepasst werden. Dorfgemeinschaften, die auf Subsistenzwirtschaft ausgerichtet waren, mussten deswegen abwandern.

2. Welche Auswirkungen ergeben sich aus den klimatischen Gegebenheiten für die landwirtschaftliche Nutzung (Mat. 164.1, 165.1–2)?

3. Beschreibe die landwirtschaftliche Nutzung der Savannen (Mat. 165.2). Schildere Veränderungen, die sich ergeben haben. Erläutere Ursachen und Folgen.

4. Lokalisiere die genannten Großstaudämme (Mat. 165.1) und erläutere Vor- und Nachteile solcher Projekte.

2. Ein Staudamm im Eigenbau

Mitte der Siebzigerjahre entschloss sich die Regierung von Mali, im Dogonland den Kleinbauern durch die Anlage von kleinen Staudämmen zu helfen. Die Dogon, mit 250 000 Angehörigen einer der sieben großen Stämme in Mali, leben in verstreuten Dörfern östlich von Mopti. Die Landwirtschaft ist bestimmt durch den Wechsel von Regen- und Trockenzeit sowie durch den kargen Boden. Daher herrscht bei den Dogon der Anbau der Hirse, einer anspruchslosen Getreideart, als Nahrungsmittel und Futterpflanze vor. Das Regenwasser reicht in Jahren mit durchschnittlichem Niederschlag aus, genügend Erträge für die eigene Versorgung zu erwirtschaften. Manchmal kann sogar ein kleiner Überschuss auf den regionalen Märkten verkauft werden.

Während der Regenzeit lief das Wasser in vielen kleinen Flüssen ungenutzt ab. In der Trockenzeit fehlte es jedoch an Wasser, um zusätzliche Flächen zu bewirtschaften. Ein Staudamm sollte Abhilfe schaffen. Die natürlichen Bedingungen (eine größere Anzahl kleinerer Flüsse) ließen einen Großstaudamm technisch kaum durchführbar und vor allem viel zu teuer erscheinen. Dagegen konnten kleine Dämme viel einfacher errichtet werden. So ließ sich einheimisches Material verwenden: Steine aus der Umgebung, Sand und Kies aus den Flussbetten. Weil die aufgestauten Wasserflächen klein sind, wurden kaum Felder überschwemmt, und es mussten auch keine Bauern umgesiedelt werden.

166.1 Bau eines Kleindammes

Sokolo-Staudamm:	
Dammlänge: 92 m	Dammhöhe: 1,75 m
Stauvolumen:	42 000 m³
Kosten:	
Boden- und Dammbauarbeiten	92 200,– DM
Wasserdurchlässe und Schieber	8 200,– DM
Material und sonstige Arbeiten	24 000,– DM
insgesamt	124 400,– DM
Umgesiedelte Personen:	–
Neue Bewässerungsfläche:	8 ha

Zum Vergleich: Sélingué-Großstaudamm (Süd-Mali)	
Länge der Staumauer:	2 200 m
Stauvolumen:	2 Mrd. m³
Bewässerungsfläche:	55 000 ha
Umgesiedelte Personen:	12 000
Gesamtkosten:	370 Mio. DM

166.2 Staudämme in Zahlen

Seit Januar 1986 bauen wir hier in Sokolo am Staudamm. Sokolo liegt 150 km nördlich der Stadt Ségou auf 15° n. B. Der eigentliche Damm ist fast fertig und Sie würden sich über sein Aussehen wundern: Er ist nur 1,75 m hoch und 92 m lang. Auch die Herstellung der gesamten Anlage ist ungewöhnlich. Wir haben ganz bewusst auf den Einsatz teurer Maschinen verzichtet und stattdessen die Handarbeit bevorzugt. Zwar haben wir zwei Lastwagen im Einsatz, um die Baumaterialien heranzuschaffen, aber der eigentliche Bau wird Stein für Stein von Hand gemacht. Auch den Beton mischen wir selber. So können viele Leute beim Bau beschäftigt werden. Es sind übrigens alles Einheimische aus dem Dorf, denn es soll ja ihr Staudamm werden. Deshalb haben sich die Bewohner auch bereit erklärt, einen Teil der Arbeiten ohne Bezahlung zu übernehmen. Die übrigen Geldmittel stammen aus der Entwicklungshilfe der Bundesrepublik. Insgesamt kostet so ein Staudamm nur 125 000 DM. Er sichert aber die Bewässerung der Felder und kann auch noch weitere 8 ha neuer Bewässerungsfläche versorgen.

Wir von der GTZ (Gesellschaft für Technische Zusammenarbeit) beraten nur, die eigentliche Arbeit leisten die Dorfbewohner. Wenn Sokolo fertig ist, bauen wir im Nachbarort einen neuen Staudamm.

166.3 Aus einem Bericht eines GTZ-Mitarbeiters

Die Nutzung der kleinen Stauseen und der Bewässerungsfelder passt sich jetzt den Jahreszeiten an:

1. Phase: Mai – Juni: Zu Beginn der Regenzeit führen die Flüsse Hochwasser, welches mit vielen fruchtbaren Schwebstoffen angereichert ist. Man lässt es ungehindert passieren, damit es die Felder überfluten und die Schwebstoffe absetzen kann.
2. Phase: Juli – Oktober: Das Wasser wird in den Stauseen gespeichert. Wenn nicht genug Regen fällt, werden mit dem gestauten Wasser die Felder bewässert.
3. Phase: November – Februar: In der Trockenzeit wird mit dem Wasser aus den Stauseen bewässert.
4. Phase: März – Mai: Zum Ende der Trockenzeit hin werden die Felder brach liegen gelassen, damit sie sich erholen können.

Es gibt viele positive Ergebnisse: Neben der Ertragssicherheit bei Hirse konnte auch eine gute Ernte an Reis, Karotten, Zwiebeln und Kartoffeln erreicht werden.

1. Berichte anhand von Mat. 166.1 u. 3 sowie 167.1 über den Staudammbau.
2. Erläutere den Wandel der landwirtschaftlichen Nutzung, die mit den Kleinstaudämmen erreicht wird. (Mat. 167.1–3).
3. Vergleiche den Bau von Groß- und Kleinstaudämmen (Mat. 166.2, 167.2). Welche Nachteile, die sich mit einem Großstaudamm ergeben, hat man vermeiden können?

167.2 Kleinstaudamm

167.3 Bewässerungsfelder

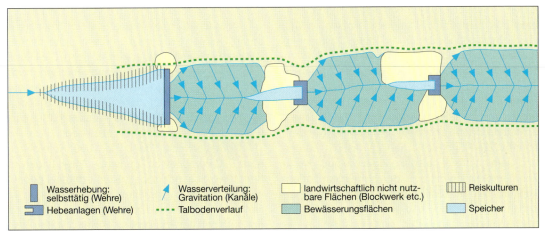
167.1 Nutzungsmodell der Bewässerung

Tourismus – ein gutes Geschäft für Kenia?

168.1 Fotosafari im Amboseli-Nationalpark

Aufschwung durch Tourismus?

1. Betrachte Mat. 168.1. Welches Bild wird den Touristen von Kenia vermittelt?

Reiseveranstalter werben für Ziele in Entwicklungsländern mit kilometerlangen, palmenbestandenen Sandstränden, Wildreservaten, Denkmälern alter Kulturen und vielfältigen Sportmöglichkeiten. So wie die Mittelmeerländer hohe Einnahmen aus dem Fremdenverkehr erzielen, hoffen auch Entwicklungsländer auf gute **Deviseneinnahmen** aus Europa und Nordamerika.

In Kenia begann ab 1966 der Aufschwung im Tourismus. Zu diesem Zeitpunkt kamen in verstärktem Maße Großflugzeuge zum Einsatz und immer mehr Flüge wurden von Chartergesellschaften zu den Ferienzielen angeboten. Dadurch konnten die Flugpreise erheblich gesenkt werden und weiter entfernt gelegene Ziele wie auch Kenia konnten preislich mit z. B. den Mittelmeerländern konkurrieren. In Kenia wurden mithilfe ausländischen Kapitals große und komfortable Hotels errichtet. Sie konzentrierten sich vor allem in der Hauptstadt Nairobi sowie an den Badestränden von Malindi und Mombasa. Um Touristen mit einer weiteren Attraktion des Landes, den wildreichen Nationalparks, anzulocken, wurden auch in den Nationalparks Hotelanlagen gebaut. Diese werden Lodges genannt und sind in der Regel im einheimischen Baustil errichtet worden, damit sie das Landschaftsbild nicht zu sehr stören.

Die Regierung Kenias erhofft sich vom Ausbau der Fremdenverkehrswirtschaft nicht nur Deviseneinnahmen, sondern auch Arbeitsplätze.

Inzwischen nimmt Kenia aus dem Tourismus so viel Devisen ein, dass davon ein Fünftel der gesamten Einfuhren bezahlt werden kann. Die kenianische Regierung hat ein Gesetz erlassen, nach dem die Hotels zu 51 % in kenianischem Eigentum sein müssen. Auf diese Weise soll verhindert werden, dass ausländische Gesellschaften die Gewinne aus dem Tourismus abziehen.

Normalerweise können je 1000 Hotelbetten etwa 600 Personen im Tourismus Arbeit finden. In Kenia, wo besonders viele Komforthotels gebaut wurden, ist das Verhältnis noch günstiger. In Hotels der Luxus- und Komfortklasse kommt auf ein Hotelbett ein Arbeitsplatz. In Kenia finden etwa 2 % der arbeitsfähigen Bevölkerung eine Be-

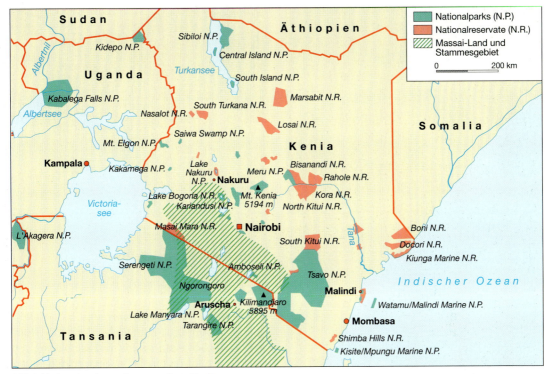

169.1 Nationalparks und -reservate in Kenia

schäftigung im Fremdenverkehr. Dieser Anteil kann nicht wesentlich gesteigert werden, da die Übernachtungszahlen derzeit nicht weiter ansteigen. Die Nebeneffekte des Tourismus liegen in den Wirtschaftszweigen, die den Fremdenverkehr versorgen. Dazu gehören Taxi- und Busunternehmen, Handwerk, Reiseführer und die Landwirtschaft, die die Hotels mit ihren Produkten beliefert. Ein wichtiger Wirtschaftszweig in Kenia ist die Herstellung von Andenken für Touristen, wie Schnitzarbeiten aus Holz. Die Andenken werden aus einheimischen Materialien hergestellt. Oftmals geschieht dies in Heimarbeit mit traditionellen Werkzeugen, sodass breite Kreise der Bevölkerung dadurch ein Zusatzeinkommen erwirtschaften.

2. Stelle fest, wo sich die meisten Touristenziele befinden (Mat. 169.1).
3. Berichte über die Tourismusentwicklung in Kenia (Mat. 169.2).
4. Erläutere die Vorteile des Tourismus für die Wirtschaft und den Arbeitsmarkt.
5. Besorgt euch Reiseprospekte über Kenia im Reisebüro und macht Vorschläge für einen Urlaub in Kenia.

Strukturdaten von Kenia
Fläche: 582 646 km^2
Einwohner: 25 347 000
Lebenserwartung: 58 Jahre
Analphabeten: 29,5 %
Bevölkerungswachstum: 3,0 %
Pro-Kopf-Einkommen: 270 US-$ pro Jahr
Erwerbstätige: Landwirtschaft 76 %, Industrie und Gewerbe 20%, Dienstleistungen 4 %
Arbeitslosigkeit: ca. 25 %
Wert der Importe: 2140 Mio. US-$
Wert der Exporte: 1510 Mio. US-$

Auslandsgäste in Kenia

	insgesamt	davon aus Deutschland
1975	386 100	10 500
1980	362 600	21 000
1982	362 400	18 600
1984	358 500	16 900
1987	662 000	118 500
1993	783 000	130 000

169.2 Kenia in Zahlen (1993)

170.1 Kenianisches Dorf

170.4 Hotelanlage

170.2 Verwendungen der Einnahmen aus dem Tourismus in Kenia (1987)

170.3 Deviseneinnahmen aus dem Tourismus

Tourismus hat zwei Seiten

Die Touristen suchen in Kenia nur relativ wenige Ziele auf. Dazu gehören einige Badeorte am Indischen Ozean sowie Nationalparks mit Wildbestand, wie Amboseli und Masai Mara. Dort werden die Besucher auf Safaris mit Kleinbussen von den Lodges aus durch die Savanne zu den Lager- und Rastplätzen der Tiere gefahren. Für die Lodges in den Nationalparks müssen Nahrungsmittel und alle anderen Versorgungsgüter aus dem Raum Nairobi herantransportiert werden.

Die Nationalparks sind seit einiger Zeit Gegenstand heftiger Diskussionen. Kenias Bevölkerung wächst schnell. Deswegen werden mehr Acker- und Weideflächen zur Nahrungsmittelerzeugung benötigt. Sie könnten in den Nationalparks angelegt werden. Doch dann würden die Tiere zurückgedrängt und die Touristen blieben aus. So entstand ein Raumnutzungskonflikt zwischen der Landwirtschaft einerseits und dem Tourismus andererseits. Da der Tourismus eine wichtige Einnahmequelle ist, hat sich die Regierung entschieden, die Nationalparks in ihrer bisherigen Ausdehnung beizubehalten. Für einige Nationalparkflächen hat die Regierung Ausnahmegenehmigungen zur Weidenutzung erteilt. Den Volksgruppen, die in der Nähe der Nationalparks leben, sollen Arbeitsmöglichkeiten im Fremdenverkehrsgewerbe (z. B. als Busfahrer, Hotelpersonal, Andenkenverkäufer) geboten werden.

Hotelneubauten und die für den Tourismus notwendige Infrastruktur (Wasser- und Stromversorgung, Verkehrsanbindung usw.) sind sehr teuer. Derartige Investitionen sind nur dann lohnend,

Herr Wittwer, Hotelmanager an der Küste südlich von Mombasa, erläutert, dass sich in Kenia die Landwirtschaft weitgehend auch auf die Bedürfnisse der Touristen eingestellt habe. In der Nähe der Küste werden Salate, Frischgemüse, Obst für die Versorgung der Hotels angebaut. Diese positive Entwicklung hat sich längst auf das Binnenland ausgedehnt. So fahren täglich von Nairobi aus Lastwagen mit frischen Produkten in die Hotels und Lodges der verschiedenen Nationalparks. Mittlerweile werden die Hotels zu 70–80 % mit kenianischen Produkten versorgt. Einige Spezialitäten sowie Weine und Markenspirituosen müssen eingeführt werden. In den beiden von Herrn Wittwer geführten Hotels kommen auf 600 Gästebetten 630 Angestellte. Da nach Erhebungen des Hotelmanagements ein Angestellter fünf weitere Personen ernährt, leben also rund 3800 Menschen von der Hotelanlage. Der Vorwurf, dass in Entwicklungsländern das Dienstpersonal aus Einheimischen, das Management aus Europäern besteht, stimmt für Kenia nicht: Nur 10 % des Managements sind Europäer.

Der Tourismus hat in Kenia eine breite Palette von „Folgeindustrien" hervorgebracht: Bau- und Reparaturgewerbe, Einzelhandel, Taxiunternehmen, Kunsthandwerk usw. Selbst bei hochmodernen Hotels kommen alle Installationen aus Kenia, mit zwei Ausnahmen: Klimaanlagen und Computer müssen noch importiert werden.

Frau Swalene, Lehrerin an einer Sekundarschule in einem Vorort von Mombasa, erzählt von Kontakten ihrer Schüler mit dem Tourismus:

Ja, vielen Familien in der Küstenregion hat der Tourismus Arbeitsplätze und damit höhere Einkommen gebracht. Es gibt aber auch eine Reihe von Nachteilen. Die Familien, die nicht vom Tourismus profitieren können, sind im Vergleich zu den anderen noch ärmer geworden. Bei unseren Schülern sehe ich weitere Probleme: Wie wohl alle Jugendlichen in der Welt finden sie die Art, wie sich Touristen kleiden und wie sie hier leben, ganz toll. Deshalb versuchen sie, die Lebensgewohnheiten der Touristen nachzuahmen. Modische Sonnenbrillen und vor allem der Walkman sind „in". Wer das hat, der genießt Ansehen. Einige unserer Schüler bekommen durch Bettelei oder für kleine Gefälligkeiten Geld von den Touristen. Es kommt vor, dass manche Schüler in der Hauptsaison von den Touristen mehr Geld nach Hause bringen, als ihre Väter im Beruf verdienen. Das schafft natürlich Probleme. Traditionelle Moral- und Wertvorstellungen drohen dadurch verloren zu gehen.

Wir merken genau, welche Schüler an den Touristen Geld verdienen. Die fehlen häufig in der Schule. Wenn sie dann wiederkommen, geben sie in der Klasse mit T-Shirts, billigen Plastikuhren und ähnlichen Dingen, die sie von Touristen bekommen haben, an. Unsere Schulleitung hat nun Maßnahmen gegen dieses „Schuleschwänzen" beschlossen.

171.1 Zwei Interviews zum Tourismus in Kenia

wenn die Gewinne aus dem Tourismus im Land bleiben und nicht von den Reiseveranstaltern in die Industrieländer abgeführt werden. Kenia hat es erreicht, dass etwa 70 % der Einnahmen aus dem Tourismus im Land bleiben. In anderen Entwicklungsländern, wo die Hotels mit ausländischen Krediten gebaut wurden und Speisen und Getränke für die Touristen eingeführt werden müssen, beträgt dieser Anteil oft nur 20 %.

Der Tourismus in der Dritten Welt ist abhängig von der Situation der Industrieländer: Sinkt das Einkommen von deren Bevölkerung, können sich weniger Touristen eine Fernreise leisten. Dies ist einer der Gründe für die schwankenden Touristenzahlen in Kenia (vgl. Mat. 169.2). Da Reisen in die Dritte Welt fast ausschließlich von Reisegesellschaften der Industrieländer durchgeführt werden, ergibt sich eine weitere Abhängigkeit. Erklärt sich ein Entwicklungsland z. B. mit der Preisgestaltung, der Programmdurchführung oder der Art, in der für das Land bei den Touristen geworben wird, nicht einverstanden, so riskiert es, dass die Reiseunternehmen weniger Touristen schicken oder sie sogar zu anderen Reisezielen „umleiten". Die Gefahr drohender Devisenverluste führt meist dazu, dass das Entwicklungsland nachgibt.

6. Untersuche die Verteilung der Deviseneinnahmen aus dem Tourismus (Mat. 170.2).
7. Beurteile die Bedeutung des Tourismus für den Arbeitsmarkt (Mat. 170.3 und Text).
8. Erläutere die Abhängigkeit des Dritte-Welt-Tourismus von den Industrieländern.
9. Stelle die Vor- und Nachteile des Tourismus in Entwicklungsländern tabellarisch zusammen (Mat. 171.1 und Text).

Reiche Bodenschätze – armes Land: Bolivien

172.1 Zinnmine bei Potosí

Rodrigo Alvarez, 22 Jahre alt, ist Bergarbeiter in der Zinnmine von Oruro. Er muss seine Mutter und die vier Geschwister ernähren, da sein Vater mit 43 Jahren an der Staublunge gestorben ist.
Rodrigo berichtet: *„Dicht gedrängt auf der Lastwagenpritsche fahren wir die Serpentinen zum Berg hinauf und steigen oben in unseren Schacht. Im Dämmerlicht der Karbidlampen, umnebelt von Steinstaubwolken, Asbestschwaden, Schwefeldünsten, schutzlos unter der Gesteinsdecke ohne jegliche Stütze, bei Temperaturen oft um 40 °C, treiben wir mit Hämmern und Eisenpfählen stundenlang die Löcher ins Gestein, bis endlich die Bohrung tief genug ist für die Ladung Dynamit.
Ich schufte tagein, tagaus in der Mine, um meine Familie vor dem Verhungern zu bewahren. Die Werkzeuge und die primitiven Maschinen sind inzwischen über 40 Jahre alt. Für neue Maschinen hat die Regierung kein Geld. Daher gibt es auch keine Maßnahmen für den Schutz und die Sicherheit von uns Bergleuten.
Bei der Arbeit binde ich mir ein Tuch vor Mund und Nase, um mich vor dem Gesteinsstaub zu schützen. Aber wenn die Arbeit zu schwer wird, stört mich das Tuch und ich nehme es ab, obwohl das meine Gesundheit gefährdet. Wenn ich nach Feierabend aus der Mine komme, bin ich völlig fertig."*

(nach: Der Spiegel vom 20.1.1992)

172.2 Arbeit in der Zinnmine

Die Jahre von 1900 bis zur Revolution von 1952 waren von einer beispiellosen Besitzkonzentration der Zinnminen gekennzeichnet. Vor allem der Mestize Patino baute mithilfe britischen und nordamerikanischen Kapitals ein Bolivien politisch und wirtschaftlich völlig beherrschendes Bergbauimperium auf. Der größte Teil des Gewinns aber floss ins Ausland ab, ein noch heute in Lateinamerika entwicklungshemmendes Problem. Die vergleichsweise kapitalintensive Ausbeutung der Zinnminen bot nur einem geringen Teil der erwerbstätigen Bevölkerung Beschäftigung und trug somit zu einer hohen Arbeitslosenquote bei. Die Minen der Zinnbarone gingen nach der Revolution von 1952 in staatliche Hände über. Bis heute gingen von der staatlichen Minengesellschaft keine Investitionsimpulse aus. Im Gegenteil: Den Arbeitern stehen in der Regel nur veraltete Arbeitsgeräte zur Verfügung. Besonders hinderlich im bolivianischen Bergbau sind die schwierigen Raumfaktoren. Die Lagerstätten der „Mineralprovinz" beschränken sich auf die kaum besiedelten und schwer zugänglichen Ostkordilleren. Hinzu kommen die übermächtige Konkurrenz der fernöstlichen Zinnförderländer mit ergiebigeren Rohstoffquellen sowie der Preisverfall der Zinnerze auf den internationalen Märkten.

(nach: D. Allkämper. In: geographie heute H. 70, S. 26/27)

172.3 Entwicklung des Zinnabbaus

1. Boliviens Bodenschätze

Bolivien verfügt über reiche Erzlagerstätten. Besonders Zinn, Zink, Silber, Wolfram, Antimon, Blei und Kupfer werden gefördert. Trotzdem ist Bolivien das ärmste Land Südamerikas. Dafür gibt es eine Reihe von Gründen. Seit Jahrhunderten wurden die Erzlagerstätten ausgebeutet, ohne dass die aus dem Verkauf der Erze erzielten Gewinne für Investitionen im Land genutzt wurden. Nach der Entmachtung der „Zinnbarone" 1952 fehlte dem Land das Geld, um den Abbau zu modernisieren und eine verarbeitende Industrie aufzubauen. Zusätzlich erschweren die ständig schwankenden Metallpreise auf dem Weltmarkt die Wirtschaftsplanung.

Anfang der 1980er-Jahre kam es zu einem drastischen Verfall der Zinnpreise. Bolivien konnte mit den Verkaufserlösen nicht einmal die Abbaukosten decken und das Land musste Kredite aufnehmen, um den Bergbau fortsetzen und die Bergarbeiter weiter beschäftigen zu können. Auch die 1972 mit Entwicklungshilfegeldern errichtete Hütte in Karachipampa bei Potosí brachte nicht den gewünschten Erfolg. Statt der geplanten Produktion von 50 000 Tonnen Zinnkonzentrat für den Export verließen jährlich nur 20 000 Tonnen die Öfen. Die **Exporterlöse** blieben aus, Schulden konnten nicht abbezahlt werden. Der Grund des Fehlschlags ist darin zu suchen, dass die in der Nähe gelegenen Zinnvorkommen nicht rechtzeitig erschlossen werden konnten, weil das Geld zur Erschließung fehlte – ein Teufelskreis.

Anfang der 1970er-Jahre wurden im Südosten des Landes größere Erdöl- und Erdgasvorkommen entdeckt. Da der Eigenbedarf Boliviens gering ist, konnten schon bald Erdöl und Erdgas exportiert werden. Die Erdölförderung ist inzwischen so stark zurückgegangen, dass der Export eingestellt werden musste. Die Erdgasförderung hat aber zugenommen und Bolivien kann mit dem Erdgasexport beträchtliche Gewinne erzielen. 1993 wurde ein Vertrag mit Brasilien geschlossen, der ab 1997 die Lieferung von bolivianischem Erdgas für 20 Jahre vorsieht. Mit den Erlösen aus den Erdöl- und Erdgasexporten sowie mit der Beteiligung ausländischer Unternehmer an der Modernisierung der Bergbau- und Industrieanlagen ist es Bolivien gelungen, eine verarbeitende Industrie aufzubauen. Zwar sind noch etwa drei Viertel aller Betriebe Kleinunternehmen mit bis zu vier Beschäftigten, doch die Zahl der Mittel- und Großbetriebe nimmt dank Investitionen der Regierung und ausländischer Unternehmen zu. Die meisten Betriebe gehören zur Nahrungsmittel- und Textilindustrie sowie zur Holzbearbeitung.

Erste Erfolge der neuen Entwicklung sind sichtbar: Der Wert der Exporte liegt über dem der Importe und das BSP pro Kopf konnte auf 760 US-$ (1993) gesteigert werden.

1. Beschreibe die Arbeitsbedingungen im Zinnbergbau (Mat. 172.1 und 2).
2. Liste mithilfe von Mat. 173.1 auf, welche Bodenschätze in Bolivien vorkommen und lokalisiere sie anhand einer Atlaskarte.
3. Erläutere, warum die Bodenschätze keinen Wirtschaftsaufschwung gegeben haben.
4. „Erdgas gibt dem Land eine Chance." Erläutere diesen Satz.

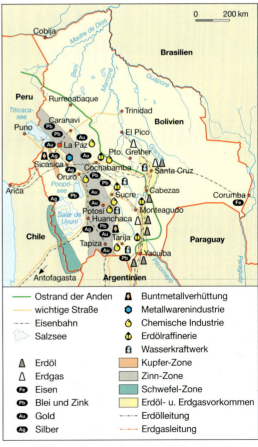

173.1 Bolivien: Bodenschätze und Industrie

2. Rohstoffexporte – Auf und Ab bei den Erlösen

Lange Jahre war das Zinn für Bolivien der Hauptausfuhrartikel. Weit über die Hälfte der Exporterlöse erzielte das Land aus dem Verkauf von Zinnerz. Bis etwa 1980 stieg der Zinnpreis auf dem Weltmarkt zwar nicht stark, aber stetig an. Dass Bolivien nicht allzu große Gewinne mit dem Zinnexport machen konnte, lag daran, dass die Produktion im Tiefbau und in unwegsamem Gelände erfolgte, die Abbaukosten waren sehr hoch. Dramatisch wurde die Lage gegen Ende der 1970er-Jahre, als in Malaysia und Brasilien neue, große Zinnvorkommen entdeckt wurden, die billig im Tagebau abgebaut werden konnten. Durch das aufgrund der erhöhten Zinnproduktion entstandene Überangebot an Zinn auf dem Weltmarkt fielen die Preise für Zinn in wenigen Jahren um 30 %.

Der Preisverfall hatte für Bolivien schwerwiegende Folgen. Das Zinn trug bislang den weitaus größten Teil zum **Deviseneinkommen** des Landes bei. Aus seinen Erlösen musste Bolivien die Einfuhren von Nahrungsmitteln, Maschinen und anderen Waren bezahlen. Da diese Einfuhren für das Land aber notwendig waren, blieb nach der drastischen Reduzierung der Erlöse aus dem Zinnexport nur die Möglichkeit, Kredite aufzunehmen. Als Folge stiegen die Schulden des Landes stark an.

In dieser kritischen Situation setzten sich die Zinn fördernden Länder zusammen und beschlossen ein Abkommen zur Stabilisierung der Zinnpreise. Es wurden für jedes Land Fördermengen festgelegt, um ein Überangebot zu vermeiden. Für das Zinn wurde ein Festpreis vereinbart. Konnte das Zinn zu höheren Preisen verkauft werden, wurde ein Teil der Gewinne in eine gemeinsame Kasse, einen sogenannten Fonds, eingezahlt. Aus dem **Fonds** erhielten die Mitgliedsländer Ausgleichszahlungen, wenn der Weltmarktpreis unter den vereinbarten Mindestpreis fiel.

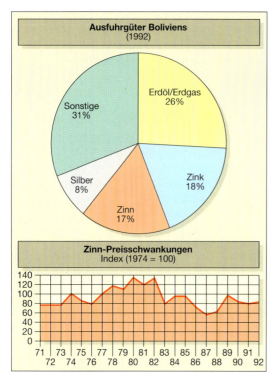

174.1 Ausfuhrgüter Boliviens

Zinn ist ein silberweißes, weiches und verformbares Metall. Es ist gegenüber Wasser und Luft beständig, deshalb wird es auch als Korrosionsschutz verwendet (z. B. bei Blechen für Dosen). In einigen Ländern, wie z. B. in Malaysia und Indonesien, kann das Zinnerz kostengünstig im Tagebau gewonnen werden. Technisch schwieriger und damit teurer ist der Abbau im Untertagebetrieb (Bolivien). Vor einigen Jahren wurden in Brasilien und in der VR China große Zinnvorkommen neu erschlossen. Dadurch vergrößerte sich das Angebot auf dem Weltmarkt und die Zinnpreise verfielen weiter.

Die wichtigsten Zinnproduzenten (1992)	
1. VR China	38 700 t
2. Indonesien	29 400 t
3. Brasilien	28 500 t
4. Bolivien	16 500 t
5. Malaysia	14 300 t
6. ehemalige UdSSR	12 000 t
Die wichtigsten Verbraucherländer (1992)	
1. USA	35 100 t
2. Japan	31 000 t
3. Deutschland	20 400 t

174.2 Steckbrief Zinn

1. Beschreibe die Entwicklung des Zinnpreises und erläutere den Preisverfall ab 1980 (Mat. 174.1 und 2).

2. Stelle anhand von Mat. 174.1 die Bedeutung der Rohstoffausfuhr für Bolivien dar.

3. Erläutere, warum Bolivien vom Preisrückgang bei Zinn besonders getroffen wurde.

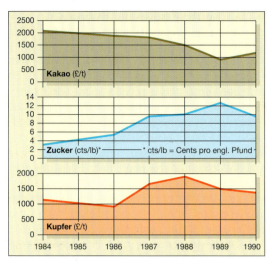

175.1 Preisschwankungen bei Rohstoffen

Die wichtigsten Exportprodukte ausgewählter Entwicklungsländer in Prozent ihrer gesamten Exporte 1992		
Uganda	Kaffee	95
Mauretanien	Eisenerz	83
Niger	NE-Metalle	79
Tschad	Baumwolle	78
Fidschi	Zucker	78
Ruanda	Kaffee	75
Liberia	Eisenerz	62
Kuba	Zucker	59
El Salvador	Kaffee	58
Ghana	Kakao	54
Mali	Baumwolle	52
Kolumbien	Kaffee	50

175.2 Exportprodukte und ihr Anteil am Export

Nach dem **Zinnabkommen** war der Zinnpreis auf dem Weltmarkt bis 1985 ständig gesunken und lag schließlich nur noch bei 17 000 DM pro Tonne. Der von den 22 Ländern des Zinnabkommens vereinbarte Mindestpreis betrug aber 27 000 DM pro Tonne. Für jede Tonne auf dem Weltmarkt verkauften Zinns mussten also 10 000 DM aus dem Ausgleichsfonds bezahlt werden. So hohe Zahlungen konnten aus dem Fonds nicht lange geleistet werden. Ende 1985 waren alle Geldreserven aufgebraucht und das Zinnabkommen konnte nicht mehr weitergeführt werden.

Ähnliche Rohstoffabkommen haben in der Vergangenheit viele Erzeugerländer geschlossen. Neben Zinn und anderen Metallerzen gab es auch **Rohstoffabkommen** für Kautschuk, Kaffee, Kakao und eine Vielzahl landwirtschaftlicher Produkte. Dabei wollten die Rohstoffexporteure erreichen, dass die Rohstoffpreise nicht unter einen bestimmten Mindestwert fallen. Die Rohstoff importierenden Industrieländer beteiligen sich aber nur daran, wenn als Gegenleistung die Preise auch bei Rohstoffknappheit nicht über einen festgelegten Höchstwert steigen.

4. Erläutere die Funktion von Rohstoffabkommen.
5. Welche Nachteile entstehen für ein Land, das weitgehend vom Export eines Rohstoffes abhängig ist (vgl. Mat. 175.2, 148.3)?
6. Beschreibe und begründe die Preisschwankungen bei Rohstoffen (Mat. 175.1 u. 3, Text).
7. Nenne Gründe für das Scheitern von Rohstoffabkommen.

Für die günstige Versorgungssituation und die niedrigen Preise bei Rohstoffen gibt es eine Reihe von Gründen:

1. Stagnierender Bedarf in den Industrieländern durch
– Sättigungseffekte (Bedarfsdeckung bei vielen Gebrauchsgütern),
– Devisenknappheit einiger Abnehmer (z. B. Entwicklungsländer, Osteuropa),
– Einsparung von Rohstoffen durch Recycling (z. B. bei Zinn 50 %), neue Technologien (z. B. Energie sparende Maschinen, dünnere Bleche im Automobilbau) und Verwendung von Kunststoffen an Stelle von Metallen (z. B. Beschichtung von Dosenblech mit Kunststoff statt mit Zinn). So wuchs in der Bundesrepublik Deutschland das BSP von 1978 bis 1990 um jährlich etwa 2,2 %, während der Rohstoffverbrauch um 0,4 % zurückging.

2. Erhöhung des Angebots an bergbaulichen und landwirtschaftlichen Rohstoffen durch
– Mehrproduktion wichtiger Lieferanten (z. B. exportabhängige Entwicklungsländer), die zur Deckung ihres Devisenbedarfs dringend auf erhöhte Einnahmen aus Rohstoffexporten angewiesen sind und auf sinkende Preise häufig mit vermehrtem Angebot reagieren,
– Lieferung aus neuen Lagerstätten, die in den 1970er-Jahren aufgrund damals hoher Rohstoffpreise erschlossen worden waren.

(nach: Fischer Weltalmanach 1994, Sp. 965/966)

175.3 Die heutige Rohstoffsituation

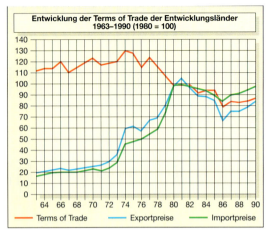

176.1 Terms of Trade

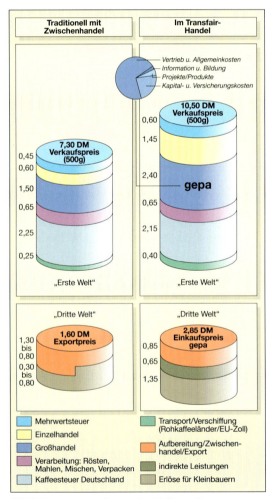

176.2 Zusammensetzung des Kaffeepreises in Deutschland (1991)

3. Gerechte Preise für Rohstoffe?

Für Entwicklungsländer, die wie Bolivien vom Rohstoffexport abhängig sind, ist es wichtig, wie sich das Verhältnis zwischen Import- und Exportpreisen entwickelt. Seit etwa 15 Jahren sinken die Preise für Rohstoffe, während sie für Industriegüter in der Regel gestiegen sind. Für die Rohstoffexporteure bedeutet dies, dass sie für den Kauf von Industriegütern immer mehr Rohstoffe verkaufen müssen (vgl. S.148).

Das Verhältnis von Preisen der exportierten Waren zu den Preisen der importierten Waren wird als **Terms of Trade** bezeichnet (vgl. Mat. 176.1).

Der Austausch von Rohstoffen gegen Fertigwaren ist nicht „gleichwertig", weil für Fertigwaren immer mehr Rohstoffe „getauscht" werden müssen. Betrachtet man die Arbeitszeiten, die zur Herstellung von Rohstoffen und Fertigwaren nötig sind, so zeigen sich wieder ungleiche **Austauschverhältnisse**: Um z. B. eine Uhr mit Kaffee bezahlen zu können, müssen für den Kaffee (z. B. Anbau, Ernte, Verpacken) siebenmal so viel Arbeitsstunden wie für die Produktion der Uhr aufgewendet werden. Zwar ist eine Arbeitsstunde im Kaffeeanbau billiger als in der Uhrenproduktion, aber gemessen an der reinen Arbeitszeit sind die Rohstoffexporteure im Nachteil.

Der Preisunterschied zwischen Rohstoff und Fertigprodukt liegt sowohl im Handel als auch in der Verarbeitung begründet.

- Rohstoffe werden auf Warenbörsen angeboten und wechseln mehrfach den Besitzer. Jeder Käufer versucht, Rohstoffe, wenn sie billig sind, aufzukaufen und bei steigenden Preisen zu verkaufen. Dabei machen die Händler kräftige Gewinne. Kakao z. B. wird bis zu zehnmal an Warenbörsen verkauft, ehe er zur Verarbeitung gelangt. Von den dabei erzielten Verkaufsgewinnen hat der Kakaoexporteur nichts.
- Der Preis, den ein Rohstofferzeuger bekommt, macht oft nur einen Bruchteil des Endprodukts aus. Der größte Gewinn wird bei der Verarbeitung und beim Handel erzielt. So beträgt z. B. der Erzeugerpreis bei Tee nur etwa 9 % des Ladenpreises. Bei Bananen sind es 6 %, bei Pulverkaffee sogar nur 4 % (vgl. Mat. 176.2).

Es ist verständlich, dass die Entwicklungsländer angesichts dieser Preisbildung versucht haben,

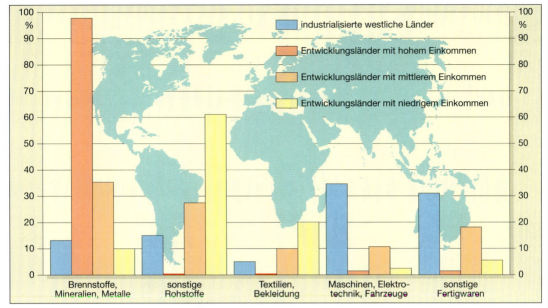

177.1 Anteile der Ländergruppen am Weltexport (1989)

statt der Rohstoffe bearbeitete Produkte zu exportieren. Das ist aber nicht ohne weiteres möglich, da den Entwicklungsländern für die Produktion von z. B. hochwertigen Industriegütern die Fabrikanlagen, die Maschinen, die ausgebildeten Arbeitskräfte und vor allem das Kapital fehlen. Bei einigen Produkten, deren Herstellung technologisch relativ einfach ist, haben Entwicklungsländer die Fabrikation selbst in die Hand genommen (s. auch Mat. 177.1). Dazu zählen u. a. die Verarbeitung von Baumwolle, Kaffee und Jute.

Als die Entwicklungsländer ihre Produkte an die Industrieländer verkaufen wollten, mussten sie überrascht feststellen, dass die Industrieländer Steuern und **Importzölle** für die Produkte erhoben. Je mehr ein Rohstoff verarbeitet war, desto höher war der Zoll.

Die Importzölle für Waren aus Entwicklungsländern sind z. B. wie folgt gestaffelt:
- Rohbaumwolle: 5,9 %
  Baumwollbekleidung: 9,7 %
  Wirkwaren (z. B. Pullover): 11,2 %
- Rohkaffee: 5 %
  Röstkaffee: 15 %
  löslicher Kaffee: 18 %

Mit diesen Importzöllen schützen die Industrieländer ihre eigenen Produkte. Die Waren aus den Entwicklungsländern sind nach der Verteuerung durch die Zölle oftmals nicht konkurrenzfähig.

Eine Möglichkeit für Entwicklungsländer, an ihren Waren besser zu verdienen, ist die Vermarktung ohne Beteiligung der Warenbörsen und des Zwischenhandels. So haben sich in einigen Kaffeeländern Kleinbauern zu Genossenschaften zusammengeschlossen, die vom Anbau bis zum Verkauf alles selbst organisieren. So konnte der Zwischenhandel weitgehend ausgeschaltet werden. Als Folge bekommen die Kleinbauern fast den doppelten Preis für ihren Kaffee gegenüber früher (vgl. S. 148). In den Industrieländern gibt es Partnerorganisationen („Aktion Dritte Welt Handel", gepa), die im Interesse der Kaffeepflanzer den Verkauf des Kaffees in den Industrieländern übernehmen und Gewinne z. T. wieder den Genossenschaften zukommen lassen (Transfair-Handel).

1. Erläutere anhand des Kaffeebeispiels und Mat. 176.1 die Entwicklung der Terms of Trade für die Entwicklungsländer.

2. Stelle mithilfe des Textes und Mat. 176.2 zusammen, welche Kosten den Endpreis des Kaffees bestimmen.

3. Beurteile die Möglichkeiten der Entwicklungsländer, höhere Preise für ihre Rohstoffe zu erzielen (Mat. 176.2, Text).

4. Erkundige dich in einem Dritte-Welt-Laden an deinem Schulort nach Waren aus Entwicklungsländern.

Wo Arm und Reich sich begegnen

178.1 Grenzzaun zwischen Mexiko und den USA

Ich bin in Bayas, einem Dorf in der Nähe von Durango, geboren. Mein Vater arbeitete als Tagelöhner auf einem großen Gut. Meine Mutter wusch und bügelte die Wäsche von reicheren Leuten. Insgesamt reichte das Geld kaum, um unsere Familie, ich habe noch sechs Geschwister, zu ernähren. Wir wohnten in einem alten Steinhaus am Dorfrand, das nur einen einzigen Raum hatte. In der Mitte stand eine aus Ziegelsteinen gebaute Feuerstelle. Im Haus gab es keinen elektrischen Strom und kein fließendes Wasser. Abends wurde eine Petroleumlampe angezündet, aber nur, wenn meine Eltern genug Geld für Petroleum übrig hatten. Meistens gab es mittags nur einen Bohneneintopf und damit meine Mutter kochen konnte, mussten wir Kinder in der Umgebung Feuerholz sammeln. Für Kleidung war kein Geld da. Die jüngeren Geschwister mussten die Sachen der älteren weitertragen.

Als der Gutsbesitzer einen neuen Trecker und Maschinen kaufte, war für meinen Vater keine Arbeit mehr da. Deshalb beschlossen meine Eltern, zu Bekannten nach Ciudad Acuna an die Grenze zu den USA zu ziehen. Von dort aus bekam mein Vater Arbeit auf einer Farm in Del Rio in den USA. Der Farmer holte ihn und seine Kollegen jeden Morgen mit dem Pick-up an der Grenze ab. Weil wir bei unseren Bekannten nicht mehr wohnen können, sind wir jetzt illegal über die Grenze in die USA gegangen.

(nach Berichten der San Antonio Express-News, April 1992)

178.2 Diego Herrera – ein Einwanderer aus Mexiko

1. Probleme an der Grenze USA – Mexiko

Nachts in der Nähe von El Paso: Eine Gruppe von Menschen, etwa sechs Personen in Umhänge gehüllt, schleicht sich auf mexikanischer Seite an das Ufer des Rio Grande heran. Sie warten eine Weile, dann überqueren sie durch eine Furt den Rio Grande. Auf der amerikanischen Seite angekommen, verschwinden sie zwischen großen Kakteen und Gebüsch im Dunkel der Nacht. Die Grenze zwischen den USA und Mexiko ist insgesamt rund 3000 km lang und verläuft am Rio Grande entlang und durch unzugängliche Wüsten und Bergländer. Diese Grenze trennt zwei Welten voneinander. Im Norden liegt mit den USA eines der reichsten Länder der Erde, im Süden Mexiko, ein Entwicklungsland (vgl. S. 162). Das Pro-Kopf-Einkommen eines US-Bürgers ist fast achtmal so groß wie das eines Mexikaners. Ein Mexikaner, der in den USA eine Arbeit findet, verdient dort in einer Stunde genauso viel wie daheim an einem ganzen Tag. Wen wundert es da, wenn Mexikaner in die USA einwandern wollen, um dort zu leben? Das geht aber nicht ohne weiteres, denn die USA haben Einwanderungsgesetze erlassen, um zu verhindern, dass von überall aus ärmeren Regionen die Menschen ins Land strömen.

Nur unter bestimmten Bedingungen können Mexikaner in den USA eine Aufenthalts- und Arbeitsgenehmigung erhalten. Alle diejenigen, die das nicht schafften, versuchen, illegal über die

	Mexiko	USA
Fläche	1 958 201 km²	9 529 063 km²
Einwohnerzahl	90 027 000	257 808 000
Bevölkerungsdichte	46 E/km²	27 E/km²
Lebenserwartung	71 Jahre	76 Jahre
Säuglingssterblichkeit	3,5 %	0,9 %
Bevölkerungswachstum (Ø 1985-93)	1,8 %	0,9 %
Analphabetenrate	13,0 %	unter 5,0 %
Städtische Bevölkerung	74,1 %	76,0 %
BSP pro Kopf	3 610 US-$	24 740 US-$
Beschäftigte in der Landwirtschaft	26,0 %	2,8 %
Beschäftigte in der Industrie	23,0 %	24,6 %
Beschäftigte in Dienstleistungen	51,0 %	72,6 %
Arbeitslosigkeit (1995)	6,6 %	5,6 %
Inflationsrate (Ø 1985–93)	45,1 %	3,5 %

179.1 Strukturdaten Mexiko und USA (1995)

Grenze in die USA zu gelangen. Da die lange Grenze nicht lückenlos zu überwachen ist, schaffen dies viele Mexikaner auch. Sie finden Arbeit als Hilfskräfte in der Industrie oder als Helfer in der Landwirtschaft. Besonders bei der Ernte der kalifornischen Sonderkulturen (z. B. Tomaten, Salate, Obst) werden viele Arbeitskräfte benötigt. Da die Mexikaner schon für wenig Geld arbeiten und für Schwarzarbeiter keine Sozialabgaben gezahlt werden, ist vielen Unternehmern und Farmern nördlich der Grenze der Zulauf von illegalen Einwanderern willkommen (vgl. S. 89).

So kommt es zu der sonderbaren Situation, dass die Grenzpolizei versucht, das illegale Einwandern zu verhindern, während die Unternehmer die illegal Eingewanderten stillschweigend dulden, denn ohne sie könnten Produkte, die bei der Herstellung viel Handarbeit erfordern, nicht so günstig auf den Markt gebracht werden.

1. Beschreibe anhand Mat. 178.1 die Situation an der Grenze USA / Mexiko.
2. Vergleiche mithilfe von Mat. 179.1 die USA und Mexiko. Wo sind die Unterschiede besonders deutlich?
3. Berichte über die Lebens- und Arbeitsbedingungen in Mexiko (Mat. 178.2 und 179.2).
4. Begründe die illegale Einwanderung von Mexiko in die USA (Mat. 178.2, 179.1, Text).
5. Erläutere die bisherigen Maßnahmen der USA gegen die illegale Einwanderung und begründe, warum sie zum Scheitern verurteilt sind (Mat. 179.2).

Otay Mesa, im Mai.
Nachts ist Checkpoint Otay Mesa geschlossen. Zwischen zehn Uhr abends und sechs Uhr früh passiert niemand legal diesen amerikanisch-mexikanischen Grenzübergang. Er ist einsam gelegen und liegt ein Stück östlich von San Diego. Nach Einbruch der Dunkelheit beginnt daher die beste Zeit für jene Einwanderer, die ohnehin nicht vorhaben, ihren Pass vorzuzeigen, oder ein solches Dokument gar nicht besitzen. Zu Fuß oder im Auto schlüpfen sie durch den „Tortillavorhang". In „El Norte" angekommen, nehmen sie unverzüglich Kurs auf Los Angeles. Es sei denn, sie werden geschnappt und zurückgeschickt. Dann versuchen sie es in der kommenden Nacht wieder – nach Dienstschluss der Zöllner.
Die Grenzer von der „Border Patrol" haben indessen, im Gegensatz zu den Beamten der Einwanderungsbehörde, keinen Feierabend. Sie patrouillieren in drei Schichten rund um die Uhr an dieser einzigartigen Grenze, an der Erste und Dritte Welt zusammenstoßen … Die moderne Völkerwanderung aus dem wirtschaftlich schwächeren Mexiko … ist schwer zu kontrollieren und noch schwerer aufzuhalten. Zur Eindämmung wollen die „Gringos" nun aber im wahrsten Sinne des Wortes „ein paar Pflöcke einschlagen". Ein Graben soll ausgehoben werden, der Mexiko von den USA trennt …

(nach R. Koch: Hispanics. In: geographie heute, H. 91, S. 31)

179.2 Ein Graben gegen illegale Einwanderer

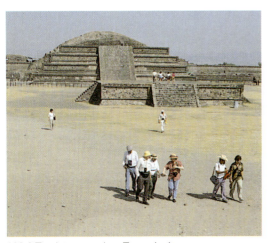

180.1 Montage des VW-Käfers

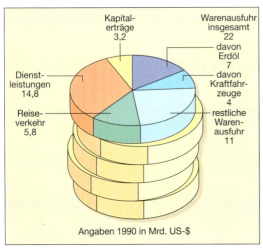

180.2 Touristen vor einer Tempelanlage

180.3 Deviseneinnahmen Mexikos

2. Mexiko – ein Schwellenland

Wenn man die Länder der Erde nach verschiedenen Entwicklungsfaktoren einteilt, dann erhält man fünf „Welten" (vgl. S. 191). Nach dieser Einteilung gehört Mexiko in die Dritte Welt und dort zu den sog. **Schwellenländern.** Das sind Länder, die so weit entwickelt sind, dass anzunehmen ist, dass sie in absehbarer Zeit den Kreis der Entwicklungsländer verlassen können. Sie stehen sozusagen an der Schwelle der Industrieländer. Mexiko weist eine Reihe von Entwicklungsmerkmalen auf, die mit denen der Industrieländer vergleichbar sind. So liegt z. B. die Lebenserwartung bei 70 Jahren. Andererseits ist das Pro-Kopf-Einkommen im Vergleich zu Industrieländern noch gering, aber doch erheblich höher als das von anderen Entwicklungsländern. Die Gesundheitsversorgung ist wesentlich besser als in Ländern wie Mali oder Kenia, reicht aber an den Standard der Industrieländer nicht heran. Von den übrigen Entwicklungsländern hebt sich Mexiko besonders in dem Entwicklungsstand seiner Wirtschaft ab. Während in fast allen Entwicklungsländern die meisten Menschen in der Landwirtschaft oder beim Abbau von Rohstoffen beschäftigt sind (vgl. Mali, Bolivien, Kenia), arbeitet in Mexiko etwa ein Viertel in der Landwirtschaft. 23 % sind in der Industrie und 51 % im Dienstleistungssektor beschäftigt. Am Bruttosozialprodukt (Mat. 179.1) ist die Landwirtschaft zu 8 %, die Industrie zu 28 % und der Dienstleistungssektor zu 64 % beteiligt.

Die Industrie Mexikos ist gut entwickelt: Sie stellt mittlerweile Waren von hoher Qualität her, die auch exportiert werden. Beim Export von Industriegütern entfallen allein auf Kraftfahrzeuge und Kraftfahrzeugteile 17 %. Im VW-Werk Mexiko werden Fahrzeuge für den Inlandsbedarf und für den Export gefertigt. Zeitweise wurde der VW-Käfer aus Mexiko nach Deutschland exportiert. Der VW-Konzern überlegt zur Zeit, ob er ein neues Kleinwagenmodell in Mexiko herstellen lassen soll, um es dann weltweit zu verkaufen. Auch andere große europäische, japanische und nordamerikanische Konzerne haben Zweigwerke in Mexiko eröffnet oder beziehen Produkte von mexikanischen Zulieferfirmen.

Im Vergleich zu den Industrieländern sind die **Lohnkosten** und die **Lohnnebenkosten** in Mexiko sehr niedrig. Zu den Lohnnebenkosten rechnet man u. a. Versicherungen, Krankenkassenbeiträge und andere **Sozialleistungen**, die einen wesentlichen Teil der Produktionskosten ausmachen. Die niedrigen Sozialleistungen bedeuten andererseits, dass Arbeiterinnen und Arbeiter z. B. bei Krankheit nicht abgesichert sind. Die Arbeitskosten pro Stunde betragen in Mexiko nur ein Zehntel des Werts in den USA. Außerdem gewährt der mexikanische Staat Steuervergünstigungen bei der Gründung von Industrie- und Gewerbebetrieben. Um das **Produktionskostengefälle** zwischen Mexiko und den Industrieländern auszunutzen, haben sich inzwischen über 1500 Betriebe in Mexiko angesiedelt. Sie beschäftigen mittlerweile rund 500 000 Arbeitskräfte. Viele dieser Betriebe liegen im Norden des Landes, nahe der Grenze zu den USA. Auf diese Weise bleiben die Transportkosten gering, da ein Großteil der Produkte in den USA abgesetzt wird.

Die meisten Betriebe stellen Erzeugnisse her, bei denen der Anteil der Handarbeit groß ist. Dazu zählen u. a. Schuhe, Bekleidung, Kfz-Teile und -Zubehör, Spielwaren und Sportartikel. Der mexikanische Staat fördert die Ansiedlung solcher Betriebe besonders im Norden des Landes, um damit der illegalen Auswanderung durch Schaffung von Arbeitsplätzen entgegenzuwirken. Die US-Regierung unterstützt diese Entwicklung, weil auch sie daran interessiert ist, den Strom illegaler Einwanderer zu stoppen.

Der Aufbau einer eigenen Industrie konnte von Mexiko nicht ohne ausländische Kredite geleistet werden. Daher hat sich das Land im Ausland hoch verschulden müssen. Seine Schulden betrugen 1987 107 Mrd. US-$. Andererseits hat aber der Aufbau einer eigenen Industrie die Wirtschaftsentwicklung positiv beeinflusst. 1994/95 erlebte Mexiko jedoch eine Wirtschaftskrise und musste erneut Kredite aufnehmen. Dadurch stiegen die Schulden auf 119 Mrd. US-$ (1994).

1. Erläutere den Begriff „Schwellenland".
2. Vergleiche die Entwicklungsmerkmale Mexikos mit denen Malis und Boliviens (Mat. 179.1 und hinterer Einbanddeckel).
3. Erläutere, inwiefern sich die Import- und Exportstruktur Mexikos von denen anderer Entwicklungsländer unterscheiden (Mat. 181.1 und 2, sowie hinterer Einbanddeckel).
4. Begründe die Ansiedlung von Industriebetrieben im Norden des Landes (Mat. 181.3, Text).

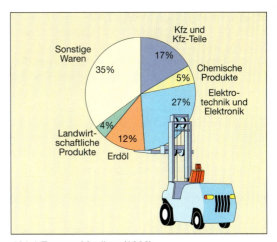

181.1 Exporte Mexikos (1993)

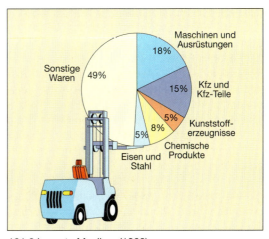

181.2 Importe Mexikos (1993)

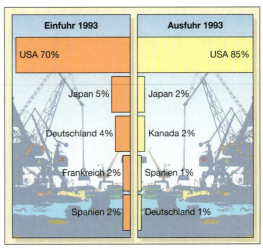

181.3 Die wichtigsten Handelspartner Mexikos

3. Hoffnung durch NAFTA?

Die von einigen Industrieländern – besonders den USA – unterstützte Industrialisierung Mexikos hat den Lebensstandard der Bevölkerung seit Mitte der 80er-Jahre deutlich angehoben. Trotzdem ist der Unterschied zwischen den USA und Mexiko immer noch sehr groß. Auch die illegale Einwanderung von Mexikanern in die USA konnte trotz der verstärkten Ansiedlung von Industrie- und Gewerbebetrieben im Norden Mexikos nicht gebremst werden.

Mexiko braucht mehr ausländische Investitionen einerseits und einen freien Absatzmarkt für seine Produkte andererseits. Auch Kanada, das traditionell mit den USA eng in den Außenhandelsbeziehungen verbunden war, wollte seine Waren ohne Hemmnisse durch Schutzzölle in den USA verkaufen können. So begannen auf Initiative der Kanadier Ende 1987 Verhandlungen zwischen Kanada und den USA, um ein Abkommen über den freien Warenverkehr und engere Wirtschaftsbeziehungen zwischen den beiden Ländern abzuschließen. Dieses **Freihandelsabkommen** trat am 1.1.1989 in Kraft. 1990 bat Mexiko um Verhandlungen, um in dieses Freihandelsabkommen aufgenommen zu werden.

Die drei beteiligten Länder verglichen ihre Situation mit der der EG-Staaten und stellten fest, dass die Europäische (Wirtschafts-)Gemeinschaft allen beteiligten Ländern zu einer günstigen Wirtschaftsentwicklung, einer bedeutenden Stellung auf dem Weltmarkt verholfen hatte. Kanada, Mexiko und die USA waren sich einig, dass auch sie mit dem Vertrag über die Freihandelszone zu einer mächtigen Wirtschaftseinheit werden könnten, in der sich die Unterschiede zwischen dem Schwellenland Mexiko und den beiden anderen Nationen allmählich abbauen würden. Sie glaubten, dass eine Ankurbelung der Wirtschaft eher durch gemeinsame Wirtschaftsplanung und einen freien Markt als durch Abgrenzung und Abschottung zu erreichen wäre. So beschlossen sie, trotz erheblicher Bedenken im jeweils eigenen Land, die Einrichtung der NAFTA (**N**orth **A**merican **F**ree **T**rade **A**ssociation), die am 1.1.1994 verwirklicht wurde.

1. Erläutere die Wirtschaftsbeziehungen zwischen Mexiko und den USA vor Einrichtung der NAFTA (Mat. 182.1 und 2, vgl. auch S. 180/181).
2. Vergleiche die Wirtschafts- und Strukturdaten der drei NAFTA-Länder. Fasse Unterschiede und Gemeinsamkeiten zusammen (Mat. 183.1).
3. Erläutere anhand der beiden Texte (Mat. 183.2) die Vor- und Nachteile der NAFTA. Unterscheide dabei zwischen Mexiko einerseits und den USA und Kanada andererseits.
4. Stelle abschließend fest, mit welchen Maßnahmen versucht wurde, die „Wohlstandsgrenze" zwischen den USA und Mexiko abzubauen und die illegalen Wanderungen zu bremsen.

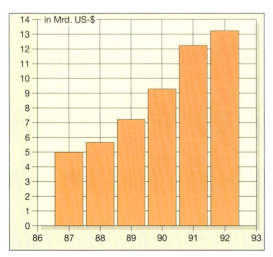

182.1 Investitionen der USA in Mexiko

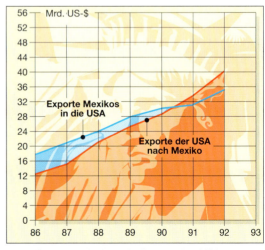

182.2 Exporte zwischen Mexiko und den USA

		Kanada	Mexiko	USA	NAFTA
Einwohner (in Mio.)	(1993)	27,8	90,0	257,8	375,6
BSP pro Kopf (US-$)	(1993)	20 670	3 610	24 740	19 402
BIP pro Kopf (US-$)	(1993)	17 175	3 816	24 282	18 852
Wirtschaftliches Wachstum (%)	(1994)	4,5	3,5	4,1	4,0
Inflation (%)	(1994)	0,2	6,6	2,6	3,1
Arbeitslosigkeit (%)	(1994)	10,5	6,6	6,1	7,7
Exporte (in Mrd. US-$)	(1994)	219	61	503	783
Importe (in Mrd. US-$)	(1994)	202	79	669	950

183.1 Daten zum Wirtschaftsbündnis NAFTA

NAFTA – der weltgrößte Wirtschaftsblock

17.11.1993, Washington

Mit deutlicher Mehrheit billigt das US-amerikanische Repräsentantenhaus das Nordamerikanische Freihandelsabkommen (NAFTA) zwischen den USA, Kanada und Mexiko.

Mit der NAFTA entsteht am 1. Januar 1994 ein Binnenmarkt mit rund 370 Mio. Verbrauchern und einem Bruttoinlandsprodukt von insgesamt 6400 Mrd. US-Dollar (10,8 Billionen DM). Noch bestehende Zölle und Handelshemmnisse sollen schrittweise innerhalb der nächsten 15 Jahre abgebaut werden. Dies gilt auch für umstrittene Bereiche wie die Agrarproduktion. Die NAFTA deckt räumlich gesehen den nordamerikanischen Kontinent vollständig ab und wird zu einem Wirtschaftsverbund führen, der 29 % des gesamten Welthandels umfassen wird.

Die Freihandelszone soll allen beteiligten Nationen einen wirtschaftlichen Aufschwung (mehr Märkte, mehr Jobs, mehr Wohlstand) ermöglichen und zudem zum Abbau der Entwicklungsunterschiede entlang der „Wohlstandsgrenze" zwischen den USA und Mexiko beitragen. Nach Angaben von Präsident Clinton wird die NAFTA allein in den USA in den nächsten fünf Jahren eine Million neue Arbeitsplätze schaffen.

(zusammengestellt nach: DER SPIEGEL 38/1993, Geographie aktuell 6/93 und Chronik '93)

Der Widerstand wächst

Die Pläne einer Freihandelszone stoßen in den einzelnen Ländern jedoch auch auf Kritiker. So befürchten ... die Amerikaner eine Aushöhlung der im Vergleich zu den anderen Staaten schärferen Arbeitsrecht- und Umweltschutzvorschriften in den USA durch eine Abwanderung amerikanischer Betriebe vor allem nach Mexiko. Dies könnte für die amerikanische Wirtschaft erhebliche negative Auswirkungen haben. In diesem Zusammenhang verhandeln die Amerikaner immer noch über Maßnahmen gegen Firmen, die gegen Vereinbarungen in diesen Bereichen verstoßen. Die Elektrizitätsunternehmen versprechen sich von der Verwirklichung der NAFTA bereits kurzfristig bessere Exportchancen. Andererseits befürchten die Gewerkschaften eine massive Abwanderung amerikanischer und kanadischer Betriebe in das „Billiglohnland" Mexiko. So droht z. B. allein der kanadischen Textilindustrie ein Verlust von 30 000 Arbeitsplätzen.

Die Kritiker in Mexiko dagegen sehen durch die Öffnung der mexikanischen Märkte für ausländische Investoren die Gefahr eines Ausverkaufs Mexikos. Das führt zu einer Änderung traditioneller Lebens- und Arbeitsgewohnheiten sowie zur Entstehung einer neuen Schicht von „Großgrundbesitzern". Bereits vor der NAFTA-Realisierung kauften amerikanische Firmen und Investoren in Mexiko Grundstücke und Privatunternehmen auf.

183.2 Das Nordamerikanische Freihandelsabkommen

Nord-Süd-Gegensatz oder Eine Welt?

Die absolute Armut wächst!
Absolute Armut bedeutet entwürdigende Lebensbedingungen wie Krankheit, Analphabetentum, Unterernährung und Verwahrlosung. Die Opfer dieser Armut können nicht einmal die grundlegenden menschlichen Existenzbedürfnisse befriedigen:
– Ein Drittel bis zur Hälfte der zwei Milliarden Menschen in den Entwicklungsländern hungern oder leiden an Unterernährung.
– 20 bis 25 % der Kinder sterben vor ihrem fünften Geburtstag. Und Millionen jener Kinder, die nicht sterben, sind zu einem armseligen Dasein verdammt, weil als Folge von Unterernährung ihre Gehirne geschädigt, ihre Körper verkrüppelt und ihre Lebenskraft erschöpft wurden.
– Die durchschnittliche Lebenserwartung beträgt 20 Jahre weniger als in den wohlhabenden Ländern.
– 800 Millionen Menschen sind Analphabeten und die meisten ihrer Kinder werden trotz des wachsenden Ausbaus des Erziehungswesens in den kommenden Jahren Analphabeten bleiben.
– Die absolute Armut ist durch derart katastrophale Lebensumstände gekennzeichnet, dass die Entfaltung der Gene, mit denen die Menschen bei der Geburt ausgestattet sind, unmöglich gemacht und die menschliche Würde beleidigt wird. Und doch sind diese Bedingungen so weit verbreitet, dass sie das Los von etwa 40 % der Menschen in den Entwicklungsländern bestimmen.

(Weltbankpräsident McNamara, 1973 in Nairobi)

184.1 Armut und die Folgen

1. Arbeite mit Mat. 184.1. Erläutere die schwerwiegenden Folgen, die sich aus der Armut in den Entwicklungsländern ergeben.
2. Werte die Kreisdiagramme und Karten in Mat. 185.1 aus. Welche grundsätzlichen Unterschiede bestehen zwischen Industrie- und Entwicklungsländern?

Obwohl Industrie- und Entwicklungsländer – wie die vorangegangenen Kapitel gezeigt haben – voneinander abhängig sind, bleiben sie sich in vielen Fragen von Politik und Wirtschaft uneinig. Mit dem Begriff **Nord-Süd-Gegensatz** oder auch **Nord-Süd-Konflikt** ist der Gegensatz zwischen den reichen Industrieländern im Norden und armen Entwicklungsländern im Süden gemeint. Die großen Ungleichgewichte zwischen Nord und Süd können langfristig zu einer Bedrohung des Weltfriedens führen. Dazu bemerkte der deutsche Politiker Willy Brandt:
„Wir leben in einer Welt, und jeder Konflikt von der gefährlichen Dynamik des Nord-Süd-Gefälles steht einer dauerhaften Friedensordnung im Weg, die das oberste Ziel unserer Politik bleiben muss."
Bereits 1961 verkündeten die Vereinten Nationen das erste „Jahrzehnt der Entwicklung". Seit dieser Zeit wird von der UNO und ihren Mitgliedsstaaten Entwicklungshilfe betrieben. Zu Beginn eines jeden Jahrzehnts hat die UNO ein neues „Jahrzehnt der Entwicklung" mit neuen Zielen ausgerufen. Wie aber die Rede des ehemaligen Weltbankpräsidenten (vgl. Mat. 184.1) zeigt, hat die seit 1961 geleistete Entwicklungshilfe offenbar nicht die Armut, geschweige denn das Ungleichgewicht, beseitigen können.
Es ist sicher schwierig, genau festzulegen, warum es die Entwicklungshilfe nicht geschafft hat, die Entwicklungsländer auf den Stand der Industrieländer zu bringen. Es war ein falscher Denkansatz, überhaupt anzustreben, dass die Entwicklungsländer so werden müssten wie die (europäischen und amerikanischen) Industrieländer. Diese Sichtweise, die die eigene Situation als vorbildlich voraussetzt, wird auch als **Eurozentrismus** bezeichnet. Dabei werden u. a. die völlig anderen natürlichen und kulturellen Voraussetzungen der Entwicklungsländer außer Acht gelassen. Ein Blick in die Geschichte zeigt, dass in vielen Entwicklungsländern vor der Zeit des Kolonialismus hochstehende Kulturen (z. B. Inkareich) bestanden. Diese vorkolonialen Reiche waren auch durchaus in der Lage, ihre Bevölkerung zu ernähren. Heute muss man feststellen, dass die von den Industrienationen belächelten Wirtschaftsweisen die einzig richtigen und ökologisch sinnvollen waren (vgl. S. 34). Die von der Entwicklungshilfe empfohlenen Maßnahmen stellten sich oftmals als ökologisch und kulturell unangepasst heraus.

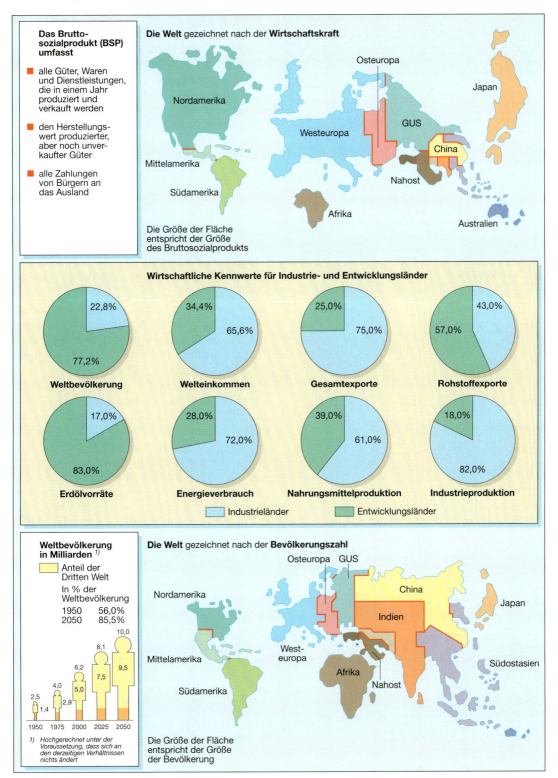

185.1 Das Nord-Süd-Gefälle

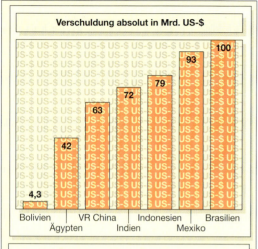

186.1 Verschuldung einiger Entwicklungsländer 1991

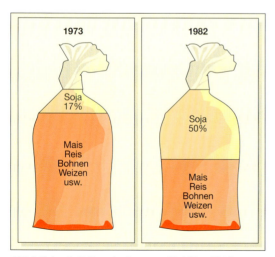

186.2 Soja statt Grundnahrungsmittel (Brasilien)

Selbst wenn die Entwicklungshilfemaßnahmen, z. B. bei der Produktion von landwirtschaftlichen Exportgütern, zunächst einen beachtlichen wirtschaftlichen Erfolg hatten, so gerieten die Entwicklungsländer damit andererseits in die Abhängigkeit des Weltmarkts. Der aber wird weitgehend von den Industrienationen beherrscht, die ihre eigene Wirtschaft durch Zölle und andere Hemmnisse vor den „Billigimporten aus Entwicklungsländern" abschirmen (vgl. S. 176/177). Die Umstellung der Landwirtschaft vom Anbau von Grundnahrungsmitteln auf Exportgüter (Cashcrops) erforderte hohe Investitionen. Das Kapital dafür war in den Entwicklungsländern meist nicht vorhanden und so mussten sie Schulden im Ausland machen. Ihre **Verschuldung** hat mittlerweile beängstigende Ausmaße angenommen und ist für Experten eines der Haupthindernisse für eine wirtschaftliche Entwicklung der Dritten Welt. Die Entwicklungsländer forderten mehrfach einen Schuldenerlass, aber bis auf wenige Ausnahmen wollten sich die Industrieländer nicht dazu bereit erklären.

Im Gegenteil: Um die Zahlungsfähigkeit der Entwicklungsländer zu erhalten, wurden ihnen Maßnahmen zur „Gesundung ihrer Wirtschaft" verordnet. Brasilien wurde z. B. empfohlen, statt der Grundnahrungsmittel auf dem Weltmarkt gefragte Exportfrüchte wie etwa Soja anzubauen. In den heutigen Sojaanbaugebieten Brasiliens erzeugten früher Kleinbauern Nahrungsmittel für die eigene Bevölkerung. Die Umstellung auf den Sojaanbau gelang, aber wegen der benötigten Maschinen, Dünge- und Pflanzenschutzmittel mussten sich die meisten Betriebe hoch verschulden. Die Bauern, die auf Soja umgestellt haben, erzielen z. T. gute Erlöse, aber das Einkommen wird größtenteils von den Schuldzinsen aufgezehrt. Hauptabnehmerländer sind Japan, die Niederlande und Deutschland. Dort werden die Sojabohnen verfüttert oder vielen Nahrungsmitteln zugesetzt. Dabei ist Soja ein wertvolles Nahrungsmittel: Von der Welt-Sojaernte könnten 50 % der Weltbevölkerung mit Eiweiß versorgt werden.

3. Beschreibe die Verschuldung der Entwicklungsländer, und erläutere die Folgen (Mat. 186.1, Text).
4. Bewerte die Empfehlung von Entwicklungshilfeorganisationen, in den Entwicklungsländern Cash-crops statt Grundnahrungsmittel anzubauen (Mat. 186.2, Text).

Neue Ansätze zur Entwicklung der Dritten Welt?

Wenn die Entwicklungsländer ihre Agrarprodukte oder mineralischen Rohstoffe auf dem Weltmarkt nicht zu angemessenen Preisen verkaufen können, verschlechtern sich ihre **Terms of Trade** (vgl. S. 176). Um die notwendigen Importe von Industriewaren und z. T. auch Nahrungsmitteln bezahlen zu können, müssen sie Kredite aufnehmen, und sich verschulden. Eine weitere Maßnahme ist die verstärkte Ausbeutung von Bodenschätzen, Wäldern und landwirtschaftlichen Ressourcen. Dadurch entstehen oft schwere ökologische Schäden. Der Raubbau an den tropischen Regenwäldern (vgl. S. 110 ff.) ist auch zu sehen als der verzweifelte Versuch der Entwicklungsländer, Devisen zu erlangen. Es ist seitens der Industrieländer unehrlich, den Raubbau an den natürlichen Ressourcen zu kritisieren und gleichzeitig den Entwicklungsländern andere Möglichkeiten eines gerechten Warenaustauschs zu versperren.

Das Beispiel der Vernichtung tropischer Regenwälder zeigt, dass derartige Maßnahmen in den Entwicklungsländern Auswirkungen auf die ganze Welt und damit auch auf die Industrieländer haben werden. Insofern leben wir Menschen alle in der „Einen Welt". Es darf nicht sein, dass die Industrieländer nur ihre eigene Wirtschaftsentwicklung und ihren eigenen Vorteil im Sinn haben. Da die Entwicklungsländer wegen fehlenden Kapitals und Know-hows nicht in der Lage sind, entscheidende Veränderungen ihrer Situation herbeizuführen, besteht für die Industrieländer auch eine ethische Pflicht, Geld und technische Mittel zur Verfügung zu stellen (vgl. S. 114). Es würde auch die Industrienationen treffen, wenn die Erde in einigen Jahrzehnten unbewohnbar wäre.

Viele Experten sind heute der Ansicht, dass zunächst alles getan werden muss, um die **Grundbedürfnisse** der Menschen in den Entwicklungsländern sicherzustellen. Dazu gehören vor allem eine ausreichende Ernährung, hygienische Versorgung, eine angemessene Schulbildung. Erst wenn diese Grundlagen gesichert sind, werden die Menschen in der Dritten Welt in der Lage sein, am Entwicklungsprozess teilzuhaben.

5. Erläutere den Begriff der „Einen Welt".
6. Begründe die Hoffnungen, die sich mit der Arbeit der NRO verknüpfen (Mat. 187.1).

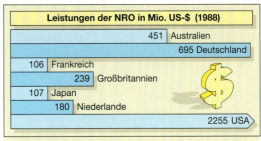

Leistungen der NRO in Mio. US-$ (1988)
451 Australien
695 Deutschland
106 Frankreich
239 Großbritannien
107 Japan
180 Niederlande
2255 USA

Je schärfer die Kritik an der staatlichen Entwicklungshilfe wurde, desto größer wurden die Erwartungen an die entwicklungspolitisch engagierten Nicht-Regierungs-Organisationen (NRO). Sie wurden zu Hoffnungsträgern einer Entwicklungshilfe, die sich nicht am Profit, sondern an den Grundbedürfnissen der armen Bevölkerungsgruppen orientiert. Es gibt NRO in den Industrieländern, wie kirchliche oder private Entwicklungsorganisationen (z. B. Misereor, Brot für die Welt, terre des hommes), und NRO in den Entwicklungsländern, die vor Ort arbeiten und mit den NRO der Industrieländer kooperieren.

Die NRO bauen keine Häfen, Autobahnen oder Staudämme, sondern arbeiten in ländlichen Entwicklungsprojekten für die Bauern im Busch, errichten Gesundheitsdienste, Schulen, Lehrlingswerkstätten, Kooperativen in den Slums der Städte. Die NRO wissen um den aussichtslosen Kampf der Kleinbauern Schwarzafrikas, die sich auf ihren Feldern abrackern, um die Früchte ihrer Arbeit aber von der nationalen und internationalen Politik betrogen werden. Sie wissen durch ihre Erfahrung vor Ort, wie in diesen Ländern gelitten und gestorben wird, wissen, dass manche Armut nicht sein müsste. Die NRO machen oftmals durch ihr eigenes Engagement, vor allem aber durch das ihrer einheimischen Mitarbeiter, aus einer gespendeten Mark ein Vielfaches davon.

Die Mitarbeiter der NRO haben es verstanden, Entwicklungshilfe für die Armen zu betreiben. Während die staatliche Entwicklungshilfe der Industrienationen oftmals hauptsächlich den wenigen Reichen in den Entwicklungsländern zugute kommt, verbessern die NRO die Lebensbedingungen der Landbevölkerung und der Slumbewohner. Ein wichtiger Erfolg der NRO ist, dass sie es geschafft haben, den Armen wieder Mut zu machen und sie zur aktiven Mitarbeit zu motivieren.

(nach: F. Nuscheler: Lern- und Arbeitsbuch Entwicklungspolitik. Bonn 1991, und W. Michler: Weißbuch Afrika. Bonn 1988)

187.1 Die Nicht-Regierungs-Organisationen (NRO)

**Aktionsseiten:
Gemeinsam in die Zukunft**

1. Spielt die Szene mit verteilten Rollen (Mat. 189.1).
2. Besprecht, wie sich der Bauer fühlt und wie es dazu kommt.
3. Diskutiert, welche Verantwortung die Reichländer gegenüber den Armländern übernehmen.
4. Besprecht, welche Rolle die Europäische Gemeinschaft in dieser Szene einnimmt und welche Konsequenzen sich daraus ableiten lassen.

IDEENKISTE

- Findet heraus, ob eure Schule, euer Wohnort oder die Kirchengemeinde eine Partnerschaft mit einem Entwicklungsland hat, und genauere Informationen über das Partnerland vorliegen.
- Wählt euch ein Entwicklungsland aus und sammelt darüber Informationen.
- Macht eine Ausstellung über eine Region dieses Entwicklungslandes zu einem bestimmten Thema, z. B. zu „Leben und Arbeiten".
- Stellt zusammen, wie dieses Entwicklungsland in der Presse dargestellt wird.
- Erstellt eine Wandzeitung über dieses Land und seine besonderen Probleme, wie z. B. Situation der Frau, Kinderarbeit.
- Stellt fest, ob es aus eurem Entwicklungsland Transfair-Waren zu kaufen gibt.
- Erkundigt euch in einem Dritte-Welt-Laden, was Transfair-Waren sind.
- Versucht eine thematische Karte zu dem Thema zu erstellen.
- Informiert euch, welche besonderen Probleme dieses Land hat.
- Führt eine Diskussion über ein aktuelles Thema mit verteilten Rollen, z. B. gerechter Handel.
- Stellt Informationsmaterial über dieses Land zusammen. Erkundigt euch in der Bibliothek, schreibt an das Fremdenverkehrsbüro oder an die Botschaft.

Wie Handel Arme immer ärmer und Reiche immer reicher machen kann

Ein Bauer in Armland. Der Ertrag seiner Felder reicht zu einem bescheidenen Leben. Eine schlechte Ernte bedeutet Hunger und Armut.

Da kommt der Mann aus Reichland. Er macht einen Vorschlag, der Geld bringt (wem?). Für den Start sind Geräte, Saatgut und Dünger nötig.

Bei dem Mann aus Reichland kann man das kaufen. Wer kein Geld hat, muss Schulden machen – bei dem Mann aus Reichland.

Mit den neuen Geräten bringt der Bauer den Dünger auf seine Felder und pflanzt die Baumwolle an.

Der Ernteertrag war gut, aber der Mann aus Reichland kann nicht gut dafür bezahlen: Der Baumwollpreis auf dem Weltmarkt ist in diesem Jahr so niedrig.

Die Schuldzinsen aber sind fällig. Sie fressen den Ernteerlös auf.

Die Sache entwickelt sich vorteilhaft (für wen?).

Der Bauer aus Armland redet mit seinen Freunden. Er will mit ihnen zusammen die Baumwolle im eigenen Land weiterverarbeiten.

Das Startkapital leiht der Mann aus Reichland.

Mit dem Geld bauen die Leute in Armland eine kleine Tuchfabrik mit Näherei.

Preisgünstige Ware hat jeder gern – außer der Konkurrenz in Reichland.

Preisgünstige Waren sind gefährlich – für den Markt und seine Preise in Reichland. Deshalb werden die Einfuhrmengen eingeschränkt.

Und die Verkaufspreise durch Zollzahlungen hochgedrückt.

Steuer, Zoll und die langen Transportwege heben den ursprünglichen Preisvorteil auf.

189.1 Kritische Betrachtung des Welthandels

Übersicht: Die fünf Welten

In den vorigen Kapiteln wurden Merkmale von Entwicklungsländern behandelt, z. B. die schlechte Ernährung, das starke Bevölkerungswachstum und die Armut. Um genau sagen zu können, ob ein Land zu den Entwicklungsländern gehört oder nicht, braucht man „messbare" Merkmale. UNO und Weltbank benutzen dazu das BSP pro Kopf. Länder mit einem BSP pro Kopf von weniger als 7 620 US-$ pro Jahr werden zu den Entwicklungsländern gerechnet. Entwicklungsländer mit einem BSP pro Kopf von weniger als 610 US-$ pro Jahr werden gesondert ausgewiesen.

Die Abgrenzung der Entwicklungsländer nach dem BSP pro Kopf ist aber nicht aussagekräftig, denn es sprechen u. a. zwei Gründe dagegen:
– Es handelt sich um Durchschnittswerte. Ein kleiner Teil der Bevölkerung eines Landes könnte sehr viel verdienen, der größte Teil sehr wenig. Der Durchschnittswert wäre dann trotzdem günstig, obwohl die Mehrheit arm ist.
– Wenn ein Land z. B. Öl entdeckt, exportiert und dafür viel Geld einnimmt, wäre das Pro-Kopf-Einkommen hoch, obwohl das Land sonst unterentwickelt sein kann. Man braucht also mehr Merkmale, um ein Land einordnen zu können.

Der Hunger ist ein wichtiges Merkmal der Entwicklungsländer (vgl. S. 160). Als Grenze für eine ausreichende Ernährung werden 8400 kJ (= 2010 kcal) pro Tag angesehen, weniger bedeutet Hunger. Daneben spielt auch die Qualität der Ernährung eine Rolle. So kommt es zu Mangelerscheinungen, wenn die tägliche Menge an Protein (Eiweiß) weniger als 70 g beträgt. In fast allen Entwicklungsländern ist die medizinische Versorgung schlecht. Sie lässt sich u. a. an der Zahl der Einwohner je Arzt ablesen. Ernährung, Hygiene und medizinische Versorgung drücken sich in der Lebenserwartung aus. Sie ist in Entwicklungsländern niedrig. Die mangelhafte Bildungssituation lässt sich u. a. an der Lehrer-Schüler-Relation und an der Alphabetenquote ablesen. In der Wirtschaft der Entwicklungsländer gibt es auch gemeinsame Merkmale. Dazu gehören der Anteil der in der Landwirtschaft Beschäftigten, die Hektarerträge, die Struktur des Außenhandels, die Verschuldung. Diese und weitere Merkmale wurden berücksichtigt, um die Länder der Welt nach ihrem Entwicklungsstand einzuteilen (Mat. 190.1).

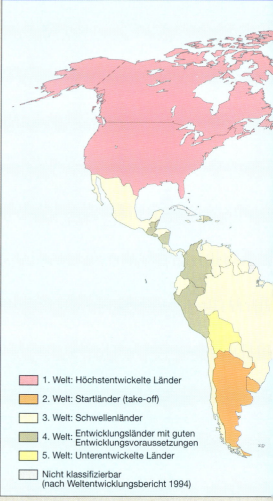

190.1 Einteilung der Länder der Erde nach ihrem

Drei, vier, fünf Welten

Nach dem Zweiten Weltkrieg sprach man vom „kapitalistischen Westen" als der 1. und dem „kommunistischen Osten" als der 2. Welt, die restlichen (Entwicklungs-)Länder wurden als 3. Welt bezeichnet. Heute gliedert man genauer nach den genannten Merkmalen (Mat. 190.1):

Zur **1. Welt** gehören die am höchsten entwickelten (Industrie-)Länder.

Die **2. Welt** wird von solchen Ländern gebildet, die zwar keine „richtigen" Entwicklungsländer mehr sind, die aber in einigen Merkmalen doch weit hinter der 1. Welt liegen. Portugal gehört z. B. mit einem BSP pro Kopf und Jahr von 5900 US-$ zwar zur Gruppe der Entwicklungs-

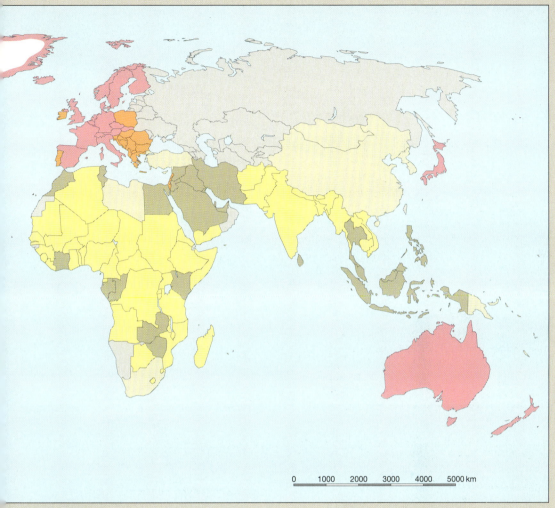

Entwicklungsstand

länder, nach anderen Merkmalen müsste man es aber zur 1. Welt rechnen. Die Länder der 2. Welt werden auch als **Startländer** bezeichnet, weil man davon ausgeht, dass sie in Kürze die 1. Welt erreichen können, z. B. Südkorea und Taiwan.

Zur **3. Welt** rechnet man Länder, die nur in einigen Entwicklungsmerkmalen mit der 1. Welt vergleichbar sind. Es handelt sich um fortschrittliche Entwicklungsländer, von denen man annimmt, dass auch sie in Zukunft den Kreis der Entwicklungsländer verlassen können. Sie werden als **Schwellenländer** bezeichnet, z. B. China, Mexiko und Brasilien.

Zur **4. Welt** gehören Länder, bei denen man trotz aller Unterentwicklung relativ gute Entwicklungsmöglichkeiten feststellen kann. Dazu gehören eine gut funktionierende Landwirtschaft, eine sich entwickelnde Industrie oder aber auch reiche Bodenschätze. Marokko ist z. B. ein Land der 4. Welt.

Die **5. Welt** wird von solchen Entwicklungsländern gebildet, die eine hohe Zahl typischer Unterentwicklungsmerkmale aufweisen. Sie werden große Schwierigkeiten haben, den Entwicklungsrückstand aufzuholen. Zu dieser Gruppe zählt z. B. Mali.

1. Erläutere die aufgeführten Merkmale im hinteren Einbanddeckel. Was drücken sie aus?
2. Ordne anhand der Mat. im hinteren Einbanddeckel und Mat. 190.1 Bolivien, Indonesien, Mali und Ecuador ein. Begründe.

In Indien

In Papua-Neuguinea

Leben in unterschiedlichen Kulturräumen

In den USA

USA – Land der Riesenstädte

194.1 Houston/Texas

1. Bos-wash, Chi-pitts, San-san

Beim Nachtflug von Boston nach Washington sieht man unter sich ein endloses Lichtermeer. Auf rund 750 km Länge reihen sich hier elf Großstädte mit Vororten und Industriegebieten aneinander. In dieser **Megalopolis** (Riesenstadt) zwischen Boston und Washington („Bos-wash") wohnen auf 2 % der Staatsfläche ca. 50 Millionen Menschen. Ähnliche Städtebänder haben sich zwischen Chicago und Pittsburgh („Chi-pitts") sowie San Francisco und San Diego („San-san") gebildet.

Auf seinem Weg zur Arbeit muss Glenn Craft viermal umsteigen – trotzdem ist er in vier Minuten im Büro, denn er muss das Haus gar nicht verlassen. Er wohnt nämlich im 90. Stock eines Wohn- und Geschäftsgebäudes in Chicagos **Downtown** (Innenstadt). Hier oben versperrt ihm ab und zu eine Wolke die Sicht auf den Michigansee. Expressfahrstühle bringen ihn schnell vom 90. Stock zu seinem Büro im 15. Stock.

Wolkenkratzer haben die Zentren der nordamerikanischen Großstädte erobert und prägen deren Aussehen. Ihr Bau wurde erst durch die Erfindung der Stahlskelettbauweise, von Fahrstühlen und von Klimaanlagen möglich. Das höchste Gebäude der Welt (443 m, 110 Geschosse) steht zur Zeit in Chicago.

Typisch für die nordamerikanischen Städte ist der schachbrettartige Grundriss (vgl. Mat. 83.2). Häufig werden die Nord-Süd-Straßen als **Avenues**, die West-Ost-Straßen als **Streets** bezeichnet. 1995 lebten 78 % aller Nordamerikaner in Städten, bis zum Jahr 2000 sollen es sogar mehr als 80 % sein.

1. Vergleiche die Ausdehnung der Megalopolis „Bos-wash" mit der Entfernung Paris-Köln (Atlas), beschreibe das Verkehrsnetz.
2. Suche die Städtebänder „Chi-pitts" und „San-san" im Atlas.
3. Wo befinden sich die größten Städtekonzentrationen in den USA (Atlas)?

Stadtentwicklung in Nordamerika

Die meisten Städte Europas entstanden im Mittelalter oder in der frühen Neuzeit. Handelsstädte, Militärstützpunkte oder religiöse Orte zum einen sowie die im Zeitalter der Industrialisierung entstehenden neuen Städte zum anderen weisen Merkmale dieser Zeiten auf.

Im Unterschied hierzu entstanden die meisten Städte Nordamerikas im Zuge der Erschließung des Kontinentes erst im 18. oder 19. Jahrhundert: Tradition spielt bei ihnen eine untergeordnete Rolle, ihre Verteilung, ihre Größe, ihr Aussehen und ihr Grundriss wurden geprägt durch die Form der Landnahme (vgl. S. 83) sowie durch wirtschaftliche und verkehrsräumliche Entwicklungen. Nur Kolonialstädte im Osten und Süden der USA, wie Boston oder New Orleans, weisen in ihrem Kern auf die europäischen Vorbilder hin.

Ebenso charakteristisch wie der **Schachbrettgrundriss** ist für die Städte der Pionierzeit die dichte Bebauung zwischen dem gitterförmigen Straßennetz. Prägendes Merkmal ist die **Skyline.** Die Wolkenkratzer veranschaulichen die enorm große Konzentration und intensive Raumnutzung in der Innenstadt, dem wirtschaftlichen Zentrum: Hier wohnen kaum Menschen, hier arbeiten sie nur. Banken, Versicherungen, Büros, Geschäfte, Restaurants, Theater sind typische Merkmale für die Bedeutung des **Dienstleistungssektors** in den Innenstädten. Zum Stadtrand hin nehmen Bebauungshöhe und -dichte ab. In der Übergangszone findet man produzierendes Gewerbe, die Wohnfunktion nimmt allmählich zu. Die nordamerikanische Stadt der Gegenwart ist eine Stadt des Autos: auf 100 Bewohner kommen mehr als 70 Pkw. Breite Straßen, z. T. als Schneisen diagonal durch die Häuserblocks der Großstädte geschlagen, Stadtautobahnen in mehreren Ebenen übereinander prägen die autogerechten Städte ebenso wie Drive-in-Shops, -Restaurants, ja sogar -Kirchen.

Das Auto macht es möglich, dass nach 1950 der Abstand zwischen Wohn- und Arbeitsort immer größer werden konnte. Es entstanden immer größere Vorstadtsiedlungen mit Einfamilienhäusern „im Grünen", die **Suburbs.** Ihr großer Flächenbedarf führte zur **Zersiedlung** der Landschaft.

Nordamerikaner wechseln häufiger ihren Wohnort als Europäer. Häuser werden deshalb mehrmals im Leben ge- und wieder verkauft, sie sind einfacher in Bauweise und Ausstattung. Eine hohe Mobilität gehört mit zum Ideal des „American Way of Life", dem Recht zur Selbstentfaltung und zum Streben des Einzelnen nach Glück und Erfolg, nach Freiheit und Ungebundensein. Das Leben in „mobile homes", die man von Wohnort zu Wohnort mitnehmen kann, ist von daher eine in Nordamerika entstandene Siedlungsweise (vgl. Foto Seite 193).

4. Erläutere Aussehen und Grundriss der nordamerikanischen Großstadt (Mat. 194.1, Atlas). Vergleiche mit Europa.
5. Beschreibe den Prozess der Verstädterung in Nordamerika (Mat. 195.1 und 2). Erläutere die Rolle, die der Individualverkehr hierbei spielt.
6. Erkläre den Begriff der „Zersiedlung" (Mat. 194.1, 195.1, Atlas).

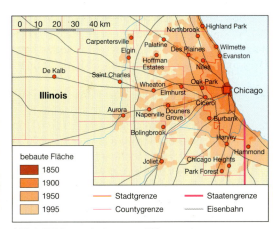

195.1 Städtewachstum von Chicago

Jahr	USA Einw. (Mio.)	USA Stadt (%)	Kanada Einw. (Mio.)	Kanada Stadt (%)
1850	23,2	13,2		
1870	38,6	22,9	3,7	12,2
1890	62,9	31,5	4,8	21,0
1910	91,9	41,6	7,2	32,6
1930	122,7	52,3	10,4	41,7
1950	150,7	59,3	14,0	54,6
1960	179,3	65,2	18,2	64,1
1970	203,2	73,6	21,6	69,4
1980	226,5	73,7	24,3	75,8
1990	252,7	75,0	27,3	77,0
1994	257,9	76,0	28,1	77,0

195.2 Verstädterung in Nordamerika 1850–1994

2. Probleme der großen Städte

Los Angeles: zweitgrößte Stadt der USA, größte Stadt Kaliforniens mit fast 15 Mio. Einwohnern, Standort wichtiger Industrien, Zentrum von Handel und Banken, Verkehrsknotenpunkt, Amerikas Tor zum Pazifik. Im **Sunbelt** gelegen, vom Klima begünstigt, alljährlich Ziel von Millionen von Touristen. „Dreamtown" vieler Amerikaner und deshalb immer noch die Stadt mit dem stärksten Bevölkerungswachstum der USA (18 Mio. bis zum Jahr 2000).

Los Angeles ist ein typisches Beispiel für die Entwicklung der nordamerikanischen Groß- und Millionenstädte, was die Vorzüge wie auch die Nachteile des starken und schnellen Städtewachstums betrifft, wie das Beispiel Frank Troye zeigt (vgl. Mat. 196.2). Bis 1957 hatte er im Stadtteil South Gate gewohnt. Die Stadt wuchs in den Jahren danach immer weiter ins Umland hinaus, als die Bevölkerung sprunghaft zunahm. Verbunden damit stiegen Verkehrsaufkommen und Umweltbelastung. Stadtautobahnen wurden quer durch die Stadt gebaut, um den wachsenden Verkehr zu bewältigen. Das Leben in der Stadt wurde unattraktiv. Als mehrere Nachbarn „ins Grüne", in die Suburbs, zogen, wechselte auch Frank Troye seinen Wohnort. Er zog in den Vorort Fullerton. Aber schon bald holten ihn Stadt und Verkehr wieder ein und so zog er erneut um. Diesmal kaufte er ein Fertighaus in der Nähe von Corona.

Die amerikanischen Großstädte sind bereits ein Opfer des Autoverkehrs geworden. Immer mehr Fläche wird für den fließenden und den ruhenden Verkehr in Anspruch genommen, im Zentrum von Los Angeles sind es bereits zwei Drittel der Grundfläche. Allmählich rächt es sich, dass der Ausbau eines innerstädtischen Nahverkehrsnetzes versäumt wurde, dass ein Stadtteil nach dem anderen dem Autoverkehr „geopfert" wurde.

196.1 Smog über Los Angeles – Rushhour

„Die morgendliche Fahrerei zur Arbeit ist zeitraubend und nervenaufreibend. Mit dem eigenen Auto benötige ich inzwischen $1^{1}/_{2}$ Stunden für gerade 50 km, und das jeweils morgens und abends. Davon die Hälfte der Zeit „stop and go", kaum, dass man sich der City auf 10 km nähert. Vom Lärm und Gestank will ich gar nicht reden. Ich würde sofort auf Bus oder Bahn umsteigen, zumal dann die monatlichen Parkgebühren im Parkhochhaus wegfallen würden. Aber ein funktionierendes Nahverkehrsnetz gibt es in Los Angeles ja nicht."

196.2 Rushhour

1. Suche auf einer Atlaskarte die Wohnorte von Frank Troye. Warum ist er umgezogen?
2. Beschreibe den Weg, den er täglich zum Büro in der City zurücklegt (Atlas).
3. Vergleiche die Ausdehnung des Verdichtungsraumes von Los Angeles mit dem Ruhrgebiet (Atlas).
4. Nenne die Folgen der flächenmäßigen Stadtentwicklung für die Stadtzentren, die Vorstädte und für den Verkehr.

Ganze Stadtteile verfallen

Über viele Quadratkilometer erstrecken sich am Stadtrand eintönige Siedlungen aus meist einstöckigen Einfamilienhäusern, ohne Einkaufsmöglichkeiten, ohne Schulen, ohne soziale Einrichtungen. Da in den Innenstädten immer weniger Wohnbevölkerung zurückblieb, zogen Geschäfte, Dienstleistungsbetriebe, ja sogar Kirchen an die großen Ausfallstraßen.

Was geschah mit den Stadtteilen, in denen ursprünglich die weißen Amerikaner der Mittelschicht gewohnt hatten? Mit dem Abwandern dieser einkommensstarken Bevölkerung sanken zwangsläufig die Mieten. Bevölkerungsgruppen mit niedrigerem Einkommen rückten nach, überwiegend Schwarze, aber auch Asiaten und Einwanderer aus mittelamerikanischen Ländern.

Für die Instandhaltung der Häuser wurde kaum noch Geld ausgegeben. Die Bauten in solchen Vierteln verfielen allmählich, Geschäfte wurden aufgegeben, auch die zweite Generation der Bewohner zog fort. Arbeitslosigkeit, Kriminalität und Rauschgiftsucht verschärften die Probleme, die sich nach und nach in den hier entstehenden Gettos bildeten. Heute lebt hier bereits jeder vierte Bewohner unterhalb der staatlich festgelegten Armutsgrenze. Inzwischen verwaisen ganze Häuserblocks, sie werden von ihren Besitzern einfach aufgegeben. Brennende Ruinen sind häufig äußeres Zeichen der vorhandenen sozialen Probleme in den entstehenden **Slums**.

Mit dem Auszug der Besserverdienenden verloren die Städte die besten Steuerzahler. Hierunter musste die Pflege der öffentlichen Einrichtungen leiden, das Niveau von Schulen sank ab, neue Infrastruktureinrichtungen konnten nicht im notwendigen Umfang geschaffen werden. Da zudem Lärm- und Luftbelastung die Umweltbedingungen verschlechtert haben, ist die Verödung der Innenstadtbereiche nur schwer zu stoppen. Inzwischen haben erste Sanierungen, z. B. in New York oder Boston, stattgefunden. Wegen der hohen Kosten kann die Sanierung jedoch nur schrittweise stattfinden.

5. In welchen Stadtteilen leben ... (Mat. 197.1)? Beschreibe diese Viertel genauer.
6. Nenne Gründe für den allmählichen Verfall städtischer Teilräume und für das Entstehen von Slums.

197.1 Innerstädtische Verteilung von Bevölkerungsgruppen in New York

Entwicklung einer orientalischen Stadt: Aleppo

198.1 Aleppo (Halab): Blick von der Zitadelle

Traditionelle Strukturen

Städte im Vorderen Orient – wer denkt da nicht an prächtige Moscheen, an das Handeln und Feilschen im Basar, an Kamelkarawanen mit Gewürzen und Seide aus fernen Ländern?

Aleppo ist eine solche Stadt, deren Ursprung über viertausend Jahre zurückliegt. Der Fernhandel und Karawanenverkehr haben seit jeher das Leben in der Stadt bestimmt. Als Knotenpunkt transkontinentaler Verkehrsströme hat Aleppo West-, Mittel- und Südeuropa mit den Märkten in Anatolien, Bagdad und Südarabien wie auch in Indien und China verbunden. Noch im 19. Jahrhundert hatte die zweimal jährlich die Wüste querende Kamelkarawane von Basra ihren Endpunkt in Aleppo. Hier wurden die Waren gelagert und auf Lastesel und Maultiere umgeladen, die die gebirgige Strecke zum Mittelmeer leichter passieren konnten. Außerdem war Aleppo für Jahrhunderte lokales Handelszentrum im Grenzbereich zwischen sesshaften Siedlern im Westen Syriens und Nomaden im Osten des Landes.

Schon von weitem sieht der anreisende Händler die Silhouette Aleppos, die 50 m über der Stadt gelegene Zitadelle, die Stadtmauer mit Toren und Türmen sowie die zentrale Große Moschee. Sobald er in das Innere der Stadt gelangt, führt sein Weg an Kaffeehäusern, Bäckereien, Gasthäusern und kleinen Gewerbebetrieben vorbei zum **Basar**, dem Handelszentrum der Stadt. Viele kleine Gassen, die miteinander verbunden sind, werden von den ein- und zweigeschossigen Häusern gebildet. Ein Laden reiht sich an den anderen und überall sind die hölzernen und zahlreich verzierten Wände zu sehen, die die Geschäfte voneinander trennen. Da die Gassen überbaut oder mit Holz überdacht sind, kann hier der Händler unabhängig von der Hitze seine Geschäftspartner suchen und in den Läden mit ihnen handeln.

Über den ganzen Tag herrscht im Basar reges Leben und Gedränge und man wird vom Strom der Menschen mitgetragen. Oft sprechen die Handwerker und Händler die Vorbeigehenden an und laden zu einem Glas Tee oder auch nur zu einer Unterhaltung ein.

1. Zeichne eine Faustskizze mit den im Text genannten Regionen, aus der die Lage Aleppos im Fernhandel hervorgeht (Atlas; vgl. S. 260).
2. Beschreibe Aussehen und Gliederung eines Basars (Mat. 199.1 und 2, Text).
3. Nenne die wesentlichen Merkmale einer orientalischen Altstadt (Mat. 199.1 und 2, Text). Welche Unterschiede zu einer europäischen Stadt kannst du feststellen?

Wir stehen unterhalb der Zitadelle und unser Blick gleitet die weite Hauptstraße hinunter. Die Wärme, das gleißende Licht und auch der ungewohnte Lärm machen uns zu schaffen, während wir die Straße hinabgehen. In unregelmäßigen Abständen befinden sich große Tore in den Häusern und wir fragen uns, was sich in den Hinterhöfen verbirgt. Unser Führer erläutert uns, dass wir durch diese Tore zu den Quartieren, den Wohnvierteln in der Stadt, gelangen. Neugierig sind wir geworden, denn das können wir uns gar nicht so recht vorstellen.

Wir treten durch ein Tor in das Quartier, das uns mit ungewohnter Stille empfängt. Auch stört uns kein Autoverkehr und der schmale Weg mit den fensterlosen Mauern spendet uns immer wieder den ersehnten Schatten. Wir gehen immer tiefer in das Viertel hinein und stehen ab und zu an einer Wegegabelung. Es ist schwierig, wie in einem Labyrinth, die Orientierung zu behalten.

Plötzlich ist der Pfad zu Ende; unser einheimischer Führer erläutert uns, dass alle Wege der Quartiere Sackgassen sind und dass man einige davon sogar nur durch ein zusätzliches Tor betreten kann. So wird der private Lebensbereich weitestgehend von der Öffentlichkeit abgeschirmt.

Auf unserem Rückweg erblicken wir eine geöffnete Tür. Neugierig schauen wir hinein und sind über den Luxus erstaunt. Das hatten wir nicht vermutet, nachdem der Eindruck von der Stadt eher auf ein einfaches, fast ärmliches Leben schließen ließ. Hier sehen wir in einen großen Innenhof, in dem ein Springbrunnen plätschert. Die Böden sind mit Marmor, die Wände mit Mosaiken gefliest und die Decke zieren Malereien auf bestem Zedernholz. Ganz offensichtlich blicken wir in das familiäre Heiligtum: das eigene Haus.

Unsere Schritte führen uns weiter durch das Quartier. Dabei entdecken wir auch ein öffentliches Bad und wir passieren eine Moschee. Selbst ein Markt fehlt nicht. Es ist eine richtige kleine Stadt in der Stadt! So etwas haben wir nicht erwartet und so treten wir erstaunt wieder durch das große Tor auf die Hauptstraße. Noch verwunderter sind wir, als wir erfahren, dass alle Tore jeden Abend verschlossen werden und dann kein Fremder mehr Zugang zu den einzelnen Quartieren hat.

199.1 Ein Gang durch die Altstadt

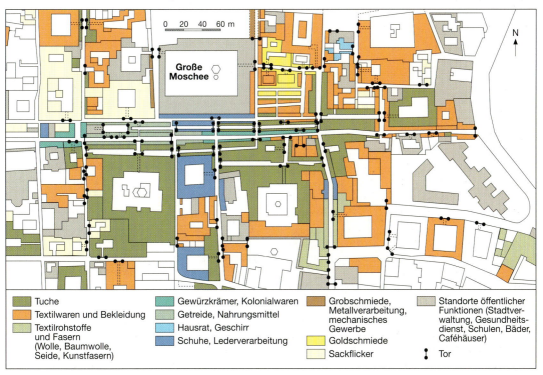

199.2 Gliederung des Basars von Aleppo

Das neue Bild einer alten Stadt

Das Bild, das wir heute von Aleppo haben, entspricht nur noch teilweise den Schilderungen von einer märchenhaften Stadt. Der westliche Einfluss hat auch hier Einzug gehalten.

Heute zählt die Stadt 1,5 Millionen Einwohner. Aleppo ist noch immer eine Handelsstadt, ist aber auch zu einer modernen Industriestadt geworden. Hier befindet sich das Zentrum der syrischen Textilindustrie, die über Fernverkehrsstraßen und Eisenbahnen an die internationalen Märkte angeschlossen ist.

Die früher ummauerte Altstadt ist noch immer in ihren Grundstrukturen erhalten und auch im Basar herrscht lebendiges Treiben vor. Allerdings mussten sich das Handwerk und Gewerbe den modernen Anforderungen anpassen. So werden beispielsweise statt des heimischen Leders importierte Kunststoffe, statt der teuren Seide Garne aus Kunstfasern verarbeitet. Außerdem ist das Geschäftsleben längst nicht mehr unmittelbar auf den eigentlichen Basar beschränkt. So wird unter den Dächern des Basars heute nur noch gehandelt. Für die veränderten Produktionstechniken mussten die Gewerbebetriebe neue Produktionsstätten am Rand des Basars und sogar außerhalb davon errichten.

Das traditionelle Handeln im Basar wird besonders von den mittleren und unteren Einkommensschichten aufrechterhalten. Die besser gestellten Aleppiner stehen dem modernen, westlichen Einfluss aufgeschlossener gegenüber. Sie versorgen sich in den neuen Einkaufszentren. Nicht nur in den Vororten, sondern auch direkt am Rand der Altstadt sind Geschäftsviertel gebaut worden. Mit ihnen sind Hotels, Kinos, Restaurants und Reisebüros entstanden, die auf die gehobenen Bedürfnisse ausgerichtet sind.

Der ständig steigende Autoverkehr erforderte den Abriss alter Wohnhäuser. Zwar wurden zum Ausgleich neue Wohnbauten errichtet, doch mussten dafür wiederum Parkanlagen und Grünflächen weichen. So bestimmen allmählich Betonbauten und breite Verkehrsstraßen das Bild der Stadt. Für den An- und Abtransport von Rohstoffen und Waren mit Lkw wurden Teile des Großhandels, z. B. das Verlagsgewerbe, aus der Altstadt ausgelagert. Die ehemaligen Lagerhallen werden nur noch in geringem Umfang genutzt oder stehen völlig leer.

Der Islam gehört neben dem Christentum, dem Judentum, dem Buddhismus und dem Hinduismus zu den großen Weltreligionen. Zu der von Mohammed 610–632 n. Chr. verkündeten Religion bekennen sich ca. 19 % der Menschheit. Die wichtigste Glaubensquelle des Islam ist das heilige Buch, der Koran (arab.: Unterwerfung unter den Willen Gottes, Hingabe, Ergebung und Gehorsam). Daneben gilt gleichberechtigt die Überlieferung vom Reden und Handeln des Propheten Mohammed, die Sunna.
Jeder Muslim hat 5 Grundpflichten zu erfüllen:
1) das Bekenntnis zur Einheit Gottes und zur Prophetenschaft Mohammeds,
2) das tägliche fünfmalige Gebet,
3) das Geben von Almosen,
4) das Fasten tagsüber im Monat Ramadan,
5) die Wallfahrt nach Mekka mindestens einmal im Leben.

Verboten sind der Verzehr von Schweinefleisch, der Genuss alkoholischer Getränke sowie das Glücksspiel.
Das tägliche Leben wird außerdem durch das islamische Recht, die Scharia, bestimmt. Diese traditionelle islamische Rechtsprechung über Moral und Familienleben hat teilweise sogar Vorrang vor den staatlichen Gesetzen.
Das religiöse Gesetz der Scharia ist in vielen islamischen Staaten Grundlage der politischen Ordnung, die u. a. dem Ziel folgt, die Rechte Allahs und die der Muslime durchzusetzen. Das hat z. B. zur Folge, dass Andersgläubigen der Zugang zu öffentlichen Ämtern verwehrt wird.
In den Koranschulen werden neben den allgemeinen Unterrichtsfächern vor allem die Wurzeln des islamischen Rechts vermittelt.

200.1 Der Islam

Um Wohnraum für die ständig stark wachsende Zahl an Einwohnern bereitzustellen, entstanden auch am Stadtrand Wohnviertel. Hier ließen sich die ehemals in der Altstadt ansässigen Familien der höheren und mittleren Einkommensschichten nieder. In die einfachen Wohnviertel der Altstadtquartiere dagegen sind vor allem Zuwanderer aus den umliegenden kleineren Städten gezogen. So ändert sich das Bild der Stadt ständig.

4. Der islamische Glaube hat Einfluss auf das tägliche Leben. Nimm zu dieser Aussage Stellung (Mat. 200.1).
5. Stelle in tabellarischer Übersicht die Verbreitungsgebiete des Islam zusammen (Atlas).
6. Erläutere Veränderungen, die Aleppo zu einer westlich geprägten Stadt machten (Text).
7. Erläutere anhand Mat. 201.1
   – die Lage der Wohngebiete verschiedener religiöser Gruppen,
   – die Stadterweiterungen der Neuzeit,
   – die Lage neuer Gewerbegebiete, Geschäftszentren und öffentlicher Einrichtungen.
8. Suche im Atlas Grundrisse anderer orientalischer Städte. Vergleiche sie mit Mat. 201.1.

201.2 Leben in der orientalischen Stadt

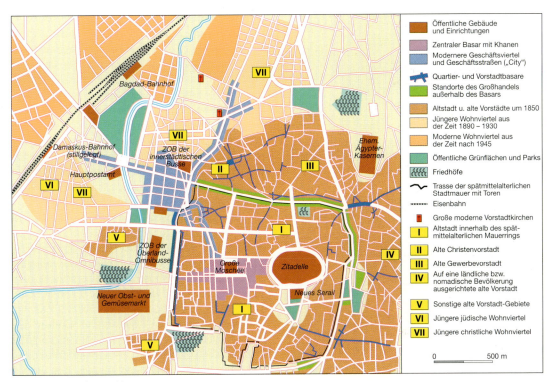

201.1 Innenstadt von Aleppo

Kasten und heilige Kühe: Indien

202.1 Hindu-Heiliger

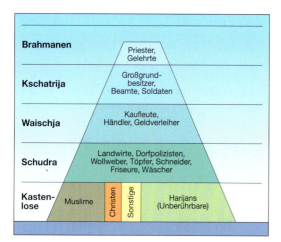

202.2 Herkömmliches Kastensystem

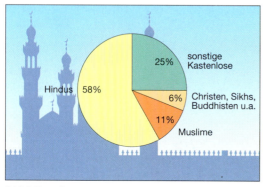

202.3 Bevölkerung nach der Religionszugehörigkeit

1. Traditionelle Gesellschaftsordnung

Vor 1000 Jahren drangen persische Muslime in das (H)Industal vor. Sie nannten die Bewohner **Hindus**. Dieser Begriff wurde später auf alle Einwohner des Subkontinents übertragen. Nach herkömmlicher Vorstellung standen die Priester, die Brahmanen, an der Spitze der Gesellschaft. Die Priester teilten die Bevölkerung in Stände, in **Kasten**, ein. Ganz unten standen die Kastenlosen, die „Unberührbaren". Jeder Mensch gehört bei seiner Geburt einer bestimmten Kaste an. Ein Hindu glaubt, dass er nach seinem Tod so oft in einem anderen Wesen wiedergeboren wird, bis er aus dem Kreislauf erlöst wird. Seine Wiedergeburt hängt von den Taten ab, die er im Leben vollbracht hat. Verstößt jemand gegen die Pflichten seiner Kaste, wird er in einer niedrigeren Kaste wiedergeboren, eventuell sogar als Tier oder Pflanze. Verhält sich ein Hindu fromm, fastet er und gibt Spenden, kann er in eine höhere Kaste aufsteigen.

Die Kastenordnung mit der Unterteilung in Tausende von Unterkasten schreibt jedem Angehörigen Pflichten zu. Selbst bei den „kastenlosen" Hindus gibt es eine Kastenordnung. Die Kaste gibt jedem Menschen einen festen Platz in der Gesellschaft. Sie bestimmt über den Beruf. Heiraten über Kastengrenzen sind verboten. Freier Umgang mit Mitgliedern anderer Kasten ist unerwünscht. Das gilt besonders für gemeinsames Essen und Trinken. Zwei bis drei Dutzend Kasten können in einem Dorf vertreten sein. Die Arbeiten im Dorf sind aufgeteilt, sodass trotz gegenseitiger Abhängigkeit eine Dorfgemeinschaft besteht.

Inzwischen gibt es neue Berufe und Fachgebiete, die nicht in das herkömmliche Kastensystem passen. Kfz-Mechaniker und Fabrikarbeiterinnen arbeiten zusammen, obwohl sie verschiedenen Kasten angehören. Die Abgrenzung geht gerade in der Stadt weiter zurück. Dennoch bleiben die Frauen benachteiligt. Nach hinduistischer Vorstellung schulden sie ihrem Gatten Ergebenheit und bedingungslosen Gehorsam. Viele Frauen wollen dies ändern. Sie lehnen die traditionelle Arbeitsteilung ab und fordern das Recht, ihren Partner selbst zu wählen.

Die Hindus verehren den Ganges als heiligen Fluss. Für sie symbolisiert er eine Göttin. Am Ufer des Ganges liegt die heilige Stadt Varanasi. Millionen von Pilgern kommen jedes Jahr in den Wallfahrtsort. Shiva, der große Gott der Zerstörung und Erneuerung, soll hier nach hinduistischer Legende seinen Wohnsitz gehabt haben. Unter den Pilgern sind viele alte Männer und Frauen. Sie hoffen, in Varanasi zu sterben und dort verbrannt zu werden. Ihre Asche soll man in den Ganges streuen. So werden sie von schlechten Taten reingewaschen und als höheres Wesen wiedergeboren. In Varanasi finden sich auch heilige Männer, Asketen und Gurus ein. Sie warten darauf, aus dem Kreislauf von Tod und Wiedergeburt auszuscheiden (vgl. S. 192).

203.1 Heilige Stadt Benares (Varanasi)

Die Unberührbaren

In der gesellschaftlichen Ordnung stehen die „Unberührbaren" ganz unten. Sie machen einen großen Teil der Bevölkerung aus. Ihre Berufe gelten für einen Inder aus guter Kaste als „unrein". Sie sind für alle Arten von Abfallbeseitigung zuständig. Weber und Ledergerber, Schuhmacher und Straßenfeger gehören ebenso dazu wie die Masse der landlosen Landarbeiter. Aber ohne die „niedrige" Arbeit, die von anderen verrichtet wird, könnten auch die höheren Kasten nicht leben. Die Regierung räumt allen Indern die gleichen Rechte ein und erließ entsprechende Gesetze. Niemand darf die Mitglieder einer niedrigen Kaste als „unberührbar" bezeichnen. Sie dürfen sich in Krankenhäusern und Kaufhäusern, in Hotels und Wohnheimen aufhalten. Die Benutzung aller Verkehrsmittel ist ebenso erlaubt wie der Aufenthalt auf den Straßen. Sie dürfen, Grundstücke und Häuser kaufen, sich ihren Beruf wählen, sowie Waren kaufen und verkaufen. Die Frauen dürfen Schmuck tragen und Kosmetik verwenden. Den „Unberührbaren" bleibt es trotzdem verwehrt, in eine höhere Kaste aufzusteigen. Sie treten zum Christentum oder zum Buddhismus über. Andere schließen sich in Protestbewegungen zusammen.

1. Nenne einige Merkmale des Hinduismus (Mat. 202.1 und 202.2, 203.1, Text).
2. Das Kastenwesen ist eine besondere Form der Gemeinschaft. Erläutere (202.3, Text).
3. Beschreibe die Rolle der „Unberührbaren" (Mat. 202.2, Text).

Schon seit alters her gilt die Kuh als heiliges Tier. Als noch Nomadenstämme Indien durchzogen, waren Rinderherden der kostbarste Besitz. Eine Kuh erinnert einen Hindu an eine Göttin. Er wird sie deshalb nicht töten, denn auch Tiere haben eine Seele. Nur „Unberührbare" dürfen mit der Rinderhaut in Berührung kommen, etwa beim Gerben oder beim Bespannen von Trommeln, die wiederum nur Unberührbare schlagen dürfen.

„MADRAS. *Mitten in der Rushhour liegen ein Dutzend Kühe auf der Hauptverkehrsstraße. Von dem lärmenden und stinkenden Straßenverkehr lassen sich die Tiere beim Wiederkäuen nicht stören. Die Autos drängen sich irgendwie vorbei, niemand nimmt Notiz von ihnen, sie gehören zum gewohnten Straßenbild. Die Zahl der Rinder wird in Madras auf 80 000 geschätzt. Die Meinung befragter Passanten reicht von Ehrfurcht bis Ärger. „Ich bin ein Hindu, Kühe sind gut", erklärt ein frommer Mann. Andere Bürger erinnern daran, dass die Kühe zuverlässige Müllbeseitiger seien. Außerdem diene der Dung der armen Bevölkerung als Brennmaterial. Die meisten Befragten vertreten den Standpunkt, Kühe stellten eine Verkehrsbehinderung und ein Gesundheitsrisiko dar. Bereits 1985 sprach das Amt für städtische Entwicklung eine Empfehlung aus, die Rinder außerhalb der Stadt auf Farmen zu bringen. Acht Jahre später stören die Tiere immer noch den Stadtverkehr. Von Zeit zu Zeit wird der Plan über die Verlagerung der Rinder neu diskutiert."*

(aus: Daily India 24.1.93. In: geographie heute 3/93)

203.2 Heilige Kühe

2. Das Los der indischen Frauen

In ihrer Kindheit muss eine Frau ihrem Vater untertan sein, in ihrer Jugend dem Ehemann und als Witwe ihren Söhnen. Eine Frau darf niemals Unabhängigkeit genießen.

(Aus dem Gesetzbuch des Hinduismus)

Wenn ich eine Frau wäre, ich würde mich erheben im Widerstand. Frauen sollen die gleichen Rechte genießen wie Männer.

(Mahatma Gandhi 1947)

„Meine Frau arbeitet nicht", sagt der Ehemann. Aber wer sorgt für den Bauern, der den Acker bestellt? Wer kocht, putzt und wäscht? Wer holt Wasser, kümmert sich um die Kinder, pflegt die Kranken? Wer arbeitet, damit der Mann jeden Tag die Kraft hat, seinen Lohn zu verdienen, damit die Kinder zur Schule gehen können? Wessen Arbeit ist unsichtbar, unhörbar, unbezahlt, unterbezahlt, nicht anerkannt?

(Amrita Pritam, indische Dichterin)

Lehrerinnen, Ärztinnen und Sozialarbeiterinnen, selbst die Frauen von reichen Industriellen fühlen sich nicht anerkannt. Noch viel minderwertiger kommen sich die Bäuerinnen, Fabrikarbeiterinnen oder Bettlerinnen vor. Ganz schlimm trifft es die Witwen, die nach dem Tode des Mannes zu keinem mehr gehören. Wenn die Großfamilie sie als Arbeiterinnen duldet, haben sie Glück. Fast immer geächtet ist eine Frau, wenn sie keine Söhne bekommt. Eine Frau ist Eigentum des Mannes. Sie soll für ihn schön und geschmückt sein.

In allen Ländern der Erde leben mehr Frauen als Männer, nicht so in Indien. Hier ist das Verhältnis 100 Frauen zu 107 Männern. Frauen arbeiten in den Dörfern etwa 12 Stunden am Tag in der Landwirtschaft, zusätzlich zu ihrer Hausarbeit. Jeder dritte Haushalt auf dem Land wird von der Frau geleitet, weil die Männer auf Arbeitssuche in der Stadt sind oder ihre Familien vernachlässigen.

204.1 Frauenarbeit auf einer Baustelle

204.2 Eine Frau wird verheiratet

1. Indische Frauen sind hoch geachtet und werden erniedrigt. Wie erklärt sich der Widerspruch (Mat. 204.1 und 2, 205.2, Text)?
2. Beschreibe den Alltag einer Frau auf dem Land (Mat. 205.1, Text).
3. Erläutere die Folgen, die sich für die Familie der Braut aus der Mitgift ergeben.

Mitgift, eine willkommene Bereicherung

Früher gaben die Eltern ihrer nicht erbberechtigten Tochter Schmuck, eine Kuh oder ein Stück Land als Mitgift. So sicherten sie der Tochter auch nach der Verheiratung eine gewisse Selbstständigkeit. Das Mitgiftsystem ist bei den Hindus, Muslimen und Christen verbreitet, aber vom Staat verboten. Trotzdem kommt es in den aufstiegsorientierten städtischen Mittelschichten zu schlimmen Auswüchsen. Die Höhe der Mitgift richtet sich nach Kastenzugehörigkeit, Ausbildung, Beruf und Einkommen des Bräutigams. Es wird so lange gefeilscht, bis das Geschäft perfekt ist. Eine Mittelschichtfamilie, die umgerechnet 220 DM im Monat verdient, muss mehr als 9000 DM für die Mitgift ausgeben. Geld und Gold, Motorräder und Autos, Fernseher und Kühlschränke wechseln bei Hochzeiten den Besitzer. Auch nach der Heirat verlangen der Ehemann und die Schwiegereltern oft „Geschenke" zu religiösen Festen und Familienfeiern, etwa bei der Geburt der Kinder. Einige Frauen sehen dann keinen Ausweg mehr. Sie trauen sich nicht mehr in ihre Familien zurück und nehmen sich das Leben. An vielen Orten haben sich die Frauen zusammengetan und protestieren gegen die Mitgift.

(nach: G. Vensky: Mitgift – eine soziale Seuche. In: Misereor 1990, sowie: Stirbt der Mann, dann ist die Frau schuld an seinem Tod. 1991)

Fortschritt ist Rückschritt für die Frauen

Im nordindischen Punjab wurde der Weizenanbau modernisiert. Vorher waren die Frauen aus landlosen Haushalten Lohnarbeiterinnen in der Landwirtschaft. Sie pflegten die Felder, säten, ernteten und lagerten die Ernte. Sie übernahmen sogar dort, wo die Männer zur Arbeit in die Stadt „ausgewandert" waren, das Pflügen. Das war sonst den Männern vorbehalten. Die Nutzung der Maschinen und neue Techniken erforderten eine neue Ausbildung, in deren Genuss nur Männer kamen. Die „Geheimnisse" der Maschinenbedienung, des Einsatzes neuer Getreidesorten, chemischer Dünge- und Schädlingsbekämpfungsmittel blieben den Frauen vorenthalten. Die Männer werden nun fest in den großen landwirtschaftlichen Betrieben angestellt und die Frauen nur zu saisonalen und schlecht bezahlten Gelegenheitsarbeiten herangezogen. So verloren die Frauen ihre angestammten Arbeits- und Einflussbereiche und damit auch ihr Ansehen.

(nach: Misereor Arbeitshefte: Nicht länger ohne uns. 1990)

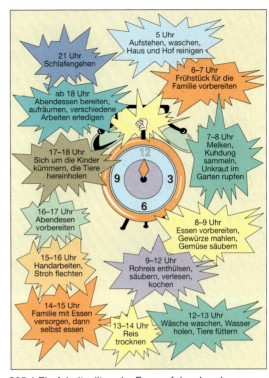

205.1 Ein Arbeitsalltag der Frau auf dem Land

205.2 Schulbildung in Indien 1992

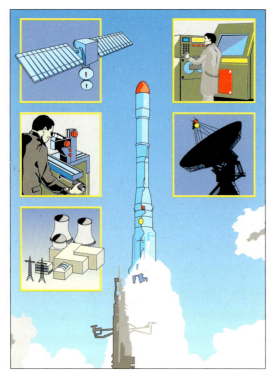

206.1 Wie Indien sich selbst sieht

3. Der leise Riese – Indien heute

Neue Wirtschaftsmacht

Die Gründerväter des modernen Staates waren entschlossen, dass das neue Indien eine Industriemacht werden soll. Rohstoffe sind ausreichend vorhanden. Das Land stellt heute Flugzeuge, Schiffe, Lastkraftwagen, Lokomotiven, Baumaschinen, Kraftwerke, Chemikalien, Präzisionsinstrumente und Werkzeugmaschinen selbst her. Indien besitzt Atomkraftwerke und schießt Satelliten in das Weltall. Bis zum Jahr 2000 soll die Armut abgeschafft sein. Seit einigen Jahren verzichtet es auf Entwicklungshelfer, weil genügend eigene Fachkräfte zur Verfügung stehen. Indien leistet selber Entwicklungshilfe in Südostasien, Westasien und Afrika. Indische Firmen beteiligen sich in den Entwicklungsländern an verschiedenen Projekten, die vom Bau von Zementfabriken bis zu Flughäfen reichen. Darüber hinaus sind Tausende von Studenten aus Asien und Afrika an indischen Instituten ausgebildet worden.

(nach: Ministry of External Affairs: Indien. New Delhi, o. J.)

Technikbegeisterung

Langsam schiebt der junge Mann seinen dreirädrigen Holzkarren durch die Nebenstraße. Vor einem Bürohaus sammelt er einen Kuhfladen vom Boden und legt ihn zu den anderen auf der Pritsche. Später wird er den getrockneten Dung als Brennmaterial verkaufen. Das ist sein Beruf. Sein Urgroßvater hat es nicht anders gemacht. Von ihrem Fenster im zweiten Stock des Bürohauses könnte die gleichaltrige junge Frau den Mann beobachten, doch ihre Aufmerksamkeit gilt allein den Zahlenkolonnen auf dem Bildschirm. Sie ist Software-Ingenieurin und entwirft Anwendungsprogramme für Computer. Ein Tastendruck genügt, und der Rechner schickt das Ergebnis ihrer Denkarbeit über Satellit zum Auftraggeber ins ferne Europa.

Ein ausgebildeter Informatiker verdient in Indien im Jahr umgerechnet 6000 DM. Das bekommt man in Deutschland in einem Monat. Im südindischen Bangalore wird eine neue Hightech-Zentrale aufgebaut. Hier haben die Inder ihre ersten Satelliten entwickelt, hier werden Hochleistungscomputer konstruiert. Farbfernseher und elektronische Bauteile werden von hier auch nach Deutschland exportiert.

(nach: Die Zeit vom 10.12.1993)

Indischer Mittelstand

Die Zahl von Restaurants der mittleren Klasse wächst rasant. Banken vergeben seit ein paar Jahren Konsumentenkredite, die es zuvor nicht gab. Bekleidungs- und Möbelbranche registrieren eine am Mittelstand ausgerichtete Nachfrage. Auch der Markt für Mikrowellenherde, Tiefkühltruhen und Staubsauger, alle made in India, boomt. Innerhalb eines Jahrzehnts stieg die Jahresproduktion von Motorrollern und Mopeds auf 1,5 Millionen. Sie sind das Fortbewegungsmittel einer aufstrebenden unteren Mittelschicht.

Das Gegenstück für die obere Mittelschicht ist das Auto, dessen jährliche Fertigung sich seit 1981 (30 000 Stück) fast versechsfacht hat. Nimmt man noch den Markt an Wohnungen, an Farbfernsehern, Videorecordern, Fotoapparaten, Kücheneinrichtungen und Waschmaschinen hinzu, zeigt sich klar der Wandel der Gesellschaft. 100 Millionen Menschen gehören inzwischen zur Mittelschicht. Immer mehr Frauen sind berufstätig und immer weniger Hauspersonal arbeitet in den städtischen Familien. Für die Armen in der indischen Gesellschaft hingegen bedeutet der Mittelstandstrend nichts Gutes, sondern weitere Abkopplung.

(nach: J. Jangal: Der Mittelstandstrend. In: Indien verstehen. 1991)

In dem Häuserblock wohnen Facharbeiter, Lehrer, Ladenbesitzer, Journalisten, Fahrer und sogar Ärzte. Alle behaupten von sich, sie gehören der Mittelschicht an. Dabei leben bis zu zehn Personen in einem einzigen Raum. In der Kleinstadt oder auf dem Dorf könnten sie sich eine billigere Wohnung leisten. Der junge Mann, der einen begehrten Bürojob bekommen hat, findet nicht so schnell eine eigene Wohnung. Doch er muss den Schein wahren. So schläft er nachts auf der Straße und tagsüber in den Pausen an seinem Arbeitsplatz. Der Wäscher, der Rikschafahrer und der Lumpensammler braucht den Schein nicht zu wahren. Sie sind arm und leben auf der Straße. Die Aufsteiger in der Mittelschicht geben sich weltoffen, sie erlauben ihren Töchtern, in Shorts Tennis zu spielen. Das war früher undenkbar. Einige dieser mittelständischen Großstadtbewohner haben es gewagt, sich aus der Großfamilie zu lösen.

In den indischen Großstädten gibt es auch Reiche. Die Zahl der zu Wohlstand gekommenen Spezialisten und Geschäftsleute ist sprunghaft gestiegen. In Mumbai leben die Neureichen häufig in teuer ausgestatteten Hochhausapartments. Sie protzen mit ihrem Reichtum, den sie häufig durch Schwarzmarktgeschäfte angehäuft haben. Ihre Kinder bevölkern Boutiquen und Diskotheken. Sie gehen in den teuersten Einkaufsstraßen spazieren oder fahren im Sportwagen herum.

„Armut ist eine nationale Schande", sagen die Vertreter der Oberschicht. Aber sie tun wenig dagegen. Wo viele Menschen mit unterschiedlicher Religion, unterschiedlicher Herkunft und unterschiedlichem Einkommen auf engstem Raum leben, bleiben Konflikte nicht aus. Sie entladen sich in Gewalttätigkeiten. Meist sind Angehörige der unteren Mittelschicht daran beteiligt, weil sie um ihre Vorherrschaft fürchten. Die Armen zählen zu den Opfern. Die Tradition von Hinduismus und Kastenwesen lebt fort und erschwert in vielen Bereichen das Zusammenleben. Zwischen Hindus verschiedener Kasten und zwischen Hindus und Muslimen brechen Kämpfe aus, obwohl der Staat die „Einheit in der Vielfalt" verspricht.

1. Überprüfe die Behauptung: Es gibt zwei Indien (Mat. 206.1, 207.1, Text).
2. Erläutere an Beispielen, warum das Zusammenleben so viele Konflikte auslöst.

207.1 Getrennte Welten in Mumbai (früher Bombay)

Boomendes Mumbai

Die „heimliche Hauptstadt" Indiens gibt über 900 000 Beschäftigten in der Industrie Lohn und Brot. Im Stadtzentrum ballen sich über 40 Banken. Die großen Handelshäuser und Versicherungen haben ihren Sitz in Mumbai. Die Stadt ist Standort der größten Börse des Landes und einiger Spezialbörsen für Gold, Baumwolle und Diamanten. Hier gibt es Luxushotels, die besten Privatkliniken und -schulen. Luxuriöse Einkaufszentren halten jeden Vergleich mit den USA, Japan oder Europa aus. Das Durchschnittseinkommen liegt pro Kopf drei- bis viermal höher als im übrigen Land. Mumbai profitiert von einer geballten Kaufkraft. Diese stammt aber nicht von der Masse der Bevölkerung. Denn die Hälfte der Bevölkerung zählt zu den Slumbewohnern. Es sind die Eliten, die über die Kaufkraft verfügen. Zu ihnen rechnen auch die Parsen. Sie flohen im 8. Jahrhundert aus Persien und trugen wesentlich zum Aufbau der Stadt bei. Eine allen Indern bekannte Parsen-Familie heißt Tata. Sie hat in Indien eine ähnliche Bedeutung wie Krupp in Deutschland.

(nach: H. Nissel: Die Metropole Bombay. In: Geographische Rundschau 2/89 aktualisiert)

Aus der Steinzeit in die Moderne: Papua-Neuguinea

208.1 Huli-Mann mit Kriegsschmuck

208.2 Markt in Tari

Expedition entdeckt neues Waldvolk
Eine französische Expedition hat im Dschungel Neuguineas Ureinwohner entdeckt, die offenbar noch nie mit Fremden Kontakt hatten. Die primitiven Bewohner eines Dorfes im Bergwald sprechen eine völlig unbekannte Sprache. Sie leben auf dem Niveau steinzeitlicher Jäger, tragen Lendenschurz und schmücken sich mit durch die Nase gezogenen Knochen. *(nach: Borkener Zeitung vom 22.7.1994)*

Neuguinea ist mit 771 800 km², nach Grönland, die zweitgrößte Insel der Erde. Der Staat Papua-Neuguinea (PNG) nimmt die östliche Hälfte ein, die westliche gehört zu Indonesien.

Korallenriffe vor der Küste, malariaverseuchte Sümpfe, tropischer Regenwald und Hochgebirge im Landesinnern machten Neuguinea schwer zugänglich. Die einheimischen Volksgruppen lebten weitgehend isoliert voneinander. Diese Abgeschiedenheit hat eine Vielzahl von eigenständigen Kulturen hervorgebracht. Allein in PNG gibt es etwa 700 Sprachen, die z. T. so unterschiedlich sind wie Deutsch und Chinesisch.

Nur vereinzelt drangen Expeditionen und Missionare in das Landesinnere vor. Bis in die 50er-Jahre unseres Jahrhunderts blieben Teile der Insel unerforscht. Die im Hochland ansässigen Papua-Stämme, aufgeteilt in Clans (Großfamilien) von 100 bis 400 Personen, lebten wie vor 1000 Jahren. Sie betrieben Ackerbau, der ausschließlich der Ernährung der Clan-Mitglieder diente. Kriege, Kopfjagd und Kannibalismus bestimmten das Leben.

Arbeitsgeräte und Waffen waren ausschließlich aus Holz (Grabstock) und Stein (Äxte, Keulen) oder Knochen (Dolche, Speerspitzen). Wichtigste Kriegsgeräte waren Pfeil und Bogen sowie Steinäxte. Last- und Reittiere sowie Fahrzeuge mit Rädern waren unbekannt.

Reiche Funde an Bodenschätzen, vor allem an Kupfer, Gold und Silber, veranlassen internationale Großkonzerne zum Abbau im großen Maßstab. Eine schnelle Entwicklung hat eingesetzt, die die Papuas, deren materielle Kultur z. T. noch steinzeitlich ist, mit der Moderne konfrontiert.

1. Lokalisiere die Insel Neuguinea. Beschreibe die Lage des Staates Papua-Neuguinea und seine Großlandschaften (Atlas).
2. Erkläre, warum sich in Neuguinea so viele Sprachen und Kulturen bildeten (Text, Atlas).
3. Manche Papua-Stämme lebten bis vor kurzem noch wie in der Steinzeit. Erläutere (Text, Atlas).

Die Stadt Tari liegt im westlichen Hochland von PNG, ca. 150 km westlich der Stadt Mount Hagen. In der Umgebung von Tari leben die Hulis. Sie sind eine der größten Volksgruppen der Papuas. Bekannt sind die Hulis durch die Haartracht der Männer. Diese sammeln zwei bis drei Jahre ihre Haare und flechten sie dann zu Perücken.

Auch heute noch besitzt jede Familie auf dem Land zwei Hütten: ein Haus für die Männer, ein Haus für die Frauen. Das Männerhaus dürfen die Frauen nicht betreten. Die Frauenhäuser sind

209.1 Befestigtes Feld

209.2 Frau beim Setzen von Süßkartoffeln

deutlich größer als die Männerhäuser, denn in ihnen leben nicht nur die Frauen und die kleinen Kinder, sondern auch die Schweine, deren Stall das Zentrum des Frauenhauses bildet.

Die Jungen bleiben bis zum 6. Lebensjahr im Frauenhaus, dann siedeln sie in ein Männerhaus über, in dem sie mit den Junggesellen zusammenleben. Mädchen wohnen bis zu ihrer Heirat bei der Mutter und müssen danach an den Wohnort des Mannes ziehen.

Bei den Hulis herrscht strenge Arbeitsteilung. Die Aufgabe der Männer ist das Vorbereiten von Zeremonien und Festen, das Anlegen von Feldern und die Verteidigung des Clan-Gebietes. Große Tore und hohe Zäune sichern die Felder der verschiedenen Clans gegeneinander.

Die Arbeit auf den Feldern ist Aufgabe der Frauen. Sie legen Erdhügel an, in die sie Setzlinge der Pflanzen stecken. Angebaut werden vor allem Süßkartoffeln, die 80 % der Nahrung der Hulis bilden. Da es in den inneren Tropen keine Jahreszeiten gibt, kann das ganze Jahr über angebaut werden. Die Frauen bewirtschaften die Felder so lange, bis die Erträge nachlassen. Mancher Garten wird bis zu zehnmal bearbeitet, bevor man ihn mehrere Jahre lang brach liegen lässt.

Heute betreiben die Hulis aber nicht mehr nur ausschließlich Subsistenzwirtschaft. Die Frauen versuchen, Überschüsse zu erzeugen und verkaufen die Produkte, vor allem Gurken, Spinat und Bohnen, auf den lokalen Märkten. Das eingenommene Geld wird für Luxusgüter, z. B. für ein Transistorradio und Batterien, verwendet.

Während der Arbeitstag der Frauen lang ist, haben die Männer wenig zu tun: Die Felder sind angelegt, die Stammesgebiete registriert, die Kriege gesetzlich verboten. Missionare haben den Glauben an die alten Mythen und die zu ihnen gehörenden Feste zerstört. Gartenarbeit ist unter der Würde des Mannes. Andere Aufgaben oder Arbeit sind in den ländlichen Gebieten des Hochlands bis auf wenige Ausnahmen nicht entstanden. Für viele Männer bleibt deshalb das Leben ohne erkennbaren Sinn. Alkohol wurde ein Problem; ein anderes ist das Glücksspiel, mit dem viele Männer sich den Tag vertreiben. Glücksspiele nahmen ein solches Ausmaß an, dass sie Mitte der 70er-Jahre verboten wurden. Allerdings ließ sich dieses Verbot nicht durchsetzen, sodass es nach zwei Jahren wieder aufgehoben wurde.

Vor allem junge Männer suchen neue Aufgaben und Verdienstmöglichkeiten. Sie verlassen das Hochland und wandern in die Bergbaugebiete und in die größeren Städte, vor allem in die Hauptstadt Port Moresby. Dort hoffen sie Arbeit zu finden. Diese Hoffnung erfüllt sich aber nur selten.

4. Beschreibe Familienleben und Arbeitsteilung von Frau und Mann bei den Hulis. Nenne Probleme (Text, Mat. 208.1 u. 2, 209.1 u. 2).
5. Erkläre, warum junge Männer das Hochland verlassen (Text).
6. Mit welchen Hoffnungen kommen die Menschen in die großen Städte der Entwicklungsländer? Welche Wirklichkeit erwartet sie (vgl. S. 138 u. S. 150)?

Fortschritt auf den Trobriand-Inseln

Die Trobriand-Inseln liegen vor Neuguinea in der Salomon-See. Es sind Koralleninseln mit weiten Palmenstränden.

Viele Dörfer liegen an der Küste. Ihre Bewohner ernähren sich vom Fischfang und von der Landwirtschaft. Die Gärten sehen aus wie Felder mit Stangenbohnen. Es handelt sich um die Ranken der Yams-Pflanze, deren Wurzeln essbar sind. Sie werden 0,5 bis 1,5 m lang, im Ausnahmefall bis zu 3 m. Die Gartenarbeit erledigen die Männer. Wer die größte Yamswurzel züchtet, genießt besonderes Ansehen. Die Bedeutung der Yamsfrucht wird auch im Aufbau der Dörfer deutlich. Rund um einen zentralen Platz, der für Tanz- und Dorfzeremonien benötigt wird, stehen die Yams-Vorratshäuser der einzelnen Familien. Dahinter folgen die Wohnhäuser.

John Somare ist seit 15 Jahren Lehrer auf der kleinen Insel Dei Dei. Er berichtet einer Gruppe australischer Lehrerinnen und Lehrer:

„Mit sieben Jahren beginnt hier die Schulpflicht für unsere Kinder. Sie dauert sechs Jahre. Ca. 90 % aller Kinder eines Jahrgangs besuchen die 1. Klasse. Das war vor 15 Jahren, als ich ganz junger Lehrer war, noch anders. Damals ging nur knapp die Hälfte eines Jahrgangs zur Schule.

Die Sekundarstufe umfasst die Klassen 7 bis 10. Der Unterricht erfolgt überwiegend in Provincial High Schools und in Schulen, die von Missionsgesellschaften getragen werden. Wer noch zwei weitere Jahre zu Schule geht, kann an unseren National High Schools das Abitur machen und damit, wie in Deutschland, zur Universität gehen. Wir haben zwei Universitäten.

Daneben gibt es Technical Colleges, in denen berufliche Fertigkeiten gelehrt werden, sowie Community Teacher's Colleges, in denen die jungen Studenten in zwei Jahren zu Grundschullehrern ausgebildet werden. Sie sehen, wir bemühen uns, unsere Kinder gut auf die Zukunft vorzubereiten. In der Praxis gibt es allerdings noch Schwächen. Einige Grundschüler kommen oft sehr unregelmäßig zum Unterricht oder sie brechen den Unterricht nach zwei bis drei Jahren ab, da sie den Eltern auf den Feldern helfen müssen. Nur etwa 60 % aller Kinder eines Jahrgangs erreichen das 6. Schuljahr. So erklärt es sich, dass auch 1992 noch 47 % der Jugendlichen, die älter als 15 Jahre sind, Analphabeten sind.

210.1 Gärtner mit Yams

210.2 Schule auf Dei Dei

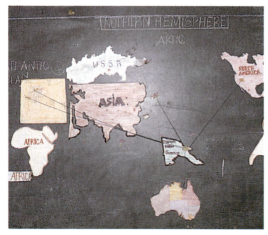

210.3 Weltkarte (Erdkundeunterricht)

Die Klassen in den Grundschulen sind zu groß. Nicht selten sind 30 bis 35 Schülerinnen und Schüler in einem Klassenraum. Am Anfang des Schuljahres stelle ich oft fest, dass nicht für alle Tische und Bänke vorhanden sind. Die Eltern bauen dann die benötigten Möbel. Schlimmer ist schon, dass fast regelmäßig zu wenig Schulbücher in den Klassen sind. Die Texte und Aufgaben müssen dann diktiert und an die Tafel geschrieben werden.

Unsere Stundenpläne sind weitgehend nach australischem Vorbild gestaltet. Unterrichtssprache ist Englisch. Eine einheitliche Sprache ist wichtig für unsere junge Nation mit so vielen verschiedenen Stammessprachen. Englisch hilft uns zusammenzuwachsen: We are independent, we are free – We are PNG."

Eva lebt auf Kirivina, der Hauptinsel der Trobriand. Sie geht in die Provincial High School. Die Schule liegt neben einem kleinen Krankenhaus. Beide werden von einer australischen Missionsgesellschaft betrieben. Eva kommt von einer kleinen Insel, die 40 km entfernt liegt. Sie lebt wie ihre Mitschülerinnen im Internat. Sie ist 16 Jahre alt und geht in die letzte Klasse. Sie berichtet den australischen Besuchern:

„Nächstens Jahr möchte ich nach Port Moresby auf eine Krankenschwesternschule gehen. Nach dem Examen werde ich auf die Trobriands zurückkehren. Krankenschwestern und Ärzte gibt es noch immer zu wenig auf unseren Inseln. Meine Pläne kann ich aber nur verwirklichen, wenn ich nicht verheiratet bin. Viele meiner Freundinnen sind bereits verheiratet und einige haben schon ein Baby. Die meisten Mädchen heiraten mit 15 oder 16 Jahren. Mit 20 hat ein Mädchen auf den Inseln kaum noch eine Chance zu heiraten."

7. Lokalisiere die Trobriand-Inseln (Atlas).
8. Beschreibe die Gartenarbeit auf den Trobriands. Vergleiche mit dem Hochland (S. 209).
9. Beschreibe den Aufbau des Bildungswesens in PNG. Welche Erfolge sind zu erkennen (Text, Mat. 211.1)?
10. Erläutere die von Herrn Somare angesprochenen „Schwächen in der Praxis".
11. Für Englisch als Unterrichtssprache gibt es gute Gründe, es zeichnen sich aber auch Probleme ab. Erläutere (Text, Mat. 211.2).
12. Sprich über die Rolle der Frau in Papua-Neuguinea (Text S. 208-211).

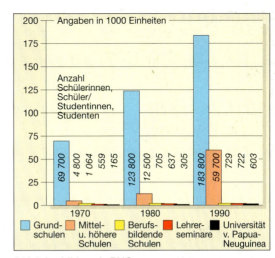

211.1 Ausbildung in PNG

Das Bildungssystem in Papua-Neuguinea wurde weitgehend nach britisch-australischem Vorbild gestaltet. Die ersten Schulen wurden von Missionen betrieben, die bis zum heutigen Tage eine wichtige Rolle im Bildungssektor spielen. Das Schulwesen ist ein wichtiges Instrument, die nationale Identität zu stärken und den sozialen Wandel zu beschleunigen. Entscheidendes Mittel war die Einführung von Englisch als Unterrichtssprache anstelle der insgesamt rund 700 Lokalsprachen. Das habe eine verheerende Wirkung auf die Kultur der Menschen gehabt, meint Historiker John Dademo Waiko, der erste Papua, der auf der Universität zum Professor ernannt wurde.

„Die Einführung von Unterricht in Englisch hat eine scharfe Grenze zwischen der Schule und dem Dorfleben gezogen. Die Kinder wurden ihren Eltern entfremdet", meint er. Neben dem Sprachproblem wirkt im Bildungssektor noch ein anderer Faktor zerstörend auf die traditionellen sozialen Strukturen: Statt Lebensalter und Erfahrung wie in der Stammesgesellschaft entscheiden Wissen und Bildung im modernen Papua-Neuguinea über gesellschaftlichen Status und Prestige. Die *village elders* (Dorfältesten) stehen hilflos auf der Seite, wenn ein *uni boy* aus der Hauptstadt in den Semesterferien zurück in sein Heimatdorf kommt und wie ein Held gefeiert wird.

(aus: Die Zeit vom 8.10.1993)

211.2 Nationalsprache Englisch

Übersicht:
Verbreitungsgebiete großer Kulturen

„Die Welt ist ein buntes Gemisch von Völkern und Kulturen", so wird manchmal gesagt. Tatsächlich unterscheiden sich die Menschen verschiedener Völker oft deutlich voneinander. Inder, Grönländer oder Äthiopier haben ein ganz anderes Aussehen. Menschen mit bestimmten gemeinsamen körperlichen Merkmalen gehören einer **Rasse** an. Man unterscheidet nach der Hautfarbe drei Rassen: Weiße (Europide), Gelbe (Mongolide und Indianide) sowie Schwarze (Negride). Diese Hauptrassen können noch einmal in Untergruppen unterteilt werden. So gehören z. B. die Völker Europas, des Orients und Indiens verschiedenen Gruppen der europiden Rasse an.

Menschen aus verschiedenen Räumen unterscheiden sich nicht nur durch körperliche Merkmale. Sprache, Religion, Kunst, Kleidung, Esskultur, Lebensgewohnheiten und Wertvorstellungen haben sich in verschiedenen Teilen der Erde anders entwickelt. Man spricht von verschiedenen **Kulturen**. Die Unterschiede zwischen den einzelnen Kulturen machen Reisen in ferne Länder zu einem Erlebnis. Der Reisende muss sich den jeweiligen Gegebenheiten anpassen und erfährt, dass die Wertvorstellungen seiner eigenen Kultur in anderen Ländern häufig keine Gültigkeit haben. Auf der anderen Seite lernt er die Besonderheiten fremder Kulturen kennen und schätzen.

Leider kommt es zwischen den Vertretern verschiedener Kulturen in vielen Teilen der Erde immer wieder zu Auseinandersetzungen, in manchen Fällen sogar zu Kriegen (vgl. S. 240/241). Viele dieser Konflikte wären vermeidbar, wenn die Menschen sich bemühten, mehr Verständnis und Toleranz für die Besonderheiten anderer Kulturen aufzubringen.

Räume, in denen es über lange Zeiträume (meist Jahrhunderte) hinweg eine weitgehend einheitliche geschichtliche und kulturelle Entwicklung gegeben hat, werden häufig als **Kulturerdteile** bezeichnet. Im Gegensatz zu den geographischen Erdteilen oder Kontinenten, deren Grenzen genau festgelegt sind, gibt es zwischen den Kulturerdteilen vielfach fließende Grenzen und Übergangsräume, die nicht eindeutig zugeordnet werden können. Manche Kulturelemente können zudem für mehrere Kulturerdteile kennzeichnend sein. Dies gilt z. B. für einige Weltreligionen.

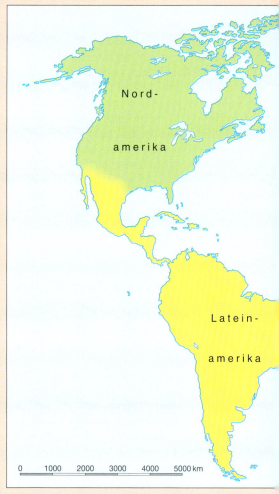

212.1 Kulturerdteile

212.2 Menschen verschiedener Rassen

Der **orientalische** Kulturraum ist der älteste auf der Erde. Im Gebiet zwischen Euphrat und Tigris entwickelten sich die ersten Hochkulturen. Die drei Weltreligionen Judentum, Christentum und Islam haben ihren Ursprung im Orient. Heute ist der orientalische Kulturraum, mit Ausnahme Israels, vom Islam geprägt (vgl. S. 198 ff.). Im Mittelalter waren islamische Gelehrte in vielen Wissenschaften führend auf der Welt. Ihre Erkenntnisse erwiesen sich z. T. als wegweisend für die spätere Entwicklung der Naturwissenschaften in Europa. Der Orient umfasst große Gebiete mit Halbwüsten- und Wüstenklima. Dort wurden schon vor Jahrtausenden ausgeklügelte Bewässerungstechniken entwickelt. Für die Weltwirtschaft von Bedeutung sind die großen Erdölvorkommen (vgl. S. 62 ff.).

Der **europäische** Kulturerdteil ist nachhaltig durch das Christentum geprägt worden. In der Neuzeit gingen von diesem Raum die Entwicklung der modernen Naturwissenschaften und der Technik aus. Entdeckungsreisen waren der Beginn zunehmender Einflussnahme Europas auf die übrige Welt. Diese z. T. aufgezwungene Europäisierung wurde durch Kolonien in allen anderen Erdteilen sowie die Auswanderung von Millionen von Europäern, vor allem nach Amerika und nach Australien, gefördert. Europa ist neben Nordamerika der am höchsten industrialisierte Erdteil.

Bis 1990 wurde das Gebiet der ehemaligen Sowjetunion als eigenständiger Kulturerdteil angesehen. Nach dem Zerfall dieses Vielvölkerstaates in Einzelstaaten ist es sinnvoll, den am dichtesten besiedelten Teil des heutigen Staates Russland dem europäischen Kulturerdteil anzugliedern, da Russland starke geschichtliche Bindungen zu Europa hat. In Sibirien sind allerdings auch ostasiatische Einflüsse deutlich spürbar. Die neuen Staaten in Mittelasien (vgl. S. 218 ff.) sollten auf Grund ihrer Geschichte dem orientalischen Kulturraum zugeordnet werden.

Der **ostasiatische** Kulturerdteil hat eine lange Kulturtradition, die beispielsweise mit den Namen von Buddha und Konfuzius verbunden ist. Ostasien ist der bevölkerungsreichste Kulturerdteil (vgl. S. 140 ff.). Japan gehört zu den führenden Industrienationen und exportiert Waren in alle Welt (vgl. S. 72 ff.).

Indien und einige kleinere Nachbarstaaten im Osten gehören zum **südasiatischen** Kulturerdteil. In diesem ebenfalls sehr dicht bevölkerten Raum leben verschiedene Rassen und Kulturen zusammen. Der Hinduismus ist die vorherrschende Religion. Bis heute hat in Indien die Zugehörigkeit der Bevölkerung zu einzelnen Kasten ihre Bedeutung für die Gesellschaft nicht verloren (vgl. S. 202 ff.).

Auch der **südostasiatische** Kulturerdteil zeigt ein vielfältiges Mosaik an Kulturen. Einflüsse aus China und Indien vermischen sich dort mit eigenständigen Kulturelementen. In Hinterindien, dem festländischen Teil Südostasiens, herrscht der Buddhismus als Religion vor, auf den Philippinen das Christentum, auf den Inseln Indonesiens der Islam. Der östlichste Teil Indonesiens, vor allem die Insel Neuguinea, gehört schon dem pazifischen Kulturerdteil an (vgl. S. 208 ff.).

Der Kontinent **Australien** (einschließlich Neuseeland) ist ein europäisch geprägter Einwanderungsraum (vgl. S. 66 ff). Die Urbevölkerung wurde

214.1 In verschiedenen Kulturerdteilen

durch die Einwanderer weitgehend verdrängt. Viele Inseln **Ozeaniens** wurden von Südostasien aus besiedelt. Obwohl die Entfernungen zwischen den Inselgruppen z. T. sehr groß sind, entwickelte sich in diesem Raum eine fast einheitliche Kultur.

Der Kontinent **Amerika** wurde durch europäische Kolonialmächte und Einwanderer nachhaltig geprägt. In **Nordamerika** (Angloamerika) verdrängten die einwandernden Europäer die Ureinwohner, die Indianer, weitgehend. Als Arbeitskräfte wurden Negersklaven aus Afrika ins Land gebracht. Deren Nachfahren haben heute einen bedeutenden Anteil an der Bevölkerung, vor allem in den USA. Obwohl die Schwarzen der weißen Bevölkerung vom Gesetz her gleichgestellt sind, gibt es in der amerikanischen Gesellschaft noch immer viele Nachteile für die Farbigen. Nordamerika gehört neben Europa und Japan zu den am höchsten industrialisierten Gebieten der Erde.

Im Kulturerdteil **Lateinamerika** (Mittel- und Südamerika) entwickelten sich verschiedene Hochkulturen (z.B. Inkas, vgl. S. 242 ff.). Diese wurden in der Zeit nach den Entdeckungsfahrten von Kolumbus durch europäische Kolonialmächte, vor allem Spanien, zerstört. Im Gegensatz zu Nordamerika, wo nur noch wenige Indianer leben, ist der Anteil der Indios an der Bevölkerung der meisten südamerikanischen Staaten hoch. Insbesondere im karibischen Raum und in Brasilien leben auch viele Schwarze. Die meisten Länder haben einen hohen Anteil an Mischlingen zwischen den Rassen (z. B. Mulatten und Mestizen). Auch in Südamerika wächst die Bevölkerung rasch (vgl. S. 150 ff.). In fast allen Staaten steht eine kleine Schicht reicher Menschen (meist Weiße) einem Heer an Armen (meist Indios, Schwarze und Mischlinge) gegenüber (vgl. S. 172 ff.).

Auch im **schwarzafrikanischen** Kulturerdteil (Afrika südlich der Sahara) gab es schon vor Jahrhunderten hoch entwickelte Kulturen und Staatsgebilde. Der Sklavenhandel sowie die Einflüsse europäischer Kolonialmächte vernichteten diese Kulturen weitgehend. Heute gehört Schwarzafrika zu den ärmsten Regionen der Erde. Obwohl der Raum über viele Rohstoffe verfügt, ist die Industrialisierung gering. In großen Gebieten kommt es immer noch zu Hungersnöten (vgl. S. 160 ff.). Die meisten Staaten sind Entwicklungsländer, die erst um 1960 von den europäischen Kolonialmächten in die Unabhängigkeit entlassen wurden, manche noch später. In Südafrika beherrschte bis 1994 eine weiße Bevölkerungsminderheit die schwarze Bevölkerungsmehrheit (vgl. S. 230 ff.).

1. Beschreibe die Ausdehnung der verschiedenen Kulturerdteile (Mat. 212.1).
2. Welche der Kulturerdteile sind besonders stark von europäischen Kolonialmächten überformt worden (Mat. 212.1, Atlas: Karten der Kolonialgebiete)?
3. Beschreibe Mat. 214.1 und ordne die Bilder den Kulturerdteilen zu. Begründe.
4. Nenne aus den vorangegangenen Kapiteln des Buches weitere Beispiele für Kennzeichen verschiedener Kulturerdteile.
5. Begründe, warum die Grenzen der Kulturerdteile nicht immer genau bestimmt werden können. Nenne Beispiele.

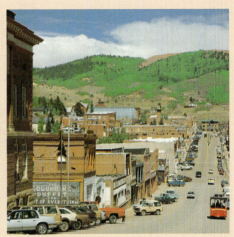

Von Chinesen besetztes Tibet

Jüdische Siedlung in der Westbank

Politische Entscheidungen verändern Räume

Getreideernte auf Neuland in Kasachstan

Kasachstan – neues Ackerland im Steppengebiet

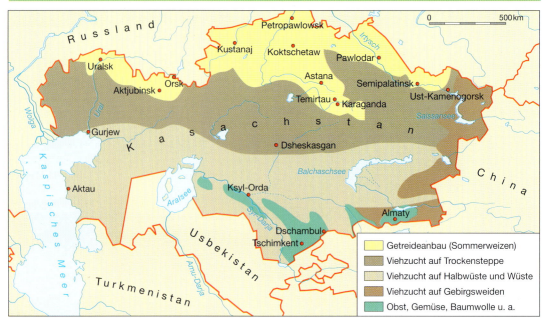

218.1 Landwirtschaftliche Nutzung in Kasachstan

Die in den letzten zwanzig Jahren in Kasachstan entstandene Produktionsstruktur spiegelt die Rolle und den Stellenwert Kasachstans in der Arbeitsteilung der ehem. UdSSR wider. Damals wurde besonderes Gewicht auf die Entwicklung von rohstoff- und kapitalaufwendigen Industriezweigen gelegt. Auf die Konsumgüterproduktion dagegen entfielen lediglich 15 % des Bruttosozialproduktes und 7 % der Industrieproduktion. In Russland liegen zum Vergleich diese Kennwerte bei 32 und 25 %.

In der Landwirtschaft erzielte Kasachstan seinen größten Erfolg der vergangenen fünf Jahre. Zusammen brachten 1992 alle Getreidewirtschaften 29,5 Mio. Tonnen Getreide oder 22 % mehr als im Vergleich zum Jahresdurchschnitt 1986 bis 1990 ein. Dieser Mehrertrag wurde allein durch die Steigerung der Ertragsfähigkeit erreicht, die im Durchschnitt bei 30 % über denen der vergangenen Jahre lag. Der hohe Ernteertrag gewährleistete nicht nur eine stabile Versorgung der Bevölkerung Kasachstans mit Brot und Backwaren, sondern eröffnete auch die Möglichkeit, den Export in die Nachbarrepubliken auszuweiten.

Anders gestaltete sich die Situation in der Viehhaltung. Infolge Futtermangels mussten im Vorjahr massenhaft Tiere, zum Beispiel 9 % der Schweine und 7,2 % der Schafe, geschlachtet werden. Da sich auch der natürliche Zuwachs vermindert hat, ist der Rinder- und Geflügelbestand auf den Stand Mitte der Achtzigerjahre und der Bestand an Schweinen, Schafen und Ziegen sogar auf den Ende der Siebzigerjahre gesunken.

In der Landwirtschaft spielten in den letzten Jahren private Nebenwirtschaften eine wachsende Rolle. Im Vorjahr erzeugten sie mehr als 50 % aller Kartoffeln, etwa 40 % des Gemüses, beinahe 75 % des gesamten Obstes, 50 % der Milch und 30 % aller Eier. In den privaten Nebenwirtschaften werden etwa 50 % aller Kühe, ein Drittel des gesamten Rindvieh-, Geflügel- und Pferdebestands sowie beinahe 25 % des Schweinebestands gehalten.

Trotz der zum Teil positiven Entwicklung wiesen 10,6 % aller Kolchosen und Sowchosen zum Jahresende 1992 Verluste aus.

(nach: WOSTOK: Informationen aus dem Osten für den Westen 3/1993)

218.2 Die kasachische Landwirtschaft früher und heute

1. Neulandgewinnung nach Plan

Die Republik Kasachstan ist siebeneinhalbmal so groß wie Deutschland. 1993 wohnten auf einer Fläche von 2,7 Mio. km² knapp 17 Mio. Einwohner, das sind etwas weniger als in Nordrhein-Westfalen. Kasachstan ist einer der Nachfolgestaaten der UdSSR (Union der Sozialistischen Sowjetrepubliken = Sowjetunion), ein kommunistisch regierter Staat, der sich 1991 auflöste. Zusammen mit Russland („Russische Föderation"), dem größten Nachfolgestaat, und anderen Nachfolgestaaten gehört Kasachstan der Gemeinschaft Unabhängiger Staaten (GUS) an.

In kommunistisch regierten Staaten werden alle wirtschaftlichen Entscheidungen vom Staat bzw. der Kommunistischen Partei getroffen. In sog. Fünfjahresplänen werden alle beabsichtigten Wirtschaftsmaßnahmen festgelegt; im Einzelnen sogar, was und wie viel jeder Betrieb zu produzieren hat. Bei landwirtschaftlichen Gütern musste Kasachstan schwerpunktmäßig Weizen produzieren. Die Kommunistische Partei hatte entschieden, das Kulturland auszuweiten, um von Getreideeinfuhren unabhängig zu werden und damit auch Devisen zu sparen. In einer gewaltigen Kampagne, die 1953 begann, musste Steppenland zu Ackerland umbrochen werden. Die Neulandgebiete Kasachstans sind vor allem die Steppengebiete, die an den südlichen Ural, das südliche Westsibirien und den Altai grenzen. Vor der Neulandaktion war die landwirtschaftliche Nutzfläche in dieser damaligen Sowjetrepublik 9,3 Mio. ha groß. Von 1953 bis 1960 wurde die Ackerfläche auf das Dreifache, 28,6 Mio. ha, ausgedehnt. Ein Gebiet von mehr als der halben Fläche Deutschlands wurde damals neu unter den Pflug genommen. Etwa ein Zehntel der gesamten sowjetischen Getreideernte wurde hier nun jährlich eingebracht.

Der Grund und Boden war wie in der ganzen Sowjetunion Staatseigentum. Auch heute noch wird er landwirtschaftlich in drei unterschiedlichen Organisationsformen genutzt: In den Sowjetwirtschaften, kurz **Sowchosen** genannt, bewirtschaftet der Staat das Land in eigener Regie. Die Landarbeiter werden wie Industriearbeiter nach festen Tarifen und ohne Rücksicht auf das Ernteergebnis entlohnt. Wie in der Industrie gehen die Gewinne an den Staat, der auch die Verluste trägt. Von diesen Staatsgütern unterscheiden sich die Kollektivwirtschaften, kurz **Kolchosen** genannt. Bei dieser Betriebsform ist der Grund und Boden der Kolchosbevölkerung „zur unentgeltlichen und unbefristeten Nutzung" übergeben. Der Kolchosbauer ist Mitglied einer Genossenschaft. Das Vieh, die Maschinen, die Wirtschaftsgebäude wie auch die Ernte sind Gemeinschaftseigentum. Die Erträge werden nach dem Maß der geleisteten Arbeit verteilt. Da auch hier der Staat die Produktionsziele bestimmte und die Agrarprodukte aufkaufte, war mit diesem System für den Staat eine Reihe von Vorteilen verbunden. Man konnte dem Kolchos sehr niedrige Preise für dessen Agrarprodukte zahlen. Das Ablieferungssoll blieb über Jahre hoch und der Aufkaufpreis gleich niedrig. Die Kolchosbauern hatten das Ernterisiko zu tragen. Die Einkünfte der Kolchosbevölkerung bestanden aus dem Verkauf der Produktion, die über dem Plansoll lag, und aus Naturalien von dem Teil der Ernte, der nach Ablieferung des Solls noch verblieb.

Um die Arbeitswilligkeit der Kolchosbauern zu erhalten, ließ der Staat **private Nutzung** von Produktionsmitteln zu. Eine Kolchosfamilie durfte ein Stück Hofland von 0,5 ha (bei Bewässerungsland 0,2 ha) privat nutzen, außerdem eine Kuh, zwei Schweine und bis zu zehn Schafe oder Ziegen halten, dazu Bienen und Kleinvieh. Dieses Recht blieb auch nach Erreichen der Altersgrenze erhalten, wodurch eine gewisse Alterssicherung gewährleistet war.

Der heutige Staat Kasachstan möchte Wirtschaftsformen einführen, wie sie in den demokratischen Ländern üblich sind. Kolchosen und Sowchosen sollen selbst entscheiden, was und wie viel sie produzieren und wo und zu welchen Preisen sie ihre Produkte verkaufen. Es fehlt aber an Kapital, um die Betriebe zu modernisieren, und an Erfahrung, wie man ohne Anweisung von oben in eigener Verantwortung erfolgreich wirtschaftet.

1. Suche auf einer Atlaskarte Kasachstan und beschreibe seine Lage innerhalb der GUS.
2. Beschreibe das Klima, die natürliche Vegetation, das Relief und das Gewässernetz Kasachstans mithilfe von Mat. 218.1 und von Atlaskarten.
3. Stelle nach Mat. 218.2 die Leistungen des privat bewirtschafteten Landes heraus.
4. Vergleiche die beiden landwirtschaftlichen Betriebsformen Sowchos und Kolchos.

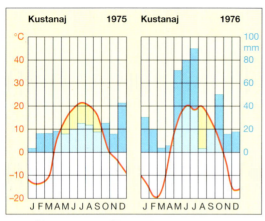

220.1 Diagramme von Kustanaj

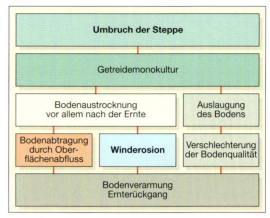

220.2 Ökologische Folgen der Neulandgewinnung

2. Erfolg oder Misserfolg?

Der Steppenboden ist ein sehr guter Boden. Bodenkundler nennen ihn wegen seiner dunklen Färbung Schwarzerde. Aber auch er lässt nach zwei, drei Jahren in seiner Fruchtbarkeit nach, wenn er nicht richtig gepflegt wird. Als die Regierung in Moskau entschied, die in Kasachstan übliche Fruchtwechsel- und Brachlandwirtschaft abzuschaffen, um noch mehr Getreide anbauen zu können, hatte das ein Nachlassen der Bodenfruchtbarkeit zur Folge. Jetzt musste die ganze Fläche intensiv bearbeitet werden, ohne Mineraldünger und mit viel zu wenig Naturdünger. Das bedeutete eine **Überbeanspruchung des Bodens**. Die Hektarerträge wurden geringer. Hinzu kam in den ersten Jahren, dass ausreichende Transportmittel und Lagermöglichkeiten fehlten. Deshalb verdarb viel Getreide nach der Ernte.

Obendrein führte das in der Kasachensteppe herrschende Klima in manchen Jahren zu **Missernten**. Die Neulandgebiete in den Steppen Kasachstans erhalten zwischen 200 und 300 mm Niederschlag im Jahr, aber nicht während der Hauptvegetationsperiode. Tiefe Temperaturen und eine nur dünne Schneedecke im Winter lassen lediglich den Anbau von Sommerweizen zu. Die Zeit von der Aussaat bis zur Ernte ist extrem kurz. Der Winter dauert sieben Monate. Frühestens im Mai kann die Aussaat erfolgen. Im September treten schon die ersten Fröste auf. Bodenfeuchtigkeit bei der Frühjahrsbestellung ist besonders wichtig, damit die Saat keimen kann. Im Sommer kann eine Hitzeperiode, häufig mit einem Staubsturm einhergehend, die Halme vertrocknen. Da in diesem Klima die Niederschlagsmengen vom Mittelwert in der Regel stark abweichen, ist das Anbaurisiko sehr hoch.

Wenn im Mai und Juni die Frühjahrsregen fallen, sind selbst schwach geneigte Ackerflächen durch **Bodenabspülung** bedroht. Da nur ein Teil des Wassers versickern kann oder durch Pflanzenbewuchs am schnellen Abfließen gehemmt wird, entwickeln sich schnell zahlreiche Rinnsale, in denen das Niederschlagswasser abfließt und dabei Boden mit sich schleppt. In Trockenjahren weht der Wind viel feines Bodenmaterial von den riesigen nackten und ausgetrockneten Ackerflächen fort. Diese **Bodenverwehungen** werden durch das Fehlen von Bäumen, Sträuchern und vor allem der schützenden Grasnarbe begünstigt.

Beide Formen der **Bodenerosion** haben bereits große Flächen für die ackerbauliche Nutzung unbrauchbar gemacht (Mat. 221.2).

1. Vergleiche eine Fläche mit Steppenvegetation mit einer, die ackerbaulich genutzt wird, im Hinblick auf die Anfälligkeit für Bodenerosion (Mat. 221.1 und S. 217).
2. Arbeite Unterschiede in den beiden Diagrammen von Mat. 220.1 heraus.
3. Überlege dir Maßnahmen, mit denen man den negativen Folgen, wie sie das Diagramm Mat. 220.2 beschreibt, entgegenwirken könnte.
4. Zeige einen Zusammenhang zwischen der Getreideproduktion und den Niederschlagsmengen auf (Mat. 220.1 und 221.3).
5. War die Gewinnung von Ackerland eine erfolgreiche Maßnahme oder nicht? Begründe.

221.1 Steppenvegetation

221.2 Bodenerosion

221.4 Bodenprofil Schwarzerde

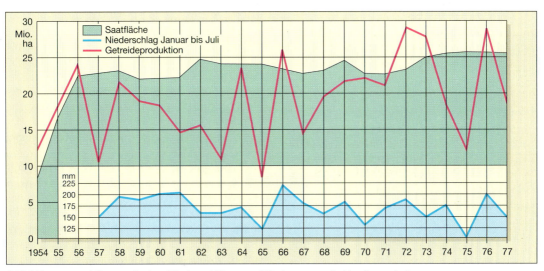
221.3 Zusammenhänge zwischen Niederschlägen und Erntemengen in Nordkasachstan

Ist Tibet ein Teil Chinas?

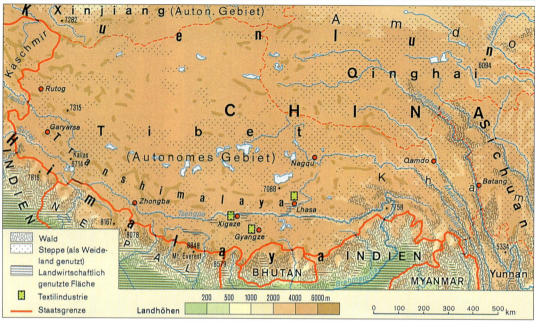

222.1 Tibet

Tibet ist das ausgedehnteste Hochland der Erde. Die mittlere Höhenlage beträgt mehr als 4000 Meter über dem Meeresspiegel. Gegen Süden, Westen und Norden wird das Land durch die höchsten Gebirge unseres Planeten abgegrenzt. Die Quellflüsse mehrerer asiatischer Ströme liegen in Tibet.

Der Großteil des Hochlandes hat ein kontinentales Trockenklima. Im Winter können die Temperaturen bis auf –40 °C fallen, heftige Schneestürme fegen tagelang über das Land. Im Sommer erwärmt sich die Luft tagsüber sehr stark, aufgrund der Höhenlage kühlt sie sich aber in der Nacht schnell wieder ab.

Im Hochland von Tibet wird vornehmlich nomadische Weidewirtschaft betrieben, Ackerbau ist in den meisten Gebieten nicht möglich. Das wichtigste Haustier der Tibeter ist der Yak, ein Verwandter des Rindes. Yaks liefern den Nomaden Fleisch, Milch, Leder und Wolle, außerdem sind die Tiere auch heute noch als Lasttiere unentbehrlich. Im Süden und Südosten des Landes, wo die klimatischen Bedingungen günstiger sind, kann neben Viehzucht auch Ackerbau betrieben werden.

222.2 Raumausstattung und -nutzung in Tibet

„Tibets langer Kampf gegen die chinesische Besatzungsmacht", „Aufruhr in Tibet", „Freiheit für Tibet bleibt Wunschvorstellung". Solche oder ähnliche Schlagzeilen findet man gelegentlich in den Zeitungen. Wo liegen die Hintergründe für derartige Meldungen?

Tibet und China verbindet eine jahrhundertelange gemeinsame Geschichte. Obwohl das bevölkerungsreiche China immer großen Einfluss auf den dünn besiedelten Nachbarstaat hatte, konnte sich Tibet lange Zeit dem direkten chinesischen Zugriff entziehen. Doch 1951, nur knapp zwei Jahre nach Ausrufung der Volksrepublik China unter Führung der Kommunisten, rückten chinesische Truppen in Tibet ein. Die Weltöffentlichkeit, die damals mit dem Koreakrieg beschäftigt war, nahm von dieser Besetzung kaum Notiz. Tibet wurde der Volksrepublik China einverleibt. Mehrere Aufstände des tibetischen Volkes schlug die chinesische Armee gewaltsam nieder. Einen Teil des ehemaligen Territoriums von Tibet gliederten die Chinesen in verschiedene chinesische Provinzen ein. Diese Gebiete, in denen die Mehrheit des tibetischen Volkes lebt, gehören nach chinesischer Auffassung nicht zum Kernland Tibets. Die ver-

223.1 Das Hochland von Tibet (im Hintergrund der Himalaya)

bleibende sogenannte „Autonome Region Tibet" umfasst lediglich noch etwa die Hälfte des ehemaligen Tibet. Durch Ansiedlung von Chinesen im ganzen Land soll die Anbindung Tibets an China gefestigt werden.

Die Chinesen machen für sich geltend, dass erst seit ihrer Anwesenheit eine funktionstüchtige Infrastruktur und eine moderne Industrie in dem bis dahin rückständigen Land aufgebaut werden konnten. Viele Tibeter sehen dies allerdings anders. Sie empfinden die wirtschaftlichen Aktivitäten der Chinesen, unter anderem die Nutzung der reichen Bodenschätze, als eine Art kolonialistischer Ausbeutung ihres Landes.

Menschenrechtsverletzungen gegen Tibeter, die sich den herrschenden Chinesen nicht anpassen, sind an der Tagesordnung. Viele Staaten der westlichen Welt dulden trotzdem stillschweigend die Unterdrückung Tibets, weil sie ihre politischen und wirtschaftlichen Kontakte zu China nicht gefährden wollen.

1. Kennzeichne die Lagebeziehungen Tibets zu China (Atlas).
2. Beschreibe die Landesnatur und erläutere Möglichkeiten der wirtschaftlichen Nutzung (Mat. 222.1 u. 2, 223.1–3).
3. Nenne Auswirkungen der chinesischen Besetzung auf Tibet und die tibetische Bevölkerung (Text S. 224, Mat. 225.1 u. 2).
4. Erläutere die Forderungen des Dalai Lama an China (Mat. 225.2).

223.2 Nomadenlager

223.3 Yaks

224.1 Der Dalai Lama

224.2 Potala-Palast in Lhasa

224.3 Tibetischer Mönch

Der tibetische Glaube und die Bedeutung des Dalai Lama

Das Hochland von Tibet gehörte jahrhundertelang zu den abgelegensten und am schwersten zugänglichen Gebieten Asiens. Die Tibeter entwickelten in dieser Abgeschiedenheit eine eigenständige Kultur, die in dieser Form nirgendwo in den Nachbarstaaten zu finden ist. Ein wesentlicher Bestandteil dieser Kultur ist der tibetische Glaube, eine besondere Form des Buddhismus, die auch Lamaismus genannt wird. Geistliches und weltliches Oberhaupt der Tibeter war über Jahrhunderte der Dalai Lama, der als Gottkönig verehrt wurde. Der Palast des Dalai Lamas war der Potala, ein umfangreicher Gebäudekomplex, der auf einem Hügel über der Hauptstadt Lhasa erbaut wurde.

In der Zeit vor der Besetzung Tibets bestimmte die Religion das gesellschaftliche und politische Leben in Tibet. Religiöse Felsmalereien und bunte Gebetsfahnen zierten vielerorts die karge Berglandschaft. Jede Familie sandte mindestens ein Kind in eines der zahlreichen Klöster im Lande. Zeitweise waren bis zu 20 Prozent der männlichen Bevölkerung Mönche. Fast alle Klöster und Tempel wurden nach der chinesischen Invasion zerstört, viele Zeugnisse der tibetischen Kultur dabei für immer vernichtet. Selbst der Besitz von Bildern des Dalai Lama wurde zeitweilig unter Strafe gestellt.

1959 erhoben sich die Tibeter in einem Aufstand gegen die Chinesen, doch wurde dieser Befreiungsversuch blutig niedergeschlagen. Damals floh der Dalai Lama zusammen mit Tausenden seiner Anhänger nach Indien. Im indischen Exil bemüht er sich seither, die Loslösung seines Landes von China zu erreichen. Dieses Ziel soll nach seinem Willen ausschließlich mit friedlichen Mitteln durchgesetzt werden. Für seine Bemühungen um eine gewaltlose Beilegung des Konfliktes zwischen Tibet und China wurde dem Dalai Lama 1989 der Friedensnobelpreis verliehen. China protestierte gegen diese Entscheidung des Nobelpreiskomitees.

Seit einigen Jahren gibt die chinesische Regierung den Tibetern wieder mehr Möglichkeiten, sich religiös zu betätigen. Einige Klöster konnten wieder aufgebaut werden. Die Chinesen forderten den Dalai Lama mehrfach zur Rückkehr in sein Land auf, allerdings unter der Bedingung, auf politische Betätigung zu verzichten. Dies lehnt der Dalai Lama jedoch ab.

Das Leben der Tibeter wird seit Jahrhunderten von ihrem Glauben bestimmt, nur im Einklang mit der Natur überleben zu können. Lange bevor es in Europa Vokabeln wie Naturschutz und Umweltverschmutzung gab, wusste das tibetische Volk, dass Natur und Mensch auf Dauer nur in Harmonie miteinander leben können.

Mitte dieses Jahrhunderts war es damit schlagartig vorbei. Chinesische Truppen besetzten das Land. Die Besatzer machen seitdem Jagd auf alles, was sich in Berg und Tal bewegt: Schneeleoparden, Riesenpandas, Schwarzbären, Wildyaks, Moschushirsche, Wildesel, Luchse. Auch viele Vogelarten werden gnadenlos bejagt. Inzwischen stehen viele Tiere auf der Liste der bedrohten Arten – Tibets einzigartige Tierwelt scheint nahezu ausgerottet.

Seit 1951 bauen die Besatzer in Tibet ein weit verzweigtes Straßennetz auf – vor allem für Militärfahrzeuge und für die Schwertransporter der Forstwirtschaft. Damit diese das Holz wegschaffen können, schlagen sie rücksichtslos gewaltige Schneisen in die Wälder. Gab es vor dem Einmarsch der Chinesen in Tibet noch 221 800 Quadratkilometer Wald, so sind es heute nur noch 134 000. Zwischen 1959 und 1979 wurden nicht weniger als 2,4 Millionen Kubikmeter Holz im Wert von 54 Milliarden Dollar aus Tibets Wäldern nach China geschafft.

Ein großer Teil der Wälder wächst entlang den Flusstälern in Amdo und im Südosten Tibets auf steilen Hängen. Einstmals waren sie von Fichten, Tannen, Pinien, Lärchen, Zypressen, Birken und Eichen bedeckt. Doch seit 1966 wurden hier mehr als 50 Millionen Bäume gefällt, 70 Prozent des ehemaligen Waldbestandes vernichtet. An Regeneration und Wiederaufforstung denkt niemand. Die Böden an den Hängen werden langsam abgetragen oder rutschen plötzlich als Schlamm- und Gesteinsströme in die Flüsse. Sind diese Erd- und Gesteinsschichten einmal abgeglitten, wird eine Wiederaufforstung fast unmöglich. Die großen Flüsse, die in Tibet entspringen, verschlammen deshalb mehr und mehr. Zudem wälzen sich die Wassermassen ungebremst die Flussbetten hinab und führen nicht nur in Tibet, sondern auch in den Nachbarländern Jahr für Jahr zu verheerenden Überschwemmungen.

(nach: KOSMOS 2/1993, S. 56)

225.1 Ein Land wird geplündert

Wie Sie wissen, ist Tibet seit vierzig Jahren von ausländischen Truppen besetzt. In dieser Zeit wurden die Tibeter ihrer grundlegenden Menschenrechte beraubt, wie des Rechts auf Leben, der Reise-, Rede- und Religionsfreiheit, um nur einige zu nennen. Mehr als ein Sechstel der sechs Millionen zählenden Bevölkerung Tibets starb als direkte Folge des Einmarsches und der Besetzung durch die Chinesen. Es ist wichtig, sich klarzumachen, dass trotz der begrenzten Freiheit, die nach 1979 den Wiederaufbau von Teilen einiger Klöster ermöglichte, auch heute die grundlegenden Menschenrechte des tibetischen Volkes immer noch systematisch verletzt werden.

Gäbe es nicht unsere Exilgemeinde, wäre unsere Nation wenig mehr als das zerrüttete Überbleibsel eines Volkes. Unsere Kultur, Religion und nationale Identität wären ausgerottet worden. Doch im Exil haben wir Schulen und Klöster gebaut, um unsere Kultur zu bewahren. Mithilfe dieser Erfahrungen wollen wir in einem künftigen, freien Tibet eine umfassende Demokratie errichten. Am beunruhigendsten ist zur Zeit das Einströmen chinesischer Siedler nach Tibet. Obwohl in den ersten Jahrzehnten der Besetzung bereits eine beträchtliche Anzahl von Chinesen in die östlichen Teile Tibets umgesiedelt wurde, hat die chinesische Regierung seit 1983 eine beispiellose Zahl von Chinesen dazu ermuntert, in alle Teile Tibets einzuwandern. Die Tibeter werden zusehends zu einer unbedeutenden Minderheit im eigenen Land.

Vor dem Hintergrund dieser Lage habe ich den Fünf-Punkte-Friedensplan vorgelegt. Er sieht vor:
1. Umwandlung ganz Tibets, einschließlich der östlichen Provinzen Kham und Amdo, in eine gewaltfreie Zone.
2. Beendigung der chinesischen Umsiedlungspolitik.
3. Achtung der Menschenrechte und der demokratischen Freiheiten des tibetischen Volkes.
4. Wiederherstellung und Bewahrung der natürlichen Umwelt in Tibet.
5. Beginn ernsthafter Verhandlungen über den Status Tibets und Aufnahme von offiziellen Beziehungen zwischen dem tibetischen und dem chinesischen Volk.

(nach: FAZ vom 31.1.1990)

225.2 Aus der Rede des Dalai Lama anlässlich der Verleihung des Friedensnobelpreises in Oslo

Juden und Araber in Palästina

226.1 Jerusalem: Grabeskirche Christi auf dem Hügel Golgatha – Klagemauer (heiligster Ort der jüdischen Religion) – Felsendom (Stätte der Himmelfahrt Mohammeds)

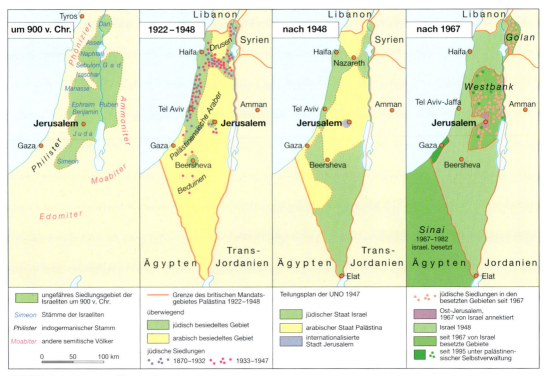

226.2 Entwicklung des Staates Israel

1. Alter Kulturraum unter wechselnder Herrschaft

„Der Staat Israel wird für die jüdische Einwanderung (...) geöffnet sein; (...) er wird auf der Grundlage der Freiheit, Gleichheit und des Friedens (...) gegründet sein: Er wird volle soziale und politische Gleichberechtigung aller Bürger (...) gewähren; er wird Freiheit des Glaubens, der Sprache, der Erziehung und Kultur garantieren; er wird die heiligen Stätten aller Religionen sicherstellen."

(aus der Proklamationsurkunde des Staates Israel, 14.5.1948)

In Ausübung der nationalen Rechte des palästinensischen Volkes (...) proklamiert der Palästinensische Nationalrat (...) die Gründung des Staates Palästina auf seinem palästinensischen Boden mit Jerusalem als Hauptstadt. Der Staat Palästina ist der Staat aller Palästinenser, wo immer sie sich auch befinden.

(aus der Unabhängigkeitserklärung des Staates Palästina, Algier 1988)

Wie kommt es, dass zwei Völker um das selbe Land streiten? Die Krise hat eine lange Geschichte: Das Gebiet, in dem heute der Staat Israel liegt, wird von den arabischen Ländern als Palästina bezeichnet. Es ist schon immer ein umkämpfter Raum gewesen. Als Landbrücke zwischen Afrika und Asien wurde es immer wieder zum Streitobjekt großer Mächte. Um 1000 v. Chr. hatte König David die jüdischen Stämme im „gelobten Land" zum Königreich Israel zusammengeschlossen. Jerusalem machte er zur Hauptstadt. Das Reich war jedoch ständig bedroht. Die Assyrer, die Babylonier und die Griechen unter Alexander dem Großen eroberten es. Auch die Römer unterwarfen das Land und zerstörten Jerusalem.

Viele Juden verließen danach ihre Heimat und siedelten sich in den Mittelmeerländern an, später auch in den Ländern Mittel- und Osteuropas. Nach der Eroberung durch die Nachfolger des Propheten Mohammed im 7. Jh. n. Chr. stand Palästina bis zum Ende des 1. Weltkrieges fast immer unter der Regierung von moslemischen Herrschern. Erst dann vertrieben die Engländer die damals herrschenden Türken aus Palästina und verwalteten anschließend bis 1948 das Land. Die Juden hatten während der moslemischen Herrschaft kaum eine Bedeutung. Im Jahre 1750 lebten unter 250 000 Arabern nur noch 7000 Juden.

Anfang des 20. Jh. waren die Ebenen und Küstenstreifen überwiegend versumpft, nur die Berge dauerhaft besiedelt. Zu dieser Zeit begann die Einwanderung europäischer Juden, die den Wunsch hatten, im eigenen Staat in der alten Heimat zu leben. Der „Jüdische Nationalfonds", eine von Juden in aller Welt unterstützte Organisation, kaufte das Land, meist Sümpfe und Sanddünen, für die Siedler von den arabischen Besitzern. Bis 1948, dem Ende der britischen Verwaltung, wurden etwa 300 ländliche Siedlungen gegründet.

Die Mehrzahl der Einwanderer aber zog in die Städte, vor allem nach Haifa, Jerusalem und in das neu gegründete Tel Aviv. So waren schließlich schon in der Zeit der britischen Verwaltung weite Teile Palästinas jüdisch besiedelt. Dagegen wehrte sich die arabische Bevölkerung. Immer häufiger kam es zu blutigen Auseinandersetzungen. Daraufhin beschloss die UNO 1947 die Teilung des Landes in einen jüdischen und einen arabischen Staat. Das akzeptierten die Araber jedoch nicht und als der jüdische Nationalrat 1948 den Staat Israel ausrief, kam es zum Krieg, in den auch die arabischen Nachbarstaaten eingriffen. Nach dem Sieg der Israelis und dem Waffenstillstand von 1949 verließen die meisten arabischen Bewohner das Land oder wurden vertrieben. In den Flüchtlingslagern nahe der Grenze, in denen sie fortan lebten, wuchs der Hass auf den neuen Staat.

Zeittafel

1947 Teilungsbeschluss der UNO
1948 Staatsgründung, „Unabhängigkeitserklärung"
1967 „6-Tage-Krieg", Eroberung Westjordaniens, des Sinai, Golan, Gaza-Streifens durch Israel
1979 Frieden mit Ägypten, Rückgabe des Sinai
1993 „Gaza-Jericho-Abkommen", begrenzte Selbstständigkeit der genannten Gebiete
1994 Friedensvertrag mit Jordanien
1995 Ausweitung der palästinensischen Selbstverwaltung auf das ganze Westjordanland
1996 Wahlen zum Palästinenserrat

1. Erläutere nach Mat. 226.1 die Bedeutung Jerusalems für die drei Weltreligionen.
2. Beschreibe die Verteilung der jüdischen und arabischen Bevölkerung vor 1947 und vergleiche mit dem Plan der UNO (Mat. 226.2).
3. Erläutere die Konfliktsituation, die sich aus den einleitenden Quellen ergeben (Text).

228.1 Arabische Pfadfinder

228.3 Junge Israelis

2. Juden und Araber in einem Staat

Es ist noch stockdunkle Nacht, als ich die große Straßenkreuzung vor Asqelon erreiche, wenige km außerhalb des Gaza-Streifens. Die Stelle wird „Sklavenmarkt" genannt: Jeden Morgen versammeln sich hier die Tagelöhner, Palästinenser aus den Flüchtlingslagern des Gaza-Streifens.

Heute sitzen über 100 Männer, Frauen und Kinder fröstelnd aneinandergereiht auf der Leitplanke. Ab und zu fährt ein Militärjeep vorbei. Als der erste israelische Lieferwagen hält, stürzen die Wartenden auf ihn zu, hängen sich in Trauben an die Wagentür. Eine laute Debatte über den Lohn entbrennt. Schließlich klettern sechs Männer auf die Ladefläche. Immer mehr Wagen kommen. Die Leitplanke wird leerer.

(nach: GEO, 2/1987)

Als Taufik Chalawani das Café an der Hafenpier von Akko betritt, fragt er als erstes auf arabisch seine Freunde: „Kann ich offen sprechen oder muss ich unterm Tisch reden?" Als israelischer Araber weiß er, dass deutlichen Worten gegenüber Journalisten manchmal Probleme folgen. Taufik ist in Akko geboren und genauso alt wie der Staat Israel. In Israel ist jeder sechste Einwohner ein Araber. Hier in Akko, betont Taufik, leben Juden und Araber fast ohne Probleme zusammen. Sicher gibt es da einige Beamte in der Verwaltung, die was gegen Araber haben. Wenn es um Pflichten geht, werden wir wie Juden behandelt. Dann dürfen auch wir an der Front fallen. Doch bei den Rechten werden wir plötzlich wieder zu Arabern. Als erste sind meistens die Juden dran. Doch damit müsse man wohl leben, meint Taufik.

(nach: Israel, GEO-Special, 4/1988)

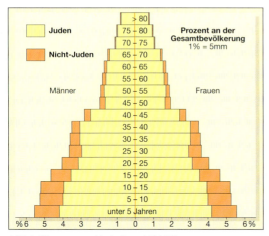

228.2 Alterspyramide in Israel (1988)

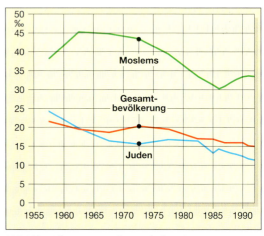

228.4 Bevölkerungswachstum in Israel

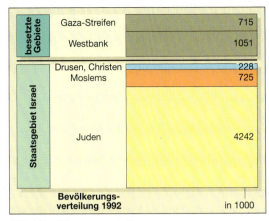

229.1 Bevölkerungsverteilung

Westbank (1987)	Einfuhr	Israel	Jordanien	andere Länder	Gesamt
		581 (90,9%)	9 (1,4%)	49 (7,7%)	639
	Ausfuhr	Israel	Jordanien	andere Länder	Gesamt
		161 (70,5%)	66 (28,9%)	1,3 (0,6%)	228,3
Gaza-Streifen (1992)	Einfuhr	Israel	Jordanien	andere Länder	Gesamt
		328 (89,6%)	0	38 (10,4%)	366
	Ausfuhr	Israel	Jordanien	andere Länder	Gesamt
		64 (80,0%)	12 (15,0%)	4 (5,0%)	80

229.2 Außenhandel der besetzten Gebiete (Mio. US-$)

Als der Staat Israel gegründet wurde, lebten in seinen Grenzen etwa 780 000 Araber. Nach dem Waffenstillstand von 1949 waren es noch 150 000. Von den geflüchteten bzw. vertriebenen Arabern fand etwa die Hälfte in Jordanien Zuflucht. Um die 180 000 sammelten sich im ägyptisch kontrollierten Gaza-Streifen, 150 000 flüchteten in den Libanon.

Als Reaktion auf die Gründung des Staates Israel vertrieben die arabischen Staaten in den darauf folgenden Jahren die in ihren Gebieten lebenden Juden.

Den Israelis gelang es unter großen Anstrengungen, 800 000 vertriebene Juden zu integrieren. Die aus ihrer Heimat vertriebenen Palästinenser leben nun schon größtenteils in der zweiten und dritten Generation in Flüchtlingslagern.

Die Araber, die nach der Staatsgründung in Israel geblieben sind, besitzen heute die vollen Bürgerrechte und sind in die israelische Wirtschaft integriert. Auch die Araber in der Westbank und im Gaza-Streifen leben nun schon seit dem Jahr 1967 im israelischen Herrschaftsbereich. Dort nahmen die Spannungen zwischen Israelis und Arabern immer mehr zu, besonders, als die Israelis damit begannen, in den besetzten Gebieten neue Siedlungen zu errichten. Sie wollten damit ihren Anspruch auf diesen Raum betonen. 1987 entluden sich diese Spannungen in einem Aufstand der Araber. Bis heute dauern die Unruhen an und kosteten Hunderten von Menschen das Leben, darunter vielen Jugendlichen aus den trostlosen Flüchtlingslagern.

Für viele überraschend schlossen Israel und die Palästinensische Befreiungsorganisation (PLO) als Vertreterin des palästinensischen Volkes 1993 einen außerordentlich wichtigen Vertrag: das **Gaza-Jericho-Abkommen**. Mit ihm soll endlich eine friedliche Zukunft für Israel und das palästinensische Volk eingeleitet werden. Die PLO hat in dem Vertrag nach langer Verweigerung das Recht des Staates Israel auf eine friedliche und sichere Existenz anerkannt. Sie verpflichtet sich dazu, den Konflikt der Palästinenser mit den Israelis nur friedlich lösen zu wollen. Israel akzeptiert im Gegenzug ebenfalls nach langer Verweigerung die PLO als Vertreterin des palästinensischen Volkes. Gleichzeitig gesteht Israel den Palästinensern die Selbstverwaltung in den besetzten Gebieten zu, beginnend im Gaza-Streifen und in Jericho, und seit einem weiteren Abkommen 1995 auch im übrigen Westjordanland. Danach ist der Weg im Jahre 1996 endlich frei für die Wahl eines Palästinenserrates, der für die meisten Bereiche im Alltagsleben der Palästinenser verantwortlich ist.

1. Lokalisiere die auf S. 228 genannten Orte.
2. Stelle die Situation der Araber tabellarisch gegenüber (Texte S. 228).
3. Erläutere die Beziehungen zwischen Arabern und Juden anhand der Texte.
4. Beschreibe die Entwicklung und die Zusammensetzung der Bevölkerung in Israel und den besetzten Gebieten (Mat. 228.2, 228.4, 229.1). Welche Folgen sind abzusehen?
5. Erläutere die wirtschaftlichen Beziehungen der Westbank und des Gaza-Streifens mit Israel (Mat. 229.2).
6. Was besagt das Gaza-Jericho-Abkommen (Text S. 229)?

Südafrika – Hoffnung am Kap der Guten Hoffnung

Südafrika beseitigt Apartheid an Schulen

Südafrikas Regierung will nun endgültig von 40 Jahren rassisch getrennter Schulerziehung Abschied nehmen. Künftig solle die Rassenzugehörigkeit beim Zugang zu den Schulen keine Rolle mehr spielen, heißt es in einem Bericht des Ministers für das Erziehungswesen der Weißen, Piet Marais. Der Ausschuss der Chefs der bislang getrennten Erziehungsressorts für Weiße, Schwarze, Farbige und Inder kommt darin zu dem Schluss, dass das getrennte Schulsystem versagt habe, weil es auf „inakzeptablen Grundlagen" basierte. Daher wird die Zusammenlegung der vier Erziehungsministerien und eine Angleichung der Mittel für die einzelnen Gruppen vorgeschlagen. Bei der Schulaufnahme dürfe zwar die Hautfarbe keine Rolle mehr spielen, doch dürfe auch nicht die kulturelle Vielfalt der Bevölkerung vergessen werden, heißt es. Derzeit gibt der Staat für einen weißen Schüler viermal so viel Geld aus wie für einen schwarzen.

(aus: Süddeutsche Zeitung vom 27.01.1993)

230.1 Reform der Schulerziehung

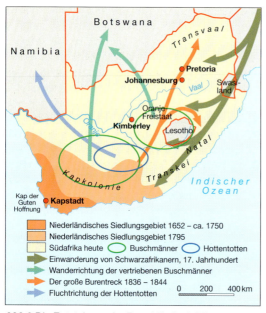

230.2 Die Entstehung der Republik Südafrika

Südafrika – Schwarze, Buren, Briten

Buschmänner und Hottentotten, Wildbeuter die einen, nomadisierende Viehhirten die anderen, sind die ursprünglichen Bewohner Südafrikas. Ab 500 n. Chr. wanderten von Nordosten her Bantuvölker ein, die Ackerbau und Viehhaltung betrieben, unter ihnen die Kwazulu, Swasi, Xhosa und Basuto. Um 1700 reichten ihre Siedlungsschwerpunkte von der Ostküste aus weit ins Binnenland.

Im 17. Jahrhundert bauten die Niederlande ihr Kolonialreich auf. Kapstadt wurde zu einem Versorgungszentrum auf dem Seeweg nach Jakarta. Gärtner und Bauern (holl.: *Buren*) belieferten die einlaufenden Schiffe mit Obst, Gemüse und Fleisch. Die Stadt wandelte sich von einem Flottenstützpunkt zur Siedlungskolonie.

Die Weißen behaupteten sich in vielen Kämpfen gegen die Schwarzen, unterwarfen sie bis Mitte des 19. Jahrhunderts oder verdrängten sie aus der Kapprovinz: die Buschmänner in die Kalahari, die Hottentotten in das heutige Namibia. Die unterworfenen Schwarzen wurden Wanderarbeiter oder Sklaven.

Als die Buren 1795 gegen das Mutterland rebellierten, nutzten die Engländer die Gunst der Stunde und besetzten das Kapland. Sie hoben die Sklaverei und Zwangsarbeit auf. Das führte zu wachsendem Widerstand der Buren. Um der britischen Herrschaft zu entgehen, zogen ab 1835 ca. 6000 Buren im „großen Treck" nach Nordosten und verdrängten dort die Zulu. Sie gründeten die Burenrepubliken Natal, den Oranje-Freistaat und Transvaal. Im Burenkrieg (1899–1902) unterlagen sie den Briten und verloren ihre Unabhängigkeit.

Im Jahre 1910 wurde Südafrika unabhängig. 1931 trat es wie viele ehemals britische Kolonien dem Commonwealth bei, musste es aber 1961 auf Drängen der nichtweißen Mitgliedsstaaten verlassen. Der Grund war die Politik der **Apartheid** (d. h. „Trennung") gegenüber den Schwarzen, Mischlingen und Indern. Sie sah eine nach Rassen getrennte Nutzung öffentlicher Einrichtungen vor, weiterhin die Anlage von getrennten städtischen Wohnquartieren („Townships") sowie von eigenen Stammesgebieten („Homelands") für die Schwarzen. Nach Aufgabe der Apartheid kehrte Südafrika 1995 in den Commonwealth zurück.

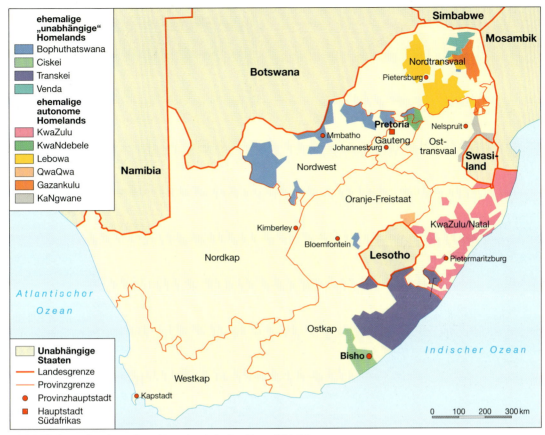

231.1 Die Lage der ehemaligen Homelands im heutigen Südafrika

Die politische Wende in Südafrika

Der Druck der Weltöffentlichkeit, die auf Einhaltung der Menschenrechte pochte und Boykottmaßnahmen gegen Südafrika verhängte, hatte 1989 Erfolg. Weiße und schwarze Politiker einigten sich auf freie Wahlen, die Abschaffung der Apartheid und eine Neugliederung des Landes. An die Stelle der bisherigen vier Provinzen und zehn Homelands treten neun Provinzen mit weit reichender Selbstverwaltung, vergleichbar den deutschen Bundesländern. Es gibt elf Amtssprachen, darunter Englisch und Afrikaans, die Sprache der Buren, daneben seSotho, siXhosa, siZulu u. a. Außerdem werden Sprachen, die in Südafrika von Bevölkerungsminderheiten gesprochen werden, wie Griechisch, Deutsch, Arabisch, Hebräisch, Hindi, Tamil, Portugiesisch u. a. respektiert.

Die Neugliederung des Landes bedeutet, dass Provinzen mit unterschiedlicher Zusammensetzung der Bevölkerung, Bevölkerungsdichte und Wirtschaftskraft entstehen. Die vielsprachige Provinz Gauteng ist die wirtschaftlich stärkste Provinz. Ihre 7 Mio. Einwohner, das sind 17,1 % der Bevölkerung, erwirtschaften 40 % aller Güter des Landes. Wirtschaftlich stark sind auch KwaZulu/Natal und Westkap. Gering ist die Wirtschaftskraft in den Provinzen Nordkap und Nordtransvaal. Sie sind allein nicht lebensfähig und auf Hilfe angewiesen.

Kerngebiete weißer Bevölkerung sind Gauteng, wo mit 2,13 Mio. 40 % aller Weißen Südafrikas leben, Westkap mit 870 000 und KwaZulu/Natal mit 600 000. Von den über 30 Mio. Schwarzen leben allein 7 Mio. in KwaZulu/Natal.

1. Schwarze wie Weiße beanspruchen Südafrika für sich. Wer hat Recht (Text, Mat. 230.2)?
2. Was bedeutet Apartheid für Schulkinder?
3. Vergleiche die alte und die neue Gliederung Südafrikas miteinander (Mat. 231.1, Atlas).
4. Überprüfe die wirtschaftlichen Voraussetzungen der im Text genannten Provinzen (Atlas).

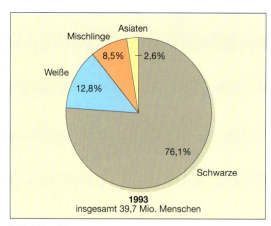

232.1 Bevölkerungszusammensetzung

Förderung im Weltvergleich (1992)			
1. Platz:	Gold	612,9	t
	Platin	140,2	t
	Vanadium	17,0	t
2. Platz:	Chrom	3,4 Mio.	t
4. Platz:	Mangan	2,5 Mio.	t
5. Platz:	Diamanten	10,2 Mio. Karat	
	Steinkohle	182,1 Mio.	t
8. Platz:	Eisenerz	29,4 Mio.	t
	Nickel (1993)	28 900	t
	Phosphat	3,0 Mio.	t
10. Platz:	Uran	1669	t

232.2 Der Rohstoffreichtum Südafrikas

Townships in Südafrika

„Du musst dir dieses Soweto vorstellen: hunderttausend Häuser, die wir ‚matchbox cottages' nennen, Streichholzschachtel-Häuser. Sie stehen in langen Reihen, Rücken an Rücken. Jede dieser Unterkünfte, die jeweils für eine Familie gedacht ist, hat ihren kleinen, eingezäunten Hof. Jede hat, hinten neben der Toilette, einen Wasseranschluss."

(Ein schwarzer Journalist)

Soweto, die South-West-Township von Johannesburg, ist die bekannteste und mit 2 Mio. Einwohnern bedeutendste Schwarzensiedlung in Südafrika. Ihre Entstehung verdankt sie dem Arbeitskräftebedarf der Goldbergwerke und dem Apartheidgesetz des Group Areas Act von 1950. Es ordnete die Trennung der Wohngebiete von Weißen und Nichtweißen an. Tausende von Schwarzen, Mischlingen und Asiaten wurden aus den von Weißen bewohnten Stadtteilen zwangsweise in Townships umgesiedelt, riesige Wohnsiedlungen einfachster Anlage und Ausstattung.

Die politischen Veränderungen und die Aufhebung der Apartheidgesetze haben das Zusammenleben der verschiedenen Bevölkerungsgruppen in den Städten stark beeinflusst. Hier führen sie zu einer allmählichen Aufhebung der Rassentrennung nach Wohnvierteln. Schwarze ziehen aber nur selten in die Wohnviertel der Weißen, da sie die hohen Mietpreise dort nicht bezahlen können. Dazu ist eine Schicht wohlhabender Inder und Mischlinge eher in der Lage, die ihr Geld im Handel und in freien Berufen gemacht hat. Sie kommen als „Pioniere". Dafür ziehen weiße Familien fort, die sich am Stadtrand ein Eigenheim gekauft haben. In den Townships machen Schwarze von der seit 1986 bestehenden Möglichkeit, Grund und Boden zu erwerben, Gebrauch. Der Staat fördert den Wohnungsbau und -kauf. Für ärmere Schwarze, und das ist die überwiegende Anzahl, sind jedoch trotz staatlicher Unterstützung Wohnungen unerschwinglich. Sie errichten auf nicht bebauten Flächen der Townships aus Wellblech, Pappe und Brettern Hütten, die sich zu riesigen Elendsvierteln ausweiten. In der Region Durban lebt fast die Hälfte der 3 Mio. Einwohner in solchen Siedlungen. Hier sind Hunger, Arbeitslosigkeit, fehlende Bildungschancen, Kriminalität und politisch motivierte Gewalt zu Hause.

5. Beschreibe Soweto (Text, Mat. 233.1 und 2).
6. Bestimme den Begriff Township und stelle eine Verbindung zur Apartheid her.
7. Werte den Kartenausschnitt in Mat. 233.2 aus:
  – Nimm eine räumliche Gliederung vor,
  – kennzeichne die Nutzungsschwerpunkte,
  – beschreibe die Verkehrsverbindungen,
  – beschreibe und erkläre die unterschiedliche Verteilung der Rassen.
8. Vergleiche die Lebensbedingungen in Soweto mit denen in den Favelas (vgl. S. 150).
9. Bewerte die Rohstoffförderung Südafrikas (Mat. 232.2); stelle die Verteilung der Rohstoffe auf die Provinzen fest (Atlas, Mat. 231.1).
10. Erläutere anhand der Geschichte (S. 230) und der Bevölkerungszusammensetzung (Mat. 232.1), dass die politische Wende in Südafrika einvernehmliche politische Lösungen schwierig macht.

233.1 Soweto

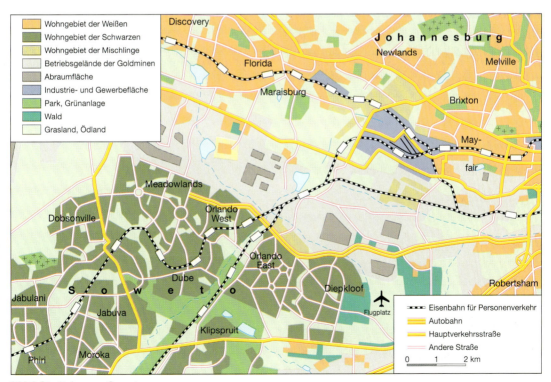

233.2 Stadtplan von Soweto

Gelenkte Binnenwanderung in Indonesien

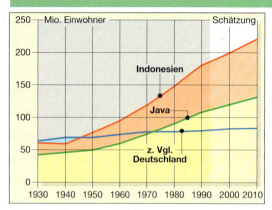

234.1 Bevölkerungsentwicklung

234.2 Bevölkerungsmagnet Jakarta

234.3 Menschenwürdig?

1. Zu viele Menschen am falschen Ort

Wie ein Gewand aus kostbarem Samt kam einem europäischen Besucher 1920 die tropische Üppigkeit auf Java vor. Nirgendwo hatte er solche grünen Reisterrassen gesehen, die Nahrung und Wohlstand für 25 Millionen Einwohner verhießen.

Heute müssen auf der Insel 120 Millionen Menschen ernährt werden. Jeden Tag kommen 7000 hinzu. Auf Java und den Nachbarinseln wird das Land immer knapper. 6 Millionen Bauern verfügen über nicht mehr als einen Viertel Hektar, das sind gerade 2500 m². Sie roden die letzten Waldstücke und legen noch Felder auf den steilsten Hängen an. Die heftigen Monsunregen tragen den ungeschützten Boden ab und ganze Dörfer versinken in den Fluten. Die Ablagerungen füllen die Flüsse und verstopfen Bewässerungskanäle und Wasserreservoirs. Sie gefährden die Trinkwasserversorgung. Mehr als 1 Million ha Boden sind schon so zerstört, dass sie keine Erträge mehr bringen. Jedes Jahr gehen weitere 200 000 ha Land auf Java verloren. Das entspricht der Fläche von 400 000 Fußballfeldern. Die Hälfte der Bauern besitzt kein Land mehr. Junge Bauernsöhne sehen keine Aufstiegschancen in ihrem Dorf, packen ihr Bündel und wandern in die Städte ab.

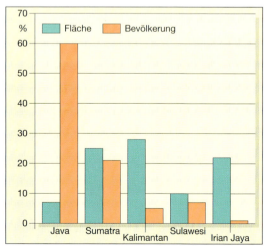

234.4 Fläche und Bevölkerung 1995

Zu Tausenden sind Bauernfamilien ohne Land und Verdienstmöglichkeiten in die Städte gezogen (vgl. S. 138). Überfüllte Elendsquartiere und noch mehr Armut erwartete sie.

Von 100 Indonesiern leben 15 in Armut. Jedes Jahr kommen 2 Millionen Menschen hinzu, die einen Arbeitsplatz suchen. Aber für die Zugewanderten aus den Dörfern gibt es in den Städten kaum Arbeit. Ihre Fähigkeiten sind nicht gefragt.

Vor 50 Jahren lebten in der Hauptstadt Jakarta 400 000 Einwohner. Am Ende des 20. Jahrhunderts werden es 13 Millionen sein. Die starke Zunahme lässt ähnliche Probleme wie in anderen Metropolen entstehen. Die Müllberge türmen sich, sauberes Wasser ist knapp, die Luftverschmutzung wird unerträglich und die Kriminalität nimmt zu. Die Probleme beschränken sich nicht nur auf die Hauptstadt, sondern erfassen die gesamte Insel. Im Gegensatz dazu sind die Außeninseln nur wenig erschlossen. Ihre Flächen sind erheblich größer als Java und sie sind nur dünn besiedelt.

1. Miss die Ost-West-Erstreckung von Java. Vergleiche sie mit der Entfernung Hamburg – München (Atlas).
2. Beschreibe die Bevölkerungsentwicklung und vergleiche sie mit der in Deutschland (Mat. 234.1).
3. Erläutere die Bevölkerungsverteilung in Indonesien (Mat. 234.4, 235.1, Text).
4. Zeige die Probleme auf, die sich aus der Übervölkerung einiger Inseln ergeben (Mat. 234.2 und 3, 235.2 und 3, Text).

235.2 Feldarbeit mit Ochsenpflug und Traktoren

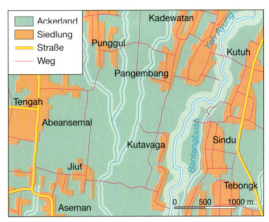

235.3 Dichte Besiedlung auf dem Land (Bali)

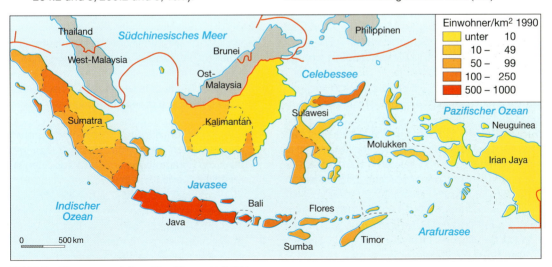

235.1 Bevölkerungsverteilung/Bevölkerungsdichte

236.1 Werbung für Geburtenkontrolle und Transmigrasi

2. Ventile für den Bevölkerungsdruck

Java hat viele Industrieunternehmen. Allein die Flugzeugwerke in Bandung haben 15 000 Mitarbeiter. Doch nur jeder 11. Erwerbstätige auf der Insel ist in der Industrie beschäftigt. 40 von 100 Menschen sind arbeitslos oder unterbeschäftigt. Trotz großer Anstrengung kann der Staat nicht so schnell neue Arbeitsplätze schaffen. Er unterstützt daher sehr stark die Geburtenkontrolle und wirbt für die Zwei-Kind-Familie. Frauen sollen nicht unter 21 und Männer nicht unter 25 Jahren heiraten.

Eine Entlastung für das übervölkerte Java mit seinen Nachbarinseln soll die Umsiedlung bringen. Europa stand im vergangenen Jahrhundert vor ähnlichen Problemen. Die Landwirtschaft setzte Arbeitskräfte frei, aber nicht alle konnten in den neu entstehenden Fabriken Arbeit finden. Damals wanderten viele Menschen nach Amerika aus. Sie wurden zu Pionieren in ihrer neuen Heimat. Auch in Indonesien fehlen auf den Außeninseln Arbeitskräfte für die Industrie und in der Landwirtschaft. Die Umsiedlungskosten betragen für den Staat pro Familie umgerechnet 15 000 bis 20 000 DM. Die Ernährungs- und Landwirtschaftsorganisation der Vereinten Nationen (FAO) leistet in den ersten drei Jahren Nahrungsmittelhilfe. Nach fünf Jahren sollen die Umsiedler genügend Geld verdienen und nicht mehr auf die Hilfe des Staates angewiesen sein. Die Internationale Bank für Wiederaufbau und Entwicklung, die Weltbank, hat Indonesien mehr als eine Milliarde US-Dollar an Krediten zur Verfügung gestellt, damit das Transmigrationsprogramm erfolgreich abläuft. Die Industrieländer beteiligen sich an der „Erschließung" der tropischen Regenwälder. Auch Deutschland, vertreten durch die Deutsche Gesellschaft für Technische Zusammenarbeit (GTZ), förderte das Transmigrationsprojekt mit Steuergeldern. Sie untersuchte Standorte für neue Siedlungen und baute Straßen auf Kalimantan.

1. Lokalisiere die für das Umsiedlungsprojekt vorgesehenen Inseln (Mat. 235.1, 237.3) und miss die Entfernungen von Java aus. Vergleiche mit Entfernungen in Europa.

2. „Transmigrasi" heißt das Zauberwort. Erläutere, was sich hinter dem Begriff verbirgt (Mat. 237.4, 236.1, Text).

3. Stelle fest, welche anderen Nutzungsmöglichkeiten, außer der Landwirtschaft, die neu erschlossenen Räume bieten (Atlas).

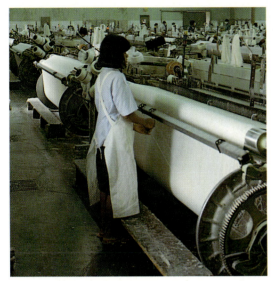

237.1 Arbeitsplätze in einer Textilfabrik auf Java

Das Transmigrasiprojekt

Transmigrasi ist die freiwillige Umsiedlung von indonesischen Staatsbürgern in eine andere Region. Java, Madura, Bali und Lombok leiden unter Übervölkerung, während auf den Außeninseln Arbeitskräfte fehlen.

<u>Voraussetzungen:</u> Wer sich als Umsiedler bewirbt, muss indonesischer Staatsbürger im arbeitsfähigen Alter sein. Das Familienoberhaupt sollte über landwirtschaftliche Erfahrung verfügen. Der Umsiedler muss gesund sein und an Gott glauben. Er muss alle Vorschriften genau beachten.

<u>Allgemeine Ziele der Transmigrasi-Politik:</u> Die Absicht der Regierung besteht darin, eine freiwillige Umsiedlung in großem Maßstab in Gang zu setzen. Transmigrasi soll den Lebensstandard verbessern, zu einer Entwicklung der Regionen und zu einer gleichmäßigen Bevölkerungsverteilung beitragen. Rohstoffe und Arbeitskräfte werden so besser eingesetzt. Außerdem werden die nationale Einheit und die Sicherheit des Landes erhöht.

<u>Rechte und Pflichten der Umsiedler:</u> Familien, die umsiedeln, erhalten vom Staat 2 ha Land. Handelt es sich nicht um Bauern, sondern um Fischer oder Arbeiter, erhalten sie wenigstens 1/4 ha für Haus und Garten. Der Staat übernimmt die Rodung des Waldes und baut den Umsiedlerfamilien Häuser. Im ersten Jahr bekommt jede Familie im Monat ihre Ration Reis, Trockenfisch, Speiseöl, Petroleum, Salz, Zucker, Seife und Zahnpasta. Der Staat gibt den Familien Saatgut für das erste Jahr sowie Dünger und Schädlingsbekämpfungsmittel für drei Jahre. Er baut Straßen, Schulen und Moscheen. Medizinische und landwirtschaftliche Berater unterstützen die Umsiedler.

<u>Herkunftsräume der Umsiedler:</u> Provinzen, in denen die Bevölkerungsdichte über 1000 Ew./km^2 liegt, werden bevorzugt. Bewohner, deren Einkommen unterhalb der Armutsgrenze liegt, erhalten Vorrang. Gebiete, die durch Naturkatastrophen wie Überschwemmungen oder Vulkanausbrüche bedroht sind oder wo das Land für andere Zwecke gebraucht wird, z. B. für Stauseen, werden ebenfalls vorrangig behandelt. Die Familien ziehen in der Regel mit den Nachbarn aus ihrem alten Dorf um. Ein neues Siedlungsgebiet umfasst 2000 Familien und wird in vier Verwaltungseinheiten gegliedert.

(nach: Dept. of Transmigration: Transmigrasi. Jakarta 1993)

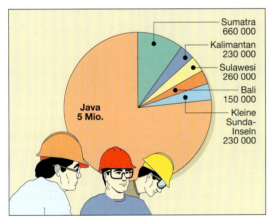

237.2 Beschäftigte in Industrie und Bergbau (1990)

Jahr	Sumatra	Kalimantan	Sulawesi/ Molukken	Irian Jaya
1950-79	142 000	27 600	25 300	2 400
1980-84	227 000	11 000	9 000	2 000
1985-89	188 000	375 000	37 500	150 000
1989-94	30 000	250 000	10 000	250 000

1 Familie = durchschnittlich 4,5 Personen

237.3 Ziele umgesiedelter Familien

237.4 Zielvorstellungen der Regierung

3. Schattenseiten der gelenkten Binnenwanderung

Mit Hacken und Spaten brechen die Umsiedler den gerodeten Boden um. Sie bauen Mais und die Wurzelknollen Kassava an, an tiefer gelegenen Stellen auch Reis. Doch nach zwei Jahren ist der Boden bereits erschöpft. Die schweren Rodungsmaschinen haben die Humusschicht zerstört. Der Boden, der ohnehin nur wenig Nährstoffe speichern kann (vgl. S. 33), ist der Erosion preisgegeben. Deshalb roden die Umsiedler neue Waldflächen. Bei der Brandrodung erhält der Boden für kurze Zeit neue Nährstoffe, aber Bodenbakterien und Baumsamen werden vernichtet. Wenn die Umsiedler den Boden bearbeiten, setzt sich nach kurzer Brachezeit das Alang-Alang-Gras durch. Für landwirtschaftliche Nutzung ist der Boden dann nicht zu gebrauchen, weil das Alang-Alang-Gras keine andere Vegetation aufkommen lässt. Viele Javaner, die an fruchtbare vulkanische Böden gewöhnt waren, wandern ab.

Timpeh Dua ist ein Transmigrantendorf mit 500 Familien in den Bergen Sumatras. Im Dorf leben nur Muslime. Christen oder Hindus wurden nicht ausgewählt, um Spannungen zu vermeiden. Reibereien gab es schon zwischen den Javanern und den Minang, einer einheimischen Bevölkerungsgruppe. Sie können einander nicht verstehen, weil die Zuwander Javanisch sprechen und die Minang ihre eigene Sprache haben.

Auf den indonesischen Inseln leben 360 Volksgruppen sowie über 100 weitere auf Irian Jaya. Es werden über 580 Sprachen und Dialekte gesprochen. Auf Sumatra machen die Javaner bereits 10 % der Bevölkerung aus. In Irian Jaya wurden 1 Million Zuwanderer angesiedelt. Sie übertreffen damit die Zahl der einheimischen Papuas. Wenn Javaner nach Irian Jaya kommen, treffen sie bei den Einheimischen eigentlich auf Mitbürger. Praktisch liegen aber Welten zwischen ihnen. Die Ureinwohner sind Papuas und gehören zu den schwarzen Völkern des pazifischen Raumes. Die zugewanderten Indonesier empfinden diese Umwelt primitiv. Sie gehören zur braunen, malaiischen Rasse und sind in der Regel Muslime. Auf Java waren sie eine westlich beeinflusste, städtische Lebensweise gewohnt. Die Papuas andererseits betrachten die Zuwanderer als Eindringlinge und Kolonisatoren, die ihre Kultur zerstören.

238.1 Transmigrantenhaus in Rimba Ayu, Kalimantan

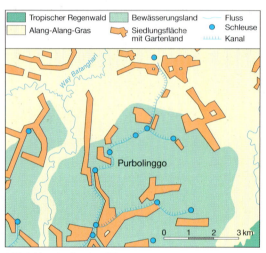

238.2 Neusiedlung auf Sumatra

238.3 Siedlungsgebiete in Ost-Kalimantan

Im Ministerium für Bevölkerung und Umwelt in Jakarta hebt man das Ungleichgewicht in der Entwicklung hervor. Der Minister räumt Fehler ein. So seien Transmigrationsgebiete geplant worden, die sich als völlig unfruchtbar erwiesen. Aber man wollte mit der Entscheidung nicht länger warten, da sonst die landlosen Bauern über Jahre dahinvegetiert hätten.

Im Transmigrasi-Ministerium werden andere Argumente gebraucht. „Wir müssen die Bevölkerung verteilen, schon aus Gründen der nationalen Sicherheit. Wir müssen unsere Grenzen schützen. *Javanisierung* hört sich so nach Kolonisierung an. Aber wir wollen nur die zurückgebliebene Lebensweise der dort lebenden Menschen verändern, nicht aber ihre Kultur. Wir drücken die Ureinwohner nicht an den Rand."

In Zukunft wollen die Regierungsplaner bei ihrem Umsiedlungsprogramm stärker auf die wirtschaftliche Entwicklung achten. In der Vergangenheit ging es hauptsächlich darum, Menschen von einer Region in die andere umzusetzen. Das Transmigrasi-Programm war wenig beliebt und nicht erfolgreich. Der jährliche Bevölkerungszuwachs auf Java beträgt 2,5 Millionen Menschen. Der Regierung gelang es nur, 250 000 Bewohner im Jahr umzusiedeln. Schon 1905 hatten die holländischen Kolonialherren versucht, Javas Übervölkerungsproblem zu lösen. 20 000 javanische Landarbeiter wurden nach Sumatra zwangsumgesiedelt und mussten auf Plantagen arbeiten. Seither haben weniger Menschen Java verlassen, als die Bevölkerung auf der Insel jährlich zunimmt.

In Zukunft sollen nicht nur Bauern umgesiedelt werden, denn es fehlen in den Transmigrasi-Siedlungen andere Berufsgruppen. So werden nun auch Bäcker, Friseure, Mechaniker, Maler, Kaufleute und andere Berufsstände gezielt angesprochen. Ferner sollen neue Industriezentren in den östlichen Regionen entstehen.

1. Begründe, warum die Umsiedlungsaktionen nicht besonders erfolgreich waren (Mat. 238.1 und 2, 239.1 und 2, Text).
2. Welche anderen Ziele verfolgte die Regierung noch? Nimm dazu Stellung (Mat. 238.3, Text).
3. Erläutere den Ausdruck Javanisierung. Informiere dich auch über die Papuas (S. 208).
4. Kritiker behaupten, das Ungleichgewicht in der Entwicklung sei noch vorhanden. Suche Argumente für und gegen die Behauptung.

239.1 Raubbau auch am Sekundärwald

239.2 Alang-Alang-Gras

Übersicht:
Aktuelle Krisenräume der Erde

Seit dem Zweiten Weltkrieg ist kein Krieg mehr förmlich erklärt worden. Und doch hat es 160 bewaffnete Konflikte gegeben, die meisten davon in der Dritten Welt. Addiert man die Dauer der Kampfhandlungen, so kommt man auf mehr als 500 Kriegsjahre. Im gleichen Maße, in dem die Ausbeutung der Ressourcen und damit die politischen Unruhen zunehmen, steigt auch die Zahl der Konflikte. Bis zu den 50er-Jahren unseres Jahrhunderts brachen neun Kriege pro Jahr aus, heute sind es bereits vierzehn.
Von den Kriegen in sog. „Entwicklungsländern" waren die Hälfte Bürgerkriege, viele beruhten auf Stammesdifferenzen oder religiösen Konflikten. Ihre Wurzeln lagen oft in grundlegenden Problemen der natürlichen Ressourcen, wie z. B. den Ungerechtigkeiten bei der Landverteilung in vielen Ländern Lateinamerikas.

(nach: GAIA, Der Öko-Atlas unserer Erde, Frankfurt a. M. 1985)

Kriege entstehen also aus ethnischen, sozialen und religiösen Gründen, begünstigt durch Grenzen, die z. T. ohne Rücksicht auf Stammesgrenzen festgelegt wurden. Sie entstehen auch durch knapper werdende Ressourcen (Weideland, Ackerland, Wälder, Wasser) und weil ökologisch überbeanspruchte Regionen Hungerkatastrophen hervorrufen (vgl. „Hunger in der Welt" S. 160).

Weltweit fliehen Menschen aus den Krisengebieten. Nach Angaben der Vereinten Nationen waren es 1993 über 23 Millionen Flüchtlinge. Ca. 80 % der Flüchtlinge sind Frauen und Kinder. Sie tragen die schwerste Bürde bei allen Krisen. Die Vereinten Nationen (UN = United Nations; UNO = United Nations Organization) versuchen auf diplomatischem Wege und durch Einsatz der „Blauhelme", Kriege zu vermeiden oder zu beenden.

Kriege sind aber nur ein Grund, der Menschen dazu veranlasst, den gewohnten Lebensraum zu verlassen. Ein zweiter Grund sind Umweltkatastrophen, wie die Desertifikation (vgl. S. 94 ff.), Überschwemmungen (vgl. S. 104) sowie Erdbeben und Vulkanausbrüche (vgl. S. 116 ff.). Ein dritter Grund zur Flucht ist die Armut, die Menschen aus armen Ländern veranlasst, in die reicheren Regionen der Erde abzuwandern (vgl. S. 178 ff.).

240.1 Die Krisenherde dieser Welt

240.2 Friedens- und Sicherheitspolitik der UN

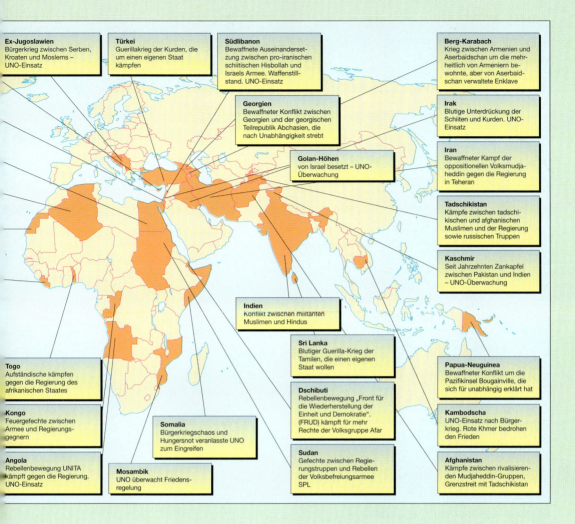

2. Friedensschaffung

Ziel:
Nach Ausbruch eines Konfliktes die feindlichen Parteien zu einer Einigung zu bringen

Mittel:
Friedliche Mittel
z. B. Vermittlung, Verhandlungen, Schiedsspruch, Entscheidungen durch den Internationalen Gerichtshof

Gewaltlose Sanktionen
z. B. Wirtschafts- und Verkehrsblockade, Abbruch der Beziehungen

Friedensdurchsetzung
durch speziell ausgebildete, ständig abrufbereite bewaffnete UN-Truppen

Militärische Gewalt
zur Aufrechterhaltung oder Wiederherstellung des Weltfriedens und der internationalen Sicherheit, wenn alle friedlichen Mittel versagen

3. Friedenssicherung

Ziel:
Die Lage in einer Konfliktzone zu entschärfen oder zu stabilisieren; die Einhaltung der Vereinbarungen zwischen den Konfliktparteien zu überwachen und durchzusetzen

Mittel:
Entsendung von Beobachtermissionen; Einsatz von UN-Friedenstruppen zur Untersuchung von Grenzverletzungen, zur Grenzkontrolle, zur Beobachtung von Wahlen, Überwachung von Waffenstillstands- und Friedensvereinbarungen, Bildung einer Pufferzone zwischen gegnerischen Mächten, Wahrnehmung von Polizeiaufgaben, Sicherung humanitärer Maßnahmen usw.; umfassendes Konfliktmanagement

4. Friedensfestigung

Ziel:
Den Frieden nach Beendigung eines Konflikts zu sichern; die Konfliktparteien zum friedlichen Wiederaufbau anzuhalten

Mittel:
Nach einem Konflikt innerhalb eines Landes
z. B. Entwaffnung der verfeindeten Parteien, Wiederherstellung der öffentlichen Ordnung, Einsammeln der Waffen, Minenräumung, Zurückführung der Flüchtlinge, Ausbildung und Beratung von Sicherheitskräften, Wahlüberwachung, Schutz der Menschenrechte, Reform oder Neuaufbau staatlicher Institutionen

Nach einem internationalen Krieg
z. B. gemeinsame Projekte, die der wirtschaftlichen und sozialen Entwicklung dienen und das gegenseitige Vertrauen stärken (Landwirtschaft, Energie- und Wasserwirtschaft, Verkehr usw.); Abbau der Schranken zwischen den Nationen durch Kulturaustausch, Reiseerleichterungen, gemeinsame Jugend- und Bildungsprogramme

Raumanalyse – Warum ist Ecuador

In der Costa

Andendorf in der Sierra

In den vorangehenden Kapiteln hast du verschiedene Räume unter einem speziellen Thema untersucht und gelernt, dass in einigen Regionen der Erde zwar nicht gleiche, aber vergleichbare Bedingungen und Probleme anzutreffen sind.

In diesem Kapitel beschäftigen wir uns nun mit einem einzigen Land. Am Beispiel von Ecuador sollen die Zusammenhänge zwischen den naturräumlichen

ein Entwicklungsland?

Leben im Oriente

Erdölgewinnung im Oriente

Gegebenheiten, der Geschichte, der Wirtschaft und den Lebensbedingungen der Menschen untersucht werden. Du wirst einiges von dem, was du bisher gelernt hast, auf das Beispiel Ecuador anwenden oder mit den dortigen Verhältnissen vergleichen können. Eine solche Untersuchung einer bestimmten Region oder eines Landes wird als Raumanalyse bezeichnet.

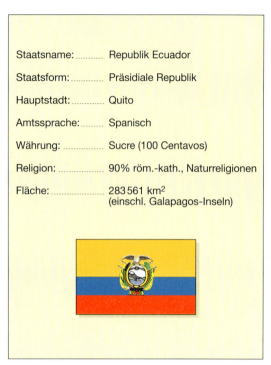

244.1 Der Staat Ecuador

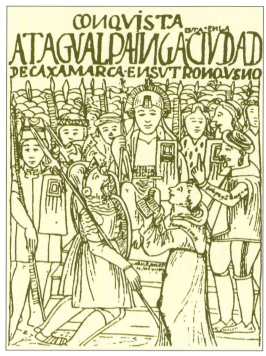

244. 2 Aufeinandertreffen Pizarros und Atahualpas

1. Die Geschichte Ecuadors

Das Inka-Reich erstreckte sich im 16. Jahrhundert vom heutigen Ecuador bis nach Chile. Staat, Kultur und Wirtschaft waren hoch entwickelt, einheitliche Sprache war das Ketschua.

Das gesamte Ackerland wurde von den Dorfgemeinschaften stets gemeinsam bewirtschaftet. Wasserleitungen und Staubecken sicherten die Wasserversorgung, Waren wurden auf einem gut ausgebauten Straßennetz transportiert.

Auf ihrer Suche nach Gold und Silber stießen die spanischen Eroberer 1533 in das ecuadorianische Hochland vor. Sie unterwarfen 1539 das Inka-Reich und betrachteten das Land von nun an als ihr Eigentum. In der Folgezeit bauten spanische Siedler große landwirtschaftliche Betriebe, **Latifundien**, auf, die sie **Haciendas** nannten. Den Indios blieb nicht mehr ausreichend Ackerboden für ein sicheres Überleben, zumal sich die Spanier überall das beste Land genommen hatten. Von den Erträgen ihrer kleinen Ackerflächen, den **Minifundien**, mussten die Indios nun auch Steuern bezahlen. Gleichzeitig beuteten die Spanier die Erzlagerstätten im Hochland aus.

Weil die Spanier junge, arbeitsfähige Männer zur Zwangsarbeit verpflichteten, fehlten in den Indio-Dörfern Arbeitskräfte, und das früher übliche System der Gemeinschaftsarbeit zerbrach. Viele Indios starben durch die schwere Arbeit in den Bergwerken an Hunger und an Krankheiten, die von den Weißen eingeschleppt worden waren.

Im Laufe der Zeit vermischten sich Spanier und Indios. Ihre Nachkommen werden **Mestizen** genannt. In die nordwestliche Küstenprovinz Esmeraldas kamen Afrikaner, die aus der kolumbianischen Sklaverei geflohen waren. Außerdem wurden Sklaven afrikanischer Herkunft hierher verschleppt. Auch sie vermischten sich später zum Teil mit den Weißen, Nachkommen aus diesen Verbindungen werden als **Mulatten** bezeichnet.

Der Widerstand gegen Spanien wurde zu Beginn des 19. Jahrhunderts immer stärker. Nach jahrelangen Kriegen erkämpften sich die südamerikanischen Kolonien 1822 unter Führung von Simón Bolívar die Unabhängigkeit. Das neu gebildete „Großkolumbien" (die heutigen Staaten Panama, Venezuela, Kolumbien, Ecuador) zerfiel nach kurzer Zeit. 1830 wurde der Staat Ecuador gegründet, seine Grenzen waren aber von Anfang an umstritten. Die Wirtschaft und das Gesell-

245.1 Marktleben in der Sierra

schaftssystem der selbstständigen Republik wurden immer wieder durch Unruhen, Konflikte mit den Nachbarn und Staatsstreiche erschüttert.

Mehrfach stand das Land unter der Herrschaft einer Militärregierung. Die großen Nachbarn Brasilien, Kolumbien und Peru zwangen das kleine Andenland zu Gebietsabtretungen. Seit 1900 verlor Ecuador auf diese Weise rund 500 000 km² Landesfläche, größtenteils Gebiete in der Regenwaldregion. Auch heute noch ist der Verlauf der Grenze mit Peru nicht endgültig geklärt.

1952 kam es zum ersten Mal zu einem verfassungsgemäßen Präsidentenwechsel. Nach der heute gültigen Verfassung von 1978 ist Ecuador, wie viele andere lateinamerikanische Staaten, eine Präsidiale Republik. Der Präsident ist zugleich Regierungschef und wird für fünf Jahre vom Volk gewählt. Die gesetzgebende Gewalt liegt beim Abgeordnetenhaus, dessen Mitglieder für vier Jahre gewählt werden. Obwohl alle Ecuadorianer das Wahlrecht haben, nehmen große Teile der Bevölkerung nicht am politischen Leben teil.

Jede der 19 Provinzen Ecuadors wird von einem Gouverneur verwaltet, der vom Präsidenten ernannt wird. Die Galapagos-Inseln werden vom Verteidigungsministerium verwaltet.

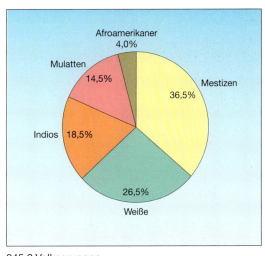

245.2 Volksgruppen

1. Fasse die geschichtlichen Ereignisse zeitlich geordnet in einer Tabelle zusammen.
2. Beschreibe die Zusammensetzung der ecuadorianischen Bevölkerung (Mat. 245.2) und erkläre sie mithilfe des Textes.
3. Erläutere die Folgen der spanischen Eroberung des Inka-Reiches und erkläre die Entstehung der Latifundien und Minifundien.

2. Naturräume und Landnutzung

Erarbeite die naturräumlichen Bedingungen des Landes anhand der folgenden Aufgaben:

1. Werte die Klimadiagramme 246.1 aus und erläutere die Unterschiede.
2. Gliedere Ecuador in drei Naturräume (Karte und Fotos S. 242/243, Atlas).
3. Erfasse in einer Tabelle, welche natürliche Vegetation in den einzelnen Temperaturstufen wächst und welche Kulturpflanzen dort angebaut werden (Mat. 246.2 und 247.1).
4. Erkläre den Zusammenhang zwischen Höhenstufen, Temperatur, Vegetation und Landnutzung in den Anden Ecuadors. Vgl. mit den Verhältnissen am Kilimandjaro (S. 44).
5. Erkläre, warum die Höhenstufen der Vegetation viel höher als in den Gebirgen der gemäßigten Breiten liegen (vgl. S. 52).
6. Die tierra fria war schon zur Inkazeit vor mehr als 500 Jahren der Hauptlebensraum der Bevölkerung. Begründe, warum dies auch heute noch der Fall ist. Berücksichtige auch die Bodenschätze (Atlas).
7. Liste die natürlichen Gunst- und Ungunstfaktoren Ecuadors auf?

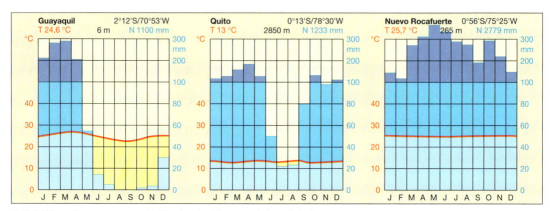

246.1 Klimadiagramme aus der Costa, der Sierra und dem Oriente

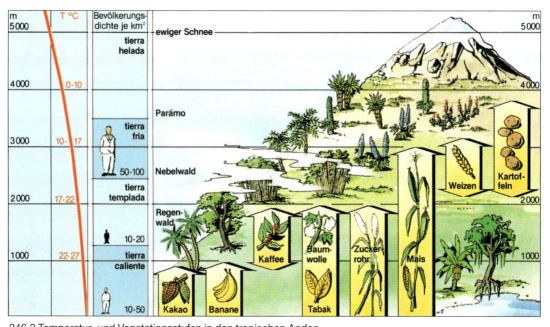

246.2 Temperatur- und Vegetationsstufen in den tropischen Anden

247.1 Höhenstufen in den tropischen Anden

248.1 Feldarbeit im Hochland

Kategorie	Zahl der Betriebe (Anteile)	Landwirtschaftliche Nutzfläche in ha (Anteile)
Kleinbesitz	345 000	540 000
Ø 1,6 ha	67,0 %	6,8 %
Mittelbesitz	170 000	5 260 000
Ø 30,8 ha	32,7 %	66,4 %
Großgrundbesitz	1 500	2 123 000
Ø 1415 ha	0,3 %	26,8 %

248.2 Landverteilung in Ecuador

In Ecuador werden drei Viertel der benötigten Grundnahrungsmittel von Kleinbauern produziert. Unter besonderes schwierigen Bedingungen leben und arbeiten die Hochlandindianer. Ihre Felder für den Kartoffel-, Bohnen- und Maisanbau liegen meist an Hängen und werden mit Handgeräten bearbeitet. Die meisten Familien verfügen nicht über genügend Land, um die überlieferten Fruchtfolgen und Brachezeiten einhalten und damit die Bodenfruchtbarkeit erhalten zu können.

Weil die Ernten den Eigenbedarf einer Familie oft nicht decken, ist für viele Menschen im Páramo die Viehhaltung eine zusätzliche Existenzgrundlage. Humberto aus einem 3800 m hoch gelegenen Ort in der Provinz Chimborazo erzählt:

Die Erde bei uns ist dunkel, fast schwarz. Die Provinz Chimborazo hat ihren Namen von dem großen Vulkan Chimborazo in unserer Nähe. Die Erde ist so schwarz, weil in ihr ein hoher Anteil der Lava dieses Vulkans enthalten ist.

Die schwarzen Böden sind an sich fruchtbar, aber wir haben zu wenig Wasser. Dadurch fallen die Ernten häufig sehr schlecht aus. Jeden Tag ziehen spätestens bis gegen Mittag dichte Nebelschwaden über die Berghänge und hüllen den Páramo und unsere Höfe in ein dichtes Grau. Alles ist feucht und klamm und wenn ich mit unseren Schafen oben im Páramo bin, ziehe ich meinen Poncho eng um mich und meinen Sombrero tief ins Gesicht – aber regnen tut es selten. Wir sind in Wolken gehüllt, jedoch regnen sich diese Wolken bei uns nicht ab.

Nachmittags bin ich immer mit unseren 13 Schafen im Páramo. Ich liebe es, dort zu sein. Früher habe ich den ganzen Tag dort oben verbracht. Seit zwei Jahren gehe ich aber zu der neuen Schule und habe so nur nachmittags Zeit, mich um die Schafe zu kümmern.

Mein Vater verkauft die Wolle und hat dann Geld für andere wichtige Dinge für die Familie. Allerdings reicht das Geld schon lange immer weniger für die Familie aus und ich werde sicherlich auch bald wie mein Bruder nach Guayaquil gehen und dort Geld verdienen müssen.

Die 80 Höfe in unserem Ort liegen weit verstreut. Manche meiner Klassenkameraden müssen eine Stunde bis zur Schule laufen. Mehr als 240 Familien leben hier, aber nicht alle haben wie wir einen eigenen Hof und etwas Land. In der Schule im Ketschua-Unterricht sprechen wir mit unserem Lehrer oft über die Probleme, die wir mit der Arbeit in der Stadt und im Kontakt mit den Mestizen haben, die nicht unsere Sprache sprechen. Früher habe ich nicht geglaubt, dass diese Probleme so groß sind. Bei uns gibt es nicht so viele Leute, die Spanisch sprechen, und ich hatte mich immer in Ketschua verständigen können.

(nach: Interkom, Unterrichtsmaterialien Ecuador, Verstehen und verstanden werden, Bonn 1990)

8. Beschreibe das Leben von Humberto. Welche Berufschancen hat er?

9. Vergleiche die Landwirtschaft in der Sierra mit der Produktion auf der Bananenplantage Finca Rutalsur (Mat. 249.2).

10. Begründe die Notwendigkeit einer Landreform und erläutere die Schwierigkeiten in ihrer Durchführung (Mat. 248.2, 249.1 und 3).

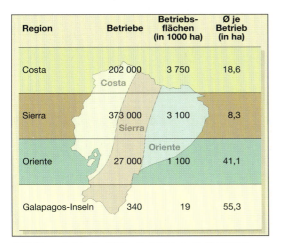

Region	Betriebe	Betriebs-flächen (in 1000 ha)	Ø je Betrieb (in ha)
Costa	202 000	3 750	18,6
Sierra	373 000	3 100	8,3
Oriente	27 000	1 100	41,1
Galapagos-Inseln	340	19	55,3

249.1 Landwirtschaftliche Betriebe nach Regionen

Kilometerlang führt die schnurgerade Piste durch die Plantage der Finca Rutalsur. Die haushohen Bananenbäume wachsen in Reih und Glied und beugen sich unter der Last zentnerschwerer Stauden, die durch blaue Plastiksäcke vor Schädlingen geschützt werden. Die ausgewachsenen Fruchtstände werden mit einer Art Skilift zum Verpackungsplatz transportiert.
Neun Monate vergehen, bis eine Staude ausgewachsen ist. Das ganze Jahr hindurch wird geerntet. Die Triebe werden regelmäßig gewässert, beschnitten und entlaubt. Vor allem aber wird gespritzt, vom Flugzeug aus, mit Sprühgeräten und per Hand, möglichst vor Sonnenaufgang, damit die giftigen Dämpfe nicht in die Lungen der Tagelöhner ziehen.
Die Indios in Ecuador kennen mindestens fünfzig verschiedene Sorten und Namen für kleine, große, dicke, dünne, gelbe, braune, rote, grüne Bananen, die man zum Kochen, Braten, Backen oder als Dessert verwenden kann. „Dollarbananen" für den Export müssen 18,75 Zentimeter lang und 4,1 Zentimeter dick sein, makellos, ohne Flecken und giftgrün – erst im Schwefeldampf der Reifehäuser bekommen sie ihren gelben Glanz. Nur dann erfreut sie das Auge der Konsumenten; das glauben die Marketingstrategen der Bananenmultis genau zu wissen.
Kaum drei Stunden vergehen zwischen der Ernte und dem Abtransport. Der Lastwagen bringt die Fracht nach Puerto Bolivar, dem größten Bananenhafen Ecuadors. *(nach: Die Zeit vom 3.12.1993)*

249.2 Bananenplantage Finca Rutalsur

1964 wurde ein Agrarreformgesetz verabschiedet, dem zufolge den Großgrundbesitzern Teile ihres Besitzes genommen und auf die armen Kleinbauern verteilt werden sollten. Die meisten Großgrundbesitzer hatten sehr schnell heraus, wie sie die Agrarreform unterlaufen konnten:
So teilten manche Hacienderos ihre Ländereien schnell unter alle ihre Kinder, Neffen, Nichten, Geschwister und sonstigen Anverwandten auf, sodass alle ihre Besitztümer auf einmal ganz klein waren und nicht mehr verteilt werden konnten – die wirklichen Besitzverhältnisse blieben allerdings unangetastet.
Einige Großgrundbesitzer ließen auch ihre Verwandten in eine der wenigen benachbarten Kooperativen „einsickern" – mit dem Ergebnis, dass eine eigentlich unabhängige Kooperative sich unvermutet zumindest in der Kontrolle der Hacienderos wiederfand.
Die Flächen, die von den Großgrundbesitzern den Kleinbauern zur Verfügung gestellt wurden, waren häufig Ödland oder viel zu klein.
Zum Teil wurden Randstücke von Haciendas an Kleinbauern verkauft, wozu sich diese meistens verschulden mussten. Die so erworbenen Landstücke sind oft so winzig, dass sie kaum zum Überleben reichen. Stirbt der Kleinbauer, so wird das vorhandene Land auf all seine Kinder aufgeteilt und weiter zerstückelt. Und die dritte Generation? Die Landstücke werden immer kleiner. Der wirtschaftliche Nutzen einer solchen „Agrarreform" ist nach spätestens zwei Generationen aufgehoben. Im Zuge der Agrarreform bildete sich auch eine Anzahl von landwirtschaftlichen Kooperativen, wo eine Gruppe von Kleinbauern ein Stück Land erwirbt und bearbeitet. Einige dieser Kooperativen sind allerdings bald gescheitert: an Überschuldung, an schlechten Böden und daran, dass manche Mitglieder einer Kooperative zuerst an sich und erst dann an die Gemeinschaft dachten.
Auf eine wirklich umfassende, wirkungsvolle Agrarreform warten die Ecuadorianer noch bis heute; auch wurden viele Ergebnisse der Agrarreform der 60er-Jahre inzwischen stillschweigend wieder zurückgenommen. Viel hat sich jedenfalls nicht geändert an den Besitzverhältnissen, am Großgrundbesitz und an der schlechten wirtschaftlichen Lage vieler Kleinbauern.
(aus: Interkom, Unterrichtsmaterialien Ecuador, Bonn 1990)

249.3 Agrarreform

250.1 Quito mit Cotopaxi

3. Vom Land in die Stadt

Guayaquil an der Pazifikküste ist die größte Stadt und der Hauptumschlagplatz Ecuadors. Es bildet mit seinen Handelshäusern, Banken und seiner Konzentration verschiedener Industrien auch das wirtschaftliche Zentrum des Landes. 80 Prozent der verarbeitenden Industrie konzentriert sich in den Großräumen Guayaquil und Quito. Für das produzierende Gewerbe ist die verkehrsgünstige Lage Guayaquils wichtig. Dies gilt auch für die 2850 m hoch gelegene Hauptstadt Quito. Arbeitsplätze in Industriebetrieben, im Handel oder in der Verwaltung üben für viele Menschen auf dem Lande eine magnetische Wirkung aus. Die durchschnittlichen Einkommen sind in der Großstadt wesentlich höher als auf dem Land. Es kommt hinzu, dass man sich in der Großstadt bessere Ausbildungs- und Berufschancen für die Kinder sowie eine bessere medizinische Versorgung verspricht. Während in Quito, Guayaquil und Cuenca modernste Krankenhäuser entstanden, machte die medizinische Versorgung auf dem Land bisher keine wesentlichen Fortschritte.

Entsprechend stark ist die Zuwanderung mit ihren Folgeproblemen. Die Hoffnung auf einen gut bezahlten Arbeitsplatz und den sozialen Aufstieg erfüllt sich für die wenigsten. Es fehlt an Wohn- und Beschäftigungsmöglichkeiten; vielen Zuwanderern bleibt nur ein Platz in einem der Armenviertel am Rande der Stadt. Hier ist die Versorgung mit Wasser und Strom, aber auch die Entsorgung (Abwässer, Müll) in der Regel mangelhaft. Öffentliche Einrichtungen wie Kindergärten und Schulen, Kranken- und Sozialstationen fehlen meist. Die Menschen versuchen sich z. B. als Straßenhändler, Schuhputzer oder Boten. In diesem Bereich gibt es keine soziale Absicherung und der Verdienst liegt deutlich unter den für Arbeiter üblichen Mindestlöhnen. Bei solchen Tätigkeiten spricht man vom **informellen Wirtschaftssektor**.

In Guayaquil und Quito, wo bereits jetzt ein Viertel der Bevölkerung Ecuadors lebt, vergrößern sich durch die Land-Stadt-Wanderung die sozialen Probleme. Die Zuwanderer, meist Indiofamilien aus dem Bergland, treffen in der Stadt auf Lebens- und Verhaltensweisen, die ihrer Kultur weitgehend fremd sind. In der modernen Welt der „Weißen" finden sie sich oft nur schwer zurecht.

1. Arbeite mit der Karte S. 242/243:
   a) Erfasse tabellarisch die Industrien in Costa, Sierra und Oriente.
   b) Beschreibe das Verkehrsnetz Ecuadors.
2. Begründe die Zuwanderung nach Guayaquil und Quito. Vergleiche die Ursachen und Folgen mit denen in Rio de Janeiro (S. 150).
3. Beschreibe die Bevölkerungsentwicklung in Ecuador anhand Mat. 251.1. Vergleiche das Bevölkerungswachstum mit dem anderer südamerikanischer Länder (s. hinterer Bucheinband).
4. Warum finden viele Menschen Einkommensmöglichkeiten nur im informellen Sektor?
5. Vergleiche die Pflichten Pedros mit denen eines 13-Jährigen in Deutschland (Mat. 251.2).

Jahr	Ecuador insgesamt	Landgemeinden	Städte (>2000 Einw.)	Guayaquil	Quito
1962	4,4	2,8	1,6	0,5	0,4
1974	6,5	3,8	2,7	0,9	0,6
1982	8,1	4,1	4,0	1,3	1,1
1986	9,6	4,5	5,1	1,5	1,2
1990	10,8	4,8	6,0	1,8	1,4

251.1 Bevölkerungsentwicklung (in Mio.)

251.3 Schuhputzer Pedro bei seiner Arbeit

„Ich bin", sagt Pedro mit Nachdruck und Selbstbewusstsein in der Stimme, „der beste Schuhputzer hier am Platz." Hier am Platz – das ist die Plaza de San Francisco, das Zentrum von Quitos Altstadt.

Am Fuß der mächtigen Kirche San Francisco entfaltet sich buntes Treiben. Hier bieten die Schuhputzer wie Pedro ihre Dienste an, werden Souvenirs und Andachtsgegenstände verkauft, handeln Losverkäufer mit Träumen von Glück und Reichtum, sind improvisierte kleine Schießbuden aufgebaut. In den Seitenstraßen, die auf den Platz führen, herrscht buntes Markttreiben, wird alles und jedes verkauft, warnen Reiseführer ihre Schäfchen gebetsmühlenartig vor Taschendieben, die im Gedränge der Straßen nach Opfern suchen.

Hier, mitten in Quitos Altstadt, arbeitet Pedro. Tagaus, tagein bietet er für einige Pfennige seine Dienste an. Seine Hände sind schwarz von Schuhcreme, ebenso seine zerrissenen Hosen. Vor wenigen Wochen erst ist der 13-Jährige mit seiner Mutter, den Geschwistern und seinen zwei Vettern vom Land in die Hauptstadt gekommen. In seinem Heimatdorf in der Sierra gab es keine Arbeit.

In Quito hofft die Familie auf Einnahmen, auf ein wenig Geld, das mehr als das Überleben sichert. Bescheidene Träume von einem ganz kleinen Glück haben sie nach Quito getrieben. Nicht immer von der Hand in den Mund leben müssen. Vielleicht gelegentlich ein kleines Stück Fleisch essen können. Oder ein Radio kaufen. Zumindest eine Perspektive haben. Wer weiß.

Um das Überleben in der Großstadt zu sichern, im staubigen Elendsviertel, wo es Wasser nur gelegentlich an Zapfhähnen gibt und die Familie sich einen einzigen zugigen Raum teilt, müssen alle mitarbeiten. Ein Einkommen allein reicht für dieses karge Leben nicht. So verkauft die Mutter Lose und Pedro wienert Schuhe, sein Vetter Luis ebenso. Acht Jahre ist Luis alt und hat doch schon das Gesicht eines alten Mannes, dem wenig Gutes widerfahren ist.

Wer in der Großstadt strandet, dem hilft oft nur noch Betteln oder Diebstahl. Und wer Quito besucht, der sieht an vielen Ecken die Gestrandeten. Für Pedro jedoch ist das kein Thema. Er ist ein guter Schuhputzer, das weiß er.

Ob er denn einen Wunsch für die Zukunft hat? Ob er etwas anderes tun möchte? Vielleicht Lokomotivführer werden, wie die Kinder seines Alters in Deutschland sich das manchmal wünschen? Nein, solche Träume hat Pedro nicht. Das erscheint ihm unerreichbar, liegt außerhalb dessen, was er sich vorstellen kann. Losverkäufer möchte er mal werden, wie seine Mutter, sagt er nach längerem Nachdenken.

(nach: Peter Pauls; In: Deutsche Welthungerhilfe: Ecuador 10/93)

251.2 Ein Junge in Quito erzählt

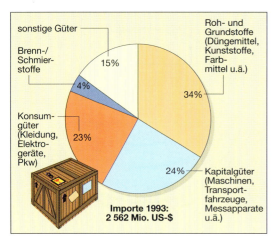

252.1 Importe Ecuadors

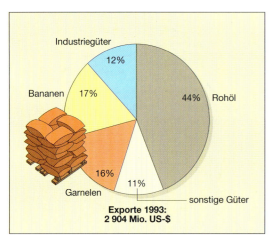

252.2 Exporte Ecuadors

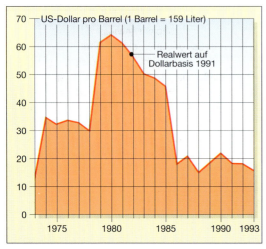

252.3 Rohölpreisentwicklung

4. Erdöl – Wirtschafts- und Umweltfaktor

Die ecuadorianische Industrie konnte in den vergangenen Jahren nicht den erhofften Aufschwung nehmen. Hauptprobleme sind die stark gestiegenen Importpreise für Maschinen und die schwache Nachfrage im Land selbst. Den Unternehmen fehlen oft auch die für eine Modernisierung notwendigen finanziellen Mittel.

Ecuador muss seine Einnahmen zum größten Teil durch Export von Rohstoffen erwirtschaften, deren Preise auf dem Weltmarkt teilweise stark schwanken (vgl. S. 174). Wichtigste Einnahmequelle ist das Rohöl, das seit 1970 im Oriente gefördert und seit 1972 über eine 500 km lange Pipeline an die Küste zu den Raffinerien nach El Balao bei Esmeraldas transportiert wird. Die gegenwärtig bekannten Erdölreserven reichen noch etwa 10 Jahre, es wird aber nach weiteren Quellen im Oriente gesucht. Ecuador verfügt außerdem über etwa 15,5 Mrd. m³ Erdgas, das in Zukunft neben vielen weiteren Bodenschätzen wie Gold, Blei, Nickel, Eisenerz verstärkt abgebaut und exportiert werden soll. Ein großer Teil der Staatseinnahmen wurde und wird für den Auf- und Ausbau der Infrastruktur benötigt, die für die Erschließung von Rohstoffen und den Aufbau von Bergbauregionen notwendig ist. Ecuador hat in der Vergangenheit unter anderem für diese Erschließungsprojekte Kredite im Ausland aufgenommen, um die Kosten bezahlen zu können. Das Land trägt heute schwer an seinen 14,1 Mrd. US-$ Schulden. 1990 wurden 27 % der Staatsausgaben, ca. 360. Mio. US-$, für die Zahlung von Zinsen und Tilgung von Krediten ausgegeben.

1. Erläutere die Unterschiede zwischen Importen (Mat. 252.1) und Exporten (Mat. 252.2) hinsichtlich Warengruppen und Umfang.
2. Erkläre, welche Bedeutung ein Rückgang der Rohölpreise auf dem Weltmarkt für die Entwicklung der Terms of Trade in Ecuador hat (Mat. 252.3, vgl. auch Mat. 176.1).
3. Beurteile die Folgen der Zuwanderung vieler Menschen in die Erdölregion Napo für die dort lebenden Indios (Mat. 253.3, vgl. S. 115).
4. Erkläre, warum Umweltschützer gegen die Ölförderung und weitere Probebohrungen protestieren (Mat. 253.1 u. 2, vgl. S. 110 ff.).

Zornig zeigt Aurelio Segundo auf den Boden. Die Steine sind schwarz, ihre Oberfläche schillert in allen Farben des Regenbogens. Auch der kleine Teich in der Nähe der Siedlung ist schon völlig vom Öl verseucht, seine Ränder sind von einem schwarzen Saum umgeben. „So viel Wasser gibt es im Regenwald", schimpft Aurelio Segundo, „wir aber müssen Regenwasser sammeln, um nicht zu verdursten." Ihr Vieh sterbe von dem metallisch schmeckenden Grundwasser, von dem sie alle längst krank geworden seien. Bald beginnt es wieder zu nieseln und der Regen wird das Wasser stetig bis in den letzten Winkel des Waldes verteilen und in den Unterlauf des Flusses spülen, an dem sie leben. Seit der letzten Analyse wissen sie, dass auch das Wasser der Quelle vergiftet ist.

Durch die Pipeline flossen bislang eineinhalb Milliarden Fässer Rohöl zum Pazifik. Der Preis für diese Menge war unermesslich hoch: Zwischen 1972 und 1989 sind 16,8 Millionen Gallonen Öl aus der Pipeline ausgetreten; das entspricht der dreifachen Menge des beim Exxon-Valdez-Unglück ins Nordmeer geflossenen Öls. Auf den Lichtungen der Wälder finden sich hektargroße nachtschwarze Ölseen voller giftiger Bohrabfälle und Chemikalien, darüber lodern hohe Flammen.

Täglich werden bei der Ölförderung 3,4 Mio. Gallonen Abwasser produziert. Was von diesem Gemisch aus Bohrschlamm, Öl und Säuren nicht ungereinigt in das Grundwasser abgegeben wird, sammelt man in offenen Gruben. Bei den im Oriente häufig vorkommenden Erdrutschen, Überflutungen und sogar Erdbeben treten diese Stoffe ungeschützt aus. Ecuador hat, gemessen an seiner Fläche, den größten Pflanzen- und Tierreichtum der Erde. Auf nur 0,2 Prozent der Erdoberfläche finden sich hier zwanzig Prozent der weltweit bekannten Arten. Selbst unter den ohnehin schon reichen Amazonaswäldern nehmen die ecuadorianischen eine Sonderstellung ein.

Immer noch geht die Erschließung neuer Ölfelder weiter, gegenwärtig werden auf einer Fläche von drei Millionen Hektar Probebohrungen vorgenommen. Dies und das Eindringen der Siedler hat zur Folge, dass jährlich etwa 80 000 bis 150 000 Hektar Regenwald abgeholzt werden. Wenn man dieses Tempo beibehält, gibt es im Oriente im Jahr 2030 keinen Regenwald mehr.

(nach: Frankfurter Allgemeine Zeitung vom 13.10.1993)

253.1 Der verseuchte Regenwald

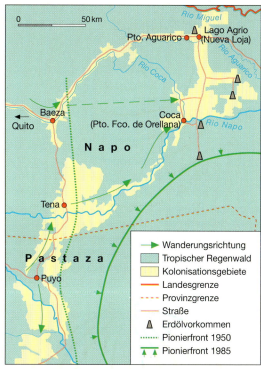

253.2 Erdölregion Napo und Pastaza

Südlich des Rio Napo leben die Huaorani, ein Volk ohne Kontakt zu den Weißen. Ein Volk, dessen Zivilisation sich auf Einsichten in ökologische Zusammenhänge gründet, die es in einer langen Folge von Generationen gewonnen hat.

Als eines der letzten unberührten Waldareale Südamerikas wurde das Huaorani-Gebiet vor Jahren zum Naturschutzreservat erklärt. Doch dann wurde Erdöl entdeckt und die Hälfte des Schutzgebietes als Industriezone ausgewiesen. Der US-Ölkonzern Conoco, der auch die Jet-Tankstellen in der Bundesrepublik betreibt, ist dabei, die Ölfelder mit einer Straße quer durch das Land der Ureinwohner zu erschließen – trotz weltweiter Proteste von Umweltschützern. Die Weltbank finanziert die Straße mit 22 Millionen US-Dollar.

Solche Schneisen sind, das ist in anderen Regionen erwiesen, der Anfang vom Ende für den Wald und dessen Bewohner. Sie öffnen vorher verschlossene Naturressourcen für Siedler und Bodenspekulanten. Wird der Straßenbau nicht gestoppt, ist der Untergang der Huaorani-Kultur programmiert.

(nach: GEO 3/90)

253.3 Opfer des Öls

5. Die Entwicklung Ecuadors hängt auch von Europa ab

Die Länder der Europäischen Union erhoben auch früher schon 20 % Einfuhrzoll für Bananen, als diese noch zollfrei nach Deutschland importiert werden durften.

Seit Juni 1993 müssen auch die deutschen Bananenimporte nach EU-Recht verzollt werden. Um den Absatz der EU-Produzenten auf den Kanaren, Martinique, Guadeloupe, Madeira und Kreta zu sichern, wurde die Einfuhr von lateinamerikanischen Bananen auf 2 Millionen Tonnen begrenzt. Für jede weitere Banane müssen Einfuhrzölle von 170 % entrichtet werden. Die Bananenexporteure Lateinamerikas, die 1992 noch 2,5 Millionen Tonnen in die EU lieferten, müssen nun mit einem erheblichen Absatzrückgang rechnen.

500 000 Tonnen Bananen weniger werde Ecuador 1993 exportieren, schätzt Bananenexporteur Naboa. An Dollars werden wohl 125 Millionen weniger ins Land kommen, 30 Millionen Bananenkisten werden nicht verkauft, 60 000 Menschen werden ihre Arbeit verlieren.

Naboa wird weiter die riesige konzerneigene Plantage la Clementina auslasten, die größte des Landes, aber eben weniger von den kleinen Bauern kaufen. Die werden nur noch beste Qualität liefern können, keine braune Stelle dürfen die Bananen mehr haben. Kleine Bauern können sich eine solche Auslese nicht leisten.

Corinna López ist eine kleine, sanfte Frau von 43 Jahren. Ihren rauhen Händen sieht man an, dass sie ihr Leben lang hart hat arbeiten müssen. Ein paar Kilometer auf holprigem Feldweg von Señor Zeas Hacienda entfernt liegt im Flecken Barraganetal ihre Finca, ihre kleine Hofstelle. Zehn Hektar kann sie ihr Eigen nennen. Fünf Kinder konnte sie bisher vom Ertrag der Felder ernähren, die sie seit 1976 bewirtschaftet. Damals zog sie aus dem kargen Hochland in die fruchtbare Küstenregion. Vor drei Jahren hat sie alle Felder bis auf einen kleinen Ananas-Acker umgepflügt und Bananenbäume gepflanzt. Die Bank hat mit einem Kredit geholfen.

Heute vertrocknen die überreifen Früchte am Stamm. Sie hat kein Geld mehr für Dünger und der Erlös für die kleinen Bananen, die ihr Acker noch hervorbringt, lohnt die Ernte nicht. Und der Kredit ist nicht abgezahlt. Vielleicht, so meint sie, ziehen die Preise für Bananen wieder an. „Ich weiß nicht, vielleicht kauft mir ja auch ein anderer Exporteur wieder Bananen ab", sagt sie und zieht die Schultern hoch. Vielleicht. Am Tor zur Finca ihres Nachbarn hängt ein Schild, „se vende" steht darauf, „zu verkaufen". Der Nachbar ist in den Guasmo, den Slum von Guayaquil, gezogen.

(nach: Süddeutsche Zeitung vom 29.06.1993)

1. Erläutere die Bedeutung des Bananenexports für Ecuador (Mat. 252.2 u. 254.1).
2. Beurteile die Folgen für Ecuador, die sich aus den veränderten EU-Zollbestimmungen für Bananen ergeben (Mat. 254.1, Text).

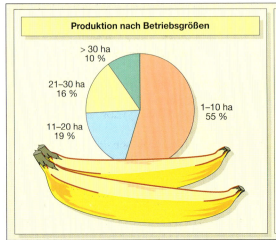

Handelsbilanz Ecuadors mit der Europäischen Union					
	1987	1988	1989	1990	1991
Importe	401,9	314,3	351,5	366,6	486,6
Exporte	148,9	202,6	208,4	272,9	505,5
Bananenexporte	52,3	74,1	73,9	106,7	236,9
Anteile am Export in %	35,4	36,6	35,5	38,7	46,9

Angaben in Mio. US-$

Produktion nach Betriebsgrößen: > 30 ha 10 %; 21–30 ha 16 %; 11–20 ha 19 %; 1–10 ha 55 %

254.1 Bananenproduktion: Betriebsgrößen und EU-Handel

Die Deutsche Welthungerhilfe ist eine NRO der Entwicklungszusammenarbeit (s. a. 187.1). Sie finanziert sich durch private Spenden und Zuschüsse der Bundesregierung und der Kommission der Europäischen Union.
In den Projekten der Deutschen Welthungerhilfe arbeiten Menschen aus Entwicklungsländern mit den Ärmsten der Armen zusammen. Diese Partner engagieren sich für Bauern und Handwerker, für Landlose und Slumbewohner, für Frauen und Kinder – für Menschen, die manchmal nur wenig Hilfe benötigen, um ihre Lebenssituation aus eigener Kraft zu verbessern („Entwicklung von unten").

255.1 Die Arbeit der Deutschen Welthungerhilfe

255.2 Pflanzarbeiten in Sasquisili

Andenbauer Morales Tenenaula aus Sasquisili klagt: „Die Erträge nehmen ab. Die Preise auch, die wir für unsere Produkte bekommen. Wir kriegen aber keine Kredite, um zu investieren. – Die Großhändler kommen aus der Stadt und kaufen die ganze Ernte. Sie diktieren die Preise. Aber wir müssen verkaufen. Wovon sollten wir sonst leben?"

Die schlechte Wirtschaftslage der kleinen Höfe zwingt die Bauern, zwischen Aussaat und Ernte in die Städte zu gehen und sich als Handlanger und Hilfsarbeiter zu verdingen. In dieser Zeit tragen die Frauen die gesamte Arbeitslast allein.

Seit 1990 führt die Deutsche Welthungerhilfe in der Region Sasquisili ein Projekt durch, das die empfindlichen Böden schützen und gleichzeitig die Produktivität steigern soll. Das Projekt umfasst 14 Gemeinden mit 1740 Familien (rund 12 000 Menschen) und eine landwirtschaftliche Nutzfläche von 16 500 Hektar in 2800 bis 4000 Metern Höhe. Während der untere Teil durch Erosion fast völlig zerstört und für die Landwirtschaft nicht mehr nutzbar ist, sind die stark genutzten Flächen des mittleren Teils in akuter Gefahr und von geringer Produktivität. Der obere Teil besteht aus Grasland mit noch intakten Böden.

Aufgrund der unterschiedlichen Problemlage wurden verschiedene Entwicklungsmaßnahmen durchgeführt.
– Das Grasland in über 3500 Metern Höhe ist für die Schafzucht gut geeignet. Allerdings haben die einheimischen Schafe relativ dünne Wolle und werden deshalb im Rahmen des Projekts mit australischen Schafen gekreuzt.
– Die Flächen zwischen 3000 und 3500 Metern Höhe sind Anbaugebiet der Kartoffeln. Da die Bauern die besten Kartoffeln stets auf dem Markt verkaufen, bleiben als Keimlinge nur die minderwertigen übrig, sodass die Ernteerträge immer schlechter wurden. In einem Silo mit 100 Tonnen Kapazität werden jetzt hochwertige Keimlinge gelagert und an die Bevölkerung verteilt, um die Produktivität zu verbessern. Mithilfe des verbesserten Saatguts allein gedeihen auf einem Hektar doppelt so viele Kartoffeln wie vorher.
– Die Ackerböden in Hanglage sollen durch das Pflanzen von Bäumen an den Rändern der Felder vor Erosionsschäden geschützt werden. Das Projekt stellt Setzlinge einheimischer Bäume, aber auch schnellwachsender Arten wie Eukalyptus, Pinien und Zypressen zur Verfügung. Die Bauern ziehen die Pflanzen in Baumschulen und setzen sie dann auf ihren Feldern ein.

Darüber hinaus werden horizontale Gräben durch die Felder gelegt, um das Regenwasser aufzufangen und abzuleiten. Solche Gräben wurden auf 12 Demonstrationsfeldern angelegt.

(nach: C. Oberascher. In: Welternährung 1/94)

3. Erläutere die Maßnahmen der Deutschen Welthungerhilfe in Sasquisili. An welchen Problemen der Hochlandindios setzt die Hilfe an (vgl. S. 248)?

4. Kennzeichne die wirtschaftlichen Beziehungen Ecuadors zu Europa und beurteile die Notwendigkeit, in diesem Land Entwicklungshilfe zu leisten.

5. Fasse die Merkmale zusammen, die Ecuador als Entwicklungsland kennzeichnen, und vergleiche mit anderen Ländern (hinterer Bucheinband).

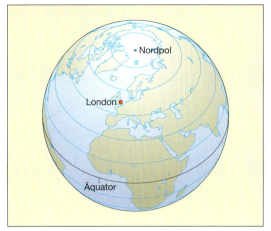

256.1 Breitenkreise

Orientierung auf der Erde mithilfe des Gradnetzes

Wo ist die Titanic gesunken?
14. April 1912, 23.40 Uhr, 42° N/50° W:
Die Titanic, das größte Passagierschiff der damaligen Zeit, rammt im Atlantik einen Eisberg und beginnt zu sinken. Pausenlos sendet der Funker Philipps SOS-Seenotrufe. Er gibt die Position, den Standort des Schiffes, durch: 42 Grad nördlicher Breite und 50 Grad westlicher Länge. Philipps kann zwar den Tod von über 1500 Menschen nicht verhindern, aber andere Schiffe können noch in der Nacht Kurs auf die Unglücksstelle nehmen und etwa 700 Menschen retten.

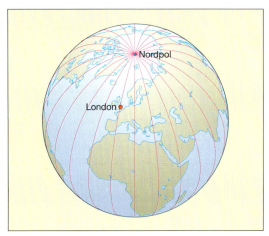

256.2 Meridiane

Wie fanden die anderen, zur Rettung herangeeilten Schiffe die Stelle, an der die Titanic sank? Wonach können sie sich orientieren?

Erinnern wir uns an das Spiel „Schiffe versenken": Dabei müssen die Spieler, um ein anderes Schiff „treffsicher" zu finden, jeweils das genaue Ziel im Spielfeld des anderen mitteilen. Kannst du noch erklären, wie das funktioniert?

Dazu wird ein Koordinatensystem benötigt, das aus sich kreuzenden Linien besteht. Auf dem Globus sind diese Linien Kreise oder Halbkreise. Man nennt sie das **Gradnetz**. Mithilfe dieses Gradnetzes kann die Lage eines Ortes oder die Position eines Schiffes bestimmt werden.

Die Halbkreise, die zwischen Nordpol und Südpol verlaufen, nennt man **Meridiane**. Zwei Meridiane, die einander gegenüberliegen, bilden zusammen einen **Längenkreis**. Durch internationale Vereinbarung wurde der Meridian, der durch die Sternwarte Greenwich in London läuft, als Null-Meridian festgelegt. Es gibt 180 Meridiane nach Westen und 180 Meridiane nach Osten. Der Abstand eines Ortes vom Null-Meridian wird als geographische Länge bezeichnet und in **westliche** oder **östliche Länge** unterschieden. Da die Meridiane an den Polen zu einem Punkt zusammenlaufen, wird ihr Abstand zueinander nach Norden oder Süden hin immer geringer (Mat. 256.2).

Zwischen dem Äquator und dem Nord- und dem Südpol verlaufen jeweils 90 Parallelkreise. Sie heißen **Breitenkreise**. Ihr Abstand voneinander beträgt einheitlich 111 km. Der größte Breitenkreis ist der Äquator, sein Umfang misst 40 077 km. Er hat die Breitenbezeichnung 0°.

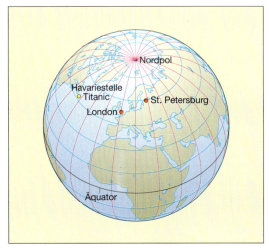

256.3 Gradnetz

Zu den Polen hin werden die Kreise immer kleiner. Der 90. Kreis am Pol ist nur noch ein Punkt (vgl. Mat. 256.1).

Vom Äquator nach Norden zählt man die **nördliche** und nach Süden die **südliche Breite**. Der Abstand eines Ortes vom Äquator wird als geographische Breite, seine Lage im Gradnetz als geographische Lage bezeichnet.

Längen- und Breitenkreise werden in noch kleinere Messeinheiten, in Gradminuten und Gradsekunden, eingeteilt: Erst mit der Angabe von Grad, Minute und Sekunde ist jeder Ort auf der Erde genau bestimmbar.

1 Grad	= 60 Minuten;	1 Minute	= 60 Sekunden
1°	= 60'	1'	= 60"

Die Lage von Orten lässt sich auch mithilfe von **Planquadraten** bestimmen. Ähnlich wie beim „Schiffe versenken" sind z. B. bei Stadtplänen durch Linien einzelne Felder unterteilt. Jedes Planquadrat wird durch einen Buchstaben und eine Ziffer bezeichnet, die am Kartenrand angegeben sind. Durch diese Einteilung wird das Auffinden einer bestimmten Straße im Stadtplan sehr vereinfacht.

Planquadrate sind auch im Atlas zu finden. Im Register des Atlas steht deshalb hinter den dort verzeichneten Namen die Kartenseite, ein Buchstabe und eine Ziffer, z. B. Kairo 90/91 K4. Kairo ist also in dem betreffenden Atlas auf den Seiten 90 und 91 im Planquadrat K 4 zu finden.

1. Wie verändern sich die Breitenkreise vom Äquator zu den Polen?
2. Welcher Meridian liegt dem Null-Meridian gegenüber auf der anderen Erdseite?
3. Erkläre, warum die Aussage, Stadt A liegt auf dem 40. Breitenkreis und dem 20. Längenkreis, zur Ortsbestimmung nicht ausreicht.
4. Finde die Lage der Orte in Mat. 257.1 mit Hilfe des Atlas heraus.
5. Bestimme die geographische Lage folgender Städte mithilfe des Atlas: Panama, Tokio, Peking, Jaffna, New Orleans, Philadelphia, Manaus, Thule und Magadan.
6. Gib den Breitenkreis und die Lage auf dem Meridian für die eingetragenen Städte an (Mat. 257.3, Atlas).
7. Lege die geographische Lage der in Mat. 257.2 eingetragenen Orte fest.

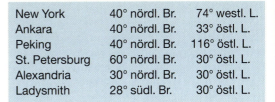

New York	40° nördl. Br.	74° westl. L.
Ankara	40° nördl. Br.	33° östl. L.
Peking	40° nördl. Br.	116° östl. L.
St. Petersburg	60° nördl. Br.	30° östl. L.
Alexandria	30° nördl. Br.	30° östl. L.
Ladysmith	28° südl. Br.	30° östl. L.

257.1 Lage einiger Orte im Gradnetz

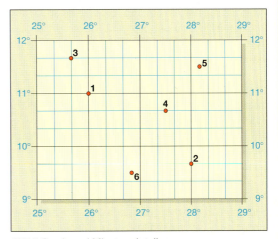

257.2 Grad- und Minuteneinteilung

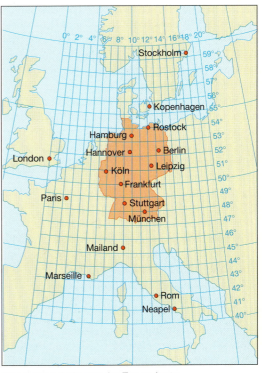

257.3 Ausschnitt aus der Europakarte

Auswerten von Karten

Eine Landkarte gleicht einem Luftbild. Das Luftbild zeigt die Landschaft so, wie sie zu einem ganz bestimmten Zeitpunkt ausgesehen hat. Auf der Karte sind allerdings nur solche Dinge berücksichtigt, die über einen längeren Zeitraum unverändert an ihrem Ort bleiben, beispielsweise Straßen, Siedlungen usw. Die Karte weist nicht so viele Einzelheiten auf wie ein Luftbild. Sie ist ein verkleinertes, **generalisiertes** Abbild der Erdoberfläche. Andererseits sieht man in einer Karte z. B. die Lage einzelner Häuser deutlicher.

Dass Karten generalisiert sind, bedeutet, dass nicht alle Erscheinungen der Wirklichkeit abgebildet werden können. Man muss auswählen, zusammenfassen und vereinfachen. Den Objekten der Wirklichkeit entsprechen auf einer Karte die Kartenzeichen, die **Signaturen**, die in einer **Legende** zusammengefasst und erläutert sind.

Um die dreidimensionale Erdoberfläche in einer Karte zweidimensional darstellen zu können, bedient man sich bei großmaßstäbigen Karten der **Isohypsen**, der Höhenlinien (vgl. Mat. 45.1). Bei anderen Karten dient die **Schraffierung** dazu, die Hangneigung mittels Grautönen darzustellen. Auf Karten mit kleinen Maßstäben (vgl. Mat. 259.1) werden **Höhenschichten** durch eine Farbskala dargestellt, die von Grün (tief) bis Braun oder gar Weiß (hoch) reicht. Karten aller Maßstäbe weisen konkrete Zahlenangaben für herausragende Höhen und teilweise auch für Tiefen auf.

Die wichtigsten Kartenarten sind die **physische Karte** und die **thematische Karte**. Physische Karten geben eine allgemeine Orientierung über die Oberflächengestalt der Erde und die Lage von Orten. Thematische Karten stellen einen Raum unter bestimmten Gesichtspunkten dar.

1. Schritt: Annäherung an den Inhalt
– Was stellt die Karte dar? (Titel, Karteninhalt)
– Welcher Raumausschnitt ist gewählt? (Mithilfe des Gradnetzes, der Grenzen und der geographischen Namen lokalisieren.)
– Welchen Maßstab hat die Karte?
– Welche Kartenart liegt vor?

2. Schritt: Beschreibung des Inhaltes
– Welche sinnvolle Ordnung der Kartenbeschreibung bietet sich an? (Gibt es deutlich unterscheidbare Raumstrukturen – punktuell, radial, linear, kreisförmig, rechteckig, vom Hohen zum Tiefen –, oder gibt es eine systematische Betrachtung des ganzen Kartenausschnittes von Westen nach Osten, von Norden nach Süden?)
– Welche Signaturen gibt es, wie ist ihre räumliche Verteilung?
– Ist ein Zustand zu einem gewissen Zeitpunkt oder aber eine Entwicklung innerhalb eines Zeitraumes dargestellt?

3. Schritt: Erläuterung des Inhaltes
– Wie ist die Lage einzelner Landschaftselemente, gibt es Erklärungen für die räumlichen Anordnungen, Beziehungen und Strukturen?
– Können weitere Karten und/oder andere Informationsträger zur Erklärung der Kartenaussage herangezogen werden?

4. Schritt: Bewertung des Inhaltes
– Stimmen Überschrift und Karteninhalt überein?
– Ist eine Datenquelle angegeben? Ist die Kartenaussage heute noch gültig?
– Reicht die Kartenaussage aus, um die Ausgangsfrage beantworten zu können? Welche weiteren Informationen wären notwendig?

Ein Raum, mehrere Karten

Leonie, eine Schülerin der 8. Klasse, bekam im Erdkundeunterricht die Aufgabe gestellt, Auffälligkeiten bei der Betrachtung der Karten 259.1 und 259.2 zu nennen. Sie sagte sofort, dass es auf allen Karten, ungefähr in der Mitte, einen „Fleck" gibt. Zu den Rändern hin verändern sich die Farben, je nach Thema der Karte allerdings unterschiedlich. So ist auf der physischen Karte rings um den grünen „Fleck", der eine Niederung darstellt, ein Gebirge zu erkennen. Auf der thematischen Karte der Niederschläge sieht man die hohen Niederschläge bei den Gebirgen. Auf der Vegetationskarte sind um die Niederung herum bewaldete Flächen eingezeichnet. Sie sind allerdings von Nord nach Süd irgendwie gestaffelt, ähnlich, wie es bei den Niederschlagswerten zu sehen ist. Hier müsste es wohl einen Zusammenhang zwischen den Gebirgen, den Niederschlagswerten und der Bewaldung geben, so meinte Leonie.

An diesem Beispiel ist zu sehen, dass Hintergründe erst durch die Betrachtung mehrerer Karten zu einem Raum ersichtlich werden. Mit einer physischen Karte allein hätte Leonie die genannten Zusammenhänge nicht herausfinden können.

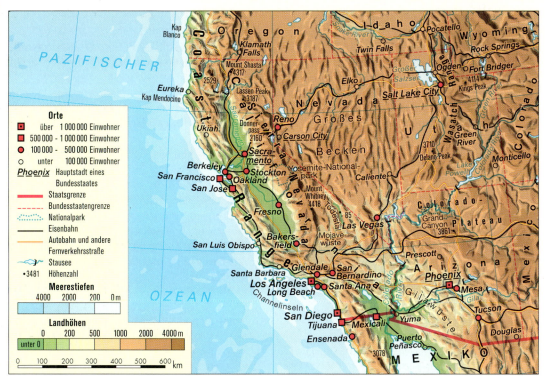

259.1 Physische Karte, Kalifornisches Längstal

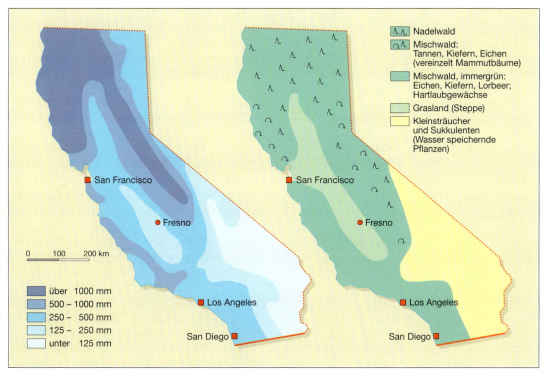

259.2 Thematische Karte, Niederschläge und natürliche Vegetation in Kalifornien

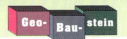

Anfertigen von Kartenskizzen

A: Kartenskizze von Nordamerika

Wenn du die Umrisse von Staaten oder Kontinenten im Gedächtnis behalten willst, sodass du sie sogar auswendig zeichnen kannst, dann brauchst du vereinfachte **Kartenskizzen**. Manche Länderumrisse oder Kontinente haben von Natur aus eine besonders auffällige, leicht einprägsame Form, die mühelos nachzuzeichnen ist: Afrika scheint aus einem Trapez und einem Dreieck zusammengesetzt zu sein, Italien gleicht einem Stiefel und Griechenland einer vierfingrigen Hand.

Kartenskizzen sind starke Vereinfachungen von Atlaskarten, sie stellen den groben Umriss eines Kontinentes oder eines Staates dar. Beim Anfertigen einer solchen Skizze brauchst du dich nur grob an den Maßstab zu halten.

Ein Zeichner hat für dich von der Karte Nordamerikas und Indiens auf zweierlei Arten Skizzen angefertigt:
a) In Mat. 261.4 hat er Grenzen durch gerade Linien dargestellt.
b) In Mat. 261.5 wurden geometrische Flächen benutzt, die grob die Umrissgestalt Indiens verdeutlichen sollen.

1. Fertige eine Kartenskizze von Australien mithilfe von gebogenen und geraden Linien an.
2. Zeichne mithilfe von zwei Dreiecken den Kontinent Südamerika.
3. Fertige eine Kartenskizze von der japanischen Insel Hokkaido mithilfe von Dreieck und Viereck an.

B: Topographische Merkskizze der Physischen Karte „Indien"

Schülerinnen und Schülern einer 7. Klasse wurde folgende Aufgabe gestellt:
„Zeichne eine Kartenskizze von Indien. Die Skizze sollte enthalten: wichtige Flüsse, Hochgebirge, natürliche und politische Grenzen, die Hauptstadt und wichtige andere Städte." Die Schülerinnen und Schüler legten auf Grund der physischen Karte (Mat. 261.2) folgende Inhalte für ihre **„Topographische Merkskizze"** (Mat. 261.5) fest, die ihnen die Lagebeziehungen der nachfolgenden Raumelemente veranschaulichte:
a) Gebirge: Westghats, Ostghats und den Himalaya.
b) Flüsse: Ganges, Brahmaputra und den Godavari.
c) Grenzen zum Arabischen Meer und zum Golf von Bengalen, zu Bangla Desh, Myanmar, China, Bhutan, Nepal und Pakistan.
d) Städte: Mumbai, Haiderabad, Madras, Kalkutta und Delhi.
e) Zudem wurden noch das Hochland von Dekkan, die Wüste Tharr und die Niederungen am Küstensaum sowie am Ganges und am Brahmaputra kenntlich gemacht.

4. Erstelle zu Mat. 261.5 eine Legende.
5. Zeichne eine topographische Merkskizze von Brasilien.

C: Thematische Kartenskizze zum „Manufacturing Belt"

Thematische Karten helfen dabei, bestimmte Sachzusammenhänge zu verdeutlichen (vgl. Seiten 258/259). Diese Kartenart gibt dir zum Beispiel Auskunft über Bodenbeschaffenheit oder Wanderbewegungen von Nomaden. Hierzu lässt sich auch eine Kartenskizze anfertigen.

Ein Beispiel: Der Ausschnitt der Wirtschaftskarte 261.3 zeigt den „Manufacturing Belt", das älteste und bedeutendste Industriegebiet der USA. Zentraler Industriezweig ist die Eisen- und Stahlindustrie, für deren Entwicklung Eisenerz- und Kohlevorkommen wichtig sind.

Um eine einprägsame Vorstellung vom „Manufacturing Belt" als „Standort der Schwerindustrie" zu erhalten, wurden bei unserem Beispiel in eine Kartenskizze die entsprechenden Rohstoffvorkommen, die Transportwege sowie die Industriezentren eingetragen. Eine solche Skizze nennt man **„Thematische Merkskizze"** (Mat. 261.6).

6. Fertige eine thematische Merkskizze an: „Wirtschaft Brasiliens". Zeichne in die Karte die wichtigen Flüsse und Gebirge sowie folgende Städte ein: Manaus, Macapá, Belém, Recife, Salvador, Belo Horizonte, Brasilia, Rio de Janeiro und São Paulo.

261.1 Nordamerika

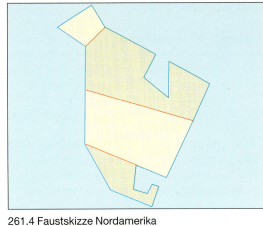

261.4 Faustskizze Nordamerika

261.2 Physische Karte Indien

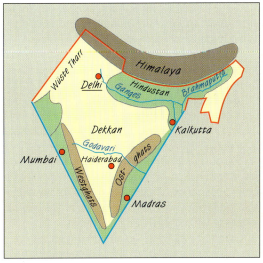

261.5 Topographische Merkskizze Indien

261.3 Wirtschaftskarte „Manufacturing Belt"

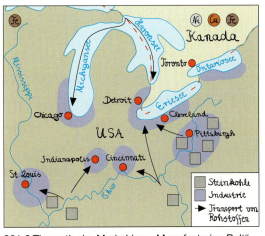

261.6 Thematische Merkskizze „Manufacturing Belt"

Geo-Baustein

Auswerten von Bildern

„Wie sieht es in anderen Ländern aus?", „Wie leben die Menschen dort?", „Welche Probleme haben sie zu bewältigen?" Antworten auf derartige Fragen fallen uns heute wesentlich leichter als Schülerinnen und Schülern vor 100 Jahren. War man früher vor allem auf Berichte und Zeichnungen von Forschungsreisenden angewiesen, so stehen uns heute in Zeitschriften, Büchern, Film und Fernsehen eine Fülle von Bildern aus allen Teilen der Welt zur Verfügung. Sie vermitteln dem, der sie zu deuten versteht, wichtige Einsichten.

Für die Auswertung der Bilder ist es wichtig, aus welcher Perspektive das Foto gemacht wurde. Aufnahmen, wie man sie selbst oft macht, werden **Frontalaufnahme** genannt. Sie haben allerdings oft subjektiven Charakter und sind deshalb geographisch nur wenig aussagekräftig.

Schrägluftbilder zeigen demgegenüber einen größeren Ausschnitt. Sie haben eine Perspektive, die der von einem Aussichtsturm gleicht.

Senkrechtluftbilder werden senkrecht aus der Luft fotografiert. Sie gleichen einer Landkarte, sind in ihrer Detailfülle jedoch verwirrender als eine Karte, in der viele Einzelheiten fortgelassen werden.

Fotos, die größere Raumausschnitte und somit einzelne Landschaftselemente in räumliche Zusammenhänge stellen, werden **Totalaufnahmen** genannt. Sie kommen in Form aller bisher genannten Aufnahmetechniken vor.

Dann gibt es noch **Detailaufnahmen**. Sie zeigen Ausschnitte von oben genannten Fotoformen, die Einzelheiten besonders hervorheben sollen.

1. Schritt: Annäherung an den Inhalt
– Wie heißt die Bildunterschrift?
– Welche Bildart liegt vor?
– Was zeigt das Bild?
– Lässt sich evtl. das Aufnahmejahr, die Jahreszeit oder sogar die Tageszeit erkennen?

2. Schritt: Beschreibung des Inhaltes
– Welche einzelnen Landschaftselemente sind erkennbar?
– Wie ist der Raumausschnitt zu gliedern, nach den Höhenverhältnissen, der Nutzung oder dem Vorder-, Mittel- und Hintergrund?
– Welche Funktion haben einzelne Objekte?
– Welche Zusammenhänge lassen sich zwischen den einzelnen Bildelementen erkennen?
– Was kann über abgebildete Menschen gesagt werden?
– Welcher Landschaftstyp ist dargestellt?

3. Schritt: Erläuterung des Inhaltes
– Wie ist die Entstehung der natur- und/oder kulturlandschaftlichen Bildelemente zu erklären?
– Welche Ursachen haben die im Bild evtl. sichtbaren landschaftsverändernden Prozesse?

4. Schritt: Bewertung des Inhaltes
– Stehen Unterschrift und Bildaussage in einem eindeutigen Zusammenhang?
– Sind die abgebildeten Elemente typisch für diesen Raum?
– Wurde erkennbar Einfluss genommen auf die Bildaussage (Urlaubsprospekt: Blumen im Vordergrund)?

262.1 Feldflur in Kansas

262.2 Reisbauern bei der Ernte

263.1 Reisanbau auf der Insel Bali

263.2 Arbeiten im Reisfeld

263.3 Wassergefüllte Terrassen

263.4 Intensiver Feldbau

So schlimm war es noch nie

Es scheint aus zu sein mit Keith Schippers Farm. Sein gesamtes Ackergerät liegt zur Versteigerung bereit, die Karawane des Auktionators nähert sich dem Farmgelände. Vier Generationen haben den Hof und die 112 Hektar Land bewirtschaftet. Keith ist 39 Jahre alt. Ist er ein Versager? Oder teilt er ein unausweichliches Schicksal mit den mehr als 150 000 nordamerikanischen Farmen, die am Rande der Pleite stehen, und mit den 35 000 Kollegen, die nach vorläufigen Schätzungen allein 1985 im Mittleren Westen ihre Farm aufgeben werden?

„So schlimm war es noch nie", sagt ein anderer Farmer in Chariton. Wie ihm, so brennt in diesen Tagen den Menschen in mindestens zehn oder zwölf Farmstaaten ein Thema auf den Nägeln: die Krise der Landwirtschaft. „Hätte ich Anfang der Siebzigerjahre auf die Bankleute gehört", sagt ein anderer Farmer, „wär ich längst pleite." Andere nicken ihm bestätigend zu.

Anfang der Siebzigerjahre war es bergauf gegangen für die amerikanischen Bauern, vor allem, als die Russen wieder anfingen, Getreide zu kaufen. Die Regierung ermunterte die Farmer, alles nur verfügbare Land zu bebauen. Die Preise des Ackerlandes stiegen ebenso wie die Exporte. Die Banken liehen nur allzu gerne Kapital und die Farmer schafften immer neue und bessere Maschinen an. Sie konnten es wagen, weil die Kredite von dem steigenden Wert des Bodens mehr als ausreichend gedeckt waren. „Amerikas Farmen ernähren die Welt", hieß die optimistische Parole.

Der Umschwung kam 1981. Rekordernten trieben die Agrarpreise nach unten, auch die Bodenpreise fielen. Die Zinsen aber blieben hoch – die Farmer saßen auf ihren Schulden. Von der Krise sind vornehmlich die etwa 570 000 mittleren Familienfarmen betroffen, die das wirtschaftliche Rückgrat der Gesellschaft im Landwirtschaftsgürtel bilden und von denen die dortigen Kleinstädte leben.

„Das hier hat nichts mit unfähigen Farmern oder schlechter Geschäftsführung zu tun", erklärt ein Agrarexperte der Landesregierung, „es ist eine Katastrophe." In Iowa stecken seiner Meinung nach schon 40 % der Farmen in Schwierigkeiten, in den Nachbarstaaten sei die Situation ähnlich.

Der Ruf nach staatlicher Hilfe wird immer lauter. Das Frühjahr steht vor der Tür. Die Farmer müssen Saatgut und Düngemittel einkaufen. Doch viele Farmer werden von ihrer Bank keine Kredite mehr erhalten. Die Lage scheint ausweglos. Pete Brant, ein ehemaliger Farmer, arbeitet jetzt für eine der staatlichen Beratungsstellen: „Vielleicht ist Amerika in zehn Jahren nicht wieder zu erkennen. Wenn der Kongress nicht bald ein vernünftiges Farmgesetz zuwege bringt, ist folgende Entwicklung durchaus denkbar: Agrargesellschaften übernehmen das Land, ein Aufsichtsrat in New York oder sonst wo verordnet die Aussaat, Universitäten liefern die Analysen und Lohnarbeiter besorgen die Bestellung und Ernte." Steht das Ende der Familienfarmen bevor?

(nach: Die Zeit vom 15.2.1985)

Beschreibung der gegenwärtigen Situation

Erklärung, wie es zur Krise kam

Bewertung: Ausblick auf eine ungewisse Zukunft der Familienfarm

Auswerten von Texten

Nicht nur im Erdkundebuch, sondern auch in Zeitschriften und Büchern begegnest du immer wieder ganz unterschiedlichen Texten mit geographischen Inhalten. Die Texte unterscheiden sich u. a. im Hinblick auf die Verfasser, die Textart, die Länge, die Aussageabsicht oder das Entstehungsdatum. Sie ergänzen Informationen, die in Form von Bildern, Karten und Diagrammen angeboten werden. Manchmal ersetzen sie solche geographischen Arbeitsmittel auch, nämlich dann, wenn es sich um sogenannte „Quellentexte" handelt. In diesem Geobaustein sollst du einige Hilfen für die Erschließung solcher Quellentexte erhalten. Aus dem Deutschunterricht kennst du bereits verschiedenartige Texte: literarische Texte, journalistische Texte, Reportagen, Interviews, Kommentare, Reisebeschreibungen, Tagebuchtexte, Lexikonartikel. Diese Texte spiegeln Auffassungen, Wertungen und Grundhaltungen ihrer Verfasser wider; sie müssen deshalb genau erfasst und kritisch befragt werden, damit du sie „richtig verstehen" kannst.

1. Schritt: Annäherung an den Text
– Wie lautet die Überschrift?
– Von wem und aus welchem Jahr stammt er?
– Um welche Textart handelt es sich?
– Ist der Text äußerlich gegliedert, z. B. durch Zwischentitel, Spiegelstriche, Hervorhebungen?
– Enthält er unbekannte Wörter oder Begriffe?

Die Überschrift deutet bereits auf ein Problem hin, der Quellenhinweis „nach: Die Zeit" macht den zeitlichen Bezug **(1985)** klar. Allerdings: der Text wird hier nicht wortgetreu wiedergegeben, sonst müsste es heißen: „aus: Die Zeit". Er wurde umformuliert, um ihn verständlicher zu machen. Er ist in vier Abschnitte untergliedert, an denen du dich bei der Textwiedergabe orientieren solltest.

2. Schritt: Textwiedergabe/Textbeschreibung
– Was ist die Hauptaussage des Textes? In welchen zentralen geographischen Begriffen und „Signalwörtern" drückt sich das aus?
– Welche Teilaussagen weist der Text auf?
– Enthält der Text sachliche Informationen oder gibt er eher Meinungen oder Urteile wieder?

Dieser Text enthält Fremdwörter und Fachbegriffe, die mit Hilfe eines Wörterbuches oder Lexikons nachgeschlagen werden sollten (z. B. Auktionator, Z. 3; Kapital, Z. 26; Kredite, Z. 28; Aufsichtsrat, Z. 57). Sie machen die Kernaussage schnell deutlich: Es handelt sich um ein finanzielles Problem – viele Landwirte im Mittelwesten der USA standen offensichtlich 1985 vor einem Berg von Schulden, der sie zu erdrücken drohte (vgl. Z. 9, Z. 50, Z. 60/61). Von der „Krise der Landwirtschaft" ist die Rede, sogar vom „Ende der Familienfarmen". **Kernaussagen** sollte man **zitieren**, um möglichst unverfälscht den Inhalt wiederzugeben.

Nachdem im 1. Abschnitt die Situation aus der Sicht eines der betroffenen Farmer dargestellt wird (Z. 1–11), erfährt man ab Z. 12, dass es sich um keinen Einzelfall handelt, und in Z. 16–19, dass die Banken als Geldgeber eine entscheidende, nicht immer positive Rolle gespielt haben.

Im 2. Abschnitt erfährt der Leser von einem Landwirtschaftsboom Anfang der 70er-Jahre, der Farmer und Banken dazu verleitet hat, großzügig mit Geld umzugehen bis zum „Umschwung 1981", unter dem ganze Kleinstädte zu leiden hatten.

Im 3. Abschnitt deutet ein Fachmann an, dass andere Gründe als fehlendes Wissen oder Fehler beim Wirtschaften 40 % der Farmen in Iowa in diese Situation gebracht haben.

Im Schlussabsatz deutet ein Bankexperte auf die mögliche Ausweitung dieser Krise hin; seiner Ansicht nach könnte sich die Struktur der gesamten Landwirtschaft verändern.

3. Schritt: Texterläuterung/Textkommentar
– Welche Aussageabsicht verfolgt der Verfasser?
– Welche Hintergründe (zeitliche, räumliche, wirtschaftliche, gesellschaftliche, politische) musst du kennen oder dir erschließen, um diese Aussage zu verstehen?
– Welches Vorwissen hilft dir bei der Erklärung?

Zunächst erschrickt man in Anbetracht der vorgestellten Probleme, ihres Ausmaßes und ihrer möglichen Folgen – der Text soll betroffen machen. Das persönliche Schicksal von Keith Schippers soll verdeutlichen, dass es sich bei den Betroffenen nicht um eine anonyme Masse, sondern um Menschen handelt. Von einer Handelsbeziehung zwischen den damals verfeindeten Großmächten USA und Sowjetunion ist die Rede, ohne dass Genaueres gesagt wird. Der Text fordert somit dazu auf, selbstständig dem Problem nachzugehen – hier im Buch liefert das Kapitel „USA – hoch industrialisierte Landwirtschaft" (S. 82–89) die notwendigen Antworten.

4. Schritt: Bewertung der Textaussage
– Ist der Text logisch und widerspruchsfrei?
– Wird sachlich informiert oder wird die Leserin/der Leser beeinflusst?
– Werden die Aussagen begründet oder werden nur Behauptungen aufgestellt?
– Enthält der Text Vorurteile?

Der Text auf S. 264 enthält Vorwürfe und Anklagen: Wiederholt wird über die Banken und den Staat negativ gesprochen. Allerdings fehlen Beweise für irgendeine offensichtliche „Schuld". Es fehlen z. B. Erklärungen dafür, weshalb es zu immer neuen Rekordernten kam, warum der Staat, der jetzt zu Hilfe gerufen wird, damals nicht beteiligt wurde. Warum waren ausgerechnet die mittelgroßen Farmen und zudem diejenigen im Mittelwesten der USA betroffen? Welche Argumente verbergen sich hinter der Meinung des Agrarexperten und warum muss die Zukunft so aussichtslos sein wie am Schluss gesagt wird?

Gilt denn die Aussage des Textes heute eigentlich immer noch? Der Text stammt ja aus dem Jahr 1985. Quellentexte sind immer im Bezug zu der Zeit zu sehen, in der sie entstanden sind.

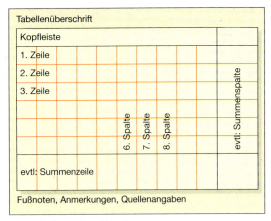

266.1 Aufbau einer Tabelle

	Bevölkerungszahl (Mio.)			0–14-Jährige (%)		
	1990	2000	2025	1990	2000	2025
Ägypten	52	62	86	39	36	24
Brasilien	150	178	237	37	31	24
Indien	850	1006	1348	37	33	24
Australien	17	20	23	22	21	18
Japan	124	128	128	18	16	15
USA	250	270	307	22	21	18
Deutschland	79	80	78	16	16	15

	Nahrungsmittel- produktion (je E.) (1980 = Index 100)			Warenhandel 1990 (Mrd. $)		
	1984	1987	1990	Ein- fuhr	Aus- fuhr	Sal- do
Ägypten	104	106	118	10	3	-7
Brasilien	105	107	115	22	31	+9
Indien	103	109	119	23	18	-5
Australien	98	97	95	39	36	-3
Japan	110	109	101	231	286	+55
USA	102	97	92	515	372	-143
Deutschland*	110	112	112	341	398	+57

	Verteilung des BSP (in %)					
	Land- wirtschaft		Industrie		Dienst- leistung	
	1965	1990	1965	1990	1965	1990
Ägypten	29	17	27	29	44	54
Brasilien	19	10	33	39	48	51
Indien	44	31	22	29	34	40
Australien	9	4	39	32	52	64
Japan	10	3	44	42	46	55
USA	3	2	38	33	59	65
Deutschland*	4	2	53	39	43	59

*Deutschland (alte Bundesländer)

266.2 Strukturdaten im Vergleich

Auswerten von Tabellen

Zu einer Tabelle gehören die Tabellenüberschrift sowie Angaben zur Größenordnung, zur Herkunft der Daten (Quellenangabe) und zum Zeitpunkt der Datenerhebung. Die angeführten Daten können durch Messungen, durch Zählungen, durch Befragungen oder durch Erhebungen gewonnen werden. Hierbei kann es sich um **absolute Zahlen** (z. B. Industriebeschäftigte eines Landes) oder um **relative Zahlen** handeln. Letztere geben entweder Prozentwerte an (z. B. Anteil am Welthandel) oder **Indexwerte** (vgl. Mat. 174.1; z. B. Veränderung der Erdölförderung gegenüber einem Ausgangsjahr, das den Indexwert 100 besitzt) oder sie setzen verschiedene Zahlen zueinander in Beziehung (Einwohner/km^2).

1. Schritt: Annäherung an den Inhalt
– Wie lautet die Überschrift?
– Welche Zahlenart ist dargestellt (absolut, relativ, Index)? Welche Größenordnung liegt vor?
– Wie ist die Tabelle gegliedert (Kopfleiste, Spalten, Zeilen, Zeitraum)?
– Handelt es sich um gerundete, geschätzte, vorläufige oder vorausgesagte Zahlen?

2. Schritt: Beschreibung des Inhaltes
– Welche räumlichen Abgrenzungen liegen vor?
– Welcher Zeitraum wird dargestellt? Werden ggf. verschiedene Zeiträume miteinander verglichen?
– Welche Werte sind welchem Zeitpunkt zugeordnet?
– Welche Daten fallen auf?
– Was ist die zentrale Aussage der Tabelle?

3. Schritt: Erläuterung des Inhaltes
– Haben die Einzeldaten einen Zusammenhang?
– Lassen sich Regelhaftigkeiten („Trends") oder Abweichungen erkennen?
– Welches geographische Vorwissen kannst du anführen, um den Inhalt näher zu erklären?

4. Schritt: Bewertung des Inhaltes
– Sind bei Zahlenreihen die Abstände der Erhebungsjahre gleichmäßig oder unterschiedlich?
– Sind bei relativen Zahlenangaben die absoluten Bezugswerte genannt?
– Reichen die Daten für eine gesicherte Aussage aus oder benötigst du weitere Informationen?
– Liegt ein Verdacht auf „Zahlenspielerei" vor?

Arbeiten mit Diagrammen

Tabellen werden oft in Diagramme umgesetzt, wodurch die Aussage anschaulicher wird: Zeitliche Entwicklungen fallen sofort ins Auge, Größenverhältnisse kann man sich schneller und besser einprägen, Beziehungen und ihre Zusammenhänge werden „auf einen Blick" deutlich, mehrere Sachverhalte können gleichzeitig „überblickt" werden.

1. Schritt: Annäherung an den Inhalt
– Um welche Art Diagramm handelt es sich?
– Welches Thema wird dargestellt?
– Welche Über- oder Unterschrift ist vorhanden?
– Welche Zahlenart wird dargestellt (absolut, relativ, Index, Durchschnittswerte)?
– Handelt es sich um eine Zeitreihe oder um Vergleichsdaten?
– Welche Quellenangaben liegen vor?

2. Schritt: Beschreibung des Inhaltes
– Welche räumlichen Abgrenzungen liegen vor?
– Welcher Zeitraum ist erfasst worden?
– Welche zeitlichen Entwicklungen kann man ablesen?
– Welche Größenangaben wurden gewählt?
– Was ist die zentrale Aussage des Diagramms?

3. Schritt: Erläuterung des Inhaltes
– Lassen sich zwischen den Einzeldaten Zusammenhänge herstellen?
– Ist ein Vergleich mit anderen geographischen Materialien möglich?
– Werden zur Erklärung zusätzliche Informationen benötigt?
– Welche Gesamtaussage ermöglicht das Diagramm?

4. Schritt: Bewertung des Inhaltes
– Stehen Über- und Unterschriften in sinnvollem Bezug zur optischen Darstellung des Inhaltes?
– Sind bei relativen Zahlenangaben die absoluten Bezugswerte genannt?
– Entspricht die optische Größe der zeichnerischen Elemente der Bedeutung der Zahlenwerte?
– Reicht die Darstellung für eine eindeutige Aussage?
– Besteht die Gefahr einer „Manipulation" durch die Datenauswahl oder durch die Art der Darstellung?

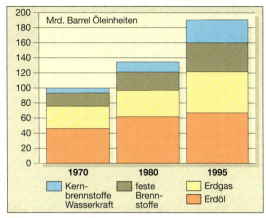

267.1 Weltweiter Energiebedarf 1970–1995

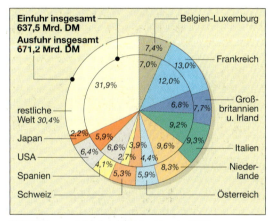

267.2 Ein- und Ausfuhr Deutschlands 1993

Arbeite mit Tabelle 266.2

1. Stelle die Bevölkerungsentwicklung in Form eines Kurvendiagrammes dar; berücksichtige die unterschiedlichen Zeitabstände!
2. Füge in deine Darstellung den Anteil der 0–14-Jährigen in Form senkrechter Balkendiagramme hinzu.
3. In welcher Form lässt sich die Entwicklung der Nahrungsmittelproduktion am besten darstellen? Verdeutliche bei deiner Darstellung, welches Entwicklungsländer und welches Industriestaaten sind.
4. Stelle die Verteilung des BSP in Form von Kreis- oder Säulendiagrammen dar; orientiere dich an den Mat. 267.1 und 2.
5. Auf dem hinteren Einband findest du weitere Strukturdaten verschiedener Staaten. Stelle einige davon graphisch dar.

Arbeiten mit Klimadiagrammen

Angaben über das Klima werden häufig in Form von Klimadiagrammen gemacht. Welche Daten werden in einem solchen Klimadiagramm erfasst, und wie liest man eine derartige Darstellung?

Die wichtigsten Merkmale des Klimas an einem bestimmten Ort sind der Jahresgang der Temperatur (gemessen im Schatten) sowie die Höhe und die Verteilung der Niederschläge im Jahr. Grundlage für die Daten eines Klimadiagramms sind die Durchschnittswerte aus jahrelangen Messreihen.

In einem Klimadiagramm werden die Durchschnittstemperaturwerte der einzelnen Monate miteinander zu einer roten Temperaturkurve verbunden. So lässt sich schnell erkennen, welches der wärmste und welches der kälteste Monat ist. In der Station Ndjamena (siehe unten) werden die höchsten Temperaturen im April und Mai mit etwa 33 °C ausgewiesen. Doch dies sind Durchschnittstemperaturen, in denen auch die nächtlichen Werte erfasst sind. Es ist daher möglich, dass die Temperatur an bestimmten Tagen mehr als 40 °C oder sogar 50 °C erreichen kann.

Die durchschnittlichen Niederschlagswerte pro Monat werden in Form von blauen Säulen dargestellt. Häufig sind die Temperaturangaben und die Niederschlagswerte im Verhältnis 1 : 2 eingezeichnet. Der Temperatur von 20 °C steht so beispielsweise ein Niederschlagswert von 40 mm gegenüber. Durch diese Art der Darstellung erkennt man, in welchen Monaten die Niederschläge höher sind als die Verdunstung. Dies ist dann der Fall, wenn die Niederschlagssäulen über die Temperaturkurve hinausragen. Solche Monate, in denen den Pflanzen genügend Wasser zum Wachstum zur Verfügung steht, nennt man **humid** (feucht). Erreichen die Niederschlagssäulen die Temperaturkurve nicht, ist die Verdunstung in diesen Monaten höher als der Niederschlag. Solche Monate heißen **arid** (trocken).

Bei Niederschlägen über 100 mm im Monat wird die Skala der Niederschlagswerte verkürzt. Der Abstand zwischen zwei Kästchen entspricht dann nicht mehr 20 mm, sondern 100 mm. Durch diese Art der Darstellung können auch sehr hohe monatliche Niederschlagswerte in einem normal großen Klimadiagramm untergebracht werden.

1. Beschreibe das Klima von Ndjamena. Gehe dabei in folgenden Schritten vor:
– Beschreibe den Verlauf der Temparaturkurve.
– Wie hoch ist der Temperaturunterschied zwischen dem wärmsten und dem kältesten Monat?
– Beschreibe die Verteilung der Niederschläge im Jahr.
– Fasse die wichtigsten Kennzeichen des Klimas zusammen.

2. Ein Klimadiagramm enthält nicht nur Daten über die Temperatur und die Niederschläge. Welche zusätzlichen Angaben kannst du dem Klimadiagramm noch entnehmen?

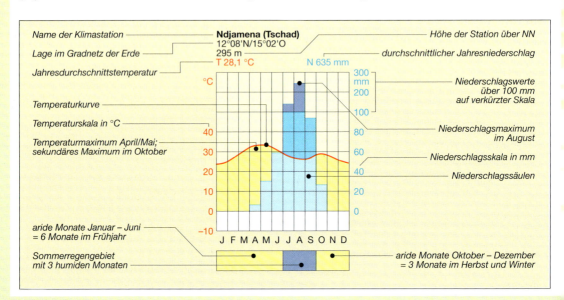

Arbeiten mit verschiedenen Materialien

Tourismus auf Bali

„Insel der Götter", so nennen die Balinesen ihre reizvolle Insel. Eine exotische Insel, ein hinduistisches Eiland mit einer einzigartigen Fülle von Tempeln und Festen, Riten und Künsten. Eine Begegnung mit lebensfrohen Menschen von tiefer Gläubigkeit. Ein Paradies mit Vulkanen, tropischen Regenwäldern, kunstvoll angelegten Reisterrassen, kleinen friedlichen Dörfern und einladenden Stränden. Lassen auch Sie sich vom einzigartigen Charme Balis verzaubern!

(aus einem Reiseprospekt)

269.2 Urlaubsparadies

Bekannte planen eine Reise nach Bali. Bevor sie sich entscheiden, ziehen sie eine Reihe von Auskünften ein. Du sollst ihnen bei der Auswertung der geographischen Informationen helfen.

1. Bestimme die Lagemerkmale Balis (Atlas).
2. Beschreibe die naturräumliche Ausstattung der Insel (Atlas und Mat. 269.1).
3. Bestimme Art und Lagemerkmale touristischer Schwerpunkte auf der Insel (Mat. 269.1 und 2).
4. Überprüfe das Klima der Insel auf günstige Reisezeiten (Mat. 269.3).
5. Stelle fest, welche Rolle der Tourismus auf Bali spielt (Mat. 269.4) und woher die Touristen kommen (Mat. 269.5).

Stelle nun zusammenfassend unter Verwendung aller Materialien dar, welche Vorzüge und Nachteile mit einem Urlaub auf Bali verbunden sind!

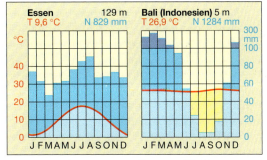
269.3 Klimadiagramme von Essen und Bali

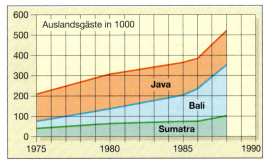
269.4 Entwicklung des Tourismus auf Bali

269.1 Bali

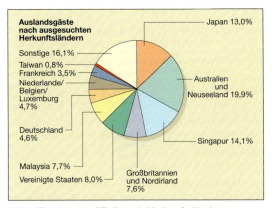
269.5 Touristen auf Bali nach Herkunftsländern

Fächerübergreifendes Arbeiten

Wie du sicherlich schon festgestellt hast, gibt es zwischen den Unterrichtsinhalten vieler Fächer Berührungspunkte. So hast du z. B. in den Jahrgangsstufen 6 und 7 in Geschichte Beispiele für Auseinandersetzungen zwischen unterschiedlichen Kulturen und Formen kolonialer Herrschaft kennen gelernt. Politik vermittelte dir in der Jahrgangsstufe 6 Erkenntnisse über die „Dritte Welt". Die Biologie hat dir den Artenreichtum und die Beziehungen zwischen Pflanzen und Tieren aufgezeigt. Welche Aufgabe hat nun die Erdkunde?

Die Erdkunde beschäftigt sich mit der Erdoberfläche und dem Zusammenwirken zwischen ihr und den auf ihr Lebenden, ob Mensch, Tier oder Pflanze. Sie ist also in erster Linie ein **raumbezogenes** Fach, in dem wechselseitige Beziehungen und Wirkungen, Entwicklungen und Veränderungen, Beschaffenheit und ihre Ursachen dargestellt und untersucht werden. Hierzu bedient sich die Erdkunde manchmal auch anderer Fächer.

Am Beispiel des Teeanbaus auf Sri Lanka sollen dir die Beziehungen zwischen verschiedenen Fächern einmal verdeutlicht werden:

Die Klimakarte zeigt Feuchtsavannenklimate im Norden und tropische Regenwaldklimate im Süden. Im Biologieunterricht hast du gelernt, dass verschiedene Pflanzenarten zum Wachsen bestimmte Voraussetzungen brauchen. Auf einem Teil von Sri Lanka sind diese Bedingungen für den Teeanbau günstig. Aus dem Geschichtsunterricht weißt du, dass britische Kolonialherren diese günstigen Standortfaktoren erkannten und Teeplantagen anlegten. Da die ursprünglich ansässige Bevölkerung Sri Lankas zur Plantagenarbeit nur bedingt zu bewegen war, warben die Briten die „Indien-Tamilen" an. Diese gehören einer niedrigen Kaste an und verrichten derartige Arbeiten. Hierdurch verschärfen sich aber die rassischen und sprachlichen Auseinandersetzungen. Solche Zusammenhänge kennst du aus dem Politikunterricht. Auf Sri Lanka gibt es Anhänger verschiedener Religionen, vor allem Buddhisten und Hinduisten. Aufgrund ihrer unterschiedlichen Weltanschauungen, die dir aus dem Religionsunterricht bekannt sind, kam es seit den 80er-Jahren zu kriegerischen Auseinandersetzungen.

Die Erdkunde greift die Ergebnisse der oben genannten Fächer auf und verwendet sie bei der Untersuchung der „Teelandschaft" auf Sri Lanka.

Biologie

Der Imperialismus

Imperialistische Länder versuchen meist durch Krieg ihr Land zu vergrößern. Der Imperialismus wurde von europäischen Großmächten (Großbritannien, Frankreich, Deutschland usw.) ausgeübt. Seit 1874 versuchten diese Großmächte, hauptsächlich in Afrika, Asien und Südamerika, ihre Macht- und Wirtschaftspolitik durchzusetzen. Staaten dieser Kontinente wurden von den Großmächten regelrecht ausgebeutet. Zum Beispiel brachten die Engländer, aufgrund ihres Machteinflusses, indische Tamilen nach Ceylon (heute Sri Lanka), um mit ihrer Hilfe Tee anzubauen. Der Tee wurde dann nach Großbritannien verschifft oder direkt von Ceylon aus in die ganze Welt verkauft. Die Einnahmen aus dem Teegeschäft kamen englischen Kaufleuten und der englischen Staatskasse zugute.

Politik

Das Teestrauchgewächs

Der Teestrauch gehört zur Pflanzenfamilie der Teestrauchgewächse, die mit etwa 1100 Arten vorwiegend im Unterholz von Gebirgswäldern der Tropen und Subtropen wachsen. Die Art, die den Tee liefert, ist ein bis etwa 6 m hoher Strauch mit immergrünen, länglich und schwach gezähnten Blättern. Durch das Pflücken der Blätter wird der Strauch aber klein gehalten. Die getrockneten Blattknospen und Blätter werden nach dem Welken gerollt, anschließend unter Hitze einem so genannten Fermentierungsvorgang unterzogen und dann getrocknet. Nach dem Zerkleinern kommen diese Blätter dann als Tee in den Handel.

Geschichte

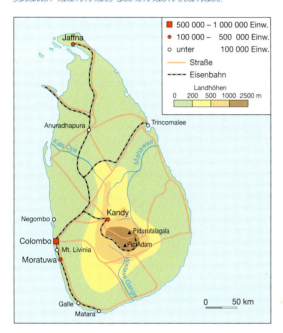

British India

Die beiden Kolonien British India und Ceylon unterstanden der Herrschaft der britischen Krone. Die weiteren 600 indischen Fürstentümer hatten sich freiwillig unter den Schutz der britischen Krone gestellt. Sie blieben weitgehend unabhängig und verlangten z. B. nur im Kriegsfall Schutz. Diese Gebiete wurden vom Indian Civil Service, einer kleinen Gruppe von Beamten, die zur Verwaltung eingesetzt waren, verwaltet.

Ab 1862 vertrat ein Vizekönig die britische Krone. Er hatte uneingeschränkte Macht. Seit dem Zweiten Weltkrieg verstärkten sich Ceylons Unabhängigkeitsforderungen. 1947 wurde es unabhängig und am 4. 2. 1948 Mitglied des Commonwealth.

Der Konflikt zwischen Buddhismus und Hinduismus

Beide Religionen haben ihren Ursprung im Gott Brahma. Die Buddhisten berufen sich auf Buddha und lehnen das Kastensystem ab. Zudem sind sie tolerant.

Die Hinduisten dagegen verehren die Götter Schiwa und Wischnu und richten sich sehr streng nach dem Kastenwesen. In Regionen, in denen diese beiden Religionen aufeinander treffen, kommt es daher oft zu Problemen.

Religion

Glossar

Agglomeration: räumliche Konzentration von Bevölkerung und Arbeitsplätzen; weitgehend identisch mit *Verdichtungsraum* und *Ballungsgebiet*.

agrarische Massenproduktion: Herstellung großer Mengen gleicher landwirtschaftlicher Erzeugnisse. Die Massenproduktion setzt Arbeit und Kosten sparende Spezialmaschinen voraus.

Agribusiness: eine Produktions- und Organisationsform, in der neben der Landwirtschaft auch die Zulieferbetriebe (Saatgut-, Landmaschinen-, Düngemittelfabriken), die Verarbeitungsbetriebe (Schlachtereien, Konservenfabriken, Mühlen, Großbäckereien) und Vermarktungsorganisationen zusammengefasst sind. In den USA versteht man hierunter agrar-industrielle Großbetriebe, die viel Farmland aufkaufen, sich stark spezialisiert haben, viel Kapital investieren und die Produktion stark rationalisieren. Eigentümer sind weitgehend Konzerne aus anderen Wirtschaftssektoren.

Anbaugrenze: Übergangsraum, in dem wegen zu geringer Niederschläge *(Trockengrenze)* oder Wärmemangel *(Kältegrenze)* der Ackerbau unwirtschaftlich wird.

artesischer Brunnen: Fließt Grundwasser zwischen undurchlässigen Schichten von einem höher gelegenen Gebiet in ein tiefer liegendes, so steht es unter erhöhtem Druck. Wird die Grundwasserschicht angebohrt, so tritt das Wasser wie in einem Springbrunnen an die Oberfläche.

Austauschverhältnis: Die Preise der meisten Industriegüter steigen schneller als die Preise für Rohstoffe und wenig bearbeitete Güter. Für Länder, die auf die Ausfuhr von Rohstoffen angewiesen sind, verschlechtert sich das Austauschverhältnis *(→ Terms of trade)*. Ähnliches gilt für die Landwirte in Deutschland.

Basar *(Suk)*: traditionelles Handwerker- und Geschäftsviertel in der → *orientalischen Stadt*. Handwerker und Händler einer Branche konzentrieren sich in einer Gasse. Der Basar ist von einer Mauer umgeben und wird nachts geschlossen. Wohnungen gibt es hier nicht.

Binnenwanderung: Bevölkerungsbewegung, Umzug innerhalb eines Staatsgebietes.

Bodenabspülung: die Abschwemmung feinen Materials von der Erdoberfläche durch abfließendes Regenwasser; sie ist abhängig von Art und Menge des Niederschlags, der Vegetationsdecke und der Neigung der Hänge.

Bodenerosion: die Abtragung von Boden durch Wasser oder Wind, die über das natürliche Maß hinausgeht. Sie wird ausgelöst durch Tätigkeiten des Menschen, wie Abholzen von Wäldern oder Zerstörung der Vegetation durch Überweidung.

Bodenversalzung: Form der Bodenzerstörung bei Bewässerung. Wird überschüssiges Wasser nicht abgeleitet, so steigt es im Boden auf und lagert bei der Verdunstung gelöste Salze im Oberboden oder an der Oberfläche ab. Der Boden wird unfruchtbar.

Bodenverwehung: die Verlagerung feinen Bodenmaterials durch den Wind.

Bruttosozialprodukt: Gesamtwert aller im Verlauf eines Jahres in einem Land erzeugten Güter und erbrachten Dienstleistungen, ausgedrückt in US-$. Das BSP/pro Kopf ist ein Hinweis auf die Wirtschaftskraft und den Entwicklungsstand eines Landes.

Dauerfrostboden *(Permafrost):* seit der Eiszeit bis 1500 m tief gefrorener Boden, der im Sommer nur wenige Dezimeter tief auftaut. Dann entstehen ausgedehnte Sümpfe. Vorkommen im Norden Nordamerikas und Nordasiens.

Delta: Ein sedimentreicher Fluss kann an seiner Mündung viel Sand und Schlamm ablagern und dieses Delta immer weiter ins Meer vorschieben. Wegen des verringerten Gefälles teilt sich der Fluss in mehrere Arme auf (z. B. Nil, Rhône, Mississippi).

Desertifikation: Ausbreitung der Wüste, meist ausgelöst durch unangepasste Landnutzung.

Devisen: Geld in ausländischer Währung.

Dienstleistungssektor *(tertiärer Sektor):* Tätigkeiten, die eng mit den Begriffen bedienen, beraten, vermitteln, organisieren verbunden sind. Dazu gehören Handel, Verkehr, private und öffentliche Verwaltung. Man unterscheidet

Dienstleistungen ohne Erwerbscharakter (staatliche Verwaltung, Schulen, Krankenhäuser, Wohlfahrtsorganisationen) von Dienstleistungen mit Erwerbscharakter (Banken, Handel, Gastronomie, die Tätigkeit von Rechtsanwälten, Ärzten, Friseuren, Reinigungen usw.).

Downtown: Innenstadt einer nordamerikanischen Großstadt. Kennzeichen sind Bürohochhäuser im Zentrum, darum ältere mehrgeschossige Gebäude, die heute oft zu → *Slums* verkommen sind. Die weiße Mittelschicht, die meisten Industrie- und Dienstleistungsbetriebe sind in die → *Suburbs* abgewandert.

Dritte Welt: geläufige Bezeichnung für die Entwicklungsländer. Sie entstammt einer nicht mehr verwendeten Einteilung der Erde in drei Welten (Industrieländer, Staatshandelsländer, Entwicklungsländer).

Erdbeben: Erschütterungen der Erdoberfläche durch ruckartige Bewegungen im Untergrund. Sie entstehen durch Verschiebungen von Platten (→ *Plattentektonik*), bei Vulkanausbrüchen oder durch den Einsturz großer unterirdischer Hohlräume. Die Stelle, an der die Erschütterungen ausgelöst werden, ist der Erdbebenherd. Die Stärken von Erdbeben werden mit Werten der → *Richterskala* angegeben.

Epizentrum: Stelle der Erdoberfläche senkrecht über dem *Erdbebenherd*.

Erdkruste: Die Erde ist aus mehreren unterschiedlichen Schalen (Schichten) aufgebaut. Die äußere, die Erdkruste, besteht aus festem Gestein der *Platten* (→ *Plattentektonik*). Die kontinentalen Platten sind bis zu 50 km mächtig (dick), die ozeanischen bis zu 15 km.

Erdmagnetismus: Die Erde hat ein Magnetfeld, an dem sich die Kompassnadel ausrichtet. Die Achse des Magnetfeldes weicht etwas von der Erdachse ab und verändert ihre Lage sehr langsam. Gegenwärtig liegt der *magnetische Nordpol* bei den arktischen Inseln Kanadas.

Erdmantel: mittlere Schale im Aufbau des Erdkörpers. Der *obere Mantel* schließt an die → *Erdkruste* an und reicht bis in eine Tiefe von etwa 700 km. Er besteht aus plastischem bis zähflüssigem Gestein. Darunter folgt, bis in eine Tiefe von rd. 2900 km, der *untere Mantel* aus flüssigem Gestein. Strömungen des heißen Materials im Erdmantel bewegen die Platten der Erdkruste.

Eruption: Ausbruch eines Vulkans.

Eurozentrismus: „Sehen der Erde mit europäischen Augen und europäischen Maßstäben." Andere Länder und Gesellschaften haben nicht nur andere Sprachen und Religionen, sondern auch andere Wertvorstellungen. Wenn z. B. Entwicklungshilfe nach Maßstäben des Eurozentrismus geleistet wird, dann will man damit Entwicklungen fördern, die Europäer sich wünschen würden. Nach dem Empfinden der Nehmerländer kann sich dies negativ auswirken, weil es den eigenen Wertvorstellungen nicht entspricht und kulturelle Identität zerstört.

extensive Viehwirtschaft: Viehhaltung mit wenig Aufwand an Arbeit und Kapital. Z B. befindet sich hierbei das Vieh überwiegend auf der Weide; das weitere Viehfutter stammt überwiegend aus dem eigenen Betrieb. Die Herden laufen z. T. frei herum, die Weidegründe sind teilweise nicht umzäunt.

Favela: brasilianische Bezeichnung für → *Slum*.

Fellache: Bauer im Orient, besonders in Ägypten.

Fonds: Gelder, die für bestimmte Zwecke auf Bankkonten bereitgehalten werden.

Food-crop: Bezeichnung für ein agrarisches Produkt, das der Selbstversorgung dient. Es steht im Gegensatz zu einem agrarischen Produkt, welches für den Verkauf bestimmt ist *(Cash-crop)*.

fossiles Grundwasser: Grundwasservorkommen, das in einer feuchteren Zeit entstand. Heutige Nutzung braucht das Grundwasser auf.

Freihandelsabkommen: Abkommen zwischen Ländern oder Ländergruppen mit dem Ziel, den Handel untereinander zu erleichtern. Dazu werden u. a. → *Importzölle* gesenkt oder abgeschafft.

Fremdlingsfluss: ein Fluss, der, aus einem niederschlagsreichen Gebiet kommend, eine Wüste durchfließt.

Graben (Grabenbruch): Absinken eines langgestreckten Teils der Erdoberfläche zwischen parallel zueinander verlaufenden Verwerfungen (Brüchen). An den Rändern steigt das Land meist auf. Grabenbrüche können hunderte (Oberrheingraben), aber auch tausende Kilometer lang sein (Ostafrikanischer Graben).

Grüne Revolution: Ertragssteigerung in der Landwirtschaft in Ländern der Dritten Welt seit Beginn der 60er-Jahre.

Die Ertragssteigerung wurde durch Züchtung von Hochleistungssorten hauptsächlich bei Weizen, Mais und Reis möglich.

Hacienda: landwirtschaftlicher Großbetrieb in Lateinamerika; Größe: mehrere tausend Hektar.

Hindu: ein Angehöriger der Religion des Hinduismus. Der Hinduismus lehrt die Seelenwanderung. Er ist zugleich die Grundlage für das *Kastenwesen* → (*Kaste*)

Höhenstufen *(der Vegetation):* regelhafte Veränderung der Vegetation mit der Höhe. Hauptgrund ist die Abnahme der Temperatur.

Importzoll (Zoll): Abgabe in einem bestimmten Anteil des Warenwertes, die bei der Einfuhr einer Ware an den Staat gezahlt werden muss. Dies verteuert die Ware und schützt daher die inländischen Erzeuger vor ausländischer Konkurrenz.

Industrial Farming: → *Agribusiness*

Industriestandort: Ort, an dem sich ein Industriebetrieb ansiedelt. Ausschlaggebend für diese Standortwahl sind die *Standortfaktoren*, z. B. das Vorhandensein von Arbeitskräften, die Nähe von Rohstoffen bzw. gute Verkehrsanbindungen für den Transport, genügend große und möglichst preiswerte Grundstücke/Flächen, die Nähe zum Absatzmarkt und gute Kommunikationseinrichtungen.

informeller Wirtschaftssektor: der Bereich der → *Subsistenzwirtschaft* und des Kleinhandels, der in Entwicklungsländern große Bedeutung hat.

intensive Landwirtschaft: Produktionsweise, bei der Produktionsfaktoren (z. B. spezielles Saatgut, Maschinen, Pflanzenschutz- oder Düngemittel) in großem Umfang eingesetzt werden, damit ein möglichst großes und gutes Produktionsergebnis (= hohe Hektarerträge) erzielt wird. Ein Beispiel hierfür ist die hochmechanisierte Landwirtschaft in Kalifornien mit Bewässerung und teuren Erntemaschinen.

intensive Viehwirtschaft: Eine große Anzahl von Tieren *(Massentierhaltung)* wird überwiegend in Ställen zum Zweck möglichst schneller Fleischproduktion gehalten. Die menschliche Arbeitskraft tritt in den Hintergrund. Mechanische, häufig vollautomatische Einrichtungen übernehmen Fütterung der Tiere und Entsorgung der Abfallstoffe. Das Viehfutter wird eingekauft. Die extremste Form intensiver Viehhaltung in den USA sind die *Feedlots*.

Investitionsgüter: Waren, die selbst in irgendeiner Weise am Produktionsprozess teilnehmen, um neue Waren zu erzeugen. Meist handelt es sich um Maschinen oder Werkzeuge. *Konsumgüter* dagegen sind nur zum Ge- und Verbrauch bestimmt.

Jahreszeiten: Einteilung der Jahre in Abschnitte mit wiederkehrenden Klimamerkmalen. In den gemäßigten Zonen: *Sommer* und *Winter* mit den Übergängen *Frühling* und *Herbst*, in den Polargebieten: *Polartag* und *Polarnacht*, in den wechselfeuchten Tropen: *Trockenzeit* und *Regenzeit*. Die feuchten Tropen haben keine Jahreszeiten.

Kapitaleinsatz: Man unterscheidet hohen (= kapitalintensiv) und niedrigen (= kapitalextensiv) finanziellen Aufwand, den ein Unternehmen betreibt, um sein Produktionsergebnis zu verbessern. In der hochmechanisierten Landwirtschaft und der Kfz-Produktion ist der Kapitaleinsatz z. B. sehr hoch, bei der extensiven australischen Schafzucht z. B. sehr niedrig.

Kaste: In Indien bezeichnet man eine Gruppe von Menschen, die gleiche oder ähnliche Berufe, Lebensformen und Stellung in der Gesellschaft haben, als Kaste. Jeder Hindu wird in eine Kaste hineingeboren. Die Kasten sind nach einer Rangordnung gestaffelt. Das Kastenwesen ist zwar gesetzlich verboten, spielt aber besonders auf dem Land noch eine große Rolle.

Kolchos: landwirtschaftlicher Großbetrieb in der Sowjetunion. Die Produktionsmittel gehörten der Gemeinschaft der Kolchosbauern. Die Bewirtschaftung erfolgte genossenschaftlich. Das Einkommen hing von der Arbeit und den Einnahmen des Kolchos ab.

Kontinentalverschiebung: → *Plattentektonik*

Konzentrationsprozess: Entwicklung, bei der sich im Laufe der Zeit von allein oder durch gezielte Planung gewollt bestimmte Standorte in der Landwirtschaft (z. B. der Produktion von Masthähnchen), der Industrie (z. B. von Computer-Chips) herausbilden. Hierbei kann es sich um die Konzentration auf wenige (Groß-)Betriebe (→ *Agribusiness*) oder in bestimmten Gebieten (= regionale Konzentration, z. B. im *Manufacturing Belt*) handeln.

Kulturerdteil: Die Bevölkerung eines Großraums der Erde unterscheidet sich hinsichtlich ihrer Geschichte, ihrer sprachlichen Zugehörigkeit, der Kultur und Zivilisation von der anderer Großräume. Innerhalb eines Kulturerdteils werden die Unterschiede stärker wahrgenommen, von außen her mehr die Gemeinsamkeiten.

Landflucht: Abwanderung von ländlichen Arbeitskräften und ihren Familien in die Städte oder in Industriegebiete wegen der dort besseren Verdienstmöglichkeiten. Die Landflucht kann viele Menschen erfassen und über einen langen Zeitraum andauern.

Land-Stadt-Wanderung: Verlegung des Wohnsitzes von einem Dorf oder einer kleinen Stadt in eine Mittel- oder Großstadt. Meist ist damit ein Berufswechsel verbunden. In den Entwicklungs- und in den Schwellenländern führt der Bevölkerungsstrom in die Städte zu großen Problemen.

Latifundie: Bezeichnung für landwirtschaftlichen Großgrundbesitz im Mittelmeerraum und in Lateinamerika.

Lava: bei Vulkanausbrüchen austretende glutflüssige Gesteinsschmelze.

Lohnkosten: Kosten, die Unternehmen durch die Zahlung von Löhnen und Gehältern an Arbeiter und Angestellte entstehen. Sie gehören mit anderen Kosten (z. B. für Rohstoffe, Maschinen und Energie, durch Steuern, Abgaben und Lohnnebenkosten, durch Verwaltung) zu den *Produktionskosten*.

Lohnnebenkosten: Kosten, die Unternehmen zusätzlich zu den ausgezahlten Löhnen und Gehältern entstehen. Dazu zählen Arbeitgeberbeiträge zur Kranken-, Renten- und Arbeitslosenversicherung, Kosten durch den Mutterschutz und für die Lohnfortzahlung im Krankheitsfall.

Magma: glutflüssige, mehr oder minder gashaltige Gesteinsschmelze im → *Erdmantel*. Die Temperatur beträgt etwa 1000 °C. In → *Vulkanen* tritt Magma als → *Lava* an die Erdoberfläche.

Mechanisierung: Einsatz immer leistungsstärkerer Geräte und Maschinen in der Landwirtschaft. Eine Arbeitskraft kann dadurch immer größere Bodenflächen bearbeiten oder in der Massentierhaltung mehr Tiere versorgen. Der *Mechanisierungsgrad* in der Landwirtschaft spiegelt allgemein den Entwicklungsstand eines Landes wider.

Megalopolis: aus Millionenstädten zusammenwachsende Riesenstadt („Städteband"). In Deutschland kann das Ruhrgebiet als Beispiel genannt werden.

Mestize: Mischling mit europäischen und indianischen Vorfahren.

Minifundie: landwirtschaftlicher Kleinbetrieb; in Lateinamerika oft von Lohnarbeitern der Latifundien gepachtet und zur Eigenversorgung mit Grundnahrungsmitteln bewirtschaftet.

Monsun *(arabisch: mausim = Jahreszeit):* ein halbjährlich die Richtung wechselnder, beständig wehender Wind, im Sommer vom Land zum Meer, im Winter vom Meer zum Land. Der feuchte Sommermonsun bringt erhebliche Niederschläge.

Mulatte: Mischling mit europäischen und afrikanischen Vorfahren.

Neue Stadt: zur Entlastung einer zu schnell wachsenden Großstadt geplante und gebaute Stadt. In Ägypten wurden Neue Städte z. T. in der Wüste gebaut, um Kairo zu entlasten.

Neulandgewinnung: Gewinnung landwirtschaftlicher Nutzfläche: an der Küste durch Eindeichung, im Binnenland durch Trockenlegung von vernässten Gebieten, durch Rodung in Waldgebieten oder durch „Unter-den-Pflug-Nehmen" in Steppengebieten.

Nomaden: Tierhalter, die mit ihren Herden in jahreszeitlichen Wanderungen wechselnde Weideplätze aufsuchen. Bei *Halbnomaden* bewohnt ein Teil des Stammes Dauersiedlungen und betreibt etwas Ackerbau.

Nord-Süd-Gegensatz: unterschiedlicher Entwicklungsstand zwischen den Industrieländern (Nord) und den Entwicklungsländern (Süd). Auch in Europa spricht man von einem „N-S-Gefälle" zwischen den „reicheren" Staaten und den „ärmeren" Mittelmeerstaaten. Selbst innerhalb einzelner Staaten spricht man von einem „N-S-Gegensatz", z. B. zwischen dem reichen Norditalien und dem armen Süditalien.

Nord-Süd-Konflikt: politische und soziale Spannungen, die sich aufgrund der unterschiedlichen wirtschaftlichen Interessen von Industrie- und Entwicklungsländern ergeben. Zu seiner Beilegung wurde der „Nord-Süd-Dialog" eingerichtet, Gespräche und Konferenzen über Handel und Entwicklung.

Oase: Gebiet in einer Wüste oder an ihrem Rand, in dem durch Wasserverfügbarkeit üppiges Pflanzenwachstum möglich ist.

OPEC *(Organization of Petroleum Exporting Countries):* 1960 mit dem Ziel gegründet, durch Absprachen die Erdölfördermengen so zu begrenzen, dass dadurch der Weltmarktpreis für Erdöl bestimmt werden kann. Zur OPEC gehörten 1995 Irak, Iran, Kuwait, Saudi-Arabien, Arabische Emirate, Katar, Algerien, Libyen, Venezuela, Nigeria, Gabun und Indonesien.

Orient: die Länder Nordafrikas und Vorderasiens, deren Bevölkerung zu 90 und mehr Prozent dem Islam angehören.

Orientalische Stadt: Stadttyp, der gekennzeichnet ist durch die zentrale Moschee, → *Basare*, einen Grundriss mit unregelmäßig verlaufenden Sackgassen, eine Stadtmauer und die Burg (Kasba). Die Häuser haben an der Straßenseite meist keine Fenster, sie öffnen sich zu innen liegenden Höfen.

Outback: das extrem dünn besiedelte Landesinnere von Australien, das nur durch extensiv wirtschaftende Rancher oder durch Bergbau genutzt wird.

Plattentektonik: Die → *Erdkruste* besteht aus großen und kleinen Platten. Diese Platten schwimmen auf dem → *Erdmantel*. Magmaströme im Erdmantel bewegen die Platten gegeneinander. Bewegen sich die Platten aufeinander zu, so kann eine in einem → *Tiefseegraben* untertauchen und im Erdmantel aufschmelzen. Die Platte wird kleiner. Bewegen sich Platten voneinander weg, so steigt an den Plattengrenzen → *Magma* auf, kühlt ab und bildet im *Mittelozeanischen Rücken* neuen Ozeanboden. Die Platten werden größer. Platten können miteinander verschweißt werden (z. B. Indische und Asiatische Platte durch den Himalaya) oder zerbrechen (z. B. die Afrikanische Platte im Ostafrikanischen Graben).

Polarkreise: Breitenkreise 66° 33' N und S. Zu den Polen hin treten *Polartag* (Sonne 24 Stunden über dem Horizont) und *Polarnacht* (Sonne 24 Stunden unter dem Horizont) auf.

Produktionskostengefälle: Die Produktionskosten sind von Land zu Land unterschiedlich hoch. Unternehmen aus Ländern mit hohen Produktionskosten errichten daher Werke in Ländern, in denen Löhne, → *Lohnnebenkosten* und Steuern niedriger sind, Landerwerb billiger ist und es kaum Umweltauflagen gibt, z. B. in Mexiko, Portugal und Indonesien.

Produktivität: Maß für die Leistungsfähigkeit bei der wirtschaftlichen Produktion. Je günstiger das Verhältnis von Aufwand (z. B. Arbeitszeit, Boden, Kapital) und Ergebnis (Produktmenge und Produktgüte) ist, desto höher ist die Produktivität.

Richterskala: Die Stärke von → *Erdbeben* kann man durch die Beobachtung von Schäden am Ort beschreiben *(Mercalliskala)* oder durch die Messergebnisse von *Seismographen* (Erdbebenmessgeräte) errechnen *(Richterskala)*. Erdbeben der Stärke 1 bis 2 werden gerade wahrgenommen. Die stärksten bisher gemessenen Erdbeben hatten die *Magnitude* (Maß für die Stärke) 8,7. Die Steigerung von einer Stufe der Richterskala bedeutet die Zunahme der Stärke auf das 30-fache.

Rohstoffabkommen: Vereinbarung zwischen Rohstoff exportierenden Ländern oder Export- und Importländern über Exportmengen und -preise. Ziel ist eine gleichmäßige Versorgung zu angemessenen Preisen. Zum Ausgleich zeitweilig fallender Weltmarktpreise werden → *Fonds* angelegt (→ *Zinnabkommen*).

Schachbrettgrundriss: Grundriss nordamerikanischer Städte mit einander rechtwinklig kreuzenden Straßen und rechteckigen Baublöcken. Die Straßen werden durchgehend nummeriert und als „Avenues" (auf Manhatten in New York die N-S-Straßen) oder als „Streets" (die O-W-Straßen) bezeichnet.

Schwellenland: ein Entwicklungsland, das in der Entwicklung seiner Wirtschaftskraft so schnelle Fortschritte macht, dass man annimmt, es werde bald den Stand eines Industriestaates erreicht haben, z. B. Brasilien, Südkorea, Taiwan.

Skyline: die Silhouette einer Stadt, die sich vor dem Hintergrund des Himmels abzeichnet.

Slum: Elendsviertel, Wohnquartier armer Bevölkerungsschichten. Kennzeichen: verwahrloster Zustand, allmählicher Verfall der Bausubstanz, hohe Kriminalität und Arbeitslosigkeit.

Sozialleistung: Zahlungen von Unternehmen, die über die reinen Löhne hinausgehen, z. B. Beiträge zur Sozialversicherung, Betriebsrenten, berufliche Aus- und Weiterbildung, Essenszuschüsse.

Sowchos: staatseigener landwirtschaftlicher Großbetrieb in der Sowjetunion. Die Arbeitskräfte waren Lohnarbeiter. Alle Produktionsmittel gehörten dem Staat. Sowchosen waren vor allem auf Getreideanbau oder Viehwirtschaft spezialisiert.

Startland *(take off country):* → Schwellenland

Strukturwandel: *Struktur* bezeichnet den Zustand zu einer bestimmten Zeit. Ändern sich bestimmte Faktoren, z. B. in der Landwirtschaft der Grad der Mechanisierung, Art und Umfang des Maschineneinsatzes oder das Produktionsziel, so findet ein Strukturwandel statt, der Auswirkungen auf andere Bereiche wie Art und Anzahl in der Nähe befindlicher (Zuliefer-) Industrien hat, die Anzahl der nur noch benötigten Arbeitskräfte und somit die Dichte der Besiedlung eines Raumes. Nicht nur in der Landwirtschaft, auch in der Industrie hat ein solcher Wandel stattgefunden (z. B. Schrumpfen der Schwerindustrie, Entstehung von Zukunftsindustrien).

Subsistenzwirtschaft: Wirtschaftsform, die alles oder nahezu alles, was man zum Leben braucht, selbst erzeugt, sammelt oder jagt. Sie dient überwiegend der Versorgung der Familie, der Großfamilie oder der Gruppe, steht damit im Gegensatz zur Marktwirtschaft, die überwiegend für den Verkauf produziert.

Suburb: Familien der weißen Mittelschicht der USA ziehen möglichst in weitflächige Vororte mit Einfamilienhäusern. Dort entstanden auch Einkaufsparks mit Dienstleistungsbetrieben und Außenstellen der Verwaltung.

Sunbelt: der „sonnige Süden" der USA (Texas, Florida, Kalifornien). Hierhin verlegen viele wohlhabende Rentnerehepaare ihren Alterswohnsitz.

Terms of Trade: → *Austauschverhältnis* für Staaten im Welthandel.

Tiefseegraben: bis zu 11 km tiefe Einsenkung des Ozeanbodens hauptsächlich am Rand des Pazifischen Ozeans. Die → *Plattentektonik* erklärt ihre Entstehung damit, dass ozeanische Platten unter kontinentale abtauchen. An den Rändern der Platten kommt es häufig zu Vulkanausbrüchen und Erdbeben.

Township: Grundeinheit der US-amerikanischen Landvermessung. Die Fläche beträgt 6 mal 6 Meilen; in der Mitte war ursprünglich eine kleine ländliche Siedlung vorgesehen als Versorgungszentrum für die umliegende ländliche Bevölkerung.

Vegetationsperiode *(Vegetationszeit):* Zeit, in der Pflanzen wachsen und reifen können. Gras benötigt Tagesmitteltemperaturen von 5 °C, Laubbäume benötigen Tagesmitteltemperaturen von 10 °C.

Vegetationszone: ein Großraum der Erde mit ähnlicher Vegetation, die durch die weitgehend gleichen Klimabedingungen geprägt ist. Vegetationszonen lassen sich daher den Klimazonen zuordnen, z. B. Tundra, borealer Nadelwald, Hartlaubwald, tropischer Regenwald.

Verwerfung: Werden Gesteinsschichten durch Bewegungen in der Erdkruste zerbrochen, so verschieben sich Teile gegeneinander. Die Verschiebung kann vertikal oder horizontal erfolgen.

Verwitterung: Lockerung und Zerfall von festem Gestein. Hauptarten sind die *physikalische* und die *chemische Verwitterung*. Bei der physikalischen Verwitterung zermürben hauptsächlich ständige Temperaturwechsel oder das Gefrieren eingedrungenen Wassers das Gestein. Bei der chemischen Verwitterung werden hauptsächlich einzelne Bestandteile des Gesteins gelöst, z. B. Kalkteilchen durch Regenwasser. Verwittertes Gestein kann durch Wasser und Wind abgetragen werden, es ist auch Voraussetzung für Umwandlungsvorgänge, durch die Boden entsteht.

Verschuldung: Fast alle Entwicklungsländer haben im Vergleich zu ihrer Wirtschaftskraft hohe Schulden im Ausland. Hauptgründe dafür sind ungünstige → *Austauschverhältnisse*, Kredite im Rahmen der Entwicklungshilfe und hohe Ausgaben für die Rüstung.

Vulkan: Stelle der Erdoberfläche, an der → *Lava* austritt. Ausgetretene, erkaltete Lava und Asche (in der Luft erstarrte Lavateilchen) bauen einen Vulkankegel auf.

Wendekreise: Breitenkreise in 23° 27' N und S. Sie begrenzen die tropische Zone, in der die Sonne zweimal jährlich mittags im → *Zenit* steht. Über dem nördlichen Wendekreis steht die Sonne am 21. Juni im Zenit, über dem südlichen am 22. Dezember.

Wüste: Gebiet mit geringem oder keinem Pflanzenwachstum, bedingt durch Trockenheit (Wüste der Tropen und der gemäßigten Zone) oder durch Kälte (Kältewüsten der Polarzonen).

Zinnabkommen: Vereinbarung der Zinn exportierenden Länder über Exportmengen und -preise. Es wurde ein → *Fonds* gebildet, der jedoch nach starkem Preisverfall des Zinns 1985 erschöpft war. Danach brach das Zinnabkommen zusammen.

Zenit: der sich senkrecht über dem Erdboden befindende Punkt am Himmel.

Register

Agglomeration	153	Erg	18	immerfeuchte Tropen	46
agrarische Massen-		Erosion	106, 108	Importzoll	177
produktion	89	Erste Welt	190	Industrial Farming	82, 89
Agribusiness	87	Eruption	121	Industriekomplex	74
Agrovila	112	Eurozentrismus	184	informeller Wirtschafts-	
Apartheid	230	Exporterlös	173	sektor	250
artesischer Brunnen	20	extensive Viehwirtschaft	86	Industriestandort	74
Austauschverhältnis	176			intensive Landwirtschaft	82
Avenue	194	Favela	151	intensive Viehwirtschaft	86
		Fazenda	112	Intensivierung	85
Baikal-Amur-Magistrale		Feedlot	86		
(BAM)	58	Fellache	130	Jahreszeiten	13
Basar	198	Feuchtsavanne	52	Jahreszeitenklima	32
Berieselungsmethode	80	Flussoase	21		
Bevölkerungs-		Foggara	20	Kältegrenze des Anbaus	54
pyramide	157	Fonds	174	kaltes Klima	47
Binnenwanderung	234	Food-crop	144	Kapitaleinsatz	85
Biogasofen	99	fossiles Grundwasser	132	Kaste	202
Bodenabspülung	220	Freihandelsabkommen	182	Klimazone	46
Bodenerosion	220	Fremdlingsfluss	21, 128	Kolchos	219
Bodenversalzung	22	Frostschutzzone	16	kontinentales Klima	47
Bodenverwehung	220	Fünfte Welt	191	Kontinentalver-	
borealer Nadelwald	16, 50			schiebung	120
Brandrodung	34	Gaza-Jericho-		Konzentrationsprozess	87
Bruttosozialprodukt	185	Abkommen	229	kühlgemäßigtes Klima	47
		Gebirgsvegetation	52	Kultur	212
Cash-crop	39, 148, 186	Geburtenrate	154	Kulturerdteil	212
Commercial Farming	89	gemäßigtes Klima	47	Kulturlandschaft	55
		German-Creek-Projekt	70		
Dauerfrostboden	16	Grüne Revolution	43, 136	Landflucht	139
Delta	128	Graben	119	Land-Stadt-Wanderung	138
Desertifikation	95	Grundbedürfnis	187	Latifundie	244
Deviseneinkommen	174	Grundwasseroase	20	Lava	121
Deviseneinnahme	168	Gunstraum	55	Lohnkosten	180
Dienstleistungssektor	195			Lohnnebenkosten	180
Dornsavanne	52	Hacienda	244		
Downtown	194	Halbwüste	51	Magma	121
Dritte Welt	191	Halbnomade	28	Mechanisierung	85
Düne	18	Hamada	18	Megalopolis	194
		Hartlaubwald	51	Mestize	244
Eis- und Schneewüste	50	Hausgartenbau	147	Minifundie	244
Eiswüste	16	Hindu	202	Missernte	220
Epizentrum	120	hochpolare Zone	48	Mischkultur	37
Erdbeben	117	Höhengrenze des		Mittagshöhe	13
Erdkruste	118	Anbaus	54	Mittagsregen	32
Erdmagnetismus	119	Höhenklima	46	Monsun	137
Erdmantel	120	Höhenstufe	44	Mulatte	244

Nacht	12	Schwellenland	180, 191	Tropfbewässerung	80
NAFTA	182	Sekundärwald	35	Tropenwaldaktionsplan	115
Nationale Wasserleitung	79	Serir	19	tropischer Regenwald	52
Naturlandschaft	55	Skyline	195	Tundra	16, 50
Neue Stadt	133	Slum	197		
Neulandgewinnung	219	Sommer	13	Überbeanspruchung des Bodens	220
Nilschwelle	128	sommergrüner Laub- und Mischwald	50	Überproduktion	85
Nomade	26	Sonnenenergie	99	Überschwemmungsfeldbau	129
Nord-Süd-Gegensatz	91, 184	Sowchos	219	Umweltbelastung	76
Nord-Süd-Konflikt	184	Sozialleistung	181	Umweltopfer	76
		Sprinklerbewässerung	80		
Oase	20	Startland	191	Vegetationsperiode	15
Oasendepression	132	Steppe	51	Vegetationsstufe	44
OPEC	62	Sterberate	154	Vegetationszone	50
orientalische Stadt	198	Stockwerkbau	22	Verschuldung	186
Outback	66	Street	194	Verwerfung	119
ozeanisches Klima	47	Strukturwandel	82	Verwitterung	123
		subpolare Zone	48	Vierte Welt	191
Plantage	38	Subsistenzwirtschaft	130	Vollnomade	28
Plattentektonik	120	subtropisches Trockengebiet	47	Vulkan	121
polares Klima	48	subtropischer Feuchtwald	51		
Polargrenze des Anbaus	15	Suburb	195	Wachstumsrate	154
Polarkreis	46	Sunbelt	196	Wadi	19
Polarnacht	12			Waldgrenze	16
Polartag	12	Tag	12	Wanderfeldbau	36
Prärie	51	Tag- und Nachtgleiche	13	wechselfeuchte Tropen	47
private Nutzung	219	Tageszeitenklima	32, 46	Weidewanderung	96
Produktionskostengefälle	181	Taiga	50, 108	Weltmarkt	72
Produktivität	85	Terms of Trade	176, 189	Wendekreis	46
		Territorialer Produktionskomplex	60	Winter	13
Rasse	212	Tiefseegraben	120	Winterregengebiet	47
Regenfeldbau	79	Township	232	Wolkenkratzer	194
Rohstoffabkommen	175	Transamazonica	112	Wüste	18, 51
Rotationszyklus	36	Treibhauseffekt	114		
		Trockengrenze des Anbaus	54	Zenitalregen	32, 47
Sahel	95	Trockensavanne	52	Zenitalstand	47
Sakije	21	Tropenholz	113	Zersiedlung	195
Savanne	52			Zinnabkommen	175
Schachbrettgrundriss	195			Zweite Welt	190
Schott	18				

Bildquellen

Achtnich, Göttingen: 35.2, 144.2 (1)
AGE ilustración, Barcelona: 83.1, 262.1
Arnold, Bayreuth: 149.1
Barbey/Magnum: 64.3
Bauer, Frasdorf: 167.3
Bavaria, Gauting: 14.1 (Panaramic-Images), 56.1 (Muschenetz), 62.1 (Scholz), 115.3 (Eckebrecht), 115.4 (Krause-Carus), 262.2 (Picture Finders)
Beckel, Bad Ischl: 89.3
Deutsche Welthungerhilfe: 245.1 (Pauls)
dpa, Frankfurt: 6.2(Patzelt), 93.1, 100.1, 104.2, 104.2E, 111.1, 116.1, 121.1, 178.1, 216.1, 224.1
DLR, Wessling: 128.1
Eggert, Waldesch: 80.2
Ertel, Dortmund: 80.3
Evangelisches Missionswerk, Hermannsburg: 233.1
Fiedler, Güglingen: 21.3, 34.3, 214.1(4),
Fischer, Hamburg: 9.1, 123.3
Fischer, Oelixdorf: 30.1, 126.1, 134.2, 136.1, 136.2, 138.1, 144.2(2), 151.1, 202.1, 203.2, 204.1, 204.2, 207.1, 214.1(1), 234.2, 234.3, 235.2, 237.1, 238.1, 239.1, 239.2
Fregien, Laatzen: 22.1, 198.1
Friedhoff, Dortmund: 223.2, 223.3, 224.2, 224.3
Gerold, Hannover: 80.1
Gerster, Zumikon: 19.1, 19.2, 19.3, 56.3, 66.1, 92.2, 97.4, 118.1, 193.1, 196.1
Geyer, Köln: 226.1(2), 226.1(3), 228.1, 228.3
Goerisch, München: 21.1, 52.2(12)
GTZ: 99.1 (Grothuss), 99.2 (Eschborn)
Hagen, Wedemark: 78.1, 78.2
Hanuß, Tübingen: 137.2
Hennings, Hannover: 127.1, 192.1, 221.1, 221.4
Holland, Umkirch: 18.1
Ibrahim, Bayreuth: 24.3, 25.1, 94.1
IFA, Taufkirchen: 216.2 (Nowitz)
Informationszentrum Schokolade, St. Augustin: 38.3(1)
Interfoto, München: 212.2(2) (Braasch), 212.2(3) (Winter), 212.2(4) (Deichmann)
Mc Intyre, Arlington: 172.1
Janicke, München: 150.1, 271.2, 271.3
Jansen, Klein Nordende: 133.1
Jünger-Verlag, Offenbach: 38.3(5)
Jürgens Ost + Europa Photo, Berlin: 217.1, 221.2
Krensel, Hameln: 43.1, 64.1, 105.3, 140.3, 214.1(3), 223.1, 263.1, 263.2, 263.3, 263.4
Konopka, Schwerte: 6.1, 17.2, 51.1(1), 51.1(4), 52.2(9), 52.2(10), 201.2(1)

Kürtz: 10.2
Lade, Frankfurt: 162.3
Lanfer, Hannover: 242.1, 243.1, 243.2, 250.1
List, Freiburg: 20.1, 28.2
Look, München: 8.1, 9.2
Mauritius, Mittenwald: U1(Torino), 24.1, 25.2, 88.1 (Raye), 110.1 (Camara Tres), 126.2 (Mollenhauer), 200.1, 201.2(2) (Torino), 226.1(1) (Vidler)
Misereor, Aachen: 135.1 (Nett)
Mittag, Borken: 19.4, 192.2, 208.1, 208.2, 209.1, 209.2, 210.1, 210.2, 210.3, 212.2(1)
Müller, Lüneburg: 123.1
Müller, Olstykke (DK): 10.1
Müller, KE Vaals (NL): 269.2
Oberascher, Swisttal: 248.1, 255.2
Ostermeyer: 117.2
Pauls, Köln: 251.3
Priesnitz, Göttingen: 16.1
Raach, Merzhausen: 11.2
Ruppert, Bayreuth: 147.1, 164.1
Schliephake: 29.1
Schornick, Miehlen: 123.2
Steininger, Hannover: 162.1, 162.2
Taubert, Springe: 26.1, 98.2
The Image Bank: 7.1
Theißen, Dortmund: 170.1, 170.4, 180.2, 242.2
Touristik Marketing, Hannover: 168.1
Toyota (D): 74.1
Verlagsarchiv: 44.1(1–3), 46.1, 46.2, 50.1(1–4), 51.1(2+3), 52.2(11), 56.2, 134.3, 154.1, 214.1(2), 214.1(5), 247.1(1–8)
Visum, Hamburg: 92.1, 103.1, 108.1 (Nobel)
VW, Wolfsburg: 180.1
Wein, Kaarst: 60.1, 103.2, 109.1
Weiß, Bahlingen: 27.1, 99.3, 166.1, 167.2
Wiese, Köln: 34.2
Windhorst, Vechta: 88.2
Wostok, Köln: 58.1
Zefa, Düsseldorf: 38.3(2) (Starfoto), 38.3(3) (Bergmann), 38.3(4) (Damm), 84.1 u. 86.1 (Heilmann), 194.1 (Damm)

Abbildungen Seite 159 mit freundlicher Genehmigung von:
Christoffel-Blindenmission, Bensheim
Deutsches Aussätzigen-Hilfswerk e. V., Würzburg
Deutsches Katholisches Blindenwerk e. V. Düren
Deutsches Rotes Kreuz, Bonn
Deutsche Welthungerhilfe, Bonn
Misereor, Aachen

Strukturdaten ausgewählter Staaten

	Fläche (in 1000 km²)	Bevölkerung (in Mio. Mitte 1993)	Jährl. Bevölkerungswachstum (1980–1991)	Säuglingssterblichkeit (in ‰ 1992)	Zahl der Grundschüler (in % der Altersgruppe 1992)	Einwohner je Arzt (1993)	BSP pro Kopf (in US-$ 1993)	Jährliches BSP (Pro-Kopf-Zuwachs)
Afrika								
Ägypten	998	56,4	2,5	57	101	1340	660	2
Äthiopien	1 133	53,6	3,1	122	22	35 500	100	-1
Kenia	583	25,3	3,8	66	95	10 150	270	0
Mali	1 240	10,1	2,6	130	25	21 180	270	-1
Nigeria	924	105,3	3,0	84	76	6 573	300	-0
Simbabwe	391	10,4	3,4	47	119	7 110	520	-0
Südafrika	1 221	39,7	2,5	53	110	1 750	2 980	-0
Sudan	2 506	26,6	2,7	99	50	9 369	400	-0
Tansania	945	28,0	3,0	92	68	24 970	90	0
Amerika								
Argentinien	2 767	33,8	1,3	29	107	340	7 220	-0
Bolivien	1 099	7,1	2,5	82	85	2 124	760	-0
Brasilien	8 512	156,4	2,0	57	106	685	2 930	0
Ecuador	272	11,0	2,6	45	121	960	1 200	0
Kanada	9 958	27,8	1,2	7	107	480	19 970	1
Mexiko	1 958	90,0	2,0	35	113	800	3 610	-0
Peru	1 285	22,9	2,2	52	119	940	1 490	-2
USA	9 529	257,8	0,9	9	104	420	24 740	1
Venezuela	917	20,9	2,6	33	99	6 409	2 840	-0
Asien								
Bangla Desh	144	115,2	2,2	91	77	5 220	220	2
China, VR	9 571	1 178,4	1,5	31	121	1 060	490	8
Indien	3 287	898,2	2,1	79	102	2 460	300	3
Indonesien	1 904	187,2	1,8	66	115	7 030	740	4
Iran	1 648	64,2	3,6	65	109	3 140	2 230	-0
Israel	21	5,2	2,2	9	94	345	13 920	2
Japan	378	124,5	0,5	5	102	610	31 490	3
Nepal	141	20,8	2,6	99	102	16 110	190	2
Philippinen	300	64,8	2,4	40	109	8 120	850	-0
Saudi-Arabien	2 240	17,4	4,6	28	78	710	7 810	-3
Sri Lanka	66	17,9	1,4	18	107	5 870	600	2
Syrien	185	13,7	3,3	36	109	1 160	1 150	-2
Thailand	513	58,1	1,9	26	97	4 420	2 110	6
Ver. Arab. Emirate	78	1,8	4,3	20	118	1 100	21 430	-4
Australien/Ozeanien								
Australien	7 682	17,6	1,5	7	107	438	17 500	1
Neuseeland	271	3,5	0,7	9	104	359	12 600	0
Papua-Neuguinea	463	4,1	2,3	54	73	12 750	1 130	0
zum Vergleich:								
Deutschland	357	81,3	0,1	6	107	370	23 560	2

(Fußnote): Nachfolgestaaten der ehemaligen Sowjetunion werden hier nicht angeführt, da statistische Daten noch weitgehend fehlen.

5. Nenne fünf große Inseln im Indischen Ozean.
6. Welche europäischen Staaten besaßen im 19./20. Jahrhundert Kolonien auf den einzelnen Kontinenten?
7. Zeichne ein Profil durch Südamerika auf der Höhe des südlichen Wendekreises.
8. Trage jeweils in Umrisskarten von Afrika, Amerika, Asien und Australien Ozeane, Meere und Großlandschaften ein.
9. 1994 fand in den USA die Fußballweltmeisterschaft statt: Trage in eine Weltumrisskarte die Länder der teilnehmenden Mannschaften ein.